믿음의 깊은 샘 히브리서 3

예수님의 피와 성소에 들어갈 담력

아더 W. 핑크

An Exposition of Hebrews

믿음의 깊은 샘 히브리서

3

예수님의 피와 성소에 들어갈 담력

: 히브리서 9장~11장 3절 강해

서문 강 옮김

청교도신앙사

차례

Authur W. Pink

먼저 이 책을 내기에 필요한 모든 은혜를 주신 하나님 아버지께 그리스도 우리 주님의 이름으로 감사와 영광을 돌립니다.

제 1권이 출간되고 나서 읽은 독자들이 제 2권이 언제 나오냐고 전화를 하시어 독촉하시더니, 이제는 제 3권의 출간, 아니 나머지 책들은 언제까지 다 나올 셈이냐고 다그쳤습니다. 그런 독자들의 '성화(成火)'가 책을 쓰는 사람이나 책을 내는 출판사에게 '압박'으로 작용합니다. 그 '압박'은 부정적이고 나쁜 것이 아니라 책을 내는 일에 있어서 가장 크고 아름다운 추진력으로 작용합니다.

한 권의 책이 나오는 일은 그리 간단한 일이 아닙니다. '책'은 공공성(公共性)을 가진 관계로 아무 책이나 내면 되는 것도 아닙니다. '한 권'의 책의 품격은 그 책이 담고 있는 내용이 결정합니다. 그런데 그 품격 있는 책이 항상 환영받고 수명이 긴 것도 아닙니다. 어떤 책은 사람들이 그 가치를 인식하는

데 오랜 세월이 걸립니다. 오늘같이 자기 견해를 피력하기에 좋은 환경이 유사 이래 없었습니다. 아무나 마음만 먹으면 자기 개인 '방송국'을 가질 수 있고, 아무나 마음만 먹으면 '출판사'를 차릴 수 있습니다. 그러므로 '책의 생산'을 위하여 가장 좋은 시절입니다. 그러나 출판의 정도(正道)를 지켜 책을 낸다는 것은 그럴수록 더욱 어렵습니다. 책의 품격의 면에서 생각해 보면 이전 보다 더 어렵습니다. 책을 내기에 어려울 때에는 책을 쓰거나 책을 출판하려는 사람들 모두 재고 또 재어 책을 내었습니다. 그래서 나오는 책들이기에 나름의 기본적인 품격은 불문율이었습니다. 그러나 이제는 누구나 책을 낼 수 있다는 의식이 팽배해 있습니다. 그러나 책의 생명이나 수명은 책을 쓰는 사람이나 출판인의 '일방통행' 방식 속에서만 결정되는 것은 아닙니다. 독자들의 '공감'과 격려 속에서 그 생명이 유지가 됩니다. 여기에도 문제가 있습니다. 수요자인 독자들의 품격과 그 수준이 출판의 정도를 위한 절대적인 기준은 아니기 때문입니다. 어떤 책들은 매우 품격은 있으나 대중이 그 수준을 알아보지 못하여 크게 환영 받지 못합니다. 그런 경우 그 책들은 절판될 운명을 맞게 되고, 그런 책들을 많이 발행한 출판사는 결국 문을 닫을 위기에 처하게 됩니다. 그런 책들을 쓰는 저자들의 의욕이 마구잡이로 꺾이기 일쑤입니다.

그러므로 좋은 책은, 책을 쓰는 저자의 지각과, 그런 책을 내기 위하여 '모험'을 무릅쓰는 출판사와, 그런 책을 사모하며 '독촉하는' 신실한 독자들의 '성화(成火)' 속에서 나서 자라고 긴 수명을 유지하는 것입니다. 그 책의 수명이 한 시대를 지나 다음 시대까지 이어지고 또 이어지면 그 책이 소위 '고전(古典)'이 되는 것입니다.

이런 책을 쓰는 저자나 역자, 그리고 출판사와 독자는 그래서 하나의 사슬을 이루는 고리들입니다. 그 고리 중 하나만 빠져도 그 사슬은 끊어지고

'좋은 책'은 죽어집니다. 그러나 그 세 고리들은 쉽게 끊어지지 않는 질긴 '철심'과 같습니다. "한 사람이면 패하겠거니와 두 사람이면 맞설 수 있나니 세 겹줄은 쉽게 끊어지지 아니하느니라."(전 4:12) 역자는 이 책을 준비하면서 내내 하나님께서 그 '세 겹줄'을 견고하게 하시는 은혜를 주시기를 기도합니다.

오늘날 현대 교회의 가장 심각하고 치명적인 결함은 무엇일까요? 강단 메시지의 중심에 그리스도의 희생제사로써의 죽으심의 절대적인 필연성과 그 충분하고 완전한 가치와 효력이 빠져 있다는 것입니다. 기독교의 메시지는 하나님과 사람의 관계에 집중하되, 중보자 그리스도와 그 행하신 일을 그 중심에 두고 회개와 각성을 촉구하고 논증하고 설득하고 호소하고 권면하는 강화(講話)입니다. 사도 바울이 괜히 '내가 너희 중에서 예수 그리스도와 그의 십자가에 못 박히신 것 외에는 아무 것도 알지 아니하기로 작정하였음이라.'(고전 2:2)라고 한 것이 아닙니다. 그것이 그 중심에서 밀려나면 하나님과의 관계를 위한 '다른 중보'를 모색하기 마련입니다. 그러면 그것이 도덕성이나 종교성의 계발이든, 아니면 정신의학이나 심리학인 처방이든 벌써 '종교다원주의'의 넓은 터가 예비된 셈입니다. '그런 기독교'는 '하나님의 진노의 실상을 감추고 인간주의적인 구원'을 남발하고, 성경의 절대적인 권위를 부인하고 필연코 다른 종교와의 차별을 부끄러워합니다. 그런 기반 위에서의 '교회성장'은 정말 '영적 재난'입니다. 지금 우리는 이 시대 속에서 그 쓰디쓴 열매를 맛보기 시작하였습니다. 이 비극에서 벗어나는 오직 유일한 길은 성경으로 돌아가 '하나님과 중보자 그리스도를 아는 지식'과 그 은혜의 샘물을 퍼마시는 데 있습니다. 교회사 시대 중에서 성령님의 역사가 가장 강력하게 역사하시던 시대의 하나님의 사람들이 그러하였습니다. 그들은 어떤 박해와 세속의 쓰나미도 넘어뜨릴 수 없는 '담대한 확신으로 하나님 앞에' 항상 서 있었습니다. 이 책은 그 영광을 사모하는 이들의 충실하고 명쾌한 길잡이임에 틀림없습니다.

본서 '믿음의 깊은 샘 히브리서 3'은 히브리서 9장, 10장, 11장 3절까지의 강해입니다. 본문이 증거하는 대로 모세를 통하여 주셨던 '첫 장막'의 규례가 예표하고 모형적으로 상징한 것을 그리스도께서 자신을 단번에 희생제물로 드려 완성하셨습니다. 당신의 피를 가지고 '하늘 성소'에 들어감으로써 대제사장이 매해 한 번씩 대 속죄일에 '첫 장막'의 지성소에 들어간 일로 예표하고 모형적으로 보여준 것을 완성하셨습니다. 아울러 본서에서는 그렇게 완전 충분하신 그리스도의 대속의 피를 무시하는 배도의 악독을 경계하는 본문을 명쾌하게 강해합니다.

강해서 저자는 균형 잡힌 성경해석의 혜안을 가지고 본문을 통하여 증거되는 말씀의 교리를 적확하게 풀어내고 있습니다. 단순한 주해나 주석에서 멈추지 않고, 목양적인 자세로 읽는 독자의 영적 상태를 위한 시금석을 제공하며 영적 각성과 확신과 성장을 위한 배려와 돌봄을 빼놓은 적이 없습니다. 그러하기에 이 강해서는 더욱 빛나는 가치가 있습니다. 본래 종교개혁자들과 청교도 설교자들의 전통은 성경을 단순한 지적인 호기심의 차원에서 접근하지 않고 항상 교회 회중을 상대한 목양적인 설교 형식을 취하는 것이었습니다. 그것이 일반 철학의 방식과 현저하게 다른 점입니다. 세상의 초등학문이라 할 수 있는 철학적인 접근은 진리를 향한 이지적인 분석과 종합의 방식을 취합니다. 그래서 그 논리적 결실을 맺으면 그것으로 족합니다. 그러나 성경은 하나님께서 당신의 이름과 나라와 뜻과 영광을 선포하고, 그런 줄기에서 당신의 백성들을 구원하시는 하나님의 사랑과 자비의 목적을 중심에 둔 지극히 목양적인 책입니다.

스펄전 목사님은 성경을 하나님의 절대적인 말씀으로서의 권위를 인정하면서, 말씀을 교리적이고 실천적이고 체험적인 접근방식으로 해석하고 이해하고 삶에 적용할 것을 사역자들과 모든 성도들에게 촉구하기를 멈추지 않았습니다. 그리하여 그리스도 안에서 성령님으로 말미암아 당신의 백성들을 구원하시는 하나님의 복음의 능력 속에 그리스도의 사람들이 거하게 하는 것을 목회 사역의 본질로 여겼습니다. 이 책은 바로 그러한 개혁주의적인 전통을 따르고 있습니다.

히브리서 11장 1-3절이 말하는 '믿음의 본질'에 대한 강해는 가히 탁월한 경지에 이르렀습니다. 흔히 이 대목 같이 사람들에게 가장 잘 알려졌으면서도 가장 많은 오해를 받는 장면이 없습니다. 오늘날 은사주의자들이나 정신의학자들이 이 대목을 '자기 최면적인 심리적 긍정'의 정당성을 뒷받침하는 근거로 삼는 일이 흔합니다. 그러나 여기서의 '믿음'은 창세전에 세우신 하나님의 계획대로 약속하신 바를 소망하며 믿는 믿음을 말하는 것이고, 그 믿음의 중심은 그리스도 예수님 안에 있는 하나님의 구원의 은혜를 바라는 것입니다. 곧 성경 전체를 관통하는 구속사(救贖史)적인 조망에 따라서 창조주요 구원의 주로서의 하나님의 약속을 믿고 대망하는 것이 히브리서 11:1-3에서의 믿음입니다.

그래서 이 대목을 '믿음의 선진들의 행로'를 증거하는 히브리서 11:4 이하에서 11장 마지막까지를 묶은 제 4권에 넣지 않고 제 3권에 넣었습니다.

하나님 아버지의 주시는 은혜 속에서 나머지 제 4, 5, 6권도 빠른 시기에 완간하기를 바랍니다.

주님, 이 책을 인하여 주님의 자녀된 독자들이 성경이 말하는 그리스도 복음의 견고한 터 위에 서서 세상을 이기게 하옵소서. 이 책을 만드는 일에 쓰시는 모든 이들에게 은혜와 능력을 더욱 부어 주시옵소서. 청교도신앙사를 붙잡으시어 주님의 순전한 말씀을 바르게 풀어 당신의 백성들을 먹이는 좋은 책들을 내는 일을 부단하게 해 나가게 은혜를 주옵소서.

2014년 10월

가을의 상큼한 내음이 진하게 풍기는 날에

역자 아룀

39강

모형적인 첫 장막

9:1 첫 언약에도 섬기는 예법과 세상에 속한 성소가 있더라 9:2 예비한 첫 장막이 있고 그 안
에 등잔대와 상과 진설병이 있으니 이는 성소라 일컫고 9:3 또 둘째 휘장 뒤에 있는 장막을
지성소라 일컫나니 9:4 금 향로와 사면을 금으로 싼 언약궤가 있고 그 안에 만나를 담은 금
항아리와 아론의 싹 난 지팡이와 언약의 돌판들이 있고 9:5 그 위에 속죄소를 덮는 영광의
그룹들이 있으니 이것들에 관하여는 이제 낱낱이 말할 수 없노라

사도가 이 서신에서 가장 주요하게 목적하는 바는, 여호와께서 시내산에서 이스라엘과 맺은 "옛 언약"과 그 모든 예배 규례들과 그와 관계된 특권들을 폐하셨음을 확증하는 일입니다. 그처럼 하나님께서 옛 언약을 폐하신 것은 히브리 사람들의 교회 상태에 철저한 변화를 가져왔습니다. 그러나 그것은 유감스러운 일이기는 커녕 그들에게 말로 할 수 없는 큰 은택이었습니다. "새 언약"이 시작되었고, 그와 관련된 복락이 옛 경륜에 속한 복락들보다 훨씬 탁월합니다. 그러므로 눈먼 선입견이나 부패한 불신앙이 아니면, 지금 비추이는 참 빛을 거절하거나 이전 밤의 어두운 그림자를 좋아할 수 없습니다. 하나님께서는 결코 훨씬 더 좋은 것을 돌려주지 않으신 채 어느 것을 포기하라고 요구하시는 일은 하시지 않습니다. 하나님께서 주시는 것을 멸시하는 자들은 손해를 봅니다. 그러나 종교적인 관습에 배인 선입견같이 강하고 극복하기 힘든 것이 없습니다. 그래서 성령께서는 이 여러 장을 통하여 그처럼 인내하시면서 논증을 펴 나가시는 것입니다.

히브리 사람들의 믿음을 방해하는 가장 큰 장애물은, 그들의 의식법(儀式法)과 관련된 모든 것이 '모형적'인 것에 지나지 않는다는 것을 깨닫지 못하는 것이었습니다. 장막(성막)과 제사 직분, 그에 관련된 여러 제사들은 그 의미와 가치에 있어서 '모형적'이었습니다. 모형적이기 때문에 예비적이고 때가 오면 지나가 버리는 것에 불과하였습니다. 일단 그 모형이 가리키는 원형(原型)이 구체적으로 나타났으면, 그 모형의 목적은 이룬 셈입니다. 실체가 나타나면 그림자는 더 이상 필요가 없습니다. 완성된 건물이 모습을 드러내자마자 옆에 대었던 부목(副木)은 떼어지고 옮겨집니다. 어른이 되면 어릴 때 가지고 놀던 장난감은 쓸모없는 것이 됩니다. 만물에 정해진 적당한 때는 아름다움을 보입니다. 추운 겨울이 닥치면 두꺼운 겉옷이 필요합니다. 그러나 여름에 태양이 작열할 때 그 두꺼운 옷은 참으로 진저리가 나도록 싫은 것입니다. 하나님께서도 친히 자기 백성을 예정하신 뜻을 이루어 가시는 경륜에 따라 다루실 때도 그 원리를 따라 행사하셨습니다. 그 점을 인식하기만 하면, 그 전에 아주 모호하였고 희미했던 많은 것이 뚜렷해집니다.

사도는 "낡아지고 쇠하는 것은 없어져 가는 것이니라."고 지적함으로써 히브리서 8장 마지막을 장식했습니다. 그 말씀을 통해서 성령께서는 예레미야서의 말씀으로 분명하게 미루어 생각할 수 있는 추론을 암시했습니다. 성령께서는 "새 언약"을 예고하셨습니다. 그것이 기독교가 굳게 세워지면서 성취되었습니다. 하나님께 예배드리는 새로운 질서가 시작되었습니다. 그것은 예전의 경륜은 "옛 것"이 되었음을 넌지시 암시하고 있었습니다. 그렇다면 그것의 끝이 가까이 왔음에 분명합니다. 8:13의 요지는 다음과 같습니다. 하나님께서 "새 것"이라 말씀하셨습니다. 첫 번째 언약을 "옛 것"으로 만들지 않으셨으면 그렇게 말씀하지 않으셨을 것입니다. "첫 것은 낡아지게 하신 것이니"라는 말씀은 능동적인 의미를 가지고 있습니다. 그것은 옛 경륜에 대한 하나님의 권위 있는 조처를 지시합니다. 그 조처로 말미암아 다른 언약을 "새 것"이라 부르셨다는 것이 그 조처에 대한 하나의 표증과 증거가 되었습니다. 하나님께서는 기독교적 경륜을 '또 다른 언약,' 또는 '둘째 언약'이라 부르지 않으셨습니다. 도리어 '새 언약'이라 부르셨습니다. 그럼으로써 유대교에 속한 언약이 폐지되었음을 선언하신 것입니다.

8장 마지막 몇 절과 9장 처음 몇 절 사이의 관계를 이렇게 표현할 수 있을 것입니다. '옛 언약' 또는 '모세의 경륜'이 '이미 쇠해버릴 차비를' 갖추고 있었다. 그럼에도 불구하고 그 모세의 경륜은 그리스도인들에게마저 중요하고 가치 있는 교훈을 부여한다. 그것은 매우 복된 '모형적' 요점으로 충만하다. 그것이 기록으로 보전된 것은 그것을 주신 분의 영광과 그의 성도들의 덕성과 기쁨 모두를 위해서였다.

그러합니다. 주께서 이스라엘의 초창기에 주셨던 그림과 같은 예표는 실로 놀라운 것이었습니다. 비록 하나님께서 천지를 지으시는 데는 엿새가 걸렸지만, 장막을 짓는 일을 위하여 모세를 가르치는 데는 40년이나 걸렸습니다. 그 점을 보면 하나님께서 그것들의 중요성을 참으로 많이 암시하셨다는 것이 드러납니다. 그 점은 지상에 있는 여호와의 처소를 통해서 미리 예표된 '구속적(救贖的) 은혜'의 사역(事役)이 창조의 사역보다 훨씬 더 영광스러움을 명백히 시사한 셈입니다. 그럼으로써 우리는 눈에 보이는 것들에서 시선을 돌려 하나님의 아들이 빛과 사랑 가운데서 통치하시는 영역으로 마음과 생각을 집중시키는 법을 배우게 되는 것입니다.

알버트 반스(Albert Barnes)가 이에 대해서 설명하는 것을 들어 봅시다.

"히브리서 9장의 보편적 의도는 7장과 8장의 의도와 동일하다. 곧 대제사장으로서의 그리스도가 유대교의 대제사장보다 훨씬 탁월함을 보여 주고 있다는 것이다. 사도는 그리스도의 '지위'와 그가 중보자로 서 계시는 '경륜'의 차원에서 이미 그 사실을 밝혔었다. 이제는 그가 이루신 '제사의 효력'의 차원에서도 밝히려 한다. 이 일을 위해서 그는 옛 유대의 제사법들에 대하여 설명하면서 그것들을 구속주께서 드리신 제사와 비교한다. 진수가 되는 요점은 이것이다. 이전 경륜은 단순한 그림자와 모형과 형상에 불과한 반면에, 후자는 실질적이고 효력적이다."

히브리서 9:1

"첫 언약에도 섬기는 예법과 세상에 속한 성소가 있더라."

사도는 8장에서 그리스도의 제사 직분으로 말미암아 인증된 더 탁월한 언약을 묘사하였습니다. 그럼으로써 그의 직분의 탁월성을 증거하였습니다. 이제는 그 제사장 직무의 '집행'을 보여 주기 위한 길을 만들고 있습니다. 역시 같은 방식의 절차를 따라가면서 그 일을 하고 있습니다. 아론과 그리스도를 서로 비교하였듯이, 지금은 아론의 여러 행사들과 그리스도의 행사들을 비교합니다. 그럼으로써 그리스도의 행사들이 훨씬 탁월함에 틀림없다는 사실을 증거합니다. 그는 먼저 레위 제사 직무에 속한 여러 의식들과 모형들을 언급함으로써 레위 제사장들의 직무 수행을 주목합니다.

"첫 언약에도 섬기는 예법과 세상에 속한 성소가 있더라." 사도는 여기서 먼저 '옛 언약'과 '새 언약'을 대조 비교하되, 그 각 언약을 세워주고 견고케 했던 예배 의식들과 제사들의 차원에서 그리하고 있습니다. 그럼으로써 그는 여전히 모든 경건한 이스라엘 사람들에게 있어서 가장 귀하게 여겨지는 것을 다루고 있는 것입니다. 이스라엘 사람들은 하나님과 화목하려면 장막에서 섬기는 제사장이 드리는 예배 의식과 제사들을 온전히 신뢰하라는 가르침을 받았습니다. 만일 사도가 앞에서 말한 대로 율법적 제사 직분의 폐지가 인정된다면, 그것은 필연적으로 그 제사장들이 섬기던 성소와 모세가 그처럼 엄숙하게 세워주었던 모든 제사법들이 역시 쓸모 없게 되었다는 필연적 귀결이 성립됩니다. 그처럼 깜짝 놀랄 만하고 획기적인 문제를 접근함에 있어서, 성령께서 사도를 어떻게 인도해 나가시는지 관찰해야 합니다. 그러기 위해서 우리는 마땅히 가장 면밀한 주의력을 기울여야 합니다. 그러자면 정말 깊은 탄성이 우리 마음속에서 터져 나오지 않을 수 없을 것입니다.

첫째, 사도는 유대교의 의식(儀式)이 인간이 만들어 낸 것이 아니라는 사실을 부정하지 않습니다. 그러기는커녕, "참으로 첫 언약에도 하나님을 섬기는 예법이 있었다."고 선언합니다. 그래서 그는 앞의 여러 장에서 채용했던 방식을 역시 취하고 있습니다. 그는 이스라엘의 제사장들과 그리스도, 천사들과 그리스도, 모세와 그리스도, 여호수아와 그리스도, 아론과 그리스도를 비교할 때 보다 열등한 쪽을 깔보는 투로 말한 적이 없었습니다. 그는 비교할 때마다 '옛 언약'에 속한 첫 번째 부류를 모욕하기는커녕 그것들의 장점을 드러내었습니다. 그들을 합법적으로 높여 말하면 말할수록, 그리스도가 그들보다 훨씬 탁월하다는 사실을 증명함으로 그리스도께 돌아가는 영광이 그만큼 커집니다. 여기서도 마찬가지입니다. 사도는 반대자들이 내걸 수 있는 원리적인 요점을 인정합니다. 반대자들은 이런 반론을 제기할 수 있습니다. '하나님께서 첫 언약을 세우셨다면, 어째서 그것이 폐지되어야 하느냐?' 사도는 (언뜻 보기에) 가장 난해한 질문에 답하기 전에 먼저 유대교 예배 의식을 하나님께서 제정하신 사실을 인정하고 확증합니다. 그처럼 하나님께서는 인간의 초기 역사에 자기 백성들이 사용할 방편들을 은혜롭게 지정해 주셨습니다.

"…섬기는 예법." 이 표현은 한두 마디의 설명을 필요로 합니다. 여기서 "예법"(ordinances, KJV 난외주에는 ceremonies)으로 번역된 말은 의식들(rites), 규례들(statues), 제도들(institutions)을 의미합니다. 그것들은 다 하나님의 지시하심을 받아 세워진 것들입니다. 하나님께서만이 그것들을 지시할 권한을 가지고 계셨습니다. 그리고 하나님의 백성들은 그것들을 엄숙하게 지켜야 할 의무를 가지고 있었습니다. 그것도 조금도 가감(加減)없이 지켜야 했습니다. 이 "예법"들은 "하나님을 섬기는" 일에 속한 것입니다.[1] 원어에는 "(하나님)을 섬기는"이라는 말이 한 단어로 표현되어 있습니다. 8:5에서 그 말의 동사 형태가 발견됩니다. "저희가 섬기는 것은 하늘에 있는 것의 모형과 그림자라." 신약에서는 그 말이 언제나 종교적이고 신적인 예배와 관련되어 사용됩니다. 사도행전 24:14와 빌립보서 3:3에서는 '예배하다(worship)'로 번역되어 있습니다.[2] 그 말은 경건한 두려움과 떨림으로 예배한다는 의미입니다. 그래서 그 말은 예배를 받으시는 분에 대한 거룩한 외경심과 경외심을 함축하는 말입니다(히 12:28 참조). 그러므로 이 말이 들어 있는 소절의 의미는 '모세의 경륜 아래서 하나님께서는 그의 백성들에게 당신을 예배하기 위한 권위 있는 조항을 제정해 주셨다.'는 것입니다. 이 '예법'은 이스라엘 사람들이 이방의 가증스러운 것을 멀리 하도록 여호와께서 쳐놓으신 울타리였습니다. 하나님께서 옛 언약 아래 있는 자기 백성들과 바로 이 일을 두고 상당히 많이 다투셨습니다.

사도가 여기서 사용한 동사의 시제(時制)를 유심할 필요가 있습니다. 그

---

1) 우리말 개정개역이나 개역한글에서 '섬기는 예법'이라고 번역한 부분을 KJV는'ordinances of divine service'라고 표기하였다. - 역자 주

2) 우리말 개정개역이나 개역한글의 사도행전 24:14에서는 '하나님을 섬기고'로, 빌립보서 3:3에서는 '봉사하다'로 번역되어 있다. - 역자 주

는 "참으로 첫 언약에도 섬기는 예법과 세상에 속한 성소가 '있다.'"라고 말하지 않고 대신 "있었다."고 과거형을 쓰고 있습니다. 그는 분명히 지나간 것을 가리켜 말하고 있습니다. 모세의 경륜은 하나님께서 시내산에서 이스라엘과 언약을 맺으실 때로부터 그러한 예법들을 가지고 있었습니다. 그러나 '그' 언약은 이제 더 이상 힘이 없습니다. 하나님께서 폐하셨습니다. "첫 언약'에도' 섬기는 예법이 있더라."는 말씀은 '새 언약'에도 하나님을 섬기는 "예법"이 있음을 암시합니다. 우리가 이 점을 강조하여 말하는 이유가 있습니다. 기독교의 세례나 주의 성찬도 이 현세대에 속하지 아니한 '유대교적' 의식(儀式)들이라고 고집 부리는 사람들이 얼마간 있기 때문입니다. 그러나 그러한 오류는 이 "첫 언약에도(the first had also)"라는 표현으로 충분히 논박됩니다. - 유대교가 기독교에게 자리를 넘겨주었음을 증거하기 위해서 쓰여진 바로 이 서신에 나오는 어휘로도 그런 억지를 충분하게 논박할 수 있다는 말입니다.

"세상에 속한 성소가 있더라." 이것은 (다음 구절이 명백히 보여주듯이) 모세가 산에서 하나님께 받은 식양(式樣)을 따라 그대로 만든 장막을 가리킵니다. 성령께서 무엇 때문에 여호와의 거룩한 성소를 "세상에 속한 성소"라고 지칭했는지 그 이유를 몰라 심히 당황하는 사람들이 많습니다. 그러나 그 '세상에 속한'이라는 형용사는 결코 난제를 불러일으키지 않습니다. 사도가 비위에 거슬려 그 말을 사용한 것이 아닙니다. 악한 어떤 것을 지시하는 것은 더더욱 아닙니다. 여기서 "세상에 속한(worldly)"이라는 말은 "영적인(spiritual)이라는 말과 반대되어 표현된 말이 아닙니다. 오히려 하늘에 속하기보다 땅에 속한 것을 나타내는 말입니다. 그래서 "세상에 속한"이라는 말의 요지는 모세의 경륜이 잠간 동안 존속하나 영원한 것은 아니라는 사실을 강조합니다. '그 장막'이 이 세상에 세워졌었습니다. 세상에서 발견되는 쇠하여 가는 물질로 세워진 것입니다. 그리고 그 장막은 마음대로 걷어 이동하여 다시 칠 수 있는 간편한 텐트에 불과했습니다. '그 장막'에서 섬기는 것의 효력은 다만 세상에 속한 것들에만 미치고 사활적이고 영원한 것은 확보하지 못했습니다. 히브리서 9:24에서 "손으로 만든 성소"라는 말이 "참 하늘(하늘 자체)"이라는 말과 대조되어 쓰이는 것을 주목하십시오.

우리는 그처럼 미묘하고 난해한 문제를 다루는 사도에게 주어진 지혜에 감탄하지 않을 수 없습니다. 그는 그리스도로 말미암아 이룩된 것이 유대교가 누렸던 것보다 측량할 수 없이 탁월함을 보여 주려는 목적을 가지고 있습니다. 그러면서도 동시에 그 유대교 속에 하나님께 속한 것이 있음을 인정합니다. 그래서 한편으로는 레위 제사장들이 섬기는 것이 "하나님을 섬겼던 것"임을 인정하면서도, 그리스도가 하늘 성소(聖所)에서 부리는 자라는 더 확실한 증거를 제시하기 위하여 길을 닦고 있습니다(8:1,2). 그는 유대교의 장막이 "세상에 속한 것"에 불과하다고 지적합니다.

"세상에 속한 것에 대칭되는 것은 하늘에 속한 창조하지 아니한 영원한 것이다. 그래서 갈라디아서에서 사도는 괄호구적인 성격을 지닌 율법의 경륜을 가리키면서, 그 때는 '세상 초등학문 아래 있어서 종노릇하였다.'고 말한다(갈 4:3). 골로새서에서는 '세상의 초등학문(초보)'(2:20)과 그리스도와 함께 죽은 신자의 하늘에 속한 지위를 대조한다. 믿는 자는 이제 '더 이상 세상에 살지 아니하고' 하늘 위의 것들을 추구하고 있다."(A. Saphir)

히브리서 9:2

"예비한 첫 장막이 있고

그 안에 등잔대와 상과 진설병이 있으니 이는 성소라 일컫고."

이 구절에 대한 존 오웬(John Owen)의 설명을 들어 봅시다.

"여기서 말하는 주제는 장막(성막)이다. 보편적으로 그 장막에 대하여 확증하는 바는 그것이 '만들어졌다'는 것이다. 이 구절과 다음 구절에서 장막을 두 부분으로 나누어 묘사한다. 묘사하는 내용을 보면 다음과 같다. 첫째, 그 두 부분들을 처음에는 이름을 붙여 묘사한다. 둘째, 그 두 부분이 서로 어떠한 연관을 가지는가를 말한다. 셋째, 각 부분들의 내용들이나 거룩한 기구들을 언급한다. 2절에서는 첫 부분의 의미적 위치를 묘사한다. 제사장이 처음 들어가게 되는 장막이 '첫' 장막이었다. 그런 다음에 그 안에 있던 거룩한 세 기구들이 열거된다. 그런 다음에 그 부분의 이름을 불러 '성소'라고 말한다."

"예비한(지은) 첫 장막이 있고." 출애굽기에 보면 이 장막에 대한 자세한 묘사가 나와 있습니다. 그것을 만드는 재료로서의 '천'(tent)은 길이가 30 규빗(45 피트), 너비가 10 규빗(15 피트), 높이는 역시 10 규빗이었습니다. 모양은 직사각형의 장방형으로 꾸며졌습니다. 그것은 또 가운데 휘장(揮帳)으로 나뉘어 있었는데, 나뉜 부분이 서로 같지 않았습니다. 솔로몬 때까지 이것이 하나님을 예배하는 집으로 존속했습니다. 솔로몬 때에 와서 더 영구적이고 장엄한 성전이 지어져 예배 처소가 바뀌었습니다. 이 시점에서 우리는 물어야 합니다. 어째서 성령께서는 사도가 이 서신을 쓰고 있을 당시까지 서 있던 '성전'을 가리키지 않고 "장막"을 가리켜 말씀하시는가? 그 이유를 묻는 것은 당연한 일입니다. "장막"이라는 말이 이 서신에서 열 번 발견됩니다. 그러나 "전(殿)," 또는 "성전"이라는 말은 한 번도 언급되지 않는다. 바울이 어느 사도보다도 그리스도의 부활을 강조했습니다. 성전이 특히 부활하신 그리스도와 그의 영원한 영광을 예표했습니다. 반면에 장막은 그의 낮아지심과 겸비함을 주도적으로 상징했습니다. 그러니 이 점은 더욱 주목할 만합니다. 그러나 난제는 쉽게 풀려집니다. 이스라엘이 그들의 기업된 땅에 온전히 정착하기까지는 아직 그 성전이 세워지지 않았습니다. 성령께서는 여기서 아직 광야에 있던 사람들을 가리키고 있는 것입니다!

성령께서 이제 둘로 나뉜 장막의 방에 들어 있던 거룩한 기명(器皿)들을 있는 그대로 지적하십니다. 그러나 이러한 것들의 신비적인 의미를 확실하게 해석하도록 어떠한 '원칙'을 우리에게 주셨는데, 그것이 무엇입니까? 하나님께서는 자기 백성들이 멋대로 아무렇게나 하도록 내버려 두신 것이 아닙니다. 바로 이 서신에서 성령께서는 그 장막과 그 장막 안에 있는 모든 것들이 그리스도를 모형적으로 나타냄을 은혜롭게 알려 주셨습니다. 물론 아직 그리스도를 절대적인 차원에서 생각하면 그렇지 않지만, 교회가 그리스도와 신비적인 연합을 누리고 있다는 점에서 보면 그러합니다. 히브리서 전체를 통해서 '중보자' 직무의 차원에서 그리스도를 보고 있기 때문에 그러합니다. 그래서 장막과 그 거룩한 기명들과 예법들은 자기 백성들의 머리이신 그리스도의 인격(人格)과 사역(事役)과 직무들과 영광을 상징적으로 나타내었습니다. 히브리서 8:2의 말씀이 그 점을 명확하게 말해 줍니다. 그 부분의 강해를 참조하십시오. 거기서는 "참 장막"이라고 하였습니다. 거기서 오류에 찬 이방의 신전들에 비하여 우리 주님의 인성을 상징적으로 나타낸 '참된 장막'의 성격을 가리키느라 그 표현을 쓴 것이 아닙니다. 모형적이고 언젠가는 없어질 것에 불과한 '모세의 장막'에 대칭되는 하늘에 있는 성소를 가리키며 그리 표현한 것입니다. 주 예수 안에서 우리는 이스라엘 사람들이 그림자로만 보았던 것의 실체를 얻습니다.

히브리서 9:2

"예비한 첫 장막이 있고 그 안에 등잔대와 상과 진설병이 있으니 이는 성소라 일컫고."

여기에 바깥뜰이 전혀 언급되지 않음을 유의해야 합니다. 기름 부음 받은 사람의 눈은 다른 많은 곳에서와 같이 이것이 생략된 것에 대하여도 성경기자를 다스려 상세한 국면까지 인도하시고 감동하신 성령님의 절대적인 통제를 분명히 분별해 낼 것입니다. 필자의 출애굽기 강론(1926년에 발행한)에서 그 점에 대하여 여기서 보다 더 자세하게 강조하였습니다. 지금은 바깥뜰과 관련된 모든 것이 그리스도께서 육체를 입고 계시는 날에 그리스도로 말미암아 성취되었다고 말하는 것으로 만족해야 할 것입니다. 그 "바깥뜰"은 모든 사람들이 접근할 수 있는 곳이었고 지붕을 씌우지 않았습니다. 그 자체가 대번에 이 세상에 계셨던 그리스도를 우리에게 암시해 줍니다. 그분은 사람들 앞에 공적으로 나타나셨습니다. 또한 그 바깥뜰이 있는 놋 제단은 십자가를 말합니다. 거기에서 하나님께서는 자기 백성들의 죄를 공식적으로 다루셨던 것입니다. 그리고 세마포 앙장(仰帳)은 그리스도께서 하나님의 의와 거룩의 요구를 만족시켰음을 상징합니다. 또 그것의 여섯 기둥은 "구원하기에 능하신" 그리스도의 힘과 능력을 말합니다. 또한 그 뜰에 있던 놋으로 만든 물두멍은 그리스도께서 말씀으로 자기 교회를 정결하게 씻으심을 예표했습니다(요 13장).

성전 바깥뜰이 지상에 대한 그리스도를 보여 주었듯이, 성소(聖所)와 지성소(至聖所)는 하늘에 계신 그리스도를 그려 주었습니다. 성소는 제사장 가족이 아니고는 아무도 들어갈 수 없는 방(chamber)이었습니다. 여호와께 은총을 받은 종들만이 그곳에서 하나님을 섬겼습니다. 그러므로 그 곳은 '교통(communion)'의 장소였습니다. 그 점과 완전한 조화를 이루어 그 안에 있던 세 기명들은 '교제(fellowship)'를 상징했습니다. 등대는 교제의 '능력'이 되시며 교제에 필요한 빛을 제공하시는 그리스도를 예표했습니다. 떡 상과 그 위에 있는 진설해 놓은 떡들은 우리 교제의 '실질적인 내용'으로서의 그리스도를 예표했습니다. 우리는 그분을 의지하여 잔치를 벌입니다. 우리가 계속 하나님 앞에서 가납(嘉納)되도록 간구하심으로 우리의 교제를 '지탱하시는' 그리스도를 모형으로 나타내었습니다. '향단(香壇)'을 여기서 언급하지 않는 이유는 4절에서 다루게 될 것이기 때문입니다.

"예비한 첫 장막이 있고 그 안에 등잔대와…" 그 첫 장막에는 창문이 하나도 없었습니다. 그것은 자연의 빛으로는 영적인 것들을 밝힐 수 없기 때문입니다. 그러므로 지성소를 가리고 있는 휘장 가까이 남편에 놓인 이 거룩한 기구로부터 불이 밝혀졌습니다. 출애굽기 25:31-36에 그것에 대한 자세한 묘사가 나타나 있습니다. 그 등잔대는 정금으로 만드는데, 각 부분이 서로 연하여 한 덩어리가 되어야 합니다. 그 잔과 여러 가지 장식들이 다 한 덩어리가 되어야 합니다. 그리하여 이음새와 때운 자국이 없어야 합니다. 그리고 그 등잔대는 순결한 감람유를 써야 했습니다.

'등잔대'가 성소에 서 있었다는 사실은 대번에, 그 등잔대가 '세상의 빛'으로 오신 그리스도를 모형적으로 나타낸 것이 아님을 보여줍니다. 많은 주석가들이 여기에서 실수하는 것은 참 이상합니다. 이 점에 대한 그리스도의 말씀은 너무나 명백합니다. "내가 세상에 있는 동안에는 세상의 빛이로라."(요 9:5. 함께 참조할 본문은 12:35,36). 여기 지상에서 나타내 보이실 때만 세상의 빛이셨다는 말입니다. 그러나 사람들은 빛보다 어두움을 더 사랑했습니다. 그들은 빛을 거부하였고, 자기들에 관한 한 그 빛을 꺼버렸습니다. 그리스도가 악한 자의 손으로 죽임을 당한 이후 세상은 결코 그 빛을 다시는 보지 못했습니다 그는 지금 그들의 눈에 보이지 않습니다. 그러나 세상에 의해서 죽임 당하신 그 분은 다시 살아나시어 높은 곳으로 올라가셨습니다. 지금 그 빛이 거하는 곳은 하나님 앞에 있는 하늘의 성소입니다. 성도들이 거기 있을 때 그에게 가까이 나아감을 얻습니다. - 그것이 얼마나 기이하고 놀라운 특권입니까!

생명의 빛을 추방한 세상에 두꺼운 그림자가 내리 덮쳤습니다. "악인의 길은 어둠 같아서 그가 거쳐 넘어져도 그것이 무엇인지 깨닫지 못하느니라."(잠 4:19). 지금은 밤입니다. 왜냐하면 '높은 데서부터 비취는 여명(Dayspring)'이 없기 때문입니다. '등잔대'는 어둠의 시간 동안 하나님의 백성들을 위하여 마련해 놓으신 은혜로운 장치를 말합니다. '의의 태양'이 다시 한 번 떠올라 구름 없는 아침 햇살처럼 이 땅을 환하게 비추기 전에 하나님께서 자신의 백성들을 위하여 그리하십니다. 그 등잔대는 일곱 가지로 나뉘어 있었고, 거기에 부단하게 기름을 주었습니다. 그것은 그리스도 예수 안에 있는 빛의 충만함을 상징했습니다. 그리고 그로 말미암아 그 빛이 온 교회에 충만하게 됨을 나타냅니다. "기름"이 그 등잔대에 부어지면 그 등잔대에서 빛이 나옵니다. 성령님과 중보자의 경륜적인 관계가 그러하였고, 지금도 그러합니다. 첫째, 그리스도께서 "그의 동류들보다 승하게 성령님으로 기름부음" 받으셨습니다(시 45:7. 요 3:34는 참조). 그런 다음에 그리스도께서 성령님을 보내셨습니다(행 2:33). 객관적으로, 성령께서는 말씀을 통해서 우리에게 빛을 전달하십니다. 주관적으로는 내적이고 초자연적인 조명을 통해서 우리에게 빛을 전달하십니다.

"상과 진설병이 있으니." 이 둘이 서로 친밀하게 연관되어 있으나 그것들이 나타내는 모형적인 의미에서 구별될 수 있습니다. 이 둘이 서로 자연스러운 관계를 가지고 있다는 것을 주목하면, 그것들의 영적인 의미를 깨닫게 하는 데 도움을 얻습니다. 떡이 상(床) 위에 놓이고 상은 그 떡을 받치고 있습니다. 상은 '함께 먹는 것'(Communion)을 말합니다. 사무엘하 9장에 이에 대한 아름다운 그림이 발견됩니다. 거기서 다윗은 이렇게 묻습니다. "사울의 집에 오히려 남은 사람이 있느냐 내가 요나단을 인하여 그 사람에게 은총을 베풀리라."(1절) 이것은 하나님께서 자기의 사랑하시는 자 때문에 원수의 집에 속한 자들에게 자비를 보이시는 놀라운 은혜를 그려주는 사랑스러운 예증입니다. 사울의 가문 중에 다리를 저는 므비보셋 한 사람이 남아 있었습니다. 다윗은 사람을 보내어 '그를 데려오게' 했습니다. 다윗은 원수된 사울의 집과 완전하게 화해하였음을 보여주기 위하여 사울의 손자를 그렇게 대우하였습니다. "네 주인의 아들 므비보셋은 항상 내 상에서 먹으리라."(10절) 그럼으로써 그가 가장 친밀한 교제의 장소에 앉게 될 것임을 확증했습니다. 고린도전서 10:20,21은 역시 '상(床)'의 영적인 의미를 보여 줍니다.

상에 진설된 떡인 "진설병"은 모두 열 두 장이었습니다. 그 떡도 역시 그리스도를 말합니다. "오직 내 아버지가 하늘에서 내린 참 떡을 너희에게 주시나니."(요 6:32) "진설병"이란 말은 문자적으로 '여러 면(面)을 가진 떡'입니다. 그 면(面)들은 상징적으로 '임재(presence)'를 나타냅니다. 그럼으로써 떡이 있는 곳에 하나님이 임재하심을 지시합니다. "상 위에 진설병을 두어 항상 내 앞에 있게 할지니라."(출 25:30) 대제사장 흉배의 '열 두 보석'처럼 '열 두 덩이 떡'은 이스라엘 '열 두 지파'가 하나님 앞에 알현되어 있는 모습을 그려 주었습니다. 그래서 그것은 모형적으로 주 예수께서 친히 자기의 언약 백성들과 '하나 되심'을 상징하는 것입니다.

히브리서 9:3

"또 둘째 휘장 뒤에 있는 장막을 지성소라 일컫나니."

첫 번째 휘장이 장막 입구에 '쳐 있어' 바깥뜰에 있는 사람들이 그 안을 들여다보지 못하게 하였습니다. 출애굽기 26:36,37에 그것이 잘 묘사되어 있습니다. "둘째 휘장"은 출애굽기 26:31-33과 히브리서 10:20에서 설명되고 있습니다. 그 휘장은 성소에 있는 자들이 지성소 안을 들여다보지 못하게 막은 '두꺼운 커튼'이었습니다. 레위 사람들이 성소에서 섬겼으나, 지성소에는 아무나 들어가지 못하고 한 사람이 일 년에 한 번밖에 들어가지 못했습니다. '첫 장막'에서 자리를 잡고 있는 '세 가지'가 언급되었습니다. 그리고 지성소와 관련하여 '일곱 가지' 기구들이 언급되었습니다.

히브리서 9:4

" 금 향로와 사면을 금으로 싼 언약궤가 있고

그 안에 만나를 담은 금 항아리와

아론의 싹 난 지팡이와 언약의 돌판들이 있고."

먼저 우리는 여기서 사도가 얼마나 적확하게 말하고 있는지를 주목해야 할 것입니다. 2절에서는 "등잔대가 있었으니"라고 말하였습니다. 왜냐하면 2절에 언급된 기명들은 고유하게 첫 장막에 속하였기 때문입니다. 그러나 여기서는 "금향로를 가졌으니"라 합니다. 그 이유는 무엇입니까? 이 기구가 지성소에 놓였던 것이 아니기 때문입니다. 그러면 여기서 그것이 무엇을 가리키는지요? 분명하게 말하여 레위기 16:12,13에 기록된 것을 의미합니다. "향로를 취하여 여호와 앞 단위에서 피운 불을 그것에 채우고 또 곱게 간 향기로운 향을 두 손에 채워 가지고 '휘장 안에 들어가서' 여호와 앞에서 분향하여 향연(香煙)으로 증거궤 위 속죄소를 가리게 할지니 그리하면 그가 죽지 아니할 것이며."(레 16:12,13)

아론은 일 년 중 364일은 매일 성소에 서 있던 금향단(金香壇)에서 섬겼습니다. 그러나 그 한 날, 곧 "해마다 있는 속죄일"에는 그렇게 하지 않았습니다. 대신 그는 "금향로"를 가지고 휘장 안으로 들어갔습니다. 히브리서 9:2에 "금향단"이 전혀 언급되지 않은 것도 바로 그 이유에서입니다. 성령께서는 여기서(뒤에 나오는 여러 구절들과 함께) 속죄일에 거행되는 유대교 의식을 다루고 있습니다. 그리고 주 예수로 말미암아 그 모형이 성취되는 것을 다루고 있습니다. "금향로"는, 그리스도의 인격이 하나님께 가납되고 그 간구하심이 효력 있음을 상징적으로 드러내었습니다. 레위기 16:12,13의 아름다운 모형은 그리스도께서 십자가에서 하나님을 만족하게 하신 결과를 보여줍니다. 그 결과 중보자로서 드리는 간구가 아버지께 향기로운 냄새로 받아들여집니다. 그것이 그의 교회를 구원하는 데 효력을 발생합니다. 이 향의 연기가 율법이 들어 있고 하나님의 임재를 상징하는 상징물, 곧 법궤와 시은좌(施{恩座, 속죄소)를 덮었다는 사실은 무엇을 의미합니까? 그리스도께서 율법을 높이셨으며, 율법의 모든 요구가 만족되었으며, 그래서 이제 그리스도께서 믿는 모든 자들에게 '의를 위하여 율법의 마침'이 되심을 시사한 것입니다.

히브리서 9:4

"금 향로와 사면을 금으로 싼 언약궤가 있고
그 안에 만나를 담은 금 항아리와 아론의 싹 난 지팡이와
언약의 돌판들이 있고."

속죄소(시은좌)를 덮개로 하고 있는 언약궤는 장막에서 가장 영광스럽고 신비로운 기구였습니다. 그것을 가장 처음 만들었습니다(출 25:10,11). 말하자면 성소 전체가 언약궤가 거할 처소를 마련하기 위하여 지어진 것이나 마찬가지입니다(출 26:33). 언약궤는 하나님께서 친히 자기 백성들 가운데 계심과, 하나님의 언약의 복락이 그들 위에 머물러 있음을 보여주는 뛰어난 상징이었습니다. 그것은 '율법의 두 돌판'을 보존하는 궤였습니다. 다른 모든 기구들보다 그것이 탁월하다는 것을 솔로몬의 시대에 더욱 분명하게 밝혀졌습니다. 왜냐하면 그 언약궤만이 장막에서 성전으로 옮겨졌기 때문입니다.

언약궤는 성육신하신 하나님의 아들의 걸출한 상징이었습니다. 그것을 만든 나무는 그의 죄 없는 인성을 모형적으로 나타냈습니다. 언약궤를 만든 '조각목'은 결코 좀이 먹지 않습니다. 구약의 70인역 성경은 그것을 '썩지 아니하는 나무'로 번역합니다. 그 나무의 안과 밖을 금으로 싸 그리스도의 신적 영광을 예표하였습니다. 그 법궤를 만든 두 재료는 신인(神人)이신 그리스도의 신성(神性)과 인성(人性)이 '연합'됨을 상징했습니다. "그(하나님)는 육신으로 나타난바 되시고."(딤전 3:16) 그 언약궤는 이스라엘 속에서 하나님의 보좌를 형성했습니다. "그룹 사이에 좌정하신 자여 빛을 비추소서."(시 80:1) 그리스도는 범사에 하나님을 완전히 받들어 섬기시고, 그의 하나님의 통치를 존귀케 한 오직 유일하신 분입니다. 구약에서 그 언약궤에 주어진 일곱 개의 명칭마다 그리스도의 인격의 각 탁월성들을 밝혀줍니다. 그 법궤를 둘러싼 주목할 만한 역사(歷史)와 관련된 모든 일들(민 10:33 ; 14:44 ; 수 3:5-17 ; 6:4-20 등에서와 같이)은 모형으로서 신인(神人)이신 그리스도 안에서 그 의미가 성취되었습니다.

"그 안에 만나를 담은 금 항아리와." 어떤 사람들은 이 진술과 열왕기상

8:9의 "궤 안에는 두 돌판 외에 아무것도 없으니"라는 말씀이 서로 상치된다고 상상했습니다. 그러나 두 대목 사이에는 전혀 위배됨이 없습니다. 왜냐하면 그 대목들이 각각 진술하는 시기가 다르기 때문입니다. 히브리서 9:4는 장막에 놓인 법궤를 말하고, 열왕기상 8:9는 성전으로 안치된 후의 그 내용물을 말합니다. 이 차이를 주목하는 것은 중요합니다. 왜냐하면 그것은 히브리서 9:4의 말씀을 영적으로 이해하는 데 필요한 열쇠를 제공하기 때문입니다. 히브리서 9:4에서는, 하나님의 백성들이 광야를 지나 순례길을 행하는 동안 그 백성들을 위해서 그리스도 안에서 하나님이 마련하신 것을 알려줍니다. 그래서 "만나"는 애굽에서 가나안까지 가는 동안의 이스라엘의 음식이었습니다. 그것은 우리의 영혼을 위한 하늘에 속한 실체인 그리스도의 모형입니다. "금 항아리에 만나를 담아 놓았다."는 것은 영광 가운데 하나님 우편에 계신 그리스도를 가리켜 말해줍니다.

"아론의 싹 난 지팡이와." 이것은 민수기 17장에 기록된 것을 가리킵니다. 민수기 16장에 모세와 아론을 거스르고 반역한 일이 기록되어 있습니다. 하나님께서 그 두 종에게 부여하신 권위에 시기하여 그러한 불상사가 일어났었습니다. 고라와 그 일당들이 일으킨 반역은 즉각적으로 높은 데 계신 하나님의 판단을 불러왔습니다. 하나님께서는 아론을 명백히 입증하는 표증을 보여 주셨습니다. 그 하나님의 입증 형식은 매우 교훈적인 의미를 가지고 있습니다. 주께서는 모세에게 열 두 지파의 지팡이들을 가져오도록 명하셨습니다. 레위 지파의 지팡이 위에 아론의 이름을 썼습니다. 그 지팡이들을 법궤 위에 놓도록 명하셨습니다. 그리고 싹이 나는 지팡이가 제사장 지파로 하나님께 선택받은 지파임을 확증해 주셨습니다. 다음날 아침 아론의 지팡이에 "순이 나고 꽃이 피어 살구가 열린" 것이 발견되었습니다. 그 후에 하나님께서는 모세에게 아론의 지팡이를 법궤 앞에 두어 "패역한 자에 대한 표징으로" 삼으라고 명하셨습니다. 생명 없는 지팡이가 꽃이 피었다는 것은 무엇을 상징하였습니까? 하나님께서 사람들에게 버림받은 아들을 죽은 자 가운데서 일으켜 세우심으로써 그 아들의 의로우심을 입증하시는 예표였습니다. 그래서 그것은 우리의 크신 대제사장의 부활의 능력을 말해줍니다.

"언약의 돌판들이 있고." 이것은 신명기 10:1-5의 말씀을 가리킵니다. 두 돌판을 법궤 안에 담아 두는 것(두 돌판에 십계명이 새겨져 있었다)을 통하여 그리스도께서 율법을 높이시고 영예롭게 하셨음을 미리 그림자로 보여 준 것입니다(사 42:21). 시편 40:7,8에 이 모형의 성취가 진술되어 있습니다. 거기서 우리는 중보자께서 하시는 말씀을 듣습니다. "그때에 내가 말하기를 내가 왔나이다 나를 가리켜 기록한 것이 두루마리 책에 있나이다 나의 하나님이여 내가 주의 뜻 행하기를 즐기오니 '주의 법이 나의 심중에 있나이다." 하나님의 백성들을 대표하는 그분이 "율법 아래" 들어 가셨습니다(갈 4:4). 그리고 그 율법을 완전하게 이루셨습니다(마 5:17). 그러므로 "한 사람의 순종하심으로 많은 사람이 의인이 되리라."고 기록된 것입니다(롬 5:19). 그래서 각 신자마다 "공의와 힘은 여호와께만 있나니"라고 외칠 수 있는 것입니다(사 45:24).

히브리서 9:5

"그 위에 속죄소를 덮는 영광의 그룹들이 있으니
이것들에 관하여는 이제 낱낱이 말할 수 없노라."

시은좌(속죄소)의 양 끝에 날개를 편 그룹들이 서로 중심을 보며 얼굴을 향하고 있었습니다. 마치 하나님의 보좌를 보호하는 것처럼 위에서 드리워 있었습니다. 그 형상과 관련하여 어떤 심오한 의미가 있다는 것은 출애굽기 25:17-22에 나오는 시은좌에 대한 묘사에서 발견됩니다. 그 그룹들이 중요한 위치를 차지하고 있는 것으로 그 중요성은 명백하게 드러났습니다. 거기 보면, 단수나 복수로 일곱 번이나 그룹들이 언급되어 있습니다. 창세기 3:24에서 그 그룹들이 언급되는데, 그것은 그들이 하나님의 법정적(法廷的) 권위의 행사와 연관되어 있음을 암시합니다. 그것이 또한 요한계시록 4:6-8(겔 1:5-10 참조)에서 하나님의 보좌와 관련되어 있습니다. 여기 히브리서 9장에서는 "영광의 그룹들"이라고 칭하고 있습니다. 그것은 '쉐키나'(하나님의 임재의 영광)가 그 둘 사이에 존재했기 때문입니다.

"속죄소"(또는 시은좌)는 대제사장이 속죄의 피를 놓는 보좌였습니다. 그곳은 화목이 이루어지는 곳이 아니었습니다. 화목은 놋 제단에서 이루어졌습니다. 오히려 그곳은 화목의 영속적인 가치가 하나님 앞에서 증거 받는 곳이었습니다. 로마서 3:25은 우리에게 그 실상을 보여줍니다. 하나님께서는 복음으로 말미암아 그리스도를 자신의 진노를 달래주는 분으로 세우십니다(갈 3:1). 하나님께서는 그리스도를 어떤 분으로 세우셨습니까? 하나님의 백성들의 죄를 향한 하나님의 거룩한 진노를 유화시키는 분으로, 하나님의 율법의 의로운 요구를 만족시키는 분으로, 신성(神性)의 모든 속성들을 영화롭게 하시는 분으로 그리스도를 세우십니다. 그리스도께서 친히 하나님의 '안식의 처소'(resting-place)가 되십니다. 하나님께서는 그 처소 안에서 십자가에서 그리스도로 이루어진 화목 때문에 그의 은혜의 모든 충만함을 가지고 불쌍한 죄인들을 만나십니다.

"이제 낱낱이 말할 수 없노라." 이 마지막 소절은 백스터(Bagster)의 원어대조역성경(Interlinear)에 이렇게 번역되어 있습니다. "그것에 대하여 지금은 상세하게 말할 때가 아니다(concerning which it is not now(the time) speak in detail)." "그것에 관하여(concerning which)"는 5절에서 발견되는 것에만 국한되는 것으로 이해하지 말아야 합니다. 오히려 2-5절에 언급된 모든 것을 가리키는 말로 이해해야 합니다. 장막과 그 안에 있는 모든 것의 영적인 의미를 상세히 설명하자면, 대제사장의 섬김에 대하여 알아보려는 사도의 의도를 멀리 벗어나게 할 것입니다. 그럼에도 불구하고 그 장막의 각 부분이 주 예수님과 그의 사역의 모형으로서 각각 특별한 의미를 가졌음을 암시합니다.

40강

그리스도와 대조되는 제사장들

9:6 이 모든 것을 이같이 예비하였으니 제사장들이 항상 첫 장막에 들어가 섬기는 예식을
행하고 9:7 오직 둘째 장막은 대제사장이 홀로 일 년에 한 번 들어가되 자기와 백성의 허
물을 위하여 드리는 피 없이는 아니하나니 9:8 성령이 이로써 보이신 것은 첫 장막이 서 있
을 동안에는 성소에 들어가는 길이 아직 나타나지 아니한 것이라 9:9 이 장막은 현재까지
의 비유니 이에 따라 드리는 예물과 제사는 섬기는 자를 그 양심상 온전하게 할 수 없나
니 9:10 이런 것은 먹고 마시는 것과 여러 가지 씻는 것과 함께 육체의 예법일 뿐이며 개혁
할 때까지 맡겨 둔 것이니라

우리는 지난 강론을 시작하면서 사도가 이 히브리서에서 가장 주요하게 의도하고 있는 것이 무엇인지 지적한 바 있습니다. 여호와께서 시내산에서 이스라엘과 맺은 "옛 언약"과 그 모든 예배 규례와 그것과 관계된 특권들을 친히 폐하셨음을 증거하고 확증하는 것이 사도의 주요한 의도입니다. 히브리인들의 교회 상태의 철저한 변혁을 함축했습니다. 그러나 그것은 낭패를 가져오는 일이기는 커녕 그들에게 말로 할 수 없는 유익이 되었습니다. 성령께서는 바울을 통하여 그 점을 확증해 나가십니다. 말하자면 모세의 얼굴에서 수건을 제거합니다. 고린도후서 3:13에서 우리는 이러한 말씀을 대합니다. "우리는 모세가 이스라엘 자손들에게 장차 없어질 것의 결국을 주목하지 못하게 하려고 수건을 그 얼굴에 쓴 것 같이 아니하노라." 이 말씀은 하나님께서(당신 자신의 경륜적인 방식들과 조화를 이루시며) 눈에 보이는 물리적인 대상을 통하여 신비롭게 그려주시고 예표하신 심오한 영적 진리를 바라보도록 합니다.

고린도후서 3:7에서 사도는 모세의 얼굴의 광채를 그의 직분의 상징으로 말합니다. 모세가 받은 계시는 신적이고 영광스러운 것이었습니다. 그러나 모세를 통해서 전달된 진리는 '희미한' 형식(모형들과 표상들로 말미암아) 속에 있었기 때문에 모세는 수건으로 얼굴을 가리었습니다. 바울은 '새 언약의 일꾼'으로서 "우리가 이 같은 소망이 있으므로 담대히 말하노니"(고후 3:12)라는 표현을 썼습니다. 다시 말하면, '풀기 어려운 비유'나 수수께끼 같은 예언들을 전혀 채용하지 않았다는 말입니다. 비밀스런 의식(儀式)들에 대하여는 더욱더 그리하지 않았습니다. 모세는 "이스라엘 사람들이 장차 없어질 것의 결국을 주목하지 못하게 하려고" 수건을 그 얼굴에 썼습니다(고후 3:13). 다시 말하면 그들이 모세의 얼굴에서 빛나는 하늘에 속한 광채가 사라지는 모습을 보지 못하게 하려고 수건을 썼다는 말입니다. 이 일의 신비적인 의미는 레위, 또는 율법의 직분의 시대가 언젠가는 궁극적으로 중지될 것임을 그 때에는 이스라엘로 모르게 하셨다는 것입니다. 그 사실을 훨씬 훗날에 가서야 공표하기로 하고 유보하여 놓으셨던 것입니다.

"그러나 그들의 마음이 완고하여 오늘까지도 구약을 읽을 때에 그 수건이 벗겨지지 아니하고 있으니 그 수건은 그리스도 안에서 없어질 것이라."(고후 3:14) 그렇습니다. 모세를 통한 경륜을 무겁게 덮고 있던 '그 수건'이 이제는 "그리스도 안에서" 없어집니다. 왜냐하면 그리스도는 그 모형들의 원형이시요, 그것들을 푸는 열쇠요, 그것들을 밝히는 태양이시기 때문입니다. 이점을 증거하는 것이 히브리서의 큰 목적입니다. 여기에 모세의 제도(制度)들로부터 '수건'이 '교리적으로' 제거됩니다. 여기서 성령께서는 "옛 언약"의 본질과 목적을 알리십니다. 성령께서는 이스라엘 예배의 모든 규례와 법도들이 가진 의미와 잠정적인 효력을 선포하십니다. 성령께서는 레위의 의식들과 예법들이 하늘에 속한 것들을 상징하는 것이라고 알리십니다. 그러나 그러한 하늘에 속한 것들이 그 사본(寫本)처럼 그려주었던 것이 제거되지 않고는 세움 받을 수 없음을 강조하십니다. 여기서 성령께서는 하나님의 영광이 그리스도 예수의 얼굴에서 빛남을 보여 주십니다.

옛 언약의 영광을 이루고 있었던 세 가지 요점이 있었습니다. 유대인들은 그 세 가지 요점에 너무 집착한 나머지 그들에게 전해진 복음을 거절하였습니다. 그 세 가지 사항은 이러합니다. 첫째는 제사 직분입니다. 둘째는 그 제사 직분이 수행되는 장막과 그 모든 후속 장치들입니다. 마지막 셋째로 제사를 통해서 그 장막에서 제사장들이 수행하던 일과 예배입니다. 특히 그 장막 속에서 전체 회중들의 죄를 위하여 엄숙한 속죄를 이루었던 제사들이 있었습니다. 사도는 그러한 세 가지 사항들을 염두에 두면서 다음과 같이 말하고 있습니다.

첫째, 그것들 중 어느 것도 교회의 상태를 온전하게 만들 수 없습니다. 또한 하나님과 예배자들 사이에 확실한 평강과 신뢰를 가져오게 할 수 없다는 것입니다.

둘째, 그것들은 모형에 불과하였습니다. 그것들보다 훨씬 더 고상하고 탁월한 것을 상징적으로 나타내기 위해서 세워진 모형에 불과하였다는 것을 말하고 있습니다.

셋째, 그들이 예표하였던 것의 전체를 주 예수 그리스도께서 그의 인격과 중보를 통해서 실질적이고 구체적으로 성취하셨음을 증거합니다. 그것들이 기대하게 유도하였던 장본인이 바로 예수님이십니다. 그것들이 다 예수 그리스도를 가리키도록 주어졌다는 것을 증거합니다.

히브리서 7장에서 사도는 제사 직분과 관련하여 이 점을 온전히 확증한 바 있습니다. 특히 성육신하신 아들을 중보자와 보증자로 삼고 있는 '새 언약'의 성질과 탁월성에서 끌어낼 수 있는 부차적인 큰 논증을 통해서 그 점을 확증했었습니다. 9장에서는 장막에서 섬기는 제사 직분에 속한 제사들과 섬김들을 거론합니다. 유대인들이 하나님과 화해하기 위해서 가장 큰 신뢰를 두었던 것이 바로 그것들입니다. 그들은 그것 때문에 자기들의 교회 상태와 예배의 탁월성을 뽐내었습니다. 이 점이 복음 선포와 그 복음을 거절하였던 사람 사이의 주요한 차이점입니다. 그 차이에 따라 하나님 앞에서 죄인들이 의롭다 하심을 얻는다는 칭의(稱義) 교리 전체가 좌우되었습니다. 그러기 때문에 사도는 상세한 국면으로 접어들어서 율법에 속한 제사의 본질과 용도와 효력을 선언하며, 다른 모든 제사들을 폐한 그리스도의 제사의 본질과 영광과 효력을 확증합니다(이 문단은 John Owen의 글을 요약한 것임).

히브리서 9:6

"이 모든 것을 이같이 예비하였으니

제사장들이 항상 첫 장막에 들어가 섬기는 예식을 행하고."

사도는 장막의 구조가 두 부분으로 나뉘었음을 간단하게 언급하였고, 그 각 부분에 속한 기구를 웬만큼 언급하였었습니다. 이제 사도는 시선을 돌려 그것들이 하나님을 섬기는 데 어떤 용도로 계획된 것인지 생각하려 합니다.

"이 모든 것을 이같이 예비하였으니" 먼저, 사도는 이 점을 언급합니다. KJV에서는 "이 모든 것들이 그같이 세워졌으니(these things were thus ordained)"라고 번역 합니다. RV(Resided Version)에서는 더 좋게 "이같이 예비하였으니(thus prepared)"라고 번역하였습니다. 왜냐하면 2절의 "예비한 첫 장막이 있고(there was a tabernacle made ; the first)"의 헬라어 원문을 보면 'made'로 번역된 부분이 '정돈하여 제자리에 앉혔다(dispose and arrange)'는 뜻입니다. 2-5절에서 언급된 것들이 만들어져 신중하게 정렬된 것은 아름답게 보이기 위한 것이 아니었습니다. 하나님을 예배하는 용도를 위하여 계획된 일이었습니다. 여기서 우리가 배우는 교훈은 무엇입니까? 하나님께서 받으실만한 예배를 드리려면, 하나님의 말씀으로 명하신 양식(樣式)을 엄격하게 따라야 한다는 사실입니다. 그 점을 유심히 숙고하십시오(대상 15:12,13). 하나님을 섬기는 예법이 시행되기 전에, 먼저 하나님을 섬기기 위한 모든 일들이 신중하게 예비되었습니다. 그와 같이 오늘날도 공적으로 모여서 하나님을 예배할 때, 성령을 따라 그 예배를 인도할 사람들이 합당해야 합니다. "새 언약의 일꾼 되기에" 마땅한 사람이어야 예배를 바르게 인도할 수 있습니다(고후 3:6). 그리고 적절하게 하고 질서대로 해야 합니다(고전 14:40). 단순하게 인간의 유전(遺傳, tradition)을 따라서 할 일이 아닙니다(마 15:9). 또한 가르치기에 합당한 메시지도 있어야 합니다(고전 14:26).

"제사장들이 항상 첫 장막에 들어가 섬기는 예식을 행하고." 아론의 아들들만 제사장이 되어 성소에 들어갈 것이 허락되었습니다. 그러나 이 사람들 마저도 성소를 넘어 지성소에 들어가지는 못하였습니다. 더 내밀한 지성소에는 대제사장들만 들어갔습니다. 오직 일 년에 한 번씩만 그 해의 대제사장이 그 지성소에 들어갔던 것입니다. "항상"이라는 말이 히브리서 3:15에서는 "계속해서"라고 번역됩니다. 그 말은 '부단히, 경우가 요구하는 때마다'라는 의미입니다. 그리스도인들은 "하나님께 대하여 왕들과 제사장들"이 되었습니다(계 1:6). 또한 그들은 "범사에 우리 주 예수 그리스도의 이름으로 하나님 아버지께 '항상' 감사해야" 마땅합니다(엡 5:20). 또한 "항상 기뻐하여," "쉬지 말고 기도해야" 합니다(살전 5:16,17).

"(하나님을) 섬기는 예식을 행하고." 번역자들은 마지막 두 어휘를 잘 첨가하였습니다. 여기서 '섬김'은 하나님을 섬기는 것이기 때문입니다. "하나님을 섬기는 예식을 행한다."는 말씀의 의미는 그들이 거룩한 의식(儀式)을 거행함으로써 그 직무를 수행했다는 말입니다. 제사장들이 "매일" 해야 되는 일들이 두 가지였습니다. 하나는 등잔의 등불을 간검(看檢)하는 일이었습니다. 거룩한 기름으로 채워주고 그 불통의 찌끼를 제거하여 깨끗하게 하였습니다. 아침과 저녁으로 매일 그 일을 해야 했습니다. 다른 한 가지는 금향단(金香壇)에 매일 향을 피우는 일이었습니다. 아침과 저녁에 드리는 제사 후에 즉시 그 일을 행하였습니다. 그 일이 진행되는 동안에 백성들은 밖에서 기도했습니다(눅 1:10). 또 '한 주간에' 한 번씩 상의 진설병을 교환해야 했습니다. 그 일은 매 안식일 아침마다 행하였습니다. 이 모든 것은 그리스도의 제사와 중보의 은택들이 여기 이 세상에 있는 백성들에게 계속 '적용'됨을 모형적으로 보여주었습니다.

방금 우리가 생각한 것이 오늘날 그리스도인에게 실천적으로 어떻게 적용됩니까? 그 점을 명백히 해야 합니다. 가정예배가 드려져야 합니다. 곧 아침과 저녁으로 말입니다. 계속 등불을 켜두면 기름 찌꺼기가 있는데, 그것을 갈아 주어야 합니다. 곧, 하나님의 말씀을 통해서 필요한 빛을 받기 위하여 매일 하나님을 바라보아야 합니다. 그렇게 할 때 가정과 사업상의 일을 통한 우리의 발걸음이 하나님께 받아들여지고, 하나님을 찬미하는 것이 됩니다. 하나님께서는 이렇게 선언하셨습니다. "나를 존중히 여기는 자를 내가 존중히 여기고 나를 멸시하는 자를 내가 경멸히 여기리라."(삼상 2:30). 만일 하나님께서 '가정 제단'을 통해서 가정에서 영광을 받지 못하시면, 우리는 하나님이 우리 가정에 복을 주시리라고 기대하지 말아야 합니다! 향을 피우는 일은 아침저녁 하나님께 찬미하고 기도하는 일을 모형적으로 나타냅니다.

아침저녁 하나님을 은혜의 모든 쓸 것과 모든 온전한 은사를 주는 분으로 인정하고, 영적이고 육신적인 자비를 베풀어 주심에 대하여 감사하며, 우리의 모든 염려를 주께 맡기며, 그의 약속을 생각하며, 하나님께서 계속 은총을 부어주실 것을 신뢰해야 합니다. 그 일을 모형적으로 나타내는 것입니다. 여기서 "행하고"라는 말은 합성어인데 "온전히 마치고"라는 의미입니다. 고린도후서 7:1에서는 "온전히 이루어"라고 번역되어 있습니다. 그 말은 그들의 섬김이 절반에만 국한되지 않았음을 지시합니다. 우리 역시 하나님을 전심으로 섬기게 되기를 원하나이다.

히브리서 9:6

"오직 둘째 장막은 대제사장이 홀로 일 년에 한 번 들어가되 자기와 백성의 허물을 위하여 드리는 피 없이는 아니하나니."

사도는 여기서 매년 한 번씩 시행되는 속죄 희생 제사를 언급합니다. 그 제사 제도와 그 엄숙한 예식들이 레위기 16장에 상세하게 묘사되어 있습니다. 7월(현재 달력으로는 9월)에 이스라엘의 대제사장이 그의 시종들을 거느리지 않고 혼자서 지성소로 들어갔습니다. 거기서 그는 여호와 앞에 화목의 제물들을 드립니다. 그는 "영광과 아름다움"의 예복을 입었습니다(출 28:2 참조). 그 옷은 "거룩한 세마포"로만 짠 옷이었습니다(레 16:4). 먼저 벌겋게 불이 붙은 숯이 들어있는 향로와 그 숯 위에 넣을 향을 가득 가지고 그 경내로 들어갔습니다. 그리하여 그 향의 연기가 속죄소를 덮게 됩니다(레 16:12,13). 이것은 그리스도께서 자신을 속죄 희생 제물로 드리셨을 때, 그리스도의 인격이 하나님께 지극히 향기로웠음을 의미합니다. 그는 자신과 자기의 집을 위한 속죄 제물로 죽인 바 된 짐승의 피를 가지고(레 16:11) 속죄소 위와 앞에 뿌립니다(레 16:14). 그 다음에 그는 밖으로 나와 백성들을 위한 속죄제물이 되는 염소를 죽입니다. 앞에서 숫소의 피를 가지고 뿌렸던 것처럼 그 피를 속죄소 위와 앞에 뿌립니다(레 16:15).

대제사장이 휘장 안에서 할 일을 끝마치면, 나와서 살아있는 염소의 머리에 손을 얹습니다. 그런 다음 "이스라엘 자손의 모든 불의와 그 범한 죄를" 그에게 고합니다. 그리고 그 죄를 염소의 머리에 두어 미리 정한 사람에게 맡겨 광야로 보냅니다. 염소가 백성들의 '모든 불의(不義)'를 지고 "무인지경(無人之境)에 이르면" 그 염소를 광야에 버려둡니다(레 16:21,22). 이 모든 일은 주 예수님께서 이루실 속죄의 모형이었습니다. 또한 그리스도의 피로 말미암아 그 백성들의 죄가 완전히 사해짐을 모형적으로 나타낸 것입니다. 희생짐승이 피를 흘리고 그것이 제단의 번제로 드려지는 일 속에서, 죄책이 그 희생제물에게로 대신 전가되고, 그 희생제물이 죽음으로써 죄책이 속해지는 것을 상징하는 표상이 나타났던 것입니다. 여호와 앞에 피를 가지고 들어가 그 보좌 위에 그것을 뿌리는 일을 통하여, 드려진 속죄제물을 하나님께서 '가납(嘉納)하셨다'는 증거를 받았습니다. 이스라엘의 죄를 산 염소에게 전가시켰습니다. 그 염소는 그 죄를 지고 사람이 살지 않는 광야로 버림받았습니다. 그럼으로써 하나님께서 자기 백성들의 허물을 동(東)이 서(西)에서 먼 것처럼 자기 앞에서 옮기셨다는 복된 진리를 예표하였습니다.

히브리서 9:7

"오직 둘째 장막은 대제사장이 홀로 일 년에 한 번 들어가되
자기와 백성의 허물을 위하여 드리는 피 없이는 아니하나니."

대제사장이 일 년에 한 번 지성소에 들어가 속죄소에 피를 뿌렸습니다. "그가 지성소에 속죄하러 들어가서 자기와 그의 집안과 이스라엘 온 회중을 위하여 속죄하고 나오기까지는 누구든지 회막(會幕)에 있지 못할 것이며."

이 말씀은 그리스도께서만이 자기 백성들을 위하여 하나님 앞에 나타날 자격이 있음을 시사했습니다. 다른 어느 누구도 그들을 위하여 중보자로 서기에 합당치 않습니다.

"오직 둘째 장막은 대제사장이 홀로 일 년에 한 번 들어가되." 이 말씀은 그리스도께서 단번에 자기 백성들을 위하여 하늘로 들어가셨음을 예표하였습니다(히 9:12).

"자기와 백성의 허물을 위하여 드리는 피니라." 그 피는 백성들의 허물만을 위한 피가 아니었습니다. 대제사장 자신도 죄인이었기 때문에 그 피로 정결함을 입어야 했습니다. 그러므로 그런 제사는 다른 사람을 위하여 진정하고 효력 있는 속죄를 이루기에 적당한 제사가 아니었습니다. "백성들의 '허물'을 위하여 드리는 것이라."는 표현에서 '허물'은 "그릇 행하여 지은 죄"라는 구약의 표현에 비추어서 해석해야 합니다(레 4:2 ; 5:15 ; 민 15:22-29). 그 죄는 의도적이고 주제넘은 죄와 대조됩니다(민 15:30,31 참조). 율법의 경륜 아래서 하나님께서는 자기 백성들의 연약을 위하여 은혜로운 장치를 마련해 놓으셨습니다. 마음에 없이 부지중에 지은 죄에 대한 제사를 그들에게 허락하신 것입니다. 그러나 하나님의 율법을 공공연하고 의도적으로 배역한 것을 위해서는 어떠한 속죄제사도 허락되지 않았습니다(히 10:28 참조).

방금 지적한 차이는 시편 51:16을 이해하는 열쇠입니다. "주는 제사를 즐겨 아니 하시나니 그렇지 않으면 내가 드렸을 것이라." 다윗이 우리아와 그 아내에게 저지른 죄의 무서운 성격을 너무나 잘 알고 있었습니다. 후에 그가 이 잘못을 깨달았을 때, 율법에는 그러한 죄를 위한 용서의 장치가 하나도 없음을 다윗은 알게 되었습니다. 그러면 그는 어떻게 하였습니까? 시편 51:1-3은 우리에게 이렇게 말합니다. "하나님이여 주의 인자를 따라 내게 은혜를 베푸시며 주의 많은 긍휼을 따라 내 죄악을 지워 주소서 나의 죄악을 말갛게 씻으시며 나의 죄를 깨끗이 제하소서 무릇 나는 내 죄과를 아오니 내 죄가 항상 내 앞에 있나이다." 그는 하나님을 붙들고 "하나님의 구하시는 제사는 상한 심령이라 하나님이여 상하고 통회하는 마음을 주께서 멸시하지 아니 하시리이다."(17절)라고 말했습니다. 그것은 회개하면서 그리스도 안에 있는 하나님의 긍휼을 의뢰하는 믿음이었습니다.

히브리서 9:8

"성령이 이로써 보이신 것은 첫 장막이 서 있을 동안에는
성소에 들어가는 길이 아직 나타나지 아니한 것이라."

사도는 여기서 9:2-5에서 장막과 그 안에 있는 내용에 대하여 묘사한 의도를 분명하게 밝혀 주고 있습니다. 그는 그 장막에서 섬기는 일의 구조와 질서를 통하여 장막에 속한 자들보다 그리스도의 제사 직분과 그 제사가 훨씬 탁월함을 증거하려 했던 것입니다. 사도는 성령께서 옛 제도를 정해 주심으로 이스라엘에게 교훈을 주셨음을 지적합니다. 오직 대제사장만이 휘장 안에 들어갈 것이 허락되었습니다. 그러니 모세의 경륜 아래 있던 백성들은 하나님의 면전으로 나아감을 얻지 못했음을 분명하게 유추할 수 있습니다. 그러한 상황은 궁극적이고 이상적인 것이 될 수 없습니다. 그러므로 '온전한 것'이 들어오기 전에 그것은 폐지되었음에 틀림없습니다.

"성령이 이로써 보이신 것은." 여기서는 앞의 여러 구절에서 구체적으로 말한 장막의 질서를 가리키고 있습니다. 우리는 여기서 복되신 성삼위께서 이스라엘에게 주신 본래의 가르침에 직접 간여하셨음을 배웁니다. 이 점은 성삼위의 각 위께서 모든 일에 완전한 연합을 이루고 조화를 이루어 하나로 협력하셨음을 가장 두드러지게 암시합니다. 베드로후서 1:21은 "성령의 감동

하심을 입은 사람들이 하나님께 받아 말한 것임이니라."고 선언합니다. 그 성령의 감동하심을 입은 사람들 속에 모세가 탁월한 지위를 차지하고 있습니다. 출애굽기 35:1에서 우리는 이런 말씀을 읽습니다. "모세가 이스라엘의 온 회중을 모으고 그들에게 이르되 여호와께서 너희에게 명령하사 하게 하신 말씀이 이러하니라." 성령께서 모세를 감동하사 주께로부터 들은 모든 말씀을 정확히 기록하게 하셨습니다.

"성령이 이로써 보이신 것은 첫 장막이 서 있을 동안에는 성소에 들어가는 길이 아직 나타나지 아니한 것이라." 성령께서 '어떻게' 그것을 통하여 이 사실을 '보이셨습니까?' 바로 그 장막의 구조를 통해서 보이셨습니다. 다시 말하면 사람들이 바깥뜰 이상을 더 들어가지 못하게 하시고, 제사장들만 첫 장막에 들어가게 하신 구조를 통해서 보여주셨던 것입니다.

존 오웬(John Owen)이 이에 대하여 말하는 바를 주목해 보세요.

"제사장들이 매일 들어가서 하나님께서 요구하시는 대로 하나님을 섬기는 일을 행할 첫 장막이 있게 하셨다. 그러나 그 장막에는 하나님의 은혜로운 임재의 보증들이 없었다. 그곳은 하나님의 영광이 특별히 거하는 곳이 아니었다. 그러나 하나님께서 특별하게 거하시는 곳은 휘장으로 가리워 그 곳과 구분되어 있었다. 그 안을 들여다보는 사람은 반드시 죽게 되어 있었다. 그럼에도 불구하고 이 세상에서는 어느 때라도 하나님의 영광스러운 면전에 나아간 사람이 없었다고 교회가 생각하지 않도록 하기 위하여 일 년에 한 차례 대제사장이 혼자서 피를 가지고 그 거룩한 곳에 들어가는 규례를 정하셨다. 그럼으로써 '거기에 들어가는 일이 있었으며,' 담대함을 가지고 그리로 들어가셨음을 명백히 보여 주신 것이다. 그 목적이 아니라면 무엇 때문에 하나님께서 일 년에 일 차씩 대제사장이 교회의 이름으로 교회를 대신하여 그리로 들어가도록 허락하셨는가? 그러나 거기에 들어간 일이 일 년에 한 번씩 밖에 없었고, 그것도 대제사장 혼자만이 장막이 서 있을 동안에 항상 지켜져야 하는 규례를 따라 언약의 피를 가지고 들어갔었다. 그런 것을 보니 그 기간 동안에는 여기에서 표현된 그 나아가는 길이 아직 열려지지 않았음을 보이신 것이다. 왜냐하면 그 때까지는 믿는 자들이 각자 그 곳에 나아가는 일은 절대로 허락되지 않았기 때문이다."

"성소에 들어가는 길이 아직 나타나지 아니한 것이라." 사도는 지금 장막의 둘째 부분을 가리켜 말하고 있지 않습니다. 3절은 장막의 둘째 부분을 가리켰습니다. 그러나 여기서는 둘째 장막을 통해서 모형으로 나타낸 바를 가리켜 말하고 있습니다.

"그 거룩한 지성소에는 하나님의 은혜로운 임재를 나타내는 모든 표지들과 보증들이 있었다. 속죄의 피로써 우리가 화해를 얻고, 그럼으로써 하나님과 더불어 화평을 누린다는 증거들이 있었다. 그러므로 이 성소와 지성소에 들어가는 것은 다름 아니게 자유롭고 담대하게 하나님과 더불어 화평한 사실을 의지하여 하나님의 은혜의 보좌 앞에 나아가는 것을 뜻한다. 사도는 10:19-22에서 그 점을 얼마나 명백하고 적극적으로 설명하고 있는지 놀랍다. 그런데도 그렇게 학식이 많다는 주석가들이 이곳에서 사도의 의도를 제대로 간파하지 못하고 어리둥절하다는 것이 무언가 이해가 되지 않는다. 그러니 성소와 지성소는 하나님의 은혜로운 면전이다. 신자들은 자기들을 위한 진정한 속죄를 믿고 그 앞에 가까이 나아가며, 하나님의 면전에서 나아간 자기들을 하나님께서 기꺼이 받아 주실 것이라 확신을 가지고 있다."(롬 5:1-3 ; 엡 2:14-18 ; 히 4:14,15 참조)(John Owen).

그러나 "성소(지성소)에 들어가는 길"에서 '길'이라는 표현을 면밀하게 살펴봅시다. 이 길은 다름 아닌 교회의 참 대제사장이신 그리스도의 희생 제사를 일컫습니다. 그분이 친히 선언하신 바와 같습니다. “내가 곧 길이요 진리요 생명이니 나로 말미암지 않고는 아버지께로 올 자가 없느니라.”(요 14:6) 그래서 ‘성소’(지성소)는 궁극적으로는 ‘하늘’ 자체를 가리킵니다. 그러나 현재로는 하나님께 나아가 교제하는 영적인 적용을 함축합니다. “성소에 이르는 길”은 그리스도의 희생 제사를 믿음으로 말미암습니다. 그리스도의 죽으심의 순간에 지상에서 얼마나 놀라운 표징으로 그 길이 나타난바 되었습니까! 왜냐하면 그때 성전 휘장이 위로부터 아래로 둘로 갈라졌기 때문입니다(마 27:51). 그럼으로써 지성소에 나아갈 길이 열린 것입니다.

그러나 하나님께 나아가는 길, 또는 지성소에 나아가는 길은 “첫 장막이 서 있을 동안에는” 아직 나타나지 않았습니다. 그렇다고 사도가 그 길이 전혀 “마련되어 있지 않았다.”거나 “이용할 길이 전혀 없었다.”고 말한 것은 아닙니다. 오히려 다만 구약시대 동안에는 그 길이 “나타나지” 아니하였다고만 말하고 있습니다. 그 점을 세심하게 주목해야 합니다. 하나님의 택하신 백성들에게 은혜와 영광을 위하여 하나님의 면전에 나아가는 길이 아벨 때부터 “열려” 있었습니다. 그러나 그 “길”이 공개적이고 공식적으로 제시된 것은 아니었습니다. 영원한 언약(아버지와 아들 사이에 맺은 협약)에 따라서 때가 찬 경륜대로 그리스도께서 이루실 ‘온전한 것’을 바라보던 구약 시대의 성도들에게도 구원이 미쳤었습니다. 그들은 오늘날 우리와 같이 믿음으로 구원받았습니다. 왜냐하면 ‘어린 양이 창세로부터 죽임을 당하셨기’ 때문입니다. 그러나 이러한 일들이 공적으로 나타나기는 그리스도께서 실제로 육체를 입고 나타나셨을 때까지 유보되었습니다. 복음을 통해서 그의 인격과 중보가 온전하게 드러나고 선언되었습니다. 복음적인 예배의 여러 규례들이 들어와 견고하게 설 때가 왔습니다. 그 이전까지는 아직은 그 일들이 공개적으로 드러나지는 않았었습니다.

"첫 장막이 서 있을 동안에는." 여기서는 제사장들이 들어가 섬겼던 장막의 첫 부분, 또는 성소를 가리켜 말하고 있지 않습니다. 다만 제유법적[1](提喩法的, Synecdochically)으로 표현하고 있습니다. 여기서는 '율법 체계 전체'를 가리키고 있습니다. 솔로몬과 스룹바벨을 통해서 지어진 두 성전(聖殿)이 다 여기에 포함됩니다. "첫 장막"이라는 말이 8:2의 '참 장막'과 대조되어 사용되고 있습니다. 8:2의 '참 장막'은 그리스도의 인성(人性)을 가리킵니다. 그리스도의 인성은 원형으로서 모형의 자리를 대신하는 분이셨습니다. 계 12:5,6의 말씀을 참조해 보십시오! "여자가 아들을 낳으니 이는 장차 철장으로 만국을 다스릴 남자라 그 아이를 하나님 앞과 그 보좌 앞으로 올려 가더라 그 여자가 광야로 도망하매 거기서 천이백육십 일 동안 그를 양육하기 위하여 하나님께서 예비하신 곳이 있더라." 사도는 여기서 "첫 장막"과 아론의 제사 직분이 견고하게 자리 잡고 있을 때 하나님 앞에서 그것이 어떤 위치를 차지하고 있는지를 다루고 있습니다. 사도가 여기서 건물로서의 "첫 장막"을 가리킬 수 없습니다. 왜냐하면 그것은 지나간 것이고, 이 서신이 작성되기 오랜 세기 전에 있었던 일이기 때문입니다. 그럼에도 '장막' 다음에 온 성전들은 옛 언약의 기초 위에 서 있었습니다. 이제 이것이 폐지되고, 그렇게 오랫동안 유대교 안에 정착되어 있었던 전체 예배 체계가 함께 폐지되었습니다.

히브리서 9:9

"이 장막은 현재까지의 비유니 이에 따라 드리는 예물과 제사는

1) 제유법(提喩法) : 수사법의 하나이다. 어떤 사물을 대표하는 한 단어로 그와 관련된 모든 것들을 함께 뭉뚱그려 표현하는 수사법이다. 예를 들어서 '사람은 빵만으로는 살 수 없다.'에서 '빵'은 단순하게 빵 자체만을 지칭하지 않고 사람이 먹는 것 전체를 통틀어 대표적으로 지칭하고 있다. - 역자 주

섬기는 자를 그 양심상 온전하게 할 수 없나니."

사도는 장막의 두 부분이 가진 상징적인 의미를 간단하게 지적한 바 있습니다. 이제는 이 문단의 주도적인 요점으로 나아가고 있습니다. 다시 말하면 그리스도께서 레위 제사 직분에 속한 것보다 "더 영광스러운 직분을 얻으셨다."는 것을 증거하려 합니다. 그는 옛 언약의 "행사"에 포함된 장막과 그 모든 섬김의 온전치 못함을 간단하게 요약함으로써 그 점을 증거합니다. 또한 유대교적인 체계의 온전하지 못한 결함을 주목하게 하여, 유대인 대다수가 더 영광스러운 복음을 거부하는 것이 온당치 못함을 밝히는 가장 효과적인 방식을 채용하고 있습니다. 동시에 믿는 히브리 그리스도인들이 그 체계로 다시 돌아가는 것은 얼마나 어리석고 악한 것인가를 보여 주었습니다.

9절과 10절에서 사도가 의도하는 바는 무엇입니까? 장막의 체계가 외적으로 놀랍고 영광스럽기는 하나(하나님께서 세우셨기 때문에) 하나님의 뜻과 지혜 속에서 그 체계는 '잠시간만 존속하게 되어 있었는데 이제 그것이 폐지될 때가 이미 이르렀다.'는 것입니다. 레위 제사 직분과 그들의 섬김은 하나님의 교회의 예배에서 "영속적" 자리를 차지하게 의도된 것이 아니었습니다. 그것들이 하나님께서 목적하시고 약속하셨던 것을 그 성도들에게 이루어 줄 수 있는 능력이 전혀 없다는 사실로부터 그 점이 명백해집니다. 여호와의 임재가 거하는 지성소에 아론 외에 어떤 사람도 들어오지 못하게 쳐놓은 휘장이 아직 존재한다는 것은 아직 그 이상적인 상태가 도래하지 않았음을 암시하였습니다. 뿐만 아니라 매년 연차적으로 대속죄 제사를 "거듭" 드렸다는 것도 아직은 완전 충분한 효력을 가진 제사가 드려지지 않았음을 지시하였습니다. 그리고 모든 예물과 드리는 제사를 다 합하여도 "양심상으로 온전하게 하지 못하였음"을 지시합니다. 그것들은 다만 "현재까지의 비유"에 불과하였고, "개혁할 때까지만" 있도록 하나님이 정해 주신 제도에 불과하였습니다.

"이 장막은 현재까지의 비유니." "이 장막"이라는 말은 장막의 두 부분 모두를 다 합하여 표현하고 있습니다. 그뿐 아니라 그 속에 있던 모든 기구들과 섬김에 속한 모든 것을 다 포함합니다. "비유"라는 말의 헬라어는 로마서 5:14의 "표상"이라고 번역된 말과 같지 않습니다. 또한 고린도전서 10:6,11의 '거울'이라는 말과도 같지 않습니다. 오히려 마태복음 13:3,10에서와 같이 "비유"라는 말로 보통 번역되는 어휘입니다. 그 말이 여기서 사용된 것은 다른 것을 나타내는 어떤 것을 표현하기 위해서입니다. 그 말은 "상징적인 가르침"을 의미합니다. 희미한 신비적인 표증이나 상징을 방편으로 하여 하나님께서는 옛 교회를 가르치셨습니다. 그리스도께서 우리를 구속하신 큰 비밀이 주로 귀보다는 눈에 더 호소력을 가진 비유로 알려졌습니다. 바로 그것이 하나님께서 기뻐 채용하셨던 방식입니다. 율법아래서 장차 올 것을 알리기 위하여 바로 그 방식을 채용하셨던 것입니다.

"이 장막은…비유니"라는 말씀은, 장막의 구조와 여러 기구들과 의식(儀式)들이 모두 신적이고 영적인 의미를 갖추고 있었음을 확언하시는 성령님의 음성입니다. 이스라엘 중에서 참으로 중생한 사람들은 이 사실을 익히 알고 있었음이 다윗의 기도에서 예증됩니다. "내 눈을 열어서 주의 율법에서 놀라운 것을 보게 하소서."(시 119:18)

"이 장막은 현재까지의 비유니(였다)." 여기의 동사는 부정과거시제(不定過去時制)입니다. 그 시제는 그때에는 있었으나 지금은 과거로 되어버린 일을 가리킵니다. 그러므로 이 말씀은 '새 언약이 확증되기 전'에 있었던 것을 가리킵니다. 곧 복음적인 계시가 완전하게 주어지기 전에 있었던 어떤 일을 말하고 있습니다. 하나님께서 초기 교회[2)]에서 주셨던 상징적인 비유적 교훈이 영속적인 것이 되게 하시지는 않았습니다. 그럼에도 불구하고 주권적인 하나님께서는 영적인 신비를 희미하고 비유적으로 나타내시는 일을 1,500여 년 동안이나 계속하는 것이 마땅하다고 생각하신 것입니다. 하나님의 방식들은 언제나 사람의 방식과 정반대가 됩니다. "일을 숨기는 것이 하나님의 영광이요!"(잠 25:2) 그러나 "어두움이 지나가고 참 빛이 벌써 비취었으니" 우리는 그 얼마나 감사해야겠습니까(요일 2:8)! 하나님께서 장막을 통해서 계시하셨어도 그 계시가 이스라엘 사람들의 믿음과 순종을 위하여 충분하였음을 간과하지 말아야 합니다. 만일 그들이 부지런한 열심으로 그 계시를 주목하였더라면 말입니다.

"이에 따라 드리는 예물과 제사는…" "제사"의 헬라어는 '죽인다'는 의미를 가진 동사에서 파생되었습니다. 그래서 여기서는 살육당한 제물들을 가리킵니다. 이것과 구별하여 "예물"은 생명이나 감각이 없는 것들입니다. 곡식을 빻아 드리는 소제나 기름, 향품, 그것과 함께 섞은 소금(레 2장), 첫 열매, 십일조, 모든 자원함으로 드리는 예물 같은 것들입니다. 그것들은 제사장들에 의해서 드려졌습니다. 이것들이 하나님께 "장막 안에서 드려졌습니다." 왜냐하면 그곳에서만 그것들을 드리는 것이 합법적이었기 때문입니다. 그 의도된 목적을 위하여 오직 합당한 그리스도의 '장막'(히 8:2)도 그러하였습니다. 이것이 그리스도인의 마음에 주는 특별한 메시지는 무엇입니까? 분명히 그리스도인의 마음속에 이런 말씀이 생각나게 할 것입니다. "그러므로 형제들아 내가 하나님의 모든 자비하심으로 너희를 권하노니 너희 몸을 하나님이 기뻐하시는 거룩한 산제사로 드리라 이는 너희의 드릴 영적 예배니라."(롬 12:1)

---

2) 필자는 여기서 모세 시대의 교회를 가리키고 있다. 모세를 통하여 주신 율법의 규례를 따라서 당시의 하나님의 교회가 교훈을 받고서 있었음을 상기하게 하는 표현이다. - 역자 주

"섬기는 자를 그 양심상 온전하게 할 수 없나니." 이 말씀을 직무를 감당하는 제사장에게만 국한시켜 이해하지 말아야 합니다. 이 말씀은 제사장이 대신하여 하나님께 예물을 드려주는 바로 그 어떤 사람을 더욱 직접 가리킵니다. 여기서 사도는 장막에서 수행되던 모든 일들이 온전치 못함을 지적합니다. 그리고 그 장막의 예법을 통해서는 기대하는 큰 목적을 성취할 수 없음을 지적합니다. 예배하는 자가 "온전하려면," 그가 법적으로나 체험적으로 하나님과 교제하기에 합당해야 합니다. 이를 위하여 의롭다 하심을 받고(칭의), 아울러 거룩함을 이루고 있어야 합니다(성화). 레위 제사장들은 이것들 중 어느 하나도 해내지 못했습니다. 그들은 하나님 앞에서 죄책(罪責)을 없이 하지도 못했고, 영혼에서 그 죄책의 찌끼를 제거하지도 못했습니다. 이러한 것들이 없으면, 마음은 평강이나 확신이 있을 수 없습니다. 그러면 예배의 진정한 정신이 결여된 것입니다. 이 점은 10장 2절을 다룰 때 다시 생각해 보기로 하고 여기서는 더 이상 자세하게 다루지 않으려 합니다.

다음 구절로 나아가기 전에, 이러한 의문이 생길 수 있습니다. '레위 제사장들이 드리는 제사들이 바로 이 사활적인 요점에서 실패했다면, 어째서 하나님께서는 그러한 것들을 세우셨는가?' 이 질문에 대하여 두 가지 답변을 제시할 수 있습니다.

첫째, 그 제사들은 잠정적인 통치의 차원에서 이스라엘의 죄의 귀추(歸趨)를 제거하는 데 소용되었습니다. 그 제사가 한 번 드려지면 그들은 정치적이고 외면적인 심판에서 자유로웠습니다. 그래서 가나안 땅에서 계속 보존을 받으며 거할 수 있었습니다. 그러나 그러한 제사들이 죄의 삯을 없애거나, 율법에 의하여 모든 죄에 마땅하게 부과되는 영원한 심판을 없애지는 못했습니다.

둘째, 그것들은 중생(重生)한 사람들로 하여금 믿음으로 그리스도의 온전한 제사를 내다보도록 하였습니다(레위 제사장들이 드리는 제물들은 상징적으로 그 점을 나타냈음). 또한 처음부터 믿음이 활용할 덕(德)과 가치를 내다보게 하였습니다.

히브리서 9:10

"이런 것은 먹고 마시는 것과 여러 가지 씻는 것과 함께 육체의 예법일 뿐이며 개혁할 때까지 맡겨 둔 것이니라."

사도는 이 편지를 받던 히브리 사람들에게 레위 제사장들이 드리는 제사의 의식(儀式)들이 양심상 온전케 할 수 없음을 확증시켜 주려 합니다. 그러기 위해서 사도는 여기서 그것들이 가진 부적당한 본질과 성격을 지적하여 그 진상을 돋보이게 합니다. '옛 언약'과 밀접하게 연관된 유대교의 규례들은 육체 가운데 있는 사람과 관계된 것입니다. 그 성소와 그 성소의 여러 장치들은 물리적인 것이었고, 눈에 보이고 만질 수 있었습니다. 그 성소에서 섬기는 일은 영적인 일이 아니라 외적인 의식(儀式)들에 관련된 것들입니다. '씻는 예법'은 의식적인 정결(淨潔)밖에 되지 않았고, 믿음이 사람의 '마음을 깨끗하게 하는 것'(행 15:9)과 같은 일은 전혀 하지 못하였습니다.

"이런 것은 먹고 마시는 것과." 장막 체계의 "섬김"은 "먹는 것과 마시는 것" 가운데서만 서 있었습니다. 이 표현은 제사와 붓는 예식을 가리킵니다. 그 제사와 붓는 예식은 고기와 떡과 기름과 포도주로 되어 있었습니다. "씻는 것"은 첫째로 "물두멍"을 주로 사용하여 제사장이 스스로 씻는 것을 가리킵니다(출 29:4 ; 30:18 ; 31:9 참조). 둘째로 번제할 제물들의 여러 부분들을 씻는 것을 말하기도 합니다(레 1:9,13). 셋째로 백성들이 더러운 것(부정한 것)

과 접촉하였을 때 씻게 했습니다(레 15:8,16).

"육체의 예법일 뿐이며 개혁할 때까지 맡겨 둔 것이니라." 이것은 아마도 식품과 생활방식에 속한 율법 체계 전체를 가리킬 것입니다. "개혁할 때까지 맡겨 둔 것이라."는 표현이 매우 강조적입니다. 유대교의 의식은 오로지 외적이고 육체적인 것이었습니다. 그것에 영적인 어떤 것도 가입되어 있지 않았습니다. 그래서 영적이고 영원한 복락을 얻어 내기에는 그것들이 불충분하였음에 틀림없습니다. 율법적으로 먹고 마시는 것이 영혼을 살찌게 할 수 없었습니다. 의식적으로 씻는 것들이 마음을 깨끗하게 하지 못했습니다.

"개혁할 때까지만 맡겨 둔 것이라." 이에 대한 존 오웬(John Owen)의 주해를 참조해 봅시다.

"여기서 '맡겨 둔 것이라'는 표현은 '그것들에 기대어'라는 의미를 가진다. 곧 짐을 다른 짐으로 기대어 놓는 것을 의미한다. 이러한 모든 율법적인 의식들과 예식들에는 소위 멍에라고 불리는 무거운 것이 있었고, 백성들이 감당하기에 너무 힘든 것이 있었다(행 15:10). 만일 '맡기다'는 말로 번역된 대로 원래 그것들을 '맡겨 두는 것'을 의도하였다면, 그것들이 서로 간에 매여 있게 하였다는 의미가 되는 것이다. 사람들은 그것들에게 매여서 무거움을 느낄 수 있다. 그러면서도 그것들 때문에 노예가 되지 않을 수도 있었다. 그러나 이러한 것들을 그들에게 '부과하되,' 그들로 무거움을 느끼고 그 짐 아래서 신음하게 부과하신 것이다. 사도는 갈라디아서에서 이 매임(종 노릇)에 대하여 상세히 다룬다. 그러한 것들이 그 자체로는 짐이 되고 그런 매이는 효과를 불러오니, 교회 상태를 온전하게 하기는 불가능하였다."

레위 제사장들이 섬기는 제사의 예법들은 보편적으로 외적이고 물량적인 성격을 지니고 있었습니다. 히브리서 9:13이 말하듯이, 그것들은 "육체를 정결하게 하는 데까지"는 거룩하게 하였으나, 영혼의 곤경을 진정으로 해결하는데 까지는 가지 못하였습니다. 그러므로 그것들은 영원히 계속되도록 원래 계획된 것이 아닙니다. 어떤 한정된 기간 동안만, 곧 "개혁할 때까지만" 있게 한 것입니다. 그 표현은 새롭고 '더 좋은 언약'을 시행하시려 서실 약속된 메시야의 나타남을 지시합니다(눅 1:68-74 참조). "때가 차매 하나님이 그 아들을 보내사 여자에게서 나게 하시고 율법 아래 나게 하신 것은 율법 아래 있는 자들을 속량하시고 우리로 아들의 명분을 얻게 하려 하심이라."(갈 4:4,5)

40강

영원한 구속

9:11 그리스도께서는 장래 좋은 일의 대제사장으로 오사 손으로 짓지 아니한 것 곧 이 창조
에 속하지 아니한 더 크고 온전한 장막으로 말미암아 9:12 염소와 송아지의 피로 하지 아니
하고 오직 자기의 피로 영원한 속죄를 이루사 단번에 성소에 들어가셨느니라 9:13 염소와
황소의 피와 및 암송아지의 재를 부정한 자에게 뿌려 그 육체를 정결하게 하여 거룩하게
하거든 9:14 하물며 영원하신 성령으로 말미암아 흠 없는 자기를 하나님께 드린 그리스도의
피가 어찌 너희 양심을 죽은 행실에서 깨끗하게 하고 살아 계신 하나님을 섬기게 하지 못
하겠느냐

사도는 8장 6절에서 "그는 더 좋은 언약의 중보자시라." 선언한 바 있습니다. 그 선언은 여기 9장에서 예시되고 정립되는 여러 중요한 이슈들을 불러 일으켰습니다. '새 언약'의 대제사장은 누구인가? 그가 그 직무를 수행하는 장막은 무엇인가? 하나님께서 아론과 그 반열에 선 후임자들에게 지정되었던 섬김들과 대칭되어 그가 수행하는 특별한 섬김들은 어떠한 것들인가? 새로운 대제사장의 섬김들이 어떤 면에서 레위 제사장들의 그것들 보다 나은가? 이런 긴박한 문제들이 제기되었습니다. 그런 문제들은 반대자들의 반론을 침묵시키기 위해서도 신적인 권위를 지닌 해답을 필요로 합니다. 그러나 더 나아가서 믿는 유대인들의 믿음을 세워주기 위해서도, 그러한 문제들에 대한 답변을 신적인 차원에서 행하는 것은 참으로 필요하였습니다. 그래서 9:11,12에서 그리스도의 구체적인 직무가 선언됩니다. 그리고 그것의 '더 탁월한' 증거를 13절과 14절에서 만납니다.

히브리서 9장은 이 보편적인 전제, 곧 그리스도께서 레위의 제사 직분을 통하여 그림자로 보여주었던 것의 실체이심을 특별하게 예증하고 있습니다. 보편적인 전제는 8:1,2에 진술되어 있습니다. 곧 그리스도인들에겐 "참 장막에서 부리시는 대제사장이 계시다."는 것입니다. 여기 9장에서는 8장 끝에서 지적한 것을 확증하고 있습니다. 곧 그리스도께서 '새 언약'을 들여옴으로써 '옛 언약'을 폐하셨음을 확증하려는 것입니다. 이 사실을 실증하려고 9:1-10에서는 율법의 잡다한 그림자들이 언급됩니다. 11절 이하에서는 예수 그리스도로 말미암아 그러한 그림자들이 모형으로 보여준 것의 원형적인 성취를 도왔음을 밝힙니다. 1-10절의 내용은 두 제목으로 나눌 수 있습니다. '섬기는 예법'과 그 예법들을 준행한 '세상에 속한 성소'입니다. 성령께서는 11절에서 28절까지에서 아론의 의식들이 이룩할 수 없는 것을 그리스도께서 이루셨음을 보여주십니다. 그럼으로써 그리스도의 제사 직분의 탁월성을 크게 높이고 있습니다(1650년대의 W. Gouge의 글을 요약).

지금 우리가 다루려는 구절들의 내용은, 그리스도의 직무를 "새 언약의 중보자"로 제시합니다. 이 구절들은 그리스도가 자기 백성의 대제사장으로서 행한 처음 사역을 묘사합니다. 또한 그의 제사의 말로 할 수 없는 가치를 밝히며, 그 제사로 얻은 것을 제시합니다. 또한 그리스도의 보배 피와 그로 말미암아 완성된 구속(救贖)의 성격을 크게 높입니다. 각 구절마다 그 구절을 기초하여 한 번의 강론을 해야 할 필요성을 보여 줍니다. 또한 그 구절들 내에 있는 모든 소절마다 정말 면밀하고 경외심어린 주의를 기울여 다룰 필요성을 보여줍니다. 하나님의 성령께서 이 구절 속에 있는 복된 내용들을 밝혀 주시고, 그것들을 우리의 마음에 힘 있게 적용시켜 주시기를 바라나이다.

히브리서 9:11,12

"그리스도께서는 장래 좋은 일의 대제사장으로 오사
손으로 짓지 아니한 것 곧 이 창조에 속하지 아니한
더 크고 온전한 장막으로 말미암아
염소와 송아지의 피로 하지 아니하고 오직 자기의 피로
영원한 속죄를 이루사 단번에 성소에 들어가셨느니라."

먼저 이 내용에 대한 존 브라운(John Brown)의 주석을 참고합니다.

"이 말씀들은 자연히 두 가지 사항에 관심을 기울이게 한다. 우리 주님이 부여받은 직무적인 성격과 그 직무적인 성격을 띠고 주께서 수행하신 사역(직분)이다. 그의 직무적인 성격은 '장래 좋은 일의 대제사장으로 오신' 것이다. 그 직무적인 성격을 띠고 그가 하신 일은 '오직 자기 피로 영원한 속죄를 이루셨다.'는 것이다."

"(그러나)그리스도께서는 장래 좋은 일의 대제사장으로 오사." 처음에 나오는 말이 하나의 대조를 강하게 지적합니다. 율법에 속한 대제사장은 "섬기는 자로 그 양심상으로 온전케 할 수 없었습니다."(9절) "그러나 그리스도께서는" 그렇게 하실 수 있었습니다. 여기서 구주께 주어진 칭호를 특별히 주목할 필요가 있습니다. 이 서신에서는 그리스도가 상당히 다양한 방면에서 언급됩니다. 또 여러 다른 칭호들이 그에게 주어지고 있습니다. 그 칭호 마다 각각 그 나름의 특별한 요점을 가지고 있습니다. '예수,' '그리스도,' '예수 그리스도,' '우리 주,' '아들' 등의 칭호가 가진 핵심적 의도를 구별하지 못하면 많이 손해입니다. 여기서는 (3:6,14 ; 5:5 ; 6:1 9:14,24,28 ; 11:26 등에서와 같이) "그리스도"(메시야) 칭호를 쓰고 있습니다(요 1:41). 그것은 거의 직무적인 칭호인데, '기름부으심 받은 자'라는 의미를 가진 어휘입니다(시 2:2.

행 4:26은 참조). 성령께서 이 칭호에 큰 강조점을 두십니다. "그리스도"(요 20:31), "저 그리스도"(요 6:69), "바로 그 그리스도"(행 9:22), "주의 그리스도"(눅 2:26), "하나님의 그리스도"(눅 9:20) 등입니다.

"그러나 그리스도께서 대제사장으로 오사." 그는 '메시야'의 이름으로, 또는 '기름부으심 받은 자'의 이름으로 여러 세기 동안 이스라엘에게 약속되었습니다. 이제는 그 약속이 성취된 것입니다. 그리스도보다 앞서 온 세례 요한은 감옥에서 잠간 의심이 생겨 그에게 사람을 보내어 "당신이 오실 그이니까?"라고 물었습니다(마 11:3). 유대교 교회의 믿음은 "하나님께서 메시야를 보내사 그의 뜻을 온전히 나타내시며 온전케 하시니."라는 하나님의 약속이 이루어진다는 사실 위에 세워져 있었습니다. 이제 하나님의 말씀이 입증되었고, 참 빛이 비취었습니다. 기다리던 자가 오셨습니다. "그가 약속된 성격대로 반드시 이루어야 할 약속된 모든 것을 이루셨습니다."(John Brown) 그러므로 여기서 성령께서는 구속주께 그의 직무적인 칭호, 특별히 히브리적인 칭호를 붙입니다. "그러나 그리스도께서 오사"라는 말은 의심할 여지없이 시편 40:7을 되돌아보고 한 말씀입니다. "그 때에 내가 말하기를 내가 왔나이다 나를 가리켜 기록한 것이 두루마리 책에 있나이다."

"그리스도께서는 장래 좋은 일의 대제사장으로 오사." 그렇습니다. 그는 선지자로서도 오셨고(신 18:15,18), 왕으로서도 오셨습니다(마 2:2). 그런데 여기서 성령께서는 특별히 그리스도의 제사장 직무를 강조합니다. 왜냐하면 그가 자신을 하나님께 제물로 드리신 것은 바로 "그 직무"를 수행하기 위한 것이었기 때문입니다. 지금 우리가 생각하고 있는 이 말씀은 이 서신의 새로운 대목으로 접어든 것을 시사합니다. 물론 그것이 앞에서 말했던 것과 친밀하게 연관되어 있습니다. 성령께서는 9:11-10:22에서 일 년에 한 번씩 대제사장이 대속죄일에 행하는 일을 기록한 레위기 16장이 예표적으로 그려주었던 원형(실체)을 보여주고 계십니다. 레위기 16장에서 보면 아론이 휘장 밖에서의 일이 있고 그 안에서의 일이 있습니다. 그처럼 그리스도께서 제사장으로서 하신 일들은 크게 두 부분으로 나누어집니다. 지상에서 행하신 일과 지금 하늘에서 계속 수행하고 계신 일로 구분됩니다. 우리의 대제사장이 하늘에 있는 지성소로 들어가셔서 하나님 앞에 간구하시기 전에, 그가 먼저 자기가 대표하는 사람들을 대속(代贖)하셔야 했습니다. 그 일은 이 땅 위에서 친히 낮아지신 상태에서 성취된 일이고, 하나님께 자신을 제물로 드림으로 완성된 일입니다(7:27 ; 8:3 ; 9:26).

제사장은 다른 사람들을 대신하여 직무를 감당하는 사람입니다. 제사로써 다른 이들을 위하여 속죄하기 위하여 하나님 앞에 나아가는 자들이 제사장입니다. 그의 사역의 목적은, 자기가 대표하는 사람들이 드리는 예배를 하나님께서 화목 중에 받으시게 함입니다. 곧 하나님께서 사람들에 대한 진노를 거두시고 은총을 베푸시게 하려 함입니다(레 16장). 그래서 제사장의 일이 중보자적인 일입니다. 죄(罪)의 사실은 사람에게 참으로 중대한 일입니다. 그러니 사람을 위하여 중보의 역할을 하는 제사의 기능은 주로 속죄(贖罪)와 화해(和解)일 수밖에 없습니다(히 8:3).

유대인들이 자기들의 메시야를 선지자와 왕으로 다 믿으면서도 하나님께 대하여 죄인들을 구속할 제사장의 일을 전혀 바라지 않은 셈입니다. 그 사실은 오늘날 우리 모두에게 아주 엄숙한 깨우침을 줍니다. 열방들을 복종시키고 이스라엘 나라를 회복시키시는 무서운 능력을 발하시는 분이 그들의 육체적인 생각에 큰 호소력을 가질 수 있었습니다. 그러나 바로 그분이 제단에서 섬기며 범법자들을 대신하여 하나님 앞에 서서 대변하며, 그들의 이름으로 하나님의 엄위(嚴威)에 가까이 나가고 마음이 상하신 창조주와 그들 사이에 평강을 주선하시는 일을 하셨습니다. 그러나 그 점이 그들의 생각에는 전혀 이해되지 않아 보였습니다.

그래서 이 히브리 서신에서 그리스도의 제사장직이 그처럼 탁월한 위치를 차지하고 있는 것입니다.

"그러나 그리스도께서 장래 좋은 일의 대제사장으로 오사." 그리스도께서 이 대제사장 직무를 시작하신 '시기'는 분명히 '중보자'의 일반적인 직무를 갖게 된 시기와 동일하였습니다. 하나님께서 자기 아들을 "중보자"로 세우신 바로 그 순간에 역시 선지자와 제사장과 교회의 임금으로서 서게 되신 것입니다. 그 일을 생각해 보건대 복되신 삼위의 영원한 '도모(圖謀)'로 이루어지는 것입니다. 그 때 아버지께서는 "영원한 언약" 속에서 아들을 지명하셨고, 아들은 아버지와 자기 백성들 사이의 중보자가 될 것을 합의하셨습니다. 역사적으로 아들은 성육신하신 순간에 중보자가 되셨습니다. "하나님과 사람 사이에 중보도 한 분이시니 곧 '사람이신' 그리스도 예수라."(딤전 2:5) 주께서 태어나자마자 "그리스도 주"로 높이 부르심을 받으셨습니다(눅 2:11). 외형적이고 공식적으로는 세례 받으실 때 이 직무에 들어간 것입니다. 그때 그는 "성령과 권능으로 기름부음" 받으셨습니다(그리스도가 되셨습니다)(행 10:38).

"그러나 그리스도께서 장래 좋은 일의 대제사장으로 오사." 아버지의 영원한 맹세를 따라 그렇게 되었습니다. 그 "맹세"는 후에 적당한 때에 사람들의 아들에게 알려졌습니다. 우리는 7:20-25의 내용을 숙고하면서 그 점을 생각해 본 바 있습니다. 아들이 제사장 직무에 서임(敍任)되신 것은 "맹세의 말씀으로" 말미암았습니다(7:28). '맹세'는 하나님의 영원한 목적과 불변하는 경륜을 지시합니다. 시편 2:7에서 하나님께서는 "내가 영을 전하노라"고 말씀하셨습니다. 따라서 시편 110:4에는, "여호와는 맹세하고 변하지 아니 하시리라 이르시기를 너는 멜기세덱의 서열을 따라 영원한 제사장이라 하셨도다." 이 말씀을 통해서 그 하나님의 영원한 뜻이 공개적으로 알려졌습니다.

그리스도께서 제사장이 되시고 그 직무를 감당하시기 "전에" 하나님의 "맹세"가 있었음을 히브리서 7:20-25에서 명백하게 알 수 있습니다. 만일 그렇지 않다면 히브리서 7:20-25의 사도의 논증은 완전히 무산되어 버리고 말 것입니다.

"그러나 그리스도께서 대제사장으로 '오사'." 그리스도께서 그렇게 하지 않으셨으면 하나님께 자신을 제물로 "드릴 수" 없었을 것입니다. 히브리서 5:6,7 의 말씀을 숙고할 때 알았듯이, 그리스도는 "그의 육체의 때에" 제사장으로서 감당해야 할 여러 가지 기능들을 행사하고 계셨습니다. 그의 "육체의 때"라는 말은 낮아지셨을 때를 의미합니다. 그리스도께서 "백성의 죄를 구속하신 것"(2:17)은 자비하시고 충성된 "대제사장"으로서 하신 일입니다. 여러 모형들이 그 일을 미리 예표하였습니다. 특별히 레위기 16장이 그러합니다. 아론은 지성소에 들어감으로써 제사장이 된 것이 아닙니다. 지성소에 들어가기 전에 제사장이었습니다. 그렇지 않다면 휘장 안으로 들어갈 수 없었을 것입니다. 그리스도의 "한" 제사, 또는 그리스도가 단번에 자신을 "드린" 일에 대해 말하는 모든 대목마다 그가 지상에 계실 때 제사장이었음을 단언합니다. 왜냐하면 "단번에 "라는 말씀은 그가 지금 하늘에서 행하고 계신 일의 차원에서 이해될 수 없기 때문입니다. 그 말은 이 땅에서 완성하시고 끝내신 하나의 역사적인 사실로서의 죽음을 가리키는 말임에 틀림없습니다. 그 죽음을 기초하여 지금 하늘에서 "계속" 간구하시는 일과 대조하려고 그렇게 표현한 것입니다. 그가 드렸던 제사장적 제사는 그의 죽음과 동시적으로 일어난 일로 강하게 묘사됩니다(9:26). 백성 중 어느 사람이든지 속죄제물을 죽일 수는 있었습니다(레 4:27-29). 그러나 제사장이 아니고는 그것을 하나님께 "드릴 수" 없었습니다(레 4:30)! 그래서 그리스도께서 자신을 하나님께 "드린" 것에 대하여 말하는 구절마다 그의 희생이 지닌 "제사장적" 성격을 강조합니다.

"장래 좋은 일의 대제사장으로 오사." 여기서는 메시야가 시작하셔야 열려지게 되는 더 탁월한 세대를 가리켜 말합니다. 구약의 예언은 메시야가 가져올 많은 복락들과 특권들을 공언했습니다. 따라서 유대인들은 '옛 경륜(시대)' 아래서 누리던 것보다 "더 좋은 일들"을 고대하였습니다. 여기서 사도는 그때가 이미 이르렀음을 공표하고 있습니다. 또한 약속된 복락들이 기독교의 대제사장에 의하여 확보되었다는 것도 말합니다. 그리스도의 강림, 생애, 죽으심 때문에 의(義)가 수립되고 화평이 이루어졌습니다. 그리하여 하나님의 면전에 나아갈 '새롭고 산 길'이 열렸습니다. 이 복락들은 그리스도의 날에 살고 있었던 유대인들이 육신적으로 바랐던 것과는 전혀 다른 것이었습니다. 물론 "장래 좋은 일"은 이미 하나님의 백성들이 누렸던 복락들에만 국한된 것은 아닙니다. 오히려 아직 앞으로 그들에게 올 복락들도 내포합니다. "좋은 일"은 "은혜와 영광"이라는 말 속에 요약되어 있습니다. 또 그것은 "임박한 진노"와 대조를 이룹니다(마 3:7).

"손으로 짓지 아니한 것 곧 이 창조에 속하지 아니한 더 크고 온전한 장막으로 말미암아." 여기서 사도는 8:2에서 말한 것을 되풀이하는 표현을 하고 있습니다. 하나님의 아들이 취한 인성(人性)을 가리킵니다. "말씀이 육신이 되어 우리 가운데 거하시매" - 헬라어로는 '우리 가운데 장막을 치고 계시니'(tabernacled among us)(요 1:14). 그리스도께서 아론과 그의 후계자들이 섬겼던 어떤 처소보다 훨씬 더 영광스러운 처소에서 직무를 감당하셨습니다. 구주의 인성을 "장막"이라고 부른 것은 정말 합당한 일입니다. 왜냐하면 "그 안에 모든 신성의 충만이 육체로 거하시기" 때문입니다(골 2:9). 여기서 "더 크고 온전한 장막"이 그리스도의 몸을 가리킨다는 또 다른 확증이 히브리서 10:20에서 발견됩니다. 거기서 성령께서는 다시 모세의 장막이 상징적으로 말하는 것을 들어서 주 예수 안에서 그 실체가 발견됨을 보여 주십니다. - "휘장은 곧 그의 육체니라."

"더 크고 온전한 장막으로 말미암아." 모세가 쳐놓은 장막과 하나님의 아들이 거하시는 인성(人性) 사이에는 대조점과 차이점이 있습니다. 그 차이점을 위해서는 8:2의 말씀에 대한 우리의 강해를 참고하길 바랍니다. "더 큰"이라는 말로 그 대조점이 먼저 지적됩니다. 원형되신 그리스도께서 '존귀와 가치'에 있어서 그 모형을 훨씬 능가합니다. 그리스도의 인성(人性)의 잉태와 조성됨에 있어서 성령님의 은혜로운 간섭이 있었습니다. 또한 그 인성이 특히 아들의 신격(神格)에 연합되고 그 신격 안에 존재합니다. 그러니 지상에 있는 그리스도의 인성은 어떠한 피조물보다 훨씬 더 탁월하고 영광스러웠습니다. "그리스도의 인성은 태양이 가장 작은 별보다 더 탁월한 정도 보다 더 큰 비율로 옛 장막에 비해 탁월하다."(John Owen) 하나님께서 옛적에 이렇게 선언하셨습니다. "내가 사람을 정금보다 희소케 하며 인생을 오빌의 금보다 희귀케 하리로다."(사 13:12) - 그 예언이 사람이신 그리스도 예수님 안에서 분명하게 이루어졌습니다.

"더 크고 온전한 장막." 이것은 모형과 원형 사이를 대조하여 이르는 표현입니다. "더 크다"는 것은 모세가 지은 장막을 구성하고 있는 물질보다 그리스도의 인성이 훨씬 더 존귀하며 탁월함을 가리켰습니다. "더 온전하다"는 것은 거룩한 쓰임새에 있어서 더 탁월하시다는 것입니다.

이에 대하여 존 오웬은 이렇게 주석합니다. "그리스도의 몸은 그 어느 것 보다도 장막의 목적에 더 온전하고 합당하게 부합되었다. 신성(神性)이 거하기에도 그러하였고, 속죄를 이루는 제사장 직무를 행사하는 방편으로도 그러하였다. 그래서 10:5에서 그것이 이렇게 표현된다. '하나님이 제사와 예물을 원하지 아니하시고 오직 나를 위하여 한 몸을 예비하셨도다.' 하나님께서 받으신 것이 그것이며, 그 목적을 위하여 다른 것을 거절하실 때에도 그것에 대해서는 기뻐하셨다."

성령께서 여기서 "더 온전한"이란 표현을 사용하신 까닭은 어디에 있을까요? 아마 그의 백성들이 '영원히 온전하게 된 것'이 이 "장막" 안에서 섬긴 그리스도의 일로 말미암기 때문이었을 것입니다.

"이 손으로 짓지 아니한 것 곧 이 창조에 속하지 아니한." 여기서 사도는 이중적인 부정을 통하여 그리스도의 인성을 한 번 더 강조합니다. "손으로 짓지 아니한"이라는 표현은 유대교의 장막과 대칭되어 쓰인 말입니다. 그 장막은 사람들의 손으로 지은 것입니다(출 36:1-8). 그리스도의 인성은 손을 갖지 않으신 하나님께서 친히 지으신 것입니다. 그래서 이 표현은 8:2의 "주께서 베푸신 것이요 사람이 한 것이 아니니라."는 표현과 병행을 이룹니다. 그러니 그 "더 온전한 장막"은 얼마나 "더 크겠습니까!" 솔로몬의 성전은 참으로 엄청났고 많은 값을 들인 집이었습니다. 그러나 그것도 장인(匠人)들이 세운 것입니다. 그러므로 크신 하나님께서 그 안에 거하신다는 것은 참으로 무한히 자신을 낮추시는 행동이었습니다. "하나님이 참으로 땅에 거하시리이까 하늘과 하늘들의 하늘이라도 주를 용납하지 못하겠거든 하물며 내가 건축한 이 성전이오리이까."(왕상 8:27) 다니엘 2:45에서 그리스도의 초자연적인 인성이 언급되었습니다. 그는 '한 돌'이 되십니다. 우리와 같이 동일한 채석장(採石場)에서 뜨인 "돌"이십니다. 그럼에도 "손으로 하지 아니한," 곧 자연의 도움을 빌거나 사람의 힘을 빌지 아니하고 뜨인 '돌'이 되셔야 했습니다.

"곧 이 창조에 속하지 아니한." 이 말이 앞 소절을 규정하기 위해 첨가되었습니다.[1] 여기서 "이 창조"로 번역된 어휘는 4:13에도 나오는 말입니다. 그

1) 우리말 개역개정이나 개역한글에서는 '이 창조'라고 번역되어 있는 것을 KJV은 this building으로 번역되어 있다. - 역자 주

리스도의 인성은 우리들과 전혀 다른 차원에 속한 것입니다. 그리스도의 인성을 병행적으로 보여주는 것이 피조물 속에는 전혀 발견되지 않습니다.

이에 대하여 존 오웬(John Owen)은 이렇게 말합니다. "그리스도의 인성의 본질은 우리와 같은 유에 속하지만, 이 세상에서 그 인성을 '산출' 한 것은 다른 모든 신적 작용을 능가하는 '신적 권능'의 행사였다. 그러므로 하나님께서 그 일에 대하여 '여호와가 새 일을 세상에 창조하였나니 곧 여자가 남자를 안으리라.'(렘 31:22) 또는 '자연적인 생식 없이 그를 잉태하리라'고 말씀하셨다."

하나님께서 당신의 거룩하신 뜻을 이루시기 위해서 자연적인 방편에 매이지 않으시고, 원하시기만 하면 모든 일반적인 방식과 "법칙들"을 베풀어 가실 수도 있습니다. 또 그것들과 배치되게 행동하실 수도 있다는 사실을 보는 것은 얼마나 복됩니까!

"염소와 송아지의 피로 아니하고 오직 자기 피로 영원한 속죄를 이루사 단번에 성소에 들어가셨느니라." 사도는 그리스도의 인격 안에서 장막의 실체를 발견함을 진술하였습니다. 이제는 이스라엘의 대제사장이 속죄일에 지성소에 들어가는 일을 통하여 예표한 것을 밝히려 합니다. 부정적인 측면과 적극적인 측면에서 그것을 밝힘으로써 그림자와 실체 사이의 차이를 보다 선명하게 드러나게 하려고 합니다. 이 구절의 의도는 율법에 속한 대제사장보다 더 탁월한 제사장 직무를 감당하시는 그리스도의 탁월성을 펼쳐 보이는 것입니다. 첫째, 자신의 피를 가지고 드린 그의 제사의 탁월성에서 그러하십니다. 둘째, 자기의 피를 가지고 들어갔던 곳이 성소, 곧 하늘 자체였다는 점에서 그러합니다. 셋째, 그것이 가져온 효력의 측면에서 그러합니다. 그리스도께서 바로 그 제사를 통해서 "영원한 구속"을 이루셨던 것입니다.

"염소와 송아지의 피로 아니하고." 아론이 속죄일에 지성소에 들어갈 때 그것들을 가지고 들어갔었습니다(레 16:14,15). 여기서 사도는 복수명사를 쓰는데, 그것은 그 제물을 매년마다 거듭해서 드렸기 때문입니다. 레위기 16장에서 '송아지나 일 년 된 수염소'가 처음 언급됩니다. 아마 여기서 '염소'가 먼저 언급된 것은 그것이 사람들을 위해서 특별하게 드려졌기 때문일 것입니다. 이 구절에 나타난 가장 주요한 사상은 자기 백성들을 구속(救贖)하시는 그리스도입니다. 아론이 지성소에 들어가 드리는 제사를 하나님께서 받으신 것은 이런 짐승들의 피 때문이었습니다. 여기서는 지성소로 들어 갈 때 대제사장이 가지고 들어갔던 것들을 직접 언급하기보다는 - 또는 "향품"을 언급하기 보다는 - 그 제사들이 그로 하여금 이스라엘의 거룩한 자 앞에 나아갈 '권리'를 얻게 한 것을 언급하고 있습니다.

"오직 자기의 피로 영원한 속죄를 이루사 단번에 성소에 들어가셨느니라." 여기서 우리는 그리스도의 제사장 사역의 위대한 신비를 직접 보게 됩니다. 특별히 그가 자기 백성들의 죄를 속하기 위해서 하나님께 드린 제사에 대한 것을 직접 듣게 됩니다. 9:8에서 "지성소"라고 불려진 '성소'는 하늘 자체요, 하나님의 거하시는 곳을 의미합니다. 9:24에서 "참 하늘"이라는 말을 사용하고 있는데 그 말로써 그 점이 틀림없이 확증됩니다. 이 "성소"라는 칭호를 얻기에 합당한 곳은 그 곳밖에 없습니다. 그래서 시편 20:6에서는 그것을 "그 거룩한 하늘"이라고 지칭하였습니다. 그러면 그리스도께서 자기 피를 힘입어 하늘에 들어가신 때가 "언제"였습니까? 주석가들 거의 대부분은 여기 본문 말씀이 '승천하실 때'를 가리키는 것으로 생각합니다. 그러나 우리는 그것이 잘못된 해석이라고 봅니다. 그 잘못된 해석으로부터 매우 심각한 성질을 가진 그릇된 결론이 나왔던 것입니다. 이 구절에서 확언되는 일이 그리스도가 십자가에서 "다 이루었다."고 승리에 찬 울부짖음을 토해내신 바로 뒤에 일어났다는 확신을 저는 가지고 있습니다. 그렇게 믿는 몇 가지 이유를 제시해 보고자 합니다.

첫째, 제사장이 휘장 안으로 들어간 모형적인 일은 희생제물이 죽임을 당한 바로 후에 있었던 일입니다. 그 짐승의 죽은 몸을 모든 사람이 다 보는 자리에서 태우기 위하여 덮개로 가리지 않고 옮겨집니다. 그리고 그의 피는 지성소로 가지고 들어가 법궤를 덮고 있는 속죄소 위에 뿌려집니다. 그 의식에서 긴밀한 연관을 가지고 있는 그 행사들은 순서상 태우는 것을 제일 마지막에 하도록 되어 있었습니다. 이제 히브리서 13:11은 그 모형적인 행동이 그리스도가 예루살렘 밖에서 희생되었다는 사실과 잘 부합함을 분명히 확증합니다. 그러므로 그리스도께서 죽으신 후 사십일 후에 하늘에 들어가셨다면, 그 하늘에 들어가시는 일을 모형적으로 나타냈던 일과 서로 맞지 않습니다. 그리스도께서 십자가에서 피를 쏟으시고 자기의 영혼을 아버지의 손에 부탁할 때 죄를 속하셨고, 바로 그 순간에 성전 휘장이 갈라져 그가 하나님 존전에 들어가셨음을 지시하였습니다. 숨을 거두시자마자 하늘에 들어가셔서 자신과 자기의 후손들을 위하여 그 사실을 아뢰었습니다. 그가 부활하신 일은, 하나님께서 그의 제사를 받으셨으며 그가 이제는 당당히 그의 순종의 상급을 받게 되었다는 사실을 증거한 일이었습니다. 그의 부활은 아론이 지성소에 들어갔다가 백성들에게 "다시 나오는" 모형의 원형이었습니다. 아론이 성소에 들어갔다가 다시 나온 일은 하나님의 진노가 가라 앉혀졌으며, 죄를 용서하셨다는 증거로 정해진 일이었습니다.

둘째, 아론은 영광의 예복을 먼저 벗어놓고(레 16:4) 세마포로 된 속옷만을 입었습니다. "바로 그 일은" 승천하실 때의 그리스도의 승리와 영광보다는 십자가에서 낮아지신 일과 더 잘 부합됩니다.

셋째, 아론이 지성소로 들어갔을 때 아직은 속죄가 이루어진 것은 아닙니다. 속죄소에 피를 뿌린 다음에야 그 속함이 이루어진 것입니다. 그러므로 이 모형의 원형이 그리스도의 승천 때까지 발생하지 않았다면, 하나님께서 그 제사를 사십일 후에나 받으셨다는 이야기가 됩니다.

넷째, 아론이 휘장 안에 있을 동안에 밖에 있는 백성들은 대제사장을 염려하여 크게 두려워하고 있었습니다. 그가 하나님의 진노를 가라앉히지 못하면 어쩌나하고 말입니다. 그리스도께서 죽으셨다가 다시 부활하시는 기간 동안에 그리스도의 제자들의 상태는 그와 비슷했습니다. 그들은 의심과 두려움의 상태에서 공포에 질려 떨고 있었습니다. 그러나 그들은 그가 승천하신 바로 직후에는 전혀 달랐습니다(눅 24:21과 24:52,53을 참조)!

다섯째, 그리스도께서 죽으시는 순간 하나님에 의해서 휘장이 갈라진 일은 깊은 의미를 가집니다. 그것은 아들의 "다 이루었다"는 말씀에 대한 하나님의 인증(認證)이었습니다. 영적인 세계에서 일어난 일을 눈에 보이는 세계에서 형상을 나타내기 위하여 외적으로 찍어낸 부본(副本)이기도 하였습니다. 곧 그리스도가 하늘로 들어가신 일을 외적으로 그대로 복사하여 나타낸 일이라는 말입니다. 그와 같이 그리스도가 죽으신 다음에 부활하여 제자들에게 나타나시고, "너희에게 평강이 있으라."고 하신 것은 평강이 "이미" 이루어졌으며 이미 속죄가 완성되었음을 확증합니다.

"자기 피로…들어가셨느니라." 그는 자기 백성의 보증으로서 또한 "앞서 가신" 자로서 하늘에 들어가셨습니다(6:20). 그로 하여금 하늘에 들어갈 권리를 갖게 한 것은 하나님의 공의를 완전히 만족하게 하신 일이었습니다. 하나님을 높이되, 우리의 모든 죄로 하나님을 모독했던 것보다 더욱 높은 공의의 만족이었고, 율법을 크게 하고 영예롭게 한 만족이었습니다. 그의 속죄 또는 공의의 만족하게 하심의 내용은 그의 피흘리심만이 아니었습니다. "그의 피를 믿는 믿음"(롬 3:25)이 아니고도 그의 부활을 진심으로 믿으면(롬

10:9), 그 믿음이 죄인을 구원할 것입니다. "십자가에 죽기까지 복종하셨으니."(빌 2:8) 그가 십자가에서 자원하여 참아내신 일은 그의 구속(救贖) 사역의 절정과 완성이었습니다. "자기 피"라는 말은 그 피의 말로 할 수 없는 가치를 강조합니다. 그것은 "아들"의 피였습니다(히 1:2,3). 그것은 성육신하신 "하나님"의 피였습니다(행 20:28). 성령께서 그것을 "보배로운 피"로 칭할 만합니다(벧전 1:19). 우리의 구속을 위해서 그보다 더 가치 있는 것이 지불될 수 없었습니다. 죄는 얼마나 비열하고 저주받을 만한 것입니까? 그처럼 가치 있는 희생으로써만이 속함 받을 수 있으니 말입니다. 그리스도께서 자기의 피를 가지고 나아가 무엇을 '요구'하셨을까요! "이와 같이 너희 중에 누구든지 자기 소유를 버리지 아니하면 능히 내 제자가 되지 못하리라."(눅 14:33)고 말씀하실 만도 합니다.

"단번에 성소에 들어가셨느니라." "단번에"라는 말 때문에 많은 사람들이 여기서 구세주의 승천을 가리킨다고 결론을 내립니다. 그러나 우리가 위에서 애써 말하였듯이 그것은 실수입니다. 앞으로 다시 알게 되겠지만, 히브리서 9장과 10장은 그리스도의 하늘에 들어가심을 예중적인 차원에서 생각하고 있습니다. 곧, 아론과 멜기세덱의 이중적인 모형을 성취하는 것으로 하늘에 들어가심을 봅니다. 그리스도께서 죽으실 때 하늘에 들어가신 일은 강도에게 하신 말씀을 통해서 분명히 엿볼 수 있습니다(눅 23:43). 고후 12:2,4에서는 '낙원'을 셋째 하늘에 속한 것으로 말합니다. 그리스도의 속죄사역에 관하여 "단번에"라는 말이 쓰이는 모든 대목마다에서 그 말은 구약시대의 제사들을 '자주 반복하여' 드렸던 사실과 비교하여 보이기 위해서 쓰이기 마련입니다(7:26 ; 9:25,27 ; 10:11,12 참조). 지금은 그리스도께서 하나님의 공의를 만족하게 하심을 숙고하고 있습니다. 그의 승천은 "계속적이고" 항구적으로 백성들을 위해 간구하심의 목적을 가지고 있었습니다.

"영원한 구속(속죄)을 이루사." 하늘에 들어가시기 전에 이 일을 이루셨습니다. "구속(救贖)하다"는 것은 종의 상태에 있는 사람을 건져내기 위하여 마땅히 지불해야 할 속전(贖錢)을 지불하여 그 사람을 자유하게 하는 것을 의미합니다. 우리의 구속을 위해 네 가지 사항이 요구되었습니다. 첫째, 우리의 죄의 대가로 제물로 속(贖)해야 했습니다. 둘째, 그것이 최고 통치자요 재판장이신 하나님께서 받으실 만한 것이어야 했습니다. 셋째, 백성을 대속하시는 구주께서 율법을 만족시켜야 하며, 율법의 교훈을 이행하고 율법이 정하는 벌책을 담당하셔야 했습니다. 그래야만 율법의 저주를 제거할 수 있었습니다. 넷째, 그 구속은 우리에 대한 사탄의 세력을 폐해야 했습니다. 구속주께서 그 모든 일을 어떻게 성취하셨는지에 대해서는 필자의 '만족하게 하신 그리스도'(His Satisfaction)에 대한 글 속에서 밝힌 바 있습니다. 그리스도의 "구속은 영원한" 것입니다. 그것은 옛적 이스라엘의 구속과 대조되는 것이었습니다. 그들은 애굽에서 하나님의 은혜로 건지심을 받은 후에도 블레셋과 다른 사람들에게 얽매이기도 하였습니다. 그러나 그리스도의 피의 효력은 결코 상실되지 않기 때문에, 그로 말미암아 구속받은 사람은 그 어느 누구도 죄의 지배 아래 다시 들어갈 수 없습니다.

히브리서 9:13,14

**"염소와 황소의 피와 및 암송아지의 재를 부정한 자에게 뿌려
그 육체를 정결하게 하여 거룩하게 하거든
하물며 영원하신 성령으로 말미암아
흠 없는 자기를 하나님께 드린 그리스도의 피가 어찌 너희 양심을
죽은 행실에서 깨끗하게 하고 살아 계신 하나님을 섬기게 하지 못하겠느냐."**

사도가 11절과 12절에서 우리의 대제사장이신 그리스도의 탁월성을 다시 밝혔는데, 이 부분에서는 그리스도의 제사의 탁월한 효력을 과시하고 있습니다. 여기서는 한 부분을 가지고 전체를 나타내는 표현법인 제유법(提喩法)을 써서 율법 아래 제정된 모든 속죄제와 모든 정결 예법들이 여기에 요약되어 있습니다.

"염소와 황소의 피와 및 암송아지의 재를…" 이 표현 속에 모든 것이 다 함축되어 있습니다. "암송아지의 재"는 특히 민수기 19:2-17을 가리킵니다. 요한복음 13:1-15과 그 민수기의 말씀을 주의 깊게 비교해 볼 필요가 있습니다. 사도가 여기서 주로 생각하고 있는 것은 민수기 19장의 규례가 가진 "용도"입니다. 암송아지를 태워 그 재를 보존하였다가 순전한 물과 섞어 율법적으로 부정(不淨)하게 된 사람에게 뿌렸습니다. 어떤 이스라엘 사람이 주검과 접촉함으로 의식적(儀式的)으로 더러워졌을 때, 그는 여호와께 드리는 모든 공적 예배에 참여하지 못했습니다. 민수기 19장의 가르침을 이행하면 그는 다시 여호와께 공적 예배를 드리는 데 참여할 수 있었습니다. 그 '재'들은 하나님께서 주신 참으로 긍휼어린 장치였습니다. 그 '재가 아니고는' 모든 예배가 하나님께 가납되지 못했습니다. 그것들은 '하나의' 효력을 가지고 있었습니다. 왜냐하면 잠시적이고 외적이고 의식적으로 깨끗하게 함으로 육체를 정결하게 하는데 소용되었다는 말입니다. 모형적으로 그 재는 그리스도의 피가 영적이고 내적이고 영원토록 씻어 주는 것을 지시하였습니다.

존 오웬(John Owen)이 이 점에 대하여 어떻게 적용하고 있는지 들어 봅시다.

"믿는 자도 많은 더러움을 묻힌다. 이 세상에 사는 날 동안에 더러움을 하나도 접촉하지 않고 살 수는 없다. 아무리 훌륭한 예배라도 더러움을 가지고 있다. 만일 그리스도의 피가 그 정결케 하는 효력 때문에 믿음에 끊임없이 용기를 주지 않는다면, 또는 하나님께서 그리스도의 피 안에서 죄와 부정을 깨끗하게 하시는 샘을 열어 주지 않으신다면, 교회의 예배는 하나님께 받아들여지지 않을 것이다. 믿음의 행사는 바로 그 점을 끊임없이 적용하는 일이라고 할 수 있다."

"하물며 영원하신 성령으로 말미암아 흠 없는 자기를 하나님께 드린 그리스도의 피가 어찌 너희 양심을 죽은 행실에서 깨끗하게 하고 살아 계신 하나님을 섬기게 하지 못하겠느냐." 만일 짐승들의 피와 재가 하나님의 정하심 가운데서 외적이고 잠시 동안 칭의(稱義, justification)와 성화(聖化, sanctification)를 가져왔다면 - 다른 말로 죄책과 의식적인 더러움을 다 제거하였다면 - 옛적에 약속되고 하나님께 기름 부으심 받아 세우심 받고 가납받으신 분의 제사는 그것을 의지하는 사람들을 얼마나 더욱 효과적이고 영원토록 깨끗하게 할 것입니까!

"피흘리심을 통해서 그리스도가 자신을 하나님께 드리셨으니, 그리스도의 피는 그만큼 우리의 구속을 위해서 행하시고 당하신 '모든 것'을 함축한다."(John Owen)

"하물며 영원하신 성령으로 말미암아 흠 없는 자기를 하나님께 드린 그리스도의 피가." "영원하신 성령"이란 표현이 생명을 주고 인성(人性)을 지탱하시는 그리스도의 신성(神性)을 가리키는지, 아니면 성삼위의 제삼위 되신 성령님 자신을 가리키는지에 대하여 상당히 의견이 분분합니다. 우리를 위해서 그 요점을 정립시켜 주는 견해는 이러합니다. 그리스도는 하나님께 자기를 드리셨습니다. 곧 그의 완전한 인격으로, 그의 중보자적 직무를 행사하시는 중에 그리하셨습니다. 그는 중보자로서 '종의 형체'를 취하셨습니다. 그러므로 그는 그가 행하신 모든 일에서 성령의 충만함을 입고, 성령의 권능으로 힘을 얻으셨습니다. 그리스도는 "죽기까지 '복종'하셨습니다. 그리스도께서 광야로 인도하시는 성령께 복종하셨듯이(마 4:1), 성령께서는 자원하는 희생 제물을 자신을 하나님께 드리려고 십자가에 나아가시게 그리스도를 주장하셨습니다. 이 놀라운 진술은 구속의 위대한 역사(役事)에 함께 하시는 영원한 성삼위 하나님의 완벽한 협력을 보여줍니다.

"흠 없는 자기를 하나님께 드린 그리스도." "흠 없다"는 말 속에는 이중적인 국면이 들어 있습니다. 그의 인격의 '순결성'과 그의 삶의 '거룩함'이 들어 있습니다. 그분은 도덕적이고 율법적인 의미에서 순결하고 거룩하십니다. 그것은 그리스도가 우리의 죄를 위하여 제물이 "되시기에" 합당함을 말해 줍니다. 그의 본성에는 하나도 흠이 없었고, 그의 성품에도 하나의 결함도 없었습니다. 뿐만 아니라 모든 도덕적인 탁월함을 가지고 계십니다. 생각과 말과 행실을 통해서 율법을 '이루셨습니다.' 또한 온 마음을 다해서 자기의 하나님을 사랑하셨습니다. 자기 이웃을 자기처럼 사랑하셨습니다. 그러므로 그는 자기 백성들을 대신하여 행사하기에 완전한 자격을 갖추신 분이었습니다.

"너희 양심을 죽은 행실에서 깨끗하게 하고." 이것은 그리스도의 제사로 말미암아 얻어진 효력들 중 하나입니다. 율법에 속한 예법들은 그런 효력을 이룩해 낼 수 없었습니다. 그리스도의 제사가 우리의 죄를 속하였기 때문에, 성령께서 그 공덕을 마음에 적용하십니다. 성령께서 믿음으로 그러한 것들을 적용하도록 하실 때, 우리의 죄책감은 사라지고 평강이 찾아듭니다. 그래서 우리는 무서움 없이 기쁨에 찬 예배자로서 하나님께 나아갈 수 있습니다. '양심'이란 말이 여기서 두드러지게 나타나 있습니다(더 광범한 의미를 위해서 10:22을 참조). 왜냐하면 양심은 죄책(罪責)의 바른 좌표이기 때문입니다. 영혼으로 하여금 죄책감을 느끼게 하여 하나님께 나아가지 못하게 하는 것이 바로 양심입니다. "죽은 행실"이란 표현은 '죄책과 죄의 더러움의 차원'에서 우리의 죄를 가리켜 말하고 있습니다(6:1의 말씀에 대한 강해를 참조). 참된 신자들은 율법의 저주인 "사망"에서 구출 받았습니다.

"살아계신 하나님을 섬기게 하지 못하겠느냐." 그저 외적인 모양으로만 섬긴 것이 아니라 진심과 진정으로 하나님을 섬기는 것을 말합니다. 이것이 우리 양심이 깨끗하게 됨으로 받는 유익과 복락입니다. 그리스도인들은 "하나님을 섬길" 권리와 자유를 가졌습니다. 교회 가운데 죽어 있어 하나님으로부터 멀리 떠나 있는 사람들은 "살아계신 하나님을 섬길 수" 없습니다. 그러나 그가 우리를 위해서 죽으셨기 때문에, 그의 제사는 성령의 선물을 우리가 받도록 확보해 놓으셨습니다. 성령께서는 합당한 예배를 위하여 성도들을 새롭게 하고 무장시키십니다.

존 칼빈(John Calvin)은 이에 대하여 말합니다.

"이것이 바로 우리로 정결하게 하신 목적이다. 왜냐하면 우리가 그리스도께 씻으심을 받은 것은 다시 새로운 더러움으로 자신들을 빠뜨리려 하는 것이 아니라 정결하여 하나님을 영화롭게 섬기기 위함이기 때문이다."

"섬기다"는 말 속에 우리가 하나님의 피조물로서뿐 아니라 하나님의 자녀로서 하나님께 마땅히 행할 모든 의무들이 함축되어 있습니다. 그러니 로마서 12:1의 말씀을 매일 실천케 할 은혜를 열심히 구합시다.

42강

중보자

9:15 이로 말미암아 그는 새 언약의 중보자시니 이는 첫 언약 때에 범한 죄에서 속량하려고
죽으사 부르심을 입은 자로 하여금 영원한 기업의 약속을 얻게 하려 하심이라

사도가 이 대목에서 증거하고 예증하려는 것과 관련하여 전제(前提)하는 바는 8:6의 진술입니다. "그러나 이제 그가 더 아름다운 직분을 얻으셨으니 이는 더 좋은 약속으로 세우신 더 좋은 언약의 중보자시라." 우리가 9:11-14의 말씀을 지난 강론에서 다루었는데, 그 말씀들은 아론보다 그리스도가 탁월함을 다음과 같은 국면에서 밝혔습니다. 첫째, 그리스도가 더 아름다운 장막에서 섬기셨습니다(11절). 둘째, 하나님께 더 훌륭한 제사를 드리셨습니다(11,14절). 셋째, 더 영광스러운 성소에 들어가셨습니다(12절). 넷째, 더 효력 있는 구속을 이루셨습니다(12절). 다섯째, 더 탁월하게 성령으로 말미암아 감동받으셨습니다(14절). 여섯째, 자기 백성들을 더 낫게 정결케 하셨습니다(14절). 일곱째, 자기 백성들로 하여금 하나님을 더 훌륭하게 섬기도록 하셨습니다(14절).

그리스도는 자기 백성을 위하여 "영원한 구속(救贖)"을 이루셨습니다. 우리가 지난 강론에서 지적하였듯이 "구속하다"는 말은 속전(贖錢)을 지불하고 종노릇 하고 있는 사람을 해방시킨다는 의미입니다. "그러므로 아들이 너희를 자유하게 하면 너희가 참으로 자유하리라"(요 8:36). 그리스도인이 가진 자유는 어떤 자유입니까? 첫째로 "율법적" 차원에서의 자유입니다. 그는 "율법의 저주에서 구속받았습니다."(갈 3:13) 둘째로 그 율법의 저주에서 구속받은 사실 때문에 죄의 권세로부터 "체험적인" 자유를 누리게 됩니다. "죄가 너희를 주장하지 못하리니"(롬 6:14). 칭의(稱義)와 성화(聖化)는 결코 떨어져 있는 것이 아닙니다. 하나님께서 그리스도의 의(義)를 전가시키면 그곳에는 거룩의 원리도 전달됩니다. 성화는 칭의의 열매 또는 귀추라 할 수 있습니다. 우리가 하늘로 들어감을 허락받으려면 그 둘이 다 필요합니다. 그리스도의 피가 자기 백성들에 대한 하나님의 모든 요구를 충분히 만족시켰기 때문에, 성령으로 말미암아 그 피의 공력과 정결케 하는 효력이 그들에게 미치게 됩니다. 이 둘이 다 옛 경륜에 속한 레위의 모형들을 통해서 예표(豫表)되었습니다. 9:13에서 그 점이 엿보입니다.

"염소와 황소의 피와 및 암송아지의 재로 부정한 자에게 뿌려 그 육체를 정결하게 하여 거룩하게 하거든."(히 9:13) 여기에 비교와 대조가 나타나 있습니다. 모형(模型)과 원형(原型) 사이의 비교요, 모형으로 얻은 것과 원형을 통하여 얻은 것 사이의 대조입니다. 그 모형적인 의식(儀式)들은 죄에 대한 통치적인 귀추들로부터 잠시 "구속(救贖)"을 받게 하였습니다. 그리스도의 제사는 죄의 모든 귀추들로부터 "영원한 구속"을 받게 했습니다. 9:13에 이중적인 모형이 언급됩니다. 단 하나의 제사로는 그리스도의 피의 능력과 효력을 적당하게 상징할 수 없었습니다. "염소와 황소의 피"로써 이스라엘 사람들의 죄의 "책임"이 잠시 면제되었습니다. "암송아지의 재"를 뿌림으로써 광야의 더러움에서 의식적(儀式的)으로 정결하게 되었습니다.

우리는 사피어(A. Saphir)의 글에서 아래와 같이 가치 있는 각주(脚注)를 인용해 봅니다.

"'암송아지의 재' - 주검을 접촉함으로 부정(不淨)하게 된 것을 제거하기 위하여 암송아지의 재를 뿌리라고 하나님께서 모세를 통해 명하셨다. 광야를 지나는 자기 백성들을 위하여 하나님께서 은혜를 공급하시는 것을 설명하는 민수기에 그 제도가 기록되어 있다. 죽임을 당한 희생물의 피는 썩지 않았다. 주검과 접촉함으로 더러워진 것을 피로써 정결하게 하심을 보여주기 위해서, 피의 본질적인 요소가 영구적으로 적용될 수 있는 형식으로 표현되는 것이 필요하였다. 한 번도 멍에를 메지 아니한 어린 암송아지는 가장 생명력이 넘치고 완전하고 열매 있는 삶을 상징한다. 그가 암송아지를 영문(營門) 밖에서 죽였다(히 13:11 ; 민 19:3,4). 그리고 그 송아지의 살과 가죽과 피를 다 불사르게 하였다. 그리고 제사장은 백향목과 초와 홍색실을 취하여 암송아지를 사르는 불 가운데 던졌다. 암송아지의 재는 거두어 물에 띄워 정결케 하는 예식을 위하여 우슬초로 찍어 뿌렸다. 그리스도는 그 모형으로 예표된 것을 완성하셨다. 왜냐하면 말하자면 그리스도의 피는 우리의 대제사장과 구속주로서 그에게 나아가는 지성소의 문을 여는 열쇠이고, 우리를 노예 가운데서 건져주는 속전(贖錢)이며, 저주에서 해방시켜 하나님께 가까이 나아가게 하는 속량물(贖良物)이다. 그뿐만 아니라 죽음과 죄로부터 우리를 구별시킨다. 그리스도의 피는 썩지 않고 언제나 깨끗하게 하고 정결케 한다. 이 피로 말미암아 우리는 이 악한 세상에서 구별되며, 이 악한 세상을 이긴다. 이 피로써 우리는 우리의 옷을 씻어 희게 한다(요 6:53 ; 계 7:14).

"모형들 속에서는 분리될 필요가 있었던 것이 여기서는 하나로 온전함을 이루었다. 그와 같이 우리가 처음 화목의 상태에 들어가 나아감을 얻고 의롭다 하심과 거룩하게 하심을 입을 때, 우리에게 '실질적이고' '능력 있게' 주어진 것이 우리의 실제 체험 가운데 계속 반복되어 나타난다. 우리는 단번에 깨끗함을 입고 거룩함을 입었다. 우리가 항상 기억하고 믿는 그 피가 우리를 계속 깨끗하게 한다. 이 계속적인 깨끗하게 함과 첫 번째의 깨끗하게 함 사이의 차이를 잊어서는 안 된다. 만일 그것을 잊는다면 율법적인 상태로 떨어져 지성소에서 성소로 되돌아가는 격이 된다. 그러나 반면에 우리는 그 피의 '살아 있는' 성격을 잊어서도 안 된다. 곧 성령에 의해서 계속적으로 그 피의 성격이 우리에게 적용되고, 우리가 그 피를 힘입어 화평을 누리고 용서 받았다는 의식을 항상 더불어 가지며 하나님을 섬기는 힘을 얻게 된다(벧전 1:2)."

성령께서는 하나님의 백성들이 무엇으로'부터' 구속받았는지 지적하신 다음에, 그리스도의 구속의 목적이 그 백성들로 하여금 무엇을 '향하게' 하는지를 간단하게 지적하십니다. 그리스도께서는 우리를 율법과 죄의 멍에에서 구원하셨습니다. 또한 우리를 위해서 "영원한 기업"을 확보하여 놓으셨습니다. 그가 하나님의 공의를 만족하게 하심으로 하나님의 면전에서 하나님의 은총과 형상과 영원한 복락을 받을 자격을 우리에게 마련해 주신 것입니다. 성령께서는 이 점을 가리키면서 그리스도의 제사가 옛적에 하나님께서 하신 약속을 이루기 위하여 필요하였음을 이 기회를 빌어 지적하십니다. 여기서 그는 다시 한 번 유대인의 선입과 의문을 풀어 주셨습니다. 유대인들은, "어째서 이 크신 대제사장이 '죽어야' 한다는 말인가?"라는 의문을 가지고 있었습니다. 그리스도의 죽음은 아브라함과 그 (영적인) 후손들에 대한 하나님의 조약을 성취하기 위해서도 필수적이었습니다. 하나님의 언약적 서약들은 그리스도께서 영원한 언약과 가진 관계를 주목하게 했습니다. 그 언약적 서약을 확증하기 위해서 그리스도의 죽으심이 필수적이었습니다.

히브리서 9:15

"이로 말미암아 그는 새 언약의 중보자시니
이는 첫 언약 때에 범한 죄에서 속량하려고 죽으사
부르심을 입은 자로 하여금 영원한 기업의 약속을 얻게 하려 하심이라."

이 구절의 각 어휘마다, 방금 앞에서 말했던 것과 바로 다음에 나오는 진술의 차원에서 신중하게 가늠해 보고 숙고할 필요가 있습니다. 그렇지 않으면 틀림없이 실수하게 되어 있습니다. 이 구절 초두에 '또(and)'[1]라는 접속사가 있는 것으로 보아 여기서 새로운 주제가 시작되는 것이 아님은 분명합니다. 그 점은 대번에 이 구절과 다음에 나오는 몇 구절들을 가상적(假想的)으로 하나의 괄호 안에 놓을 필요가 있음을 보여줍니다. 사도는 계속해서 지난 강론에서 우리가 숙고했던 구절들에서 다룬 것을 여전히 취급하고 있습니다. 그는 아직도 우리의 대제사장의 탁월성과 그의 제사의 탁월한 효력을 밝히고 있습니다. 이 구절의 내용이 전혀 난해(難解)하지 않음을 우리는 기꺼이 인정합니다. 그리고 이 구절이 어떠한 주도적인 사상을 담고 있는지도 충분하게 알 수 있습니다.

"(또) 이로 말미암아 그는 새 언약의 중보자시니." "이를 말미암아 (And for this cause)"의 헬라어 원어는 1:9과 다른 곳에서 "그러므로"로 번역됩니

1) 우리말 개역개정이나 개역한글에서는 이 접속사가 나오지 않는다. - 역자 주

다. 그 말은 '이 때문에' 또는 '이 이유로 말미암아'라는 의미입니다. 여기서 "이로 말미암아"라고 하였는데, 여기서 "이"라는 말이 정확히 무엇을 가리키느냐에 대하여 상당한 논란이 있었습니다. 어떤 사람들은 그 말은 앞의 여러 구절들에서 확언된 것을 가리킨다고 주장하기도 합니다. 또 다른 사람들은 이 구절의 하반절에서 선언되는 것을 가리킨다고 주장했습니다. 개인적으로, 우리는 "둘 다" 포함된다고 믿습니다. 하나님의 말씀에는 사람의 말에는 발견되지 않는 충만함이 있습니다. 그리고 문맥이나 믿음의 유추로 보증을 받아 어느 한 표현이 두 의미, 또는 그보다 더 많은 의미를 가질 수 있다 합시다. 그런 경우에 그 의미들은 다 취해야 합니다. 그러니 여기에서 전달되는 두 요지를 함께 살펴보기로 합니다.

"이로 말미암아" - 그리스도께서 드릴 제사의 탁월한 성질과 효력 때문에 하나님께서는 그를 새 언약의 중보자로 세우셨습니다. 그리스도의 인격의 적합함과 그의 제사의 탁월성을 내다보시는 하나님은 그를 자신과 자기의 타락한 백성들 사이의 중보자로 삼으신 것입니다. 그리스도께서 그들의 죄를 효과적으로 속(贖)하시고, 그들의 고통스러운 양심에 평강의 길을 마련하실 것을 성부(聖父)께서 정하여 내다 보신 것입니다. 하나님께서는 그의 아들이 성육신하시게 하실 뜻을 세우셨습니다. 그리고 불쌍한 죄인들과 그 죄인들이 거역한 외경스런 위엄이신 당신 자신 사이의 중보자로 서게 하실 것을 정하신 것입니다. "이로 말미암아" - 또 역시, 첫 번째 언약 아래 있던 범법자들로 구속받을 수 있고, 부르심을 받은 자들로 영원한 기업의 약속을 받을 수 있게 하는 길은 무엇입니까? 그것이 오직 그리스도의 죽으심으로 말미암은 줄을 아신 하나님께서 그리스도를 새 언약의 중보자로 지명하신 것입니다.

영민(英敏)하기 짝이 없는 존 오웬(John Owen)은 논리적 능력으로 두 개념을 함께 묶었습니다.

"이 말씀 속에, 우리가 죽은 행실에서 깨끗하게 되기 위하여 오직 유일한 방편인 그리스도의 죽음과 제사의 필연성에 대한 이유가 확연하게 나타나 있다. 그 이유가 '이로 말미암아'라는 말씀으로 지시되어 있다. 사도는 이 그리스도의 죽음의 필연성을 그의 직무의 본질, 곧 '그가 새 언약의 중보자가 되어야 한다.'는 것으로부터 증거한다. 그 새 언약은 하나의 언약으로서 언약자의 죽음을 요구했다. 또한 그것으로 말미암아 결과된 것, 곧 범죄자의 구속(救贖)과 영원한 기업을 얻게 한 결과로부터 그 점을 증거한다. 그러므로 '이것들을' 사도는 그 '이로 말미암아'라는 표현을 쓸 때에 염두에 두었던 것이다."

"그는 새 언약의 중보자시라." 훌륭한 주석가들 가운데도 이 말씀이 그리스도께서 "흠 없는 자기를 하나님께" 드린 후에 "중보자"가 되셨다는 의미로 이해합니다. 그러나 어떻게 그렇게 이해를 하는지 참 이상합니다. 그렇게 이해하면 실로 일을 거꾸로 만들어 원인보다 결과를 앞세우는 격이 됩니다. 중보자는 쌍방 사이에 서는 자입니다. 그렇게 서서 쌍방 간의 문제를 해결해 줄 목적을 가진 사람입니다. 다시 말하면 쌍방의 화해를 가져올 목적을 가진 사람이라는 말입니다. 그래서 우리는 이런 말씀을 읽게 됩니다. "하나님은 한 분이시요 또 하나님과 사람 사이에 중보자도 한 분이시니 곧 사람이신 그리스도 예수라 그가 모든 사람을 위하여 자기를 대속물로 주셨으니 기약이 이르러 주신 증거니라."(딤전 2:5,6) 여기 히브리서 9장 15절은 그러한 실수를 하지 못하게 합니다. "그는 새 언약의 중보자시니 이는 첫 언약 때에 범한 죄에서 속량하려고 '죽으사' 부르심을 입은 자로 하여금 영원한 기업의 약속을 얻게 하려 하심이니라."

8:6을 강해할 때 지적하였듯이, 그리스도가 제사장적 중보자임을 인식하는 일은 매우 중요합니다. 곧 그리스도는 하나님과 자기 백성들 사이에 서서 제사를 드리고 중재하심으로써 화해를 이룩하신 분입니다. 그리스도가 자원(自願)하여 하나님과 타락한 피조물로 생각되는 자기 백성들 사이에 선 중보자로서 역할을 감당하려면 두 가지 일이 요청됩니다. 첫째, 그는 쌍방으로 멀리 떨어지게 한 것을 완전히 제거시켜 버려야 합니다. 곧, 둘 사이의 적대감의 원인을 없애버려야 한다는 말입니다. 둘째, 그리스도께서는 하나님의 영광에 부합한 방식으로 모든 좋은 것들을 실제로 전달하시는 권한을 확보하서야 했습니다. 그 모든 좋은 것들을 "은혜와 영화(grace and glory)"라는 말로 함축적으로 표현합니다(시 84:11). 이것들이야 말로 "그리스도의 공로"의 기초요, 그리스도로 말미암아 모든 복락이 우리에게 허락된 것의 기초입니다.

방금 지적한 것을 통하여 이 구절에 있는 '또(And)'라는 접속사의 부연적인 의미를 감지할 수 있습니다. 그리스도는 "대제사장"이실 뿐 아니라(1l-14절), "중보자"도 됩니다. 그는 우리에게 더 큰 선(善)을 이루어 주시기 위해서 그 두 직무를 다 감당하셨습니다. 그리스도는 "새 언약" 안에서 중보자와 보증자와 제사장이십니다. 또 제사와 그 모든 것 되십니다. 우리가 이러한 것들에 대한 어떤 분명한 개념을 얻기 위하여 우리의 복되신 구주께서 영원한 언약과 가진 여러 관계들을 따로 분리시켜 생각해 보겠습니다. 첫째, 그는 새 언약의 "보증"이십니다(히 7:22). 그가 자기 백성을 위하여 하나님께 온전한 만족을 드리시겠다고 서약하셨습니다. 또한 율법이 요구하는 모든 것들을 자기 백성들을 위해서 담당하겠다고 서약하셨습니다. 그대로 그는 자신에게 자기 백성들이 마땅히 당해야 할 모든 것을 스스로 전가(轉嫁)받아 그들의 모든 빚을 감당하셨습니다. 다른 말로 해서, 그는 백성들이 서야 할 모든 자리에 대신 서신 것입니다. 그럼으로써 이중적 전가(轉嫁)가 이룩된 셈입니다. 곧 하나님께서 그 백성들의 모든 책임을 그리스도의 것으로 여기셨고, 또 하나님께서는 그의 완전한 의를 그 백성들에게 전가(轉嫁)시키셨습니다(고후 5:20).

그리스도께서는 "보증"으로서 창세기 43:9의 모형을 가장 복되게 이루셨습니다. 거기에 보면 아버지의 가장 사랑하는 베냐민을 위하여 아버지께 보증자로 선 유다를 발견합니다(히 2:13 ; 사 49:5,6 ; 요 10:16). 둘째, 그는 "새 언약의 중보자"(히 12:24)로서 하나님과 자기 백성들 사이에 서서 쌍방의 이익을 도모하고 쌍방을 존귀케 하셨습니다. 곧 쌍방 사이에 완전한 화해를 이루게 하심으로써 그리하셨다는 말입니다. 그리스도께서는 "중보자"로서 하늘과 땅을 연결하는 야곱의 '사닥다리'의 모형적 의미를 복되게 성취하셨습니다. 셋째, 그리스도께서는 "사자(使者, Messenger)"(말 3:1), 또는 언약의 "천사(Angel)"(계 8:3-5)로서 하나님의 목적과 뜻을 자기 백성들에게 알리셨습니다. 또 자기 백성들의 간구와 예배를 하나님께 올리셨습니다. 넷째, 그는 언약의 "유언자(遺言者, Testator)"(히 9:16)로서 그 언약을 인증(認證)하셨으며, 그 유물(遺物)들과 은사(恩賜)들이 자기 백성들에게 물려지게 하셨습니다. 실제로는 가장 첫째로 와야 하는 요점이지만 끝에서 말하게 되었습니다. 곧 하나님께서는 은혜로 선택받은 모든 백성들의 "머리"로서 그와 언약을 맺으셨습니다(시 89:3).

"이로 말미암아 그는 새 언약의 중보자시니." 여기서 다시 "언약"이라고 번역된 말이 covenant(언약)인지 아니면 testament(유언)인지에 대하여 끊임없는 논란이 계속되어 왔습니다. 그 헬라어가 영어로는 두 가지 방식으로 다 번역되었습니다. 그런데 어떤 사람들은 그렇게 하는 것이 잘못이라고 합니다. 왜냐하면 '언약'은 엄격히 말해서 '쌍방의 약조나 협약'을 의미하기 때문입니다. 그것은 어떠한 조건을 이행할 경우 무엇을 해주겠다는 약속이 포함되어 있는 것입니다. 반면에 '유언'이나 "뜻(will)"은 어떤 것을 물려주겠다는 약속입니다. 그래서 그 두 개념 사이에는 공통되는 개념이 적어 보이고, 아니 전혀 없어 보이기까지 합니다. 더 나아가 사실상 그 둘이 전혀 상반되는 것처럼 보이기도 합니다. 그럼에도 불구하고 영어성경 번역자들은 그 헬라어 말을 두 경우로 다 번역하고 있습니다. 나는 그렇게 한 것이 잘한 것이라고 믿습니다. 그럼에도 불구하고 우리는 이 점을 착안해야 합니다. 어째서 같은 헬라어가 8:6에서는 covenant(언약)으로, 9:15에서는 testament(유언)[2]으로 번역되는가요?

우리는 그 사실을 다음과 같이 간단히 생각해 봅니다.

첫째, '디아데케'(diatheke) 라는 말이 헬라어 신약성경에서는 33회 나옵니다. 그 말이 KJV에서 '언약'(covenant)으로 20회(이 중 두 번이 복수), '유언'(testament)으로 13회 번역되었습니다. 그 중 네 번은 주님의 성만찬과 관련하여 나옵니다. 둘째, 70인역(구약을 헬라어로 번역한 성경)에서 '디아데케'라는 말이 250회나 나타납니다. 대부분 그 말은 '베리쓰'(berith)라는 히브리어의 번역어입니다. 셋째, 헬라어 '디아데케'는 언약이나 협약이나 약조를 지시하기에는 좋은 어휘가 아닙니다. 오히려 '쉰데케'(syntheke)가 그 말을 위하여는 더 좋은 어휘입니다. 그러나 성령께서는 신약에서 한 번도 이 말을 사용하지 아니하셨습니다. 넷째, 반면에 히브리어는 어떤 뜻이나 유언을 의미하는 독특한 말이 없다는 것을 지적해야겠습니다. 다섯째, 신약

2) 우리말 개역한글이나 개역개정 모두 다 '언약'으로 번역하고 있다 - 역자 주

에서 '디아데케'라는 말이 가장 보편적으로는 '언약'의 의미를 지시하지 않습니다. 특히 고린도후서 3장과 히브리서에서 그러합니다. 또한 '뜻'(will)이라는 말도 나타나는데 그리 좋은 말은 아닙니다. 오히려 어떤 한 '경륜(經綸, economy),' '시대적(dispensational) 차원이나 일의 질서'를 나타내기에 좋은 말입니다.

히브리서 9:15로부터 9장 마지막까지 사도가 사람들 사이에서의 '유언'의 성질로부터 논증을 끌어나간다는 사실을 매우 주의 깊게 주목할 필요가 있습니다. 그는 특히 16절에서 그 점을 독특하게 확증하고 있습니다. 그렇게 하는 분명한 목적은 이 '언약'이나 '유언'이 가져올 은택들을 든든히 세워주려는 데 있습니다. 그는 이것을 통해서 말의 질서를 파괴하였거나 '베리쓰'라는 히브리어나 '디아데케'라는 헬라어의 의미를 왜곡시키지 않았습니다. 왜냐하면 사실상 둘 사이에는 긴밀한 공통점이 있기 때문입니다. 값없는 은택의 허락과 부여를 내포하고 있는 '언약들'에는 '유언'의 성질이 들어 있기 때문입니다. 조건과 약조(約條)를 담고 있어 힘을 가진 '유언' - 마치 죽어가면서 자기 아내가 과부로 남아 있으면 유산을 물려줄 것을 약속한다고 말하는 경우와 같이 - 에도 '언약'의 성질로부터 빌려온 것이 들어 있습니다.

구약으로 나아가 하나님께서 사람들과 맺은 여러 가지 '언약'을 연구하면, 그 언약들은 '하나님께서 사람들에게 좋은 것들을 전달해 주실 것이라는 단순한 선언들이라.'는 사실이 거듭 발견될 것입니다. 그것은 다름 아닌 '유언'의 성질을 더 많이 가지고 있음을 나타냅니다. 때로 '언약'이라는 말이 단순히 값없는 약속을 나타내기 위해서 사용되는 경우도 있습니다. 약속된 것을 효과적으로 부여해 주시고 전달해 주시는 하나의 약속을 나타내는 경우에, 그것은 '언약'이라기보다는 '유언'의 성질을 더 많이 가지고 있습니다.

그래서 우리는 성령께서 성경에 채용하신 단어 속에는 인간들이 만든 단어 사전에는 나타나지 않는 개념들이 충만하게 들어 있음을 다시 한 번 깨닫게 됩니다. '언약'이었던 것이 우리에게 '유언'이 되었습니다. 하나님께서 그리스도와 더불어 "언약"을 이루셨습니다. 그리스도께서 죽으심으로써 그리스도가 그 일을 마치면 보상으로 기업을 얻게 하겠다고 하나님께서 스스로 서약하신 것을 값없는 선물로 물려받은 자들이 바로 우리들입니다. 아버지와 중보자 사이에 법적으로 맺어진 약조가 순전히 은혜에 속한 일로 우리에게 임합니다.

"새 언약의 중보자시니." 어떤 사람은 주장했습니다. "'새 언약(new covenant)의 중보자'라 하면 이해가 가지만, '새 유언(new testament)의 중보자'라 하는 것이 '한 언약의 유언자'라고 하는 것보다 못하다." 우리는 그 주장에 대해서 이렇게 답변합니다. 하나님의 성령께서는 인간적인 문법주의자들을 얽매고 있는 인위적인 법칙에 매이지 않으시는 분이시라고 말입니다. 로마서 8:17은 그리스도인들은 "하나님의 후사(상속자) 곧 아버지의 후사라"고 말합니다. 그럼에도 아버지는 '죽지 않으셨습니다.' 비유를 너무 지나치게 확장시켜 이해하려고 하지 말아야 합니다. 어떤 사람들은 '우리가 그리스도의 몸이니 교회는 그리스도의 신부(新婦)일 수 없다.'고 주장합니다. 그러나 그러한 육신적인 차원에서의 논증은 영적이고 신적인 것에 대하여 전혀 합당치 않습니다. 그것은 마치 '그리스도가 우리를 형제로 부르시니(히 2:12) 우리는 그의 자녀들이 될 수 없다.'고 말하는 것이나 마찬가지입니다(히 2:13). 또는 '그리스도가 이스라엘의 영존하시는 아버지이시니(사 9:6) 그리스도는 그들의 남편이 될 수 없다.'고 말하는 것이나 마찬가집니다(사 54:6).

사실은 그리스도는 새 언약의 중보자이시기도하며 새 유언의 중보자시기도 합니다. 다른 시각에서 같은 직무를 보면 그렇다는 말입니다. 하나님께서는 그리스도 안에서 약속을 어찌나 확실히 확증해 주셨던지요(고후 1:20). 그리스도께서 죽으실 때 그 약속들을 유산으로 남겨 유언적인 형식으로 자기 백성들에게 물려주셨던 것입니다.

우리는 이 난해(難解)하면서도 중요한 주제에 대하여 말한 것을 이렇게 요약하겠습니다. 신약 전체를 통해서 성령께서는 의도적으로 '디아데케'라는 말만 사용하셨습니다. 물론 헬라어에서는 '언약'이라는 말을 더 정확히 표현하기 위하여 '쉰데케'라는 다른 어휘가 있지만 성령께서는 그 말을 사용하지 않으셨습니다. '디아데케'가 이중적으로 적용될 수 있기 때문입니다. 곧 하나님의 아들이 새 언약의 중보자이실 뿐 아니라, 자신의 것들을 유언하신 분이시기 때문입니다. 하나님께서는 우리의 시선을 그리스도의 십자가에 고정시키심으로써 그 날에 세워진 것이 '한 언약'으로 존재했음을 알게 하셨습니다. 그리고 처음부터 그것이 '유언'이 되었다는 것을 알게 하신 것입니다. 그리고 아버지와 아들 사이의 언약이 영원 전부터 존재해 왔지만 "그 새 유언"은 갈보리로부터 효력이 발생했음을 알게 하신 것입니다.

"첫 언약 때에 범한 죄에서 속량하려고 죽으사." 이 말씀은 그리스도를 "중보자"로 세우신 하나님의 여러 목적들 가운데 하나를 진술합니다. 곧 하나님의 율법을 어김으로써 결과된 모든 속박에서 자기 백성들을 구원하려 하셨습니다. 그것도 만족할 만한 대가를 지불하심으로 구원하려 하셨습니다. 그러나 어째서 '죄를 범한 자들을' 구속(救贖)한다고 말하지 않고 "범한 죄"를 구속하려 하셨다고 말했습니까? 그리스도가 죄의 대가를 지불하시고 사셨는지요? 그리스도께서 자기 백성들의 불의(不義)를 속(贖)하셨다는 말입니다. 백성들의 불법은 '빚(debt)'입니다. 그리스도의 죽으심은 '그 빚을 갚은 것'입니다. "빚을 갚는다는 것은 그 빚을 자기 것으로 삼는다는 말이다. 그래서 죄를 속한다는 것은 다름 아니라 '우리 범죄함을 위하여 내어줌이 된다'는 것과 같은 어귀이다(롬 4:25). 또는 '우리 죄를 위하여 자기 몸을 드리셨다'(갈 1:4), 또는 '저희 불의를 긍휼히 여기시고'(히 8:12)라는 의미다."(W. Gouge)

"첫 언약 때에 범한 죄에서 속량하려고." 성령께서는 이 말씀을 통해서 그리스도의 죽으심의 공덕과 효력을 밝히고 계시는데, 구약 성도들의 죄를 속하기 위한 값을 그 죽으심이 치렀다고 확언함으로써 더 밝히고 계십니다. 여기서 다시 사도는 유대인의 선입견을 대변하고 있습니다. 그리스도의 죽음은 신약의 죄인들이 살아계신 하나님을 마땅히 섬기기 위하여 필요한 일이었습니다(14절). 그러나 그뿐 아니라 하나님께서 구약의 성도들에 대한 요구사항들을 만족하기 위해서도 그 죽으심이 필요하였던 것입니다. 그리스도의 속죄의 효력은 그 죽으심 이후에도 계속 적용될 뿐 아니라 그 이전으로 소급하여 미치기도 합니다(롬 3:25 참조). 구약 성도들이 참으로(모형적인 것과는 달리) 영적인 면에서(의식적인 인간은 대조되게) 영원히 구속된 것은 그리스도의 제사로 말미암았습니다. 히브리서 9:26에 그 점이 명백하게 함축되어 있습니다.

그리스도의 그 한 제사가 아니라면 - "창세전에 죽임을 당하신 어린 양" 되신 그리스도의 제사가 아벨 이후 영구한 효력을 갖고 있지 못하였다면, 각 세대의 신자들을 구속하기 위해서는 그리스도의 제사가 '거듭' 드려질 필요가 있었습니다(벧전 1:19,20). "영원한 언약" 속에서 이미 확정된 그리스도의 속죄가 처음부터 믿음의 효력을 가지도록 한 것이 하나님의 영원한 목적이었습니다. 그래서 사도는 이렇게 말했습니다. "그러므로 형제들아 너희가 알 것은 이 사람을 힘입어 죄 사함을 너희에게 전하는 이것이며 또 모세의 율법으로 너희가 의롭다 하심을 얻지 못하던 모든 일에도 이 사람을 힘입어 믿는 자마다" - 신약 성도들 뿐 아니라 구약 성도들까지 다 포함하여 - "의롭다 하심을 얻는 이것이라"(행 13:38,39. 갈 3:8, 히 4:2는 참조)

이와 관련하여 칼빈(John Calvin)의 말을 들어 봅니다.

"어떤 사람이 율법 아래 있던 조상들의 죄는 사함 받은 것이냐고 질문한다면, 이미 질문 속에 해답이 진술되었음을 명심해야 한다. 그 죄들은 이미 사함 받았다. 그러나 '그리스도로 말미암아' 죄사함 받았다. 그때에 그들은 외적인 면의 속(贖)함이 있었음에도 불구하고 언제나 죄책 아래 있었다. 그러기 때문에 바울은 율법이 우리에게 쓴 의문(儀文)의 증서(골 2:14)에 불과하다고 말하였던 것이다. 죄인이 하나님 앞에 자기가 죄인임을 고백하고 무죄한 짐승을 제물로 드림으로써 자기가 영원히 죽을 수밖에 없는 사람임을 인정할 때, 그가 드리는 희생제물을 통해서 얻는 것이 무엇이었겠는가? 고작해야 이 손으로 쓴 것으로 말미암아 자기 자신의 죽음을 인치는 것 외에 어떤 효과가 있었겠는가? 간단히 말해서 그 당시마저도 그 구약의 백성들은 그리스도를 바라볼 때 죄 사함에 대한 확신을 얻을 수 있었다. 그러나 만일 그리스도를 바라봄으로써만 죄 씻음을 받았다 해도, 그들이 율법 아래 계속 머물러 있는 한 죄로부터 결코 자유함을 얻지 못했을 것이다."

"이는 첫 언약 때에 범한 죄에서 속량하려고." 이 말씀은 또 우리로 하여금 '어째서 이러한 제한을 두고 있는가?'라고 묻게 만듭니다. 그리스도께서 성육신하시기 전에 믿음으로 그를 바라보던 자들만큼 앞으로 믿게 될 자들의 죄도 속하셨지 않은가? 그런데 어째서 그러한 제한을 두고 있는가? 그런 의

문이 일어나는 이유에 대하여 다음과 같은 방면에서 생각할 수 있습니다.

첫째, 그들에 관해서 어느 정도 분량의 불확실하거나 의심할 만한 요소가 존재할 수 있었기 때문입니다. 어떤 사람들은 현 신약시대가 이르기 전에 죽은 자들은 지상적인 축복밖에는 받지 못했을 거라고 가르치기도 하였습니다. 사도가 복음을 전하던 당시의 사람들은 그렇게 생각할 만도 하였습니다. 그러므로 그러한 의심을 제거하기 위하여 구약의 신자들 역시 그리스도의 피로 구속받았음을 확언해야 합니다.

둘째, 레위의 제사들이 모세의 경륜 아래 있던 사람들의 도덕적 죄책을 제거할 수 없다는 사실을 사도가 아주 강하게 강조하였기 때문에, 그리스도의 제사가 그 죄책을 제거하였음을 보여주는 것입니다.

셋째, 바로 그 사실에서 연유되는 필연적인 귀결은 무엇이겠습니까? 옛적에 그리스도를 신뢰했던 사람들이 그리스도로 말미암아 자기들의 죄사함을 받았다면, 새 언약 아래 있는 사람들은 얼마나 더욱 그러하겠습니까! "그 아들 예수의 피가 우리를 모든 죄에서 깨끗하게 하신 것이요."(요일 1:7) 그리스도의 피가 실제로 흘려지기 이전에 믿던 사람들의 범죄도 다 그 피의 효력을 통해서 씻음 받았습니다. 그 피가 흘려진지 19세기가 지난 오늘날의 신자들을 그 피가 깨끗하게 하는 분량만큼 그들의 범죄도 그 피의 효력으로 정결하게 되었습니다.

"부르심을 입은 자로 하여금 영원한 기업의 약속을 얻게 하려 하심이라." 여기서 유업을 이을 '후사(상속자)들'의 영광보다는 그 성격을 염두에 두고 진술하고 있습니다. 곧 그들이 어떤 자격을 갖추고 있는가를 말합니다. "부르심을 입은 자들"이라고 말합니다. 다시 말하면 '효과적으로 부르심을 받아 진정으로 하나님께 회심한' 사람들입니다. 요한복음 1:12에서 이 기업 얻을 자의 특권이 그리스도와 그의 은혜를 마음으로 영접하는 '신자들'에게 부여되는 것으로 나타나 있습니다. 사도행전 26:18, 골로새서 1:12에는 후사(後嗣)를 '거룩함을 입은 자들'로 묘사하고 있습니다. 곧 개인적으로 '하나님께 드려지고 하나님을 위하여 살기로 구별된 자들'로 묘사하고 있다는 말입니다. 이 "부르심을 입은 자들"이란 표현은 하나님의 참되고 영적인 백성들을 묘사하여 지칭합니다. 그리고 그 말은 아브라함의 "부르심"을 가리키고 있습니다(히 11:8). 아브라함은 자기 마음속에서 역사하시는 하나님의 은혜의 능력을 따라서 세상과 육체에 속한 일을 등지고(창 12:1) 하나님을 믿음으로 순종하는 길로 들어섰습니다. 이러한 표지(標識)를 지닌 자들만이 아브라함의 '영적 자손들'입니다. 그들은 "거룩한 부르심을 입은 자들"입니다(딤후 1:9).

"영원한 기업의 약속을 얻게 하려 하심이라." 이는 사도가 이 구절에서 한 소절 한 소절 진행해 나가면서 부단히 주목하고 있는 요점입니다. 하나님의 부르심을 받은 사람들이 영원한 기업의 약속을 얻게 하신 것이 자기 백성들을 향하신 하나님의 "영원한 언약"의 궁극적인 목적입니다. 그리고 새 언약의 제일되는 의도이기도 합니다. 그러나 이러한 길에 하나의 장애가 서 있습니다. 곧 "부르심을 입은" 사람들의 범죄 또는 죄가 그것입니다. 그 장애물을 제거하기 위해서 그리스도께서는 그 범죄에 부합한 죽음으로 죽으셔야 합니다. 하나님의 아들이 죽기 위해서는 중보자로 세워지고 성육신하셔야 했습니다. 그가 그렇게 중보자로 세우심을 받았고, 그렇게 죽으셨습니다. 그들 백성들을 그 모든 죄에서 구속(救贖)하셨습니다. 그렇기 때문에 "영원한 기업"이 그의 모든 백성들, 그의 후사들 곧 하나님의 "부르심을 입은" 사람들에게 확실하게 주어지게 된 것입니다.

"영원한 기업의 약속을 얻게 하려 하심이라." 이스라엘 사람들은 하나님으로부터 그들을 이방 땅에서 구별시킨 외적인 부르심을 받았습니다. 그들이 애굽으로부터 구속받을 때 그들은 잠정적인 세상적인 기업을 약속으로 받았습니다. 그러나 그 나라에는 "'은혜'로 택하심을 따라 남은 자"가 있었습니다. 개인적으로 그들은 내적(內的)인 부르심을 받았습니다. 그리고 그것이 그들로 하여금 영원한 기업을 얻는 후사들이 되게 했습니다. 여기 본문에서 바로 이런 자들을 가리켜 말하고 있습니다. 또한 현재 신약시대의 성도들도 다 거기 포함되어 있습니다. 구약 성도들도 "영원한 기업의 약속을" 얻었습니다. 복음이 그들에게도 전파되었습니다(히 4:2). 그들은 우리와 똑같이 "주 예수의 은혜"로 구원을 받았습니다(행 15:11). 그들은 "모두가 같은 신령한 음식을 먹으며 모두가 다 같은 음료를 마셨습니다."(고전 10:3,4) 그러므로 그들은 "하늘에 속한 더 나은 나라"를 사모하였습니다(히 11:16). 이 모든 말씀은 "교회"에 속한 기업보다도 더 열등한 기업을 "이스라엘"이 받았다고 주장하는 현대 '세대주의자들'의 주제넘은 억측을 배제합니다!

"영원한 기업의 약속을 얻게 하려 하심이라." 여기에 처음에 나오는 네 어휘를 통해서 의도한 것은 무엇입니까? 첫째, "영원한 기업"을 간단하게 정의해 봅니다. 우리는 그 말이 하나님의 "큰 구원"을 의미하며(히 2:3), 칭의(稱義)와 성화(聖化)와 영화(靈化) 모두를 포함하는 가장 포괄적인 의미에서의 구원을 의미한다고 봅니다. 그리스도께서 "자기 백성들"을 위해서 피로 값주고 사신 그 복된 유산을 여기서 '기업'이라고 부르는 이유는 어디 있을까요? 그것은 우리가 그 유산을 물려받는 것이 자신의 공력으로서가 아니라 은혜로 말미암아 하나님의 자녀되었음을 생각나게 하려는 것입니다. 그 기업을 받을 사람들의 상태가 이중적입니다. 곧 우리의 생이 금생과 내생이 있듯이 이 기업에도 두 부분이 있습니다. "은혜와 영광"이 바로 그것입니다. 지금도 "영생"이 하나님의 뜻대로 부르심을 입은 자들에게 전달되어 있습니다.

그러나 "은혜"는 "영광"의 시작에 불과합니다. 가장 좋은 "포도주"는 장래 오게 되어 있는 '때'를 위하여 예비되어 있습니다. "영원한 기업"이 장래 어떠한 것인가에 대하여는 베드로전서 1:3-5의 말씀을 깊이 묵상하십시오. "우리 주 예수 그리스도의 아버지 하나님을 찬송하리로다 그의 많으신 긍휼대로 예수 그리스도를 죽은 자 가운데서 부활하게 하심으로 말미암아 우리를 거듭나게 하사 산 소망이 있게 하시며, 썩지 않고 더럽지 않고 쇠하지 아니하는 유업을 잇게 하시나니 곧 너희를 위하여 하늘에 간직하신 것이라. 너희는 말세에 나타내기로 예비하신 구원을 얻기 위하여 믿음으로 말미암아 하나님의 능력으로 보호하심을 받았느니라."

하나님께서 이 "영원한 기업"을 우리의 것으로 전달하시는 방식은 "약속"으로 말미암습니다(갈 3:18 ; 히 6:15,18을 참조). 이 점에 대하여 적어도 세 가지 이유가 있습니다. 첫째, 그 기업을 얻는 것이 절대적으로 "값없음"으로 이루어짐을 나타내기 위한 것입니다. "약속"은 언제나 우리 자신 안에 있는 '행위'나 마땅히 우리가 보응(報應)받아야 하는 것과는 언제나 반대이기 때문입니다(롬 4:14 참조). 둘째, 그것을 받는 모든 후사들의 '안전'을 보장하기 위해서 그 방식을 쓰십니다. 약속 뒤에 계신 하나님의 신실함과 성실함 때문입니다(딛 1:1 참조). 하나님께서 "기업"을 부여하시기로 약속하셨으니, 후사들 자체 내에 있는 어떠한 것도 그것을 박탈할 이유가 될 수 없습니다(살전 5:24). 셋째, 그것이 "믿음"으로 되기 위해서입니다. 하나님께서 약속하신 것은 필연적으로 그것을 받기까지 믿음만을 요구하기 때문입니다(롬 4:16). "약속을 받는다"는 것은 이중적인 의미를 가지고 있습니다. 우선적으로 그것은 "믿음과" 화합되어야 합니다(히 4:2). 그것을 믿음으로 "적용"해야 합니다(히 11:13,17). 그리하여 불신앙으로 그것을 의심하지 않아야 합니다(롬 4:21,22). 그런 다음에 '약속 성취'에 참예하는 것입니다. 그리스도의 제사로 말미암은 전체 기업의 '근거' 위에서, 모든 긍휼과 사망과 그 모든 열매들이 이 세상에 살고 있는 동안에도 신자들에게 전달됩니다(갈 3:14). 그 약속이 '완성'되는 차원에서는 영광의 장래에 이루어집니다. 우리는 믿음으로 약속을 받습니다. 그리고 그 약속을 붙들고 그것이 이루어질 것을 기쁨으로 고대하면서 살아갑니다(히 11:13).

결론적으로, 우리는 이 주목할 만한 구절의 내용들을 요약하기 위하여 존 오웬(John Owen)의 분석을 받아들이기로 합시다.

(1) 하나님께서는 어떤 사람들에게 '영원한 기업'을 물려주시기로 작정하셨다.

(2) 그 원리를 전달하시는 하는 방식은 '약속'으로 말미암는다.

(3) 이 기업을 받기로 정해진 사람들을 '부르심을 입은 자들'이라고 한다.

(4) 그들이 이러한 기업을 누리려는 길에서 장애가 되는 것은 그들의 '범죄'이다.

(5) 이 장애를 제거하고 그 기업을 누리게 하시려고 하나님께서는 '새 언약'을 맺으셨다. 왜냐하면 첫 언약 아래 있는 모든 제사들은 그 어느 것이라도 죄를 속할 수 없었기 때문이다.

(6) 이 목적을 위한 '새 언약'의 효력 있는 근거는 그 새 언약의 중보자와 크신 대제사장이다.

(7) 새 언약의 중보자께서 첫 언약에 대하여 지은 죄를 속하신 방편은 '죽으심'이었다. 새 언약도 역시 '유언'이기 때문에 유언자가 죽는 것을 요구한 것으로 보면 필연적인 일이다.

(8) 이 중보자의 죽으심이 '죄를 속(贖)함으로써' 죄를 없이 하였다. 그래서 약속이 그 모든 후손들에게 확실하게 된 것이다.

43강

새 언약

9:16 유언은 유언한 자가 죽어야 되나니 9:17 유언은 그 사람이 죽은 후에야 유효한즉 유언
한 자가 살아 있는 동안에는 효력이 없느니라 9:18 이러므로 첫 언약도 피 없이 세운 것이 아
니니 9:19 모세가 율법대로 모든 계명을 온 백성에게 말한 후에 송아지와 염소의 피 및 물과
붉은 양털과 우슬초를 취하여 그 두루마리와 온 백성에게 뿌리며 9:20 이르되 이는 하나님이
너희에게 명하신 언약의 피라 하고 9:21 또한 이와 같이 피를 장막과 섬기는 일에 쓰는 모든
그릇에 뿌렸느니라 9:22 율법을 따라 거의 모든 물건이 피로써 정결하게 되나니 피 흘림이
없은즉 사함이 없느니라

사도는 9:12-14에서 그리스도의 피가 신자를 구속(救贖, 또는 贖良)하는 방편이라고 확언하였습니다. 15절에서는 이 기본적이고 사활을 좌우하는 진리를 더욱 확대하여 증거하였습니다. 9:16-22에서는 그리스도 제사장 직분의 의도와 목적을 근거로 논증을 진행하고 있습니다. 그리스도의 제사 직분은 하나님께서 자기 백성들과 맺으신 언약을 '확증'하기 위한 것이었으며, 그 제사 직분은 피로 말미암지 않고는 수행될 수 없었습니다. 첫째, 사도는 구주가 "새 언약의 중보자"이심을 확언합니다. 그리스도는 그 중보자로서 여러 가지 많은 기능을 담당하셨습니다. 모형 한가지로서는 주 예수께서 행하시고 고통당하신 모든 것을 나타낼 수 없었습니다. 그렇듯이 어떤 한 직분만으로 그가 우리를 위해서 확보해 놓으신 모든 은택들과 그가 가진 모든 관계들을 표현할 수는 없었습니다. 선지자와 제사장과 왕으로서, 보증자와 중보자로서, 남편으로서, 아버지로서 해야 할 일 - 그 모든 것보다 더 많은 것을 그리스도는 행하셨습니다. 그의 '다양한 관계들'에서 보이듯이,

그가 우리를 위해서 행하신 그 수많은 일들에 대하여 성경이 말하는 바를 더 분명하게 관찰하면 할수록 우리 마음은 그리스도를 더욱 더 사랑하게 될 것이고, 우리의 믿음은 더욱 더 강건해질 것입니다.

그리스도께서 "중보자"가 되심으로써 하나님과 사람들 사이에 한 언약이 맺어지게 되었습니다. 또한 쌍방에 그 언약이 이행되도록 스스로 주선하셨습니다. 이 일은 자신의 무한히 가치 있는 피를 흘림으로써 하나님의 공의를 온전하게 만족시키는 일을 통해서만 이루어질 수 있었습니다. 자기의 백성이 하나님의 언약의 은택들을 함께 누리게 하시려면, 그리스도의 십자가의 죽으심이 그 언약을 "유언"으로 바꾸는 일이 필요하였습니다. 그리하여 하나님 편에서의 그 언약의 조건들은 무엇입니까? 하나님의 율법에 대한 완전한 순종, 그래서 "영원한 의"가 이룩되어야 함(단 9:24), 그리고 자기 백성들의 죄에 대하여 율법이 요구하는 바를 완전하게 만족시켜야 한다는 것입니다. 그 모든 요구사항들을 만족시키기 위하여 십자가에서 죽으셨습니다. 그렇게 유언자의 죽음으로써 인증하시어 그처럼 많은 효력이 발생되었으니 아무도 그것을 폐할 수 없습니다.

위에서 (그렇게 유창하게) 표현된 진리가 말로 할 수 없이 복되기 때문에, 믿음이 이해하고 의지해야 하는 보다 더 보배로운 다른 사실이 있습니다. 곧 그것은 (말하자면) 모든 직무들 배후에 하나님께서 자기 백성들을 향하여 세우신 은혜의 전체 경륜에 입각하여 그리스도와 그의 교회의 신비적인 연합이 있습니다. 성령께서 "생명적인 연합"을 유발시킴으로써 기원(起源)된 하나의 '법적인 연합'이 그것입니다. 그 연합을 통하여 그리스도가 머리가 되시고, 신자들은 그 한 분의 지체들이 된 것입니다(고전 12:12,13). 이것만이 하나님께서 그리스도에게 그 백성들의 모든 죄를 전가(轉嫁)할 정당한 근거가 되는 것입니다. 또한 그것만이 그리스도의 의(義)를 그들에게 전가시켜

이 세상에 있을 때에 그들을 '의롭다'고 선언하시는 정당한 근거입니다. 그리스도께서 율법을 순종하심으로써 행하신 일이 그들이 행한 것처럼 간주됩니다. 그와 같은 방식으로, 그들 자신들의 죄로 말미암아 받게 되는 모든 벌책이 그리스도께 지워졌고, 그리스도는 그 벌책을 담당하시되 마치 자기 스스로 저지른 악행을 인하여 당하시는 것 같이 고통을 받으셨습니다(고후 5:21 참조).

그리스도와 그의 교회의 "연합"의 첫 번째 샘은 성부(聖父)와 성자(聖子) 사이에 영원 전에 체결된 협약 속에 들어 있었습니다. 아담 안에서 타락할 자기 백성들의 구원에 관하여 성부와 성자 사이에 영원한 협약이 이루어졌습니다. 주님 그리스도께서는 자기가 취하실 인성(人性)의 차원에서 '은혜와 영광으로' 나아가실 것이 '예정'되셨습니다(벧전 1:20). 곧 그의 신성(神性)에 육체를 '연합시킴으로' 그렇게 하시게 예정되었습니다. 이 신인(神人)의 '은혜와 영광'이 우리의 '예정'을 위한 모범적인 동기와 패턴이 되었습니다(롬 8:29 ; 빌 3:20). 그것은 모든 은혜와 영광을 우리에게 전달하는 이유와 방편도 됩니다. 왜냐하면 우리는 "창세전에 그 안에서 택하심을" 입었기 때문입니다(엡 1:4). 그렇게 그리스도는 그의 신비로운 몸으로서의 교회의 머리로 선택받으신 것입니다(사 42:1). 하나님의 택하신 모든 백성들이 그 때 그에게 위임되었습니다. 그리하여 그들을 죄와 사망에서 구원하고, 하나님을 즐거워하도록 그들을 인도하시는 일이 그리스도께 위임된 것입니다(요 17:6 ; 계 1:5,6).

그리스도께서는 그 하나님의 이 계획(design)을 이루시고, "영원한 언약"을 성취하시기 위하여(히 13:20) 그 "언약의 보증"이 되시기로 하셨습니다(히 7:22). 그리하여 자기 백성들의 모든 책임을 지셨습니다. 그래서 그들이 져야 할 모든 법적인 책임을 감당하기 위하여 뛰어드신 셈입니다. 그럼에도 그리스도께서 보증으로 행동하신 것은 '제사장'으로서 행동하신 것입니다. 하나님의 '제사장이시요 우리의 중보자로서' 행동하신 것입니다. 다시 말하면 그리스도의 모든 활동들은 제사장적 성격을 띠고 있었으며, 하나님을 직접적인 대상으로 삼고 있었습니다. 그러나 이러한 활동들이 다 우리를 위하여 행해졌으니, 그는 또한 우리의 보증자요 후원자(sponsor)로서의 활동이었습니다. 언약의 '보증'으로서 그리스도는 그 언약의 은택에 참여하게 될 사람들의 모든 빚을 담당하셨습니다. 그는 우리의 보증으로서 성령께서 모든 필요한 은혜를 그 백성들에게 공급하시는 모든 마땅한 근거가 되셨습니다. 성령께서 그 백성들로 '새로운 피조물'이 되게 하시고, 그럼으로써 영적 새 생명의 원리를 백성들에게 제공하시어 하나님께 순종하며 끝까지 신실하게 그 자세를 견지하게 하십니다. 그 모든 성령님의 행사 전체를 위한 마땅한 공력을 그리스도께서 드리시고 이룩하셨습니다.

"영원한 언약"이 시간세계에서 '어떻게 시행되어' 나가는지를 숙고할 때, 그 은혜와 은택과 특권들을 원래 받도록 정해진 사람들에게 '실제로 적용'되는 문제를 생각합니다. 이를 위하여 중보자의 "죽으심"이 요구되었습니다. 왜냐하면 그 '피 흘림'을 통해서만이 그 언약에 속한 은혜 전체가 우리에게 효력을 가지게 되기 때문입니다. 9:15에서 사도는 바로 그 점을 확증합니다. 우리가 지난 강론에서 그 점을 상세하게 숙고해 보았습니다. 우리가 이제 생각해 보려는 대목에서 사도는 두 가지 일을 하고 있습니다. 첫째, 사람들 사이에서 널리 통용되어 잘 알려진 사실을 언급합니다. 곧 유언은 그 유언한 자가 죽어야 견고하게 된다는 점입니다. 둘째, 여기서 사도가 밝히고 있는 원리를 실증하는 구약의 모형을 들어 말합니다.

히브리서 9:16,17

"유언은 유언한 자가 죽어야 되나니
유언은 그 사람이 죽은 후에야 유효한즉
유언한 자가 살았을 때에는 언제든지 효력이 없느니라."

16-23절에서 발견되는 것은 실로 괄호구적인 성격을 지닌 것입니다. 그것은 어째서 성육신하신 아들이 죽는 것이 그처럼 필요했느냐를 보여 주려는 의도에서 주어진 말씀입니다. 24절에서 사도는 그리스도의 직분이 아론의 직분보다 훨씬 우월함의 증거를 다시 제시합니다. 16절과 17절에서 발견하는 것은 그리스도의 죽으심의 필연성과 목적을 함께 보여 주려는 말씀입니다. 그 말씀의 논증은 그리스도가 중보자이신 언약의 성격과 의도에서 끌어낸 것입니다. 그 언약이 유언이 되기도 해야 하기 때문에 그 언약이 확증되기 위해서는 유언자가 죽어야 합니다. 여기에서는 사람들 사이에서 통용되는 유언의 용도의 입장에서 호소하고 있습니다.

사도는 여기서 그리스도가 "새 유언의 중보자"시니 마땅히 죽어야 한다는 필연성을 드러내고 있습니다. 그가 그렇게 말하기 위해서 취하는 방식은 단지 '디아데케'(우리는 그 말의 요지를 잊지 말아야 하지만)라는 말의 의미에서만 취한 것이 아닙니다. 그가 주도적으로 '두 언약'에 대해서 말하고 있으니("영원한 언약"이 시행되어 온 "두 형식들"을 다루고 있으니) 엄숙한 언약과 유언 사이에는 동질성이 있습니다. 사도는 바로 그 점을 착안하고 있는 것입니다. 왜냐하면 사도는 유언자의 죽음의 성질을 전혀 생각지도 않고, 그러한 '유언에 요구되는 죽으심"의 차원에서만 그리스도의 죽음을 말하고 있지 않음을 유심히 주목해야 하기 때문입니다. 오히려 그는 그리스도의 죽음을(일차적으로) 그의 피 흘리심으로 말미암은 '희생 제사'로 말하고 있습니다(9:12,14,18-

23). 그것은 하나님의 '언약'에 속한 것이며, '유언'이 요구하는 것은 전혀 아닙니다. 그래서 우리는 다시 여기서 사용되는 헬라어의 이중적 의미와 요지를 함께 염두에 둘 필요를 느낍니다.

여기서 "유언자"라는 말이 성삼위(聖三位) 가운데 어느 격위(格位)를 가리키느냐에 대하여 참으로 많은 불필요한 논쟁이 있어 왔습니다. 어떤 사람들은 그리스도를 가리킨다고 하고, 다른 사람들은 아버지를, 또 달리 아버지는 죽지 않으셨으니 아버지를 가리킬 리가 없다고 주장했습니다. 이 경우에서 사피어(A. Saphir)가 말한 것이 옳다고 믿습니다. "유언자는 바르게 말해서 하나님이시다. 왜냐하면 우리들이 하나님의 상속자(후사)들이기 때문이다." 그러나 그 하나님은 그리스도 안에 계신 하나님이십니다. 만일 사도가 고린도후서 5:19을 가리킨다면 그의 진술은 성경적 확증을 받습니다. '영원한 언약,' 또는 은혜언약은 네 가지 사실에서 '유언'의 성질을 가지고 있습니다. 첫째, 그것은 하나님의 '뜻'에서 나온 것입니다. 그는 주권적인 의지로 그 언약을 하셨습니다(히 6:17). 둘째, 그것은 여러 가지의 효력들과 은사들을 내포합니다. 하나님께서는 선택한 백성들을 그리스도의 기업으로 부여하십니다(신 32:9 ; 시 16:6 ; 눅 22:29). 선택한 백성들 자신들에게는 그리스도와 함께 할 후사가 되도록 은혜를 베푸십니다(롬 8:17 ; 계 3:21). 셋째, 그것은 변할 수 없는 것입니다(갈 3:15). "만사에 구비하고 견고케" 하셨습니다(삼하 23:5). 신중하게 주목해 보면(요일 5:7), '유언'의 성질이 있기 때문에 사람들이 이행해야 하는 '조건들'이 전혀 없었습니다(갈 3:18). 넷째, 그리스도의 죽으심은 바로 그 언약이 시행될 근거를 확보하였습니다.

어떤 '행위'(deed)는 인증(認證)이 없이는 견고하지 못합니다. 유언은 그 유언한 사람이 죽지 않으면 효력이 발휘될 수 없습니다. 사람들에게 주신 하나님의 언약이 피흘림이 없이는 인증되지 않았습니다. 역사 속에서 주신 하나님의 언약들은 "영원한 언약"의 역사적(歷史的)인 부본(副本)입니다. 하나님께서 아브라함에게 하신 약속도 그러하였고(창 15:9,18), 시내산에서 이스라엘과 맺은 언약도 그러하였습니다(출 24:6). '유언'이 확정되기 위해서는 유언한 자가 '죽어야' 합니다. '언약'을 확실하게 하기 위하여 제사의 "피"가 요구되었습니다. 사도는 그럼으로써 그리스도가 '언약'의 중보자와 '유언'의 중보자로써 희생 죽음을 당해야 할 필연성을 결론적으로 증거한 것입니다. 왜냐하면 그의 희생 죽음을 통해서 '언약'에 포함된 '약속'과 '유언'에 속한 '유업'이 그의 모든 후손들에게 틀림없는 것이 되기 때문입니다. '디아데케'라는 말이 그처럼 많은 사람들로 하여금 큰 어려움을 겪게 하는 장애물을 제거할 수 있었으며, 그 말은 '이중적인' 의미와 요지를 바로 이 대목에서 갖고 있음도 보여 주었다고 믿습니다.

구약이 이 16절의 원리를 복되게 예증하는 하나의 가장 두드러진 모형을 제공하고 있음을 지적할 필요가 있습니다. 그러나 무엇보다 먼저 15절이 "왜냐하면"이라는 말로 시작되고, "새 언약의 중보"에 대한 언급과 "영원한 기업"에 대한 약속을 말한 다음에 바로 그 원리가 나옵니다. 그 점을 주목해야 할 것입니다. "옛 언약"의 중보자는 모세였습니다. 그러나 이스라엘이 기업을 얻게 된 것은 그가 "죽고" 나서입니다. 물론 그가 죽고 나서 즉각적으로 그 가나안 땅을 얻게 되었습니다! 하나님의 통치의 입장에서 살펴보면, 모세의 죽음은 자기 죄 때문이었습니다(민 20:10-12). 그러나 그의 "직무적 위치, 하나님의 집을 다스리는 종"의 차원에서 본다면, 신명기 3:26이 보여 주는 바와 같이 또 다른 더 깊은 의미를 가지고 있습니다. "여호와께서 '너희 때문에' 내게 진노하사…" 모세의 그 말이 하나님의 진노가 그리스도께 내려진 이유를 얼마나 복되게 예표하고 있습니까! 그리스도는 모세처럼 그 기업이 우리의 것이 되기 위하여 먼저 죽으셔야 했습니다.

"유언은 그 사람이 죽은 후에야 유효한즉 유언한 자가 살아있는 동안에는 효력이 없느니라." 이 17절에서는 유언을 행하는 문제를 다루는 것이 아니라, 유언이 시행되는 문제를 다룹니다. 그 유언의 효력은 유언자가 죽을 때만 나타납니다. "유효한즉"의 의미는 확실하고 폐해질 수 없다는 것입니다. 그것은 유언한 자의 뜻대로 집행되어야 합니다. 그가 살아 있는 동안에 그 유언이 "힘이" 없는 이유는 그 유언을 한 사람이 원하면 그 유언은 달라질 수 있기 때문입니다. "은혜와 영광"의 모든 복락들은 그리스도의 소유였습니다. 왜냐하면 그는 "만물의 후사(상속자)로 세우심을" 받았기 때문입니다(히 1:2). 그러나 그가 죽으실 때 모든 택한 백성들에게 그 소유를 다 물려주셨습니다. 유언과 그리스도의 죽음의 유언적 성격 사이의 또 다른 유추는, 그 유언에는 어떤 조건도 없이 절대적인 권한이 주어진다는 것입니다. 하늘나라가 모든 택한 백성들에게 부여되기 때문에 어떠한 것도 하나님의 뜻을 폐할 수 없습니다. 복음 안에 어떤 조건들을 지시하는 것이 있다 하더라도 그것은 "언약"의 차원에서 그런 것이지 "유언"의 차원에서 그런 것은 아닙니다. 결국, 유언자는 자기의 후사(상속자)가 자기의 재산을 실제적으로 차지할 때를 정합니다. 그리스도께서 믿는 각 사람이 은혜와 영광을 누리게 될 기한을 정하셨습니다.

복음이 그리스도의 "유언"의 혜택을 받는 사람들에게 지정한 조건들에 대하여 앞에서 단순하게 진술하였는데, 거기에 적용의 방식으로 간단한 한 마디가 부연되어야 합니다. 복음은 회개와 믿음을 요구합니다. 그러나 엄격하게 말해서 그것들은 우리가 그리스도의 소유를 누리는데 필요한 "조건들"은 아닙니다. 믿음은 약속된 것을 받고 참여하는 "방편"입니다. 회개는 우리가 그러한 약속을 받을 사람임을 알 수 있게 하는 하나의 '자격(qualification)'입니다. 그럼에도 불구하고 약속하신 이가 그의 백성들 안에서 이러한 회개와 믿음의 은혜를 일으키심을 잊어서는 안됩니다(행 5:31 ; 빌 1:29).

이에 대하여 존 오웬(John Owen)의 말을 인용합니다.

"성령께서 우리 믿음을 격려하고 확증하시기 위하여 위대하고 은혜로운 방식으로 겸비하신 자세를 취하신다. 진리와 영적인 일들의 실상을 나타내심으로써 그리하신다. 잠정적이면서도 그 일반적인 본질과 부합하는 것들 속에서 나타내신다. 그럼으로써 진리와 영적인 것들이 사람들의 보통의 이해의 차원에 와 닿게 하신다. 사도는 그런 방식을 가리켜 '사람의 예대로 말하는 것이라.'고 부른다(갈 3:15). 우리 주님이 사용하신 모든 비유는 그런 유에 속한 것이었다. 왜냐하면 실제 있는 일들을 가지고 그 진리를 나타내시든, 아니면 같은 이치를 따라 그러한 목적을 위해 꾸며낸 이야기들을 가지고 진리를 나타내시든 다 하나이기 때문이다."

히브리서 9:18

"이러므로 첫 언약도 피 없이 세운 것이 아니니

이 히브리서 9:18-22에서 사도는 여전히 그리스도가 필연적으로 피를 흘려야 했음을 히브리 사람들에게 강조하고 있습니다. 그들의 민족적 역사는 보여줍니다. 하나님께서 자기 조상들과 언약을 맺으실 때, 그 언약이 엄숙한 제사로서 확증되었음을 말입니다. 우리가 이제 강해하려는 구절들에서, 사도는 단순히 옛 언약이나 옛 유언이 피로써 확증되었음을 증거하는 데서 마치지 않습니다. 만일 그러한 목적만을 가지고 있다면, 몇 마디 말로써도 그 일을 해낼 수 있었을 것입니다. 오히려 그는 율법 아래 드려졌던 모든 제사들에 있어서 '피'가 차지하는 용도가 무엇인지 선언하고 있습니다. 그럼으로써 '그리스도의 피'가 새 언약의 뜻을 이루는데 어떤 용도와 효력을 가지는지 명백하게 밝히고 있습니다. 옛 언약 아래서 피가 가지는 의도는 두 가지였습니다. 정결케 하는 것과 죄를 용서하는 것입니다. 둘 다 죄를 속(贖)하는 일을 통하여 확증되었습니다. 이 구절에서 성령께서 주요하게 의도하시는 바를 명심하지 않으면, 이 대목의 상세한 국면들 중 많은 부분이 가진 더 깊은 의미를 놓치고 말 것입니다.

방금 위에서 말한 것은 어떤 사람들에게 난제가 되어 보였던 것을 설명해 줍니다. 이 구절들에서 사도는 출애굽기 24장의 역사적인 진술에서 발견되지 않는 대여섯 가지의 상세한 문제들을 언급한다는 것 때문에 어떤 사람들은 어려움을 느낍니다. 그러나 성령께서는 여기서 출애굽기 24장만을 보라고 하시는 것이 아닙니다. 도리어 율법의 여러 부분에서 발견되는 것을 종합하고 계십니다. 성령께서는 피로써 언약이 인증됨을 증거하려고만 하시는 것이 아닙니다. 율법 아래서 피가 가지는 전체 용도가 부정한 것을 정결하게 하고 죄를 용서하는 것임을 보여주려 하십니다. 또한 이와 함께 새 언약 아래서 그리스도의 피가 가지는 공력과 효력을 선언할 목적도 가지고 계십니다. 사도는 다음에 나오는 구절들에서 모든 것들을 그리스도의 피의 효력에 입각하여 말하고 있습니다. 21절의 "또한"이라는 접속사가 출애굽기 24장에서 발견되는 것 이외에도 어떤 것을 숙고하고 있음을 분명하게 암시합니다.

"이러므로 첫 언약도 피 없이 세운 것이 아니니." 여기서 "이러므로" 또는 "그러므로"로 보통 번역되는 헬라어는 사도가 이제 하나의 추론(推論)을 끌어내고 있음을 지시합니다. 또한 어떤 특별한 경우를 들어 보편적인 원리를 확증하려 함을 시사합니다. 16절에서 보편적인 원리가 진술되었습니다. 사도는 새 언약이 유언자가 죽음으로써 확증되었다는 것이 이상한 일이 아님을 말하였습니다. 왜냐하면 첫 언약도 같은 방식으로 확증되는 일은 필연적인 것이었기 때문입니다. 또한 죽음으로써만 아니라, 엄숙한 언약의 보증이 요구하는 바를 충족하기 위하여 "피 없이"는 안되기 때문입니다. 여기서는 "첫 언약," 또는 "첫 유언"이 언급됩니다. 여기서 사도는 첫째 또는 '옛 언약'이라는 말을 통해서 자신이 의도하는 바를 분명히 밝힙니다. 그 점에 대해서 사도는 히브리서 8장에서 상세하게 강론하였습니다. 그 언약은 호렙산에서 이스라엘 사람들과 맺은 언약입니다.

그 언약의 성격에 대해서 몇 마디만 하겠습니다.

그 언약의 조약(條約) 문서는 하나의 공식적인 언약이 갖는 모든 성질들을 갖추고 있었습니다. 그것들이 다 책에 기록되어 있습니다(출 24:4,7). 그것들이야말로 출애굽기 20장에서 23장까지 발견되는 전체 율법의 개요였습니다. 그 언약의 조목이 하나님께서 친히 천명하신 것들입니다. 시내산 꼭대기에서 외경스러운 목소리로 그것들을 말씀하셨습니다(출 19,20장). 십계명으로 나타난바 된 언약의 근본적인 원칙들이 주어진 다음에, 하나님과 동행할 방향을 지시하기 위하여 다른 규례들과 의식(儀式)들이 주어졌습니다. 그것들은 모세를 통해서 이스라엘 사람들에게 엄숙하게 전달되었고, 이스라엘 사람들에게 제안(提案)되고 받아들여졌습니다. 그들이 그것들을 다 인증하고 나서, 그 언약의 책에 언약의 피가 조심스럽게 뿌려졌습니다. 그런 다음에 모든 백성들이 다 듣도록 그것들이 읽혀졌습니다(출 24:7). 거기에서 처음으로 여호와를 가리켜 "이스라엘의 하나님"이라 부르게 되었던 것입니다. "이스라엘의 하나님을 보니 그의 발 아래에는 청옥을 편 듯하고 하늘 같이 청명하더라."(출 24:10)

그것은 언약 때문에 된 일입니다. 이것으로 인하여 하나님께서 이스라엘 백성들을 다루시는 기초가 형성된 것입니다. 또한 이스라엘 사람들이 하나님으로부터 징계를 받는 것은 바로 그 하나님의 언약을 백성들이 파기했기 때문에 주어지는 것이 되었습니다.

'옛 언약'과 '새 언약' 사이에는 뚜렷하고 예리한 대조가 있는 반면에, 그 둘을 공통으로 묶고 있는 요점도 있음을 간과하지 말아야 합니다. 사피어(A. Saphir)는 그것을 아주 능하게 표현하였습니다.

"모세에게가 아니라 아브라함에게 주어진 약속은 율법을 주심으로 망각되거나 폐해지지 않았다. 하나님께서 광야에서 이스라엘 사람들을 다루실 때, 하나님께서 다른 모든 백성들보다 그들을 특별히 더 보배롭게 여기시겠다는 약속을 주셨다. '온 땅이 다 내 것이니라.' 또한 그들은 하나의 기업으로서 땅을 차지하게 될 것이라고 약속하셨다(출 19:5,6 ; 23:30 ; 신 15:4). 이 약속을 기초하여, 신적 선택과 은총에 부응하여 하나님은 자기 백성들에게 율법을 주신 것이다. 하나님께서 그들을 선택하사 구속(救贖)하심으로 그들이 거룩한 백성이 되어 그 앞에서 행하게 하려 하셨던 것이다. 마치 십계명을 통하여 선택과 구속의 복음이 처음 모습을 드러낸 것과 같다. '나는 너를 애굽 땅 종 되었던 집에서 인도하여 낸 너희 하나님 여호와로다.' 그래서 이 언약, 이 경륜이 하나의 언약이기는 하지만, 은혜와 신적 은사(恩賜)와 능하게 하시는 일에 속한 것이 아니고 행위에 속한 '행위언약'이었다. 이 행위언약이 구속과 관련되었고, 그 구속을 기초하여 서 있었던 것이다. 그리고 사도가 강조하여 말하듯이 '피 없이' 된 것이 아니었다.

"언약의 책, 또는 그 언약 기록과 모든 백성들에게 모형적인 제물의 피로써 뿌려졌던 것이다. 왜냐하면 피 없이는 죄 사함이 없기 때문이고, 하나님의 약속은 속죄를 통해서만 이룩될 수 있기 때문이다. 그러나 이것은 한 큰 '희생제사'의 상징임을 잊어서는 안 된다. 그러므로 구약의 경륜을 받쳐주고 지탱시켜 주는 구약시대의 모든 복락과 약속들은 참된 중보자이신 그리스도의 죽으심을 내다보게 함으로써만 효력이 있었다. 그러므로 영적 이스라엘은 죄의 법으로 말미암아 자신들의 죄인 됨을 깊이 인식, 곧 자신들의 죄책과 정결치 못한 조건과 무능함을 깊이 깨달았을 때, 기업의 약속에 직면하게 되었다. 그 약속은 '언제나' 은혜에 속하였고, 무조건적이었고, 속죄를 통하여 의롭고 거룩한 방식으로 주어지는 것이었다."(A. Saphir)

히브리서 9:19

"모세가 율법대로 모든 계명을 온 백성에게 말한 후에
송아지와 염소의 피 및 물과 붉은 양털과 우슬초를 취하여
그 두루마리와 온 백성에게 뿌리며."

그 언약을 수립하기 위하여 사용된 사람은 모세였습니다. 그는 하나님 편에서는 이 일을 위하여 직접 부르심을 받았습니다(출 3장). 백성들 편에서 보면 그는 하나님과 그들 사이에 서서 모든 일을 협약할 사람으로 선택되었습니다. 왜냐하면 백성들은 하나님과 직접적으로 대면하여 설 수 없었기 때문입니다(출 19:19 ; 신 5:22-27). 하나님은 그들 편에서 이 대변인을 선택하신 것을 인정하셨습니다(신 5:27). 그래서 모세는 보편적인 방식으로 율법을 주시는 일에 하나님과 사람 사이에 선 '중보자'가 되었습니다(갈 3:19). 그럼으로써 우리는 하나님과 죄인들 사이에는 중보자의 손을 빌리지 않고는 어떤 언약도 있을 수 없음을 엿보게 됩니다. 왜냐하면 사람은 개인적으로 하나님의 언약의 조항들을 감당할 만한 자격과 공덕과 능력을 갖고 있지 않기 때문입니다.

"모세가 율법대로 모든 계명을 온 백성에게 말한 후에." 모세는 사람들에게 '모든 교훈을' 말했습니다. 이 점은 구약의 특별한 성격을 암시해 줍니다. 그것은 순종의 계명에 있어서 일차적인 요소가 됩니다(엡 2:15).[1] 그런데 여기서는 그 계명들을 지킬 어떤 도움을 약속하지 않고 지키라 합니다. '새 언약(new testament)'은 다른 성질을 갖고 있습니다. 새 언약은 '여러 약속들 중의 하나'입니다. 그 언약이 역시 순종을 요구하는 훈계들을 가지고 있기는 하나, 그것은 전적으로 순종하기에 필요한 능력과 도움을 주시겠다는 약속을 토대로 한 것입니다.

모세가 **"율법대로 모든 계명을 온 백성에게 말한 후"** - 백성들에게 '모든 훈계를 읽어 주었다'는 말입니다. 그들에게 언약을 통해서 약속받게 된 모든 좋은 것들은 그 명령된 모든 것을 지킴으로써만 얻을 수 있다는 사실을 강조해 줍니다. 왜냐하면, "이 율법의 모든 말씀을 실행하지 아니하는 자는 저주를 받을 것이기"(신 27:26) 때문입니다. 분명하게 말해서 그러한 '언약'은 궁극적으로 죄인들을 구원하기 위해서 세워진 것이 아니었습니다. 그 언약이 그 목적을 위해서는 충분치 못함을 사도는 다음 대목에서 증거합니다.

이상의 많은 부분을 존 오웬(John Owen)의 주해에서 빌어 왔음을 밝힙니다. 우리는 이제 19절의 내용에 대한 존 오웬의 관찰 중 몇 가지를 요약 형식으로 나타내려 합니다.

"첫째, 율법을 기록으로 옮긴 하나님의 말씀의 어떤 부분이 있었다. 이 율법 책은 모든 백성들에게 읽혀지게 기록된 것이다. 그것은 노출되지 말아야 할 어떤 비밀들을 내포하여 제사장만 보라고 주어진 것이 아니다. 많은 사

---

1) "법조문으로 된 계명의 율법을 폐하셨으니 이는 이 둘로 자기 안에서 한 새 사람을 지어 화평하게 하시고"(엡 2:15)

람들이 이해하는 언어로 기록되었다. 로마 가톨릭 교회가 공중예배 때 라틴어를 사용하는 것은 잘못이다. 다시 말하여, 하나님께서는 하나님의 말씀으로부터 먼저 근거를 찾지 않는 어떤 의식(儀式)이나 예배의 의무들을 준행할 것을 결코 바라신 적이 없다. '기록된' 말씀을 주신 하나님께 얼마나 우리가 감사해야겠는가!"

모세가 이러한 경우에 행한 일은 피를 뿌리는 일이었습니다. 출애굽기 24:6은 '피의 절반'은 '제단'(책이 놓여 있는)에 뿌렸고, 나머지 절반은 백성들에게 뿌렸습니다. 절반은 하나님을 향하여 뿌려진 것이고, 절반은 백성들 에게 뿌려진 것입니다. 그럼으로써 여호와와 백성들 사이의 상호 조약이 성립된 것입니다. 이 일은 모형으로서 그리스도의 피가 가진 이중적 효력을 예표했습니다. 하나님을 향하여는 구원을 이루시는 것을, 사람들을 향하여는 구원하는 효력을 암시합니다. 다시 말하여, 그리스도의 피가 우리의 죄를 사유케 하여 의롭다 하심을 얻게 하는 칭의(稱義)의 효력을, 그리고 그 피가 우리의 인격을 정결하게 하여 성화(聖化)에 이르게 하는 효력을 암시해 주었습니다. "우슬초"(보통 풀 종류였던) 묶음을 둘러 감싼 것으로 보이는 '붉은 양털'로 피를 뿌렸습니다. 양푼에 담긴 피를 백성들에게 뿌리기 위하여 그것이 사용되었습니다. 그리고 피가 흐르고 응고되지 않게 하려고 피에 "물"을 섞었습니다. 같은 방식으로 신약에서 그리스도의 죽으심을 성화(聖化)에 적용시켜 효력을 발생하게 하는 것을 "그리스도 예수의 피를 뿌리다."로 표현합니다(벧전 1:2). 그 피가 우리에게 효력이 있으려면 '흘려져야' 할 뿐 아니라 '뿌려져야' 합니다.

"물"과 "피"를 함께 섞었다는 것은 구세주의 옆구리에서 흘러나온 물과 피를 상징하는 것이었습니다(요 19:34,35). 또한 그것의 영적 '신비'와 의미는 복됩니다. 성령께서는 요한일서 5:6에서 그리스도께서 "물과 피로" 임하신 사실을 특별하게 강조하셨습니다. 그리스도께서는 그의 피로 우리 죄를 속하여 우리로 의롭다 하심을 받게 하셨습니다. 그러나 그것을 위하여 오신 것은 아닙니다. "물"에 비유되는 작용을 위해서도 오신 것입니다. 성령님의 교통하심을 통해서 그 피가 우리에게 뿌려져 우리로 거룩하게 하는 것입니다(요 7:38,39. 딛 3:5는 참조). 피를 언약 "책"에 뿌린 사실은 그 언약책의 요구를 거스르고 죄를 지은 자라도 피로써 속(贖)할 수 있음을 암시합니다. 또 물로써 그것을 정결케 하신 것은 그 죄가 씻어지는 것을 말하는 것입니다. '피를 뿌리는 자'는 그리스도의 인성(人性)을 지시하였습니다. 그 인성을 통해서 모든 은혜가 우리에게 전달됩니다. "붉은 양털"은 그의 인격적 영광을 말해 줍니다(단 5:7 참조). "우슬초"는 식물(植物) 중에서 가장 하찮은 것입니다(왕상 4:33). 그것은 그리스도께서 외적으로 낮아지신 모습을 상징하였습니다.

히브리서 9:20

"이르되 이는 하나님이 너희에게 명하신 언약의 피라 하고."

모세는 이 말씀으로 이스라엘이 그 언약을 받아들일 근거를 생각나게 하였습니다. 이 근거는 그들로 하여금 언약을 받아들이도록 하는 하나님의 권위였습니다. "하나님이 너희에게 명하신"이라는 표현은 언약 자체의 성질을 강조했습니다. 또한 그것은 원리적으로 따지면 그들에게 주어진 약속들로 이루어진 것이 아닙니다. 오히려 마음으로 순종하는 것을 요구하는 "훈계들"로 이루어진 것입니다. 여기서 사도는 "이는 하나님이 명하신 언약의 피라."는 모세의 말을 인용함으로써 '새 언약'의 조약과 확정을 위하여 '그냥 죽는 것'이 아니라 '제물로 죽는 것'이 필요함을 역설합니다. 피는 하나님과 백성들 사이에 그 언약에 서로 약조하였다는 확증적인 표와 증표였습니다. 그래서 하나님께서는 맨 초기부터 모형과 그림자로 자기 백성들에게 하나님 아들의 피의 '최고 가치'를 가르치신 것입니다. 이 모세의 말은 주께서 '성찬식'을 제정하실 때에도 분명하게 언급하신 말씀입니다. "이는 나의 피 곧 언약의 피니라."(마 26:28) 이 말씀은 곧, "이는 새 언약을 확증하기 위해서 흘리는 내 피라."는 의미입니다.

히브리서 9:21

"또한 이와 같이 피를 장막과 섬기는 일에 쓰는 모든 그릇에 뿌렸느니라."

사도는 히브리 사람들로 하여금 '옛 언약'이 피로 말미암아 세워졌을 뿐 아니라 모든 엄숙한 예배의 방식들도 피로써 정결케 되었음을 생각하게 합니다. 사도가 이 부가적인 사실을 언급하는 목적은 어디에 있습니까? 그리스도의 피가 제사적인 차원에서 필요하였을 뿐 아니라, 죄를 씻어 죄인들로 하여금 거룩한 하나님께 합당한 사람들이 되게 하는 그 피의 "효력"을 나타내기 위함입니다. 여기서는 레위기 16:14,16,18의 역사적인 사실을 언급합니다. 성전의 기구들이 피로 뿌림을 받았다는 사실이 가지는 영적인 의미는 최소한 두 가지입니다.

첫째, 계명들 자체는 하나님께서 정하신 것이므로 거룩하였습니다. 그러나 오염된 사람들이 그것을 사용하기 때문에 더럽게 되어 정결케 할 필요가 있었습니다.

둘째, 이스라엘 사람들과 우리들에게 다음과 같은 요점을 가르쳐 줍니다.

우리가 사용하는 모든 은혜의 방편들은 그리스도의 제사의 공력을 통해서만 하나님께 가납(嘉納)된다는 사실입니다.

우리가 위에서 방금 지적하려고 했던 것은 우리에게 가장 중요하고 겸비케 하는 진리를 제시해 줍니다. 하나님과 상관하는 모든 일과, 하나님께 나아갈 때 방편으로 사용하는 모든 것들에는 그리스도의 피와 우리의 양심에 그 피를 적용시키시는 성령님의 역사가 필연이라는 진리입니다. 그것이 없이는 그 어떤 일에도 하나님은 우리를 은혜롭게 받아들이지 않으십니다. 우리가 아무리 잘한다 해도 육체로 더러워집니다. 그리스도의 보배 피를 의지하지 않고는 그러한 모든 것이 하나님께 받아들여질 수 없습니다.

이에 대하여 칼빈(John Calvin)의 말을 들어 봅시다.

"그것을 통해서 백성들은, 어느 경우에서든지 중재의 피를 바라보지 않고는 하나님의 구원을 바랄 수 없고 바르게 하나님을 예배할 수 없음을 배웠다. 왜냐하면 하나님의 엄위는 우리가 마땅히 무서워해야 마땅하기 때문이다. 그리스도의 피가 우리에게 값없이 은혜로 하나님께 나아감을 주셨다는 것을 알기 전에 하나님께 나아가다니. 그것은 위태로운 미궁에 빠지는 것밖에 다른 것을 가져오지 않는다. 그리스도의 피 뿌림을 통해서 씻지 않으면 모든 종류의 예배는 더럽고 흠이 있다. 만일 우리가 읽는 것이 잉크로써가 아니라 그리스도의 피로써 기록되었고, 복음이 전파될 때 목소리와 함께 그의 거룩한 피도 떨어진다는 생각이 우리 마음에서 일어나면, 우리 편에서도 경외로운 마음 뿐 아니라 훨씬 더 큰 집중력을 기울이게 될 것이다."

히브리서 9:22

"율법을 따라 거의 모든 물건이 피로써 정결하게 되나니

피 흘림이 없은 즉 사함이 없느니라."

"율법을 따라" '율법의 제정과 법칙을 따라 백성들이 마땅하게 행할 믿음과 순종의 방식으로'라는 의미입니다. 이 점은 앞에 있는 여러 구절들에서 사도가 보여 준 것입니다. 율법적 여러 규례들을 통해서 모형적으로 나타낸바 된, 이른 바 그리스도의 죽으심의 필연성과 그 피의 죄를 씻는 효력을 다 증거하려 합니다. "거의 모든 물건"이라는 말에서 '거의'는 '불'(민 31:23)과 '물'(레 22:6,7 등)로 정결하게 하는 예외적인 것들을 생각하고 한 말입니다. 그러나 이러한 것들은 하나님께 예배드리는 일에 직접 관계되지 아니한 것들임을 유심히 주목해야 합니다. 또한 양심을 더럽게 하는 것과도 상관없는 것들이었습니다. 그것들은 오직 외적인 오염에만 관계되는 것들이었습니다. 그것들은 그 자체의 성질상 바르지 않은 것들에 의해 더럽혀진 것으로서, 그것들 속에 "죄"는 하나도 없었습니다. 그럼에도 그러한 것들을 배우고 실천하는 것은 더럽게 한 것들을 주의하라는 "경고"의 의도로 주어진 것들입니다. "거의 모든 물건"은 역시 레위기 5:11에서의 예외를 가리키고 있습니다.

"피 흘림이 없은즉 사함이 없느니라." 이 마지막 소절은 보편적으로 모든 세대에 해당되는 진리를 하나의 격언 형태로 밝히고 있습니다. 율법의 저주는 "범죄하는 그 영혼은 죽을지라."는 것이었고 지금도 그러합니다(겔 18:20). 그러나 "죄를 짓지 아니한" 사람은 한 사람도 없습니다(전 7:20). 하나님께서는 그럼에도 은혜로 죄 사유하심을 나타내는 외적인 직무들을 마련해 놓으셨습니다. 또한 율법의 저주가 죄를 지은 자들에게 즉각 집행되지 않도록 하셨습니다. 백성들로 하여금 제물의 피로써 그들의 죄를 속(贖)하게 하심으로 그 일을 하신 것입니다(레 17:11). 그럼으로써 하나님께서는 두 가지 요점을 알리신 것입니다.

첫째, 이스라엘 사람들에게 알린 것인데, 짐승들의 피로써 정치적 또는 잠정적인 차원에서 죄 사유를 하신다는 점입니다. 그래서 그들의 나라를 다스리는 통치 법칙이 되는 율법의 선고로 죽지 않도록 하신 것입니다.

둘째, 참되고 영적이고 영원한 구원에서는 죽임을 당한 동물들로써 상징된 그리스도의 제사를 믿는 자에게만 허락된다는 사실입니다. 이 구절이 현재 가지는 의미는 '그리스도의 제사를 거부하는 영혼 마다 절대 구원받지 못한다.'는 사실입니다.

44강

위대한 제사

9:23 그러므로 하늘에 있는 것들의 모형은 이런 것들로써 정결하게 할 필요가 있었으나 하늘
에 있는 그것들은 이런 것들보다 더 좋은 제물로 할지니라 9:24 그리스도께서는 참 것의 그
림자인 손으로 만든 성소에 들어가지 아니하시고 바로 그 하늘에 들어가사 이제 우리를 위
하여 하나님 앞에 나타나시고 9:25 대제사장이 해마다 다른 것의 피로써 성소에 들어가는 것
같이 자주 자기를 드리려고 아니하실지니 9:26 그리하면 그가 세상을 창조한 때부터 자주 고
난을 받았어야 할 것이로되 이제 자기를 단번에 제물로 드려 죄를 없이 하시려고 세상 끝
에 나타나셨느니라 9:27 한 번 죽는 것은 사람에게 정해진 것이요 그 후에는 심판이 있으리니
9:28 이와 같이 그리스도도 많은 사람의 죄를 담당하시려고 단번에 드리신 바 되셨고 구원에
이르게 하기 위하여 죄와 상관없이 자기를 바라는 자들에게 두 번째 나타나시리라

이 대목은 너무나도 충만한 대목이기 때문에 서론적인 요점들을 간단하게 분류하여 언급하는 것이 필요합니다. 왜냐하면 사도는 여기 히브리서에서 그리스도의 제사장 직분을 다루고 있으며, 그의 제사장적 기능들이 율법에 속한 제사장들의 기능들보다 측량할 수 없이 탁월함을 증거하고 있기 때문입니다. 사도는 우리가 생각해 보려는 이 대목에서 앞 대목에서 다루었던 것을 분명하게 적용시키고 있습니다. 모형들과 그 원형 사이의 대조가 묘사되고 있습니다. 그래서 그리스도께서 하나님께 드리신 큰 제사가 구약의 모든 그림자들의 실체이니, 그 제사는 효력 있고 완전 충분하고 최종적인 것입니다.

9:1-10에서는 율법의 여러 잡다한 모형들과 그림자들을 선언하였습니다. 9:11-28에서는 주 예수 그리스도의 인격과 사역 속에서 그것들이 성취되었음을 천명하였습니다. 이 대목에서는 그리스도의 제사 직분의 탁월성을 다루되, 아론과 그의 짐승을 드려 제사한 것들이 낼 수 없는 효력들과 복락들

을 낼 수 있고 확보할 수 있다는 차원에서 다룹니다. 첫째, 그리스도는 참 장막, 곧 하늘에 들어가셨다고 확언합니다. 그는 자신의 무한히 공력 있는 피로 말미암아 하늘에 들어가셨습니다. 그 피의 가치는 "영원한 속죄를 이룬" 사실에 비추어서 확증됩니다(11,12절). 둘째, 짐승들의 피가 육체를 정결케 하였으니, 그리스도의 피는 양심을 더 정결케 할 수 있다는 것을 확증하였습니다(13,14절). 더 나아가서 그리스도께서 담당하신 중보자의 직분은 우리의 구원을 보증하였습니다(15절). 그래서 언약적인 유언도 그로 말미암아 확실케 되었습니다(16,17절). 모형들은 그것을 보증으로 나타낸 것과 같습니다(19-22절).

사실 지난 대목에 속한다고 할 수 있는 23절에서 사도는 자기가 논의해왔던 주요 요점을 결론지어 말합니다. 짐승의 피로써 모형적인 것들이 정결하게 되었으니 만큼, 하늘에 속한 것들을 정결케 하고 거룩하게 하려면 더욱 더 탁월한 방식이 필요하다는 것입니다. 그래서 그것들이 성육신하신 하나님의 아들의 보배로운 피로써 정결하게 된 것입니다. 사도는 그 사실을 확증한 다음에 율법에 속한 제사장들과 그리스도 사이의 또 다른 차이점들을 이야기합니다. 그 제사장들은 땅에 속한 장막에만 들어갔습니다. 그러나 그리스도는 하늘로 들어가셨습니다(24,25절). 이스라엘의 대제사장이 해마다 지성소에 들어갔으나 그리스도께서는 단번에 들어가셨습니다(25,26절). 이 점은 사람들이 한 번 죽는다는 사실로 확증됩니다. 하물며 신인(神人)이신 그리스도께서 어찌 여러 번 죽음을 당하실 수 있겠습니까?(27,28절) 그래서 사도는 그 위대한 제사를 의존하는 모든 사람들에게 복된 선언을 합니다. "이와 같이 그리스도도 많은 사람의 죄를 담당하시려고 단번에 드리신바 되셨고 구원에 이르게 하기 위하여 죄와 상관없이 자기를 바라는 자들에게 두 번째 나타나시리라."(28절)

히브리서 9:23

"그러므로 하늘에 있는 것들의 모형은

이런 것들로써 정결하게 할 필요가 있었으나

하늘에 있는 그것들은 이런 것들보다 더 좋은 제물로 할지니라."

"그러므로"라는 말은 방금 확증된 전제로부터 하나의 결론을 끌어내고 있음을 지시합니다. 그 결론은 역설된 진술의 두 부분에 다 걸리는 결론입니다. 이 구절에서 사도는 율법 아래서 모든 것들을 정결케 했던 것과, 그리스도의 제사로 이루어진 영적 정결에 관한 앞선 논증을 요약하여 "제물"로 나타냅니다.

이에 대하여 존 브라운(John Brown)은 이렇게 지적합니다.

"분명하게 말하여, 이 말씀 속에 함축된 보편 원리는 분명히 말해서 대속(代贖)의 희생제물은 속함을 받는 범죄의 성질에 부응하고 그것을 통해서 확보되는 복락의 가치와 걸맞아야 한다는 것이다. 짐승의 피는 죄책(罪責)을 의식적(儀式的)으로 속(贖)할 수는 있고 잠시적인 복락을 얻어낼 수는 있다. 그러나 도덕적인 죄책을 속하고 영원한 복락을 이룩하기 위해서는 더욱 고상한 희생제물이 피를 흘려야 한다."

"그러므로…할 필요가 있었으나." 여기서는 모형과 원형을 다 가리켜 말하고 있습니다. 그것이 다 하나님의 정하심과 세워주심으로 말미암은 것이었습니다. 제물로써 정결케 될 필요가 있었던 모형적인 대상들 자체의 성질에는 아무것도 없었습니다. 그러나 그것들을 통해서 하늘에 속한 것들을 예표할 의도를 하나님께서 가지셨으니 피로써 그것들이 정결케 될 필요가 있었습니다. 그와 같이 하나님께서 하늘에 속한 것들이 정결케 되도록 정하셨으니 만큼, 더 나은 제물이 드려질 필요가 있었습니다. 왜냐하면 모형적인 제사들은 그러한 목적을 위해서는 전혀 합당하지 못했기 때문입니다. 그러한 "필연성"은 상대적인 것이지 절대적인 것은 아닙니다. 왜냐하면 하나님께서는 어떠한 강압적인 의무도 가지고 있지 않기 때문입니다. 하나님은 그의 무한한 지혜로 자기의 영광도 도모하고, 자기의 선택한 백성들의 유익도 위하는 마땅하고 적합한 놀라운 방식을 생각해 내신 것입니다.

"하늘에 있는 것들의 모형은…" 사도가 다루어왔던 것들, 곧 언약, 책, 백성들, 장막과 거기서 섬길 때 쓰는 기명들을 가리켜 그렇게 표현하고 있습니다. "하늘에 있는 것들"은 영원한 언약과, 교회와, 예수 그리스도로 말미암아 구속받는 것입니다. "하늘에 속한 것들"은 하나님의 마음속에서 영원 전부터 하나님 자신의 영광을 위하여 존재하고, 자신의 영광을 나타내는 동기와 아름다움과 성향을 가지도록 계획된 것들입니다. 그러나 그것들은 하나님 자신 안에 감추어져 있었습니다(엡 3:8-10). 하나님께서는 이스라엘 사람들을 부르시고, 그들과 언약하시고, 장막과 그 제사 직분을 세워주시는 일을 하셨습니다. 그리하여 "하늘에 속한 것들"에 대한 모형과 그림자를 주신 것입니다. 곧 지상에서 하늘에 있는 것들을 연상하게 하는 닮은 꼴과 유사성과 방불함을 나타내기를 기뻐하셨던 것입니다. 하나님께서는 이것을 방편으로 하여 지상에 속한 교회를 가르치셨고, 그들의 믿음과 순종이 그 모형적인 일들의 질서에 따름을 통해서 나타나도록 정하신 것입니다. 구약 성도들은 그것들의 영적인 의미를 어느 정도 이해했습니다. "내 눈을 열어서 주의 율법에서 놀라운 것을 보게 하소서."(시 119:18)

"하늘에 있는 것들." 이에 대하여 존 오웬(John Owen)은 이렇게 주해하고 있습니다.

“내가 이해하는 ‘하늘에 있는 것들’은 그리스도와 그 구속(救贖), 구원과 예배, 그리고 교회의 영원한 영광 속에 있는 하나님의 뜻의 모든 열매들이다. 곧 모든 직무를 수행한 그리스도 자신과, 사람들의 영혼과 양심에 대하여 그것들이 가지는 모든 영적이고 영원한 효력과, 복음을 따라서 그리스도로 말미암아 하나님께 드리는 모든 예배를 가리켜 ‘하늘에 있는 것들’이라고 표현하고 있다고 본다. 왜냐하면 율법은 바로 이 모든 것들에 대한 모형이기 때문이다. 하나님께서는 그것들 안에서, 그것들로 말미암아 이 모든 것들을 상징적으로 나타내셨던 것이다.”

보다 특별하게 말하면 율법에 속한 여러 의식(儀式)들로 말미암아 그리스도 자신과 그의 희생제사를 모형적으로 나타낸 것입니다. 그와 같이 그리스도께서 중보의 역할을 감당하시어 확보하신 그 모든 영적 축복들인 “하늘에 있는 것들”(요 3:12 ; 엡 1:3 ; 히 3:1 참조)이라는 표현 속에 교회(빌 3:20), 그리스도와 구속받은 백성들의 거처인 하늘도 함께 함축시키고 있습니다(요 14:1-3). 그러나 여기서 하나의 난제(難題)가 야기됩니다. ‘그러면 어째서 그러한 것들이 정결하게 되어야 하는가?’

“…정결하게 할 필요가 있었으니.” 위에서 언급된 것들 가운데서 어느 것 한 가지도 교회, 곧 교회 지체들의 영혼들과 양심들을 제외하고는 부정(不淨)함에서 벗어나 진정한 정결함을 확보할 수 없었습니다. 그럼에도 불구하고 문제를 실제보다 더 어렵게 보기 때문에 그러한 난제가 발생하는 것입니다. “정결하게 하는 것”이란 용어는 이중적인 의미를 가지고 있습니다. 외적으로는 하나님께 바쳐짐이요, 내적으로는 부정(不淨)을 씻고 정결하게 됨을 의미합니다. 보편적으로 말해서 그 둘이 다 성경에서는 ‘거룩하게 함(sanctification)’ 속에 포함되어 표현됩니다. 그래서 언약, 언약의 책, 장막, 그 모든 기능들은 첫 번째 의미에서 ‘정결하게’ 되었습니다. 곧 하나님을 위하여, 또 하나님께 쓰임받기 위하여 엄숙하게 드려졌다는 말입니다. 같은 방식으로 모든 "하늘에 있는 것들"도 "정결하게" 되었습니다. 그리스도께서는 자신의 피로써 하나님께 드려지고 헌신되었습니다(요 17:19 ; 히 2:10 참조). 하늘 자체도 그리스도의 '신비로운 몸'이 거할 영원한 거처로 드려진 것입니다. 죄를 전혀 짓지 않은 천사들과 완전한 화평을 이루면서 거하는 거처가 된 것입니다(엡 1:10 ; 히 12:22-24).

그럼에도 불구하고 이 "하늘에 속한 것들" 거의 대부분은 내적인 측면에서 "정결하게" 되었습니다. 교회의 지체가 되는 이들의 영혼과 양심은 내적이고 신령한 정화(淨化)로 말미암아 진정한 의미에서 깨끗함을 입었고 정결하게 되었고 거룩하게 되었습니다. "이는 곧 물로 씻어 말씀으로 깨끗하게 하사 거룩하게 하시고."(엡 5:26) "그가 우리를 대신하여 자신을 주심은 모든 불법에서 우리를 속량하시고 우리를 깨끗하게 하사 선한 일을 열심히 하는 자기 백성이 되게 하려 하심이라."(딛 2:14) 그리스도의 피가 교회를 "씻었습니다."(계 1:5) 그럼으로써 모든 죄에서 깨끗함을 입은 것입니다(요일 1:7). 어떤 의미에서 하늘도 정결케 함을 입었습니다. 장막 안에 서 있는 사람들의 죄 때문에 장막을 정결케 할 필요가 있었듯이 말입니다(레 16:16). 천사들이 배도(背道)하고 죄가 하늘에 들어왔을 때, 하늘도 하나님이 보시기에 정결하지 못했습니다. "하나님은 거룩한 자들을 믿지 아니하시나니 하늘이라도 그가 보시기에 부정하거든."(욥 15:15 참조) 사람의 죄 때문에 파괴가 자행되었고, 위에 있는 거룩한 천사들과 아래 있는 타락한 사람들 사이에 적대감이 형성되었습니다. 그래서 그들이 화해(和解)하기까지는 하늘은 그들 모두에게 다 부적합한 거처가 된 것입니다. 오직 그리스도의 희생제사로써만 성취될 수 있는 화평이 이루어진 것입니다(엡 1:10 ; 골 1:20).

"하늘에 있는 그것들은 이런 것들보다 더 좋은 제물로 할지니라." 우리는 여기서 또 하나의 상세한 국면을 생각할 필요가 있습니다. 여기서 그리스도의 희생 제물을 단수(單數) 명사가 아닌 복수(複數) 명사가[1] 쓰인 것을 보고 어떤 사람들은 이상하게 생각합니다. 그것은 하나의 문법 형식을 다른 문법 형식으로 대체하는 '대체 환용법(換用法)'이라는 표현법입니다. 여기서는 복수로 단수(單數)를 강조하는 논법입니다. 그렇게 표현한 것은 그 큰 제사가 다른 모든 것들의 의미와 가치와 은택을 확증할 뿐 아니라, 존영과 의도와 효력에서 다른 것들을 능가하기 때문입니다. 다시, 율법 아래서 다섯 가지 주요 제사가 이스라엘 사람들에게 지시되었습니다. 번제, 소제, 화목제, 속죄제, 속건제입니다(레 1-5장 참조). 그리스도께서 자신을 희생 제물로 드리신 그 큰 제사 속에서 그 다섯 가지 제사가 모형적으로 보여준 원형을 발견합니다. 그러나 그리스도의 제사가 그 제사들을 폐했습니다. '제사들'이라고 복수명사로 그리스도의 제사를 표현한 것은 그리스도의 '한 제사'를 강조하기 위한 것입니다. 또한 그 제사의 초월적 탁월함을 표현하고, 율법을 통한 많은 그림자들의 실체를 그 제사가 제공하고 있음을 시사하려 한 것입니다.

독자가 히브리서 9:18-23에 기록된 내용을 곧장 읽어 내려가면, 출애굽기 24:8-11에 기록된 것과 그것이 서로 사랑스럽게 연결되는 것을 발견[2]할 것입니다. 참으로 그것은 영광스러운 모형이었습니다. 하나님의 아들이 성육신하시기까지 성경의 모든 지면에 나타나 있는 병행 대목 속에서 가장 가까운 병행을 출애굽기에서 발견하게 됩니다. 출애굽기 24장에 나타난 것을 구약의 '변화산'이라고 말해도 좋을 것입니다. 거기서 우리는 하나님의 면전에 아론과 나답과 아비후가 서 있는 모습을 봅니다. 그뿐 아니라 칠십 '유사

1) KJV, NIV 등 거의 모든 영역본들은 우리말 개역개정이나 개역한글에서 '저 좋은 제물'이란 대목을 better sacrifices 라고 표기하였다. - 역자 주

2) 우리말 개역개정이나 개역한글에서는 그 접속사가 보이지 않는다. - 역자 주

들'(백성의 대표들로서 '장로들'로 번역될 수 있는 말)이 그 하나님 앞에서 온전하고 편안한 마음으로 먹고 마시고 있음을 발견합니다. 그 놀라운 사건을 이해하는 열쇠와 같은 말씀이 출애굽기 24:9의 처음에 나오는 "그 때(Then)"라는 말입니다. 그 말은 뿌려진 "피"의 말로 할 수 없는 가치를 밝혀줍니다. 또한 그 피가 가져온 장엄한 특권을 보여줍니다. 그리고 하나님과의 '교제'를 가능하게 하는 효력을 나타낸 것입니다. 이것에 대칭되는 실체가 히브리서 10:22에 표현되어 있습니다.

히브리서 9:24

"그리스도께서는 참 것의 그림자인 손으로 만든 성소에 들어가지 아니하시고 바로 그 하늘에 들어가사 이제 우리를 위하여 하나님 앞에 나타나시고."

이 구절의 처음에 '왜냐하면'이라는 접속사가 나오는데, 그것은 그리스도의 제사가 율법 아래 드려진 제사들보다 훨씬 탁월한 이유를 계속 밝히고 있음을 지시합니다. 23절에서 그 그리스도의 제사가 모형적인 제사들이 깨끗하게 할 수 있는 것보다 '더 나은 대상들을 정결케 하는 능력을' 가지고 있음을 지적하여 그 탁월성을 지적한 바 있습니다. 이제는 그 탁월성의 이유를 그리스도께서 하나님께 자신을 희생 제물로 드린 후에 들어가신 "하늘"에서 찾고 있습니다.

이스라엘 대제사장의 특별한 존영, 그리고 그가 가장 주요하게 감당해야 할 일은 천사처럼 하나님의 면전을 모형적으로 상징하였던 거룩한 거처로 들어가는 일이었습니다. 이 모형의 실체가 지금 우리가 다루려는 본문 가운데 묘사되어 있습니다.

"(왜냐하면) 그리스도께서는…" 여기서 다시 중보자를 직무적인 칭호로

부릅니다. 9:14의 강론에서 그 칭호에 대하여 몇 가지 요점을 숙고한 적이 있습니다. 그에 더하여 여기서 그 '그리스도'(기름부음 받은 자)라는 칭호가 세 요점을 주요 내용으로 하고 있음을 지적할 수 있습니다. 첫째는 하나님 아들이 자기 백성들의 구원을 위하여 감당했던 '직무들,' 또는 기능들입니다. 그 직무 세 가지가 구약에서 각각 예표되었습니다. 선지자의 직무(왕상 19:16 ; 시 105:15), 제사장의 직무(레 8:12,30 ; 시 133:2), 왕의 직무(삼상 10:1 ; 16:13)입니다. 둘째는 그가 그러한 직무들을 감당하기 위해 가진 '권리'입니다. 그리스도에게 "기름 부으신" 아버지께서는 그리스도를 세우시고 권위 있게 하셨습니다(행 10:38 ; 히 5:5). 셋째는 그가 기름 부으심을 받아 맡은 직무들을 수행할 '능력'입니다. 그러므로 그는 이렇게 선언하셨던 것입니다. "주의 성령이 내게 임하셨으니 이는 가난한 자에게 복음을 전하게 하시려고 내게 기름을 부으시고…"(눅 4:18). "주의 성령이 내게 임하셨다."는 표현은 그리스도께 부여된 신적 무장(武裝)을 가리킵니다. "하나님이 보내신 이는 하나님의 말씀을 하나니 이는 하나님이 성령을 한량없이 주심이니라."(요 3:34)

"그리스도께서는 참 것의 그림자인 손으로 만든 성소에 들어가지 아니하시고." 여기서 부정적인 측면을 먼저 표현하여 다음에 대조하는 요점이 더욱 선명하게 드러나게 하려 함입니다. 참 것의 그림자인 손으로 만든 성소에 대하여 세 가지 사항이 언급되고 있습니다. 첫째로 '지성소'라는 말입니다. 그것을 '지성소'로 부르는 것은 하나님의 임재의 특별한 표증이 나타나는 방으로 구별되었기 때문입니다. 둘째로 그 성소의 장막에 대한 것입니다. 하나님의 명령으로 그것이 설치되었지만 사람의 "손으로 만든" 것에 지나지 않았습니다. 셋째로 그 성소가 만들어진 가장 주요한 의도에 대해서 말합니다. '하늘에 속한 것들의 그림자나 형상으로 존재하도록' 만든 것입니다. 70인 역에서 '지성소(holy of holies)'를 '성소들(the holy places)'로 번역하는 것을 보는데, 헬라어에는 그것을 표현할 만한 최상급이 없어 그것을 보충할 양으로 복수를 사용한 것 같습니다.

"바로 하늘에 들어가사." 그리스도께서 하늘 성소에 들어가신 일은 12절의 "성소에 단번에 들어가신 일"과 구별되어야 합니다. 그 구절을 강해할 때, 필자는 구주께서 십자가에서 운명한 직후의 일을 가리킴을 약간 상세하게 보여주려고 하였습니다. 그리스도께서 레위기 16:14의 모형을 완성시키려고 아버지 앞에 나타나서 아버지의 요구에 완전한 만족한 것을 드린 기념물을 보여드리셨습니다. 아론이 지성소에 들어간 것은 속죄하기 위한 것이 아니었습니다. 그 속죄는 밖에서 이미 이루어졌습니다(레 16:11). 오히려 그 일은 이미 성취된 속죄를 하나님께 "아뢰는" 일이었습니다. 아론이 휘장으로 들어갈 때는 반드시 세마포 속옷을 입어야 했습니다(레 16:4과 출 28:2를 대조 비교). 그것은 그리스도께서 즉위하시는 날에 모든 기쁨을 가지고 승리의 개선가를 부르며 하늘에 들어가신 것을 상징하는 것입니다. 우리는 부단하게 아론의 원형으로서의 그리스도와, 멜기세덱의 원형으로서의 그리스도 사이를 잘 구별해야 합니다. 아론을 통하여는 그리스도께서 부활하신 다음의 모습에 대하여는 하나도 지시해 주는 것이 없습니다. 그러나 멜기세덱은 부활하신 후에 그리스도가 취하신 지위를 지시해 주었습니다. 9:12의 "단번에"라는 말은 그리스도 제사의 '최종성'을 강조합니다. 9:24에서 그가 "참 하늘에 들어가신 것"은 '중재의 간구'를 위한 것인데, 그 일은 계속됩니다(히 7:25).

우리의 왕 같은 대제사장이 하늘에 들어가신 일은 교회에 그 제사의 은택을 '끼쳐 효력을 발생하게 하는 데' 필요하였습니다. 존 오웬(John Owen)이 지적한 바와 같이 그리스도께서 승천하사 하늘에 들어가신 것을 우리는 두 가지 방면으로 나누어 생각할 수 있습니다. 첫째, 그것은 '왕'의 권위를 가지고 영광스럽게 승리하며 개선하는 모습입니다. 그것은 그의 왕직에 속한 것입니다. 그는 그 왕직을 통하여 교회의 모든 원수들을 이기셨습니다. 그것이 시편 68:18의 말씀을 인용한 에베소서 4:8-10의 말씀으로 묘사되어 있습니다. 사탄과 세상과 죽음과 지옥이 다 정복되었고, 그에게 위임된 모든 권세로 다 이기시어 승리의 개선으로 하늘에 들어가셨습니다. 그러므로 그것은 왕적인 직위의 행동이었습니다. 둘째, 그 일은 "제사장적" 행동이었습니다. 십자가의 피로써 화평과 화해를 이루고, 언약을 확증하며, 영원한 구속을 성취하신 우리의 대제사장께서 거룩한 곳, 위에 있는 하나님의 성전에 들어가신 것입니다. 그럼으로써 그의 제사가 그의 교회에 효력 있게 하셨고, 교회에 대하여 그 제사의 은택이 끼쳐지도록 하셨던 것입니다.

그리스도께서 그의 교회의 대세사장으로서 하늘에 들어가셨고, 새 언약의 중보자로서도 하늘에 들어가셨고, 그의 백성들의 '앞서 가신 자'(히 6:20)와 그들의 '대언자'의 자격으로도 하늘에 들어가신 것입니다(요일 2:1). 또한 "많은 형제들의 맏아들"로서도 하늘에 들어가셨습니다. 그가 그렇게 하신 의도는 "우리를 위해서 하나님 앞에 나타나려" 하심입니다. 그는 "지금" 이 순간에도 그 일을 하시며 언제나 그 일을 행하십니다. 그를 모형적으로 나타냈던 제사장이 행했던 일은 계속성이 없었습니다. 그러나 그리스도께서는 하늘에 들어가시어 모든 일을 끝마치기까지의 전 기간 동안 언제라도 "지금"이라는 표현을 쓰기에 적절하게 항상 그 일을 하십니다. 절대적으로, 그가 하늘에 들어가신 것에는 많은 목적들이 있었습니다(요 17:5 ; 히 1:3 - "만물을 붙드시며"). 그러나 백성들의 대제사장으로서 백성들을 위하여 하나님 앞에 나타나신 것이 하늘에 들어가신 오직 유일한 목적이었습니다. 그 하늘은 '하나님의 전(殿)'이요, 그곳에 '은혜의 보좌'가 있습니다. 이 점은 그리스도께서 자기가 감당한 일을 성공적으로 끝내시리라는 충만한 확신을 얼마나 크게 가지고 계신지 보여줍니다. 또한 그 점은 자기에게 전가(轉嫁)된 모든 백성들의 죄책을 완벽하게 처리해 내셨는지를 얼마나 강하게 드러내고 있는지요! 만일 그가 우리의 죄에 대해 모든 일을 완수하지 못하셨다면, 그는 하나님 앞에 우리의 보증으로 확신이 넘쳐 나타나지는 못하셨을 것입니다!

"이제 우리를 위하여 하나님 앞에 나타나시고." 이것은 그의 제사장적 직무를 수행하시는 행동입니다. 그는 우리의 대제사장으로서 "하나님 앞에 나타나셨습니다." 뿐만 아니라 자기 교회의 대제사장으로서 그렇게 하신 것입니다. 그럼에도 불구하고, 그 일은 그 전에 있던 죄를 위한 제사로 자신을 드린 일을 필연적으로 함축하는 행동이기도 하셨습니다. 왜냐하면 아론이 거룩한 성소에 들어간 것은 백성들의 머리와 대표로서 속죄 희생제사의 피를 가지고 들어갔기 때문입니다(레 16장). 그리스도께서는 이렇게 하나님 앞에 나타나심으로써 하나님 앞에 "죽임을 당하신 어린 양"으로 자신을 선보이셨던 것입니다(계 5:6)! "나타나심"에 견고한 효력을 가져다 준 것은 바로 "죽임을 당하신 어린 양"으로의 행동입니다. "나타나다"는 말은 법정적인 어휘입니다. 마치 재판장 앞에 변호인으로 나타나는 것과 같습니다. 그가 재판장 되신 하나님 앞에 나타나신 것은 자기 백성들을 위해서 확보해 놓으신 복락들을 그 백성들에게 나누어 주시도록 하나님께 간구하기 위함입니다. 그는 그 백성들이 구원받아야 할 영구한 이유로 자신의 제사의 무한한 공력을 아뢰려고 그 하나님 앞에 나아가신 것입니다(롬 8:34 ; 히 7:25). 이 점은 교회를 향하신 그리스도의 사랑과 돌봄과 긍휼이 그치지 않고 항상 있음을 크게 증거하는 것입니다. 그리스도께서 도모하는 일은 자기 백성들의 유익입니다.

히브리서 9:25

"대제사장이 해마다 다른 것의 피로써 성소에 들어가는 것 같이

자주 자기를 드리려고 아니하실지니."

사도는 이 구절에서 두 가지 일을 하고 있습니다. 하나는 제기될 수 있는 반론을 대처하며 그 큰 제사의 탁월한 우월성을 계속 증거하는 일입니다. 아마 사도는 이런 반론을 예상하였을 것 같습니다. '아론이 성소에 들어가 그리스도께서 하늘에 들어가신 것을 모형적으로 나타냈다면, 왕 같은 제사장인 그리스도께서 하늘에 자주 들어가셔야 되지 않겠는가?' 사도는 여기서 그러한 논리를 부인합니다. 그러한 논리를 결코 세울 수 없습니다. 그러한 결론은 전적으로 잘못된 것입니다. 하나님께서는 그리스도로부터 그것을 요구하지 않으셨습니다. 그럴 필요도 없었습니다. 사도가 다음 구절에서 보여 주는 바와 같이 그리스도께서 그렇게 하는 것은 가능한 일이 아니었습니다.

그리스도의 한 번의 제사는 너무나 절대적으로 완전하기 때문에 어떠한 종류의 제사도 더 이상 필요로 하지 않습니다. 또한 더 이상 그런 제사는 허락되지 않을 것입니다. 그러므로 사도는 선언합니다. 만일 그 사실을 부인하거나 무시하면, "다시 속죄하는 제사가 없다."(10:26)는 사실을 부인하게 됩니다. 그리스도가 한 번 드린 제사의 절대적인 완벽성은, 첫째로 그의 인격의 존영에서부터 보증됩니다(행 20:28). 순종하시고 고난 받으시고 죽으신 분은 다름 아닌 신인(神人)이셨습니다. 그와 방불하거나 그보다 더 높은 제사가 드려진 적이 없었습니다. 둘째로 그 제사 자체의 성질로부터 그리스도의 제사의 완벽성이 증거됩니다. 그리스도의 내면적인 은혜의 역사에 있어서, 임마누엘에 의해서 존재하는 은혜와 순종보다도 더욱 더 영광스러운 것은 없습니다. 심판에 있어서 그는 율법 아래 들어가 율법의 온전하고 총체적인 저주를 다 받으셨습니다. 그래서 어떤 다른 속죄제를 드린다면, 그것은 크게 모독적인 일일 것입니다. 셋째, 아버지께서 그를 사랑하심과 기뻐하심을 보면 그 제사가 완전하다는 것을 알 수 있습니다. 하나님께서는 이 '한 제사'로 족히 기뻐하셨습니다. 그 제사 안에서 하나님은 안식하십니다. 그래서 더 이상 다른 제사가 반복될 가능성이 전혀 없습니다(John Owen의 주해에서 발췌하여 요약).

"자주 자기를 드리려고 아니하실지니." 성령께서는 이 긍정적이고 분명한 어조로 교황주의자들의 신성모독적인 행동을 예기하시고 미리 논박하신 것입니다. 교황주의지들은 매일 '미사(Mass)'를 드림으로 그리스도를 새롭게 제사드리는 것으로 생각합니다. 또한 그들의 '사제(司祭)들'을 통해 그리스도를 하나님께 제물로 바치는 척합니다. 그러면서 빵과 포도주는 실제 그리스도의 살과 피로 변한다고 주장합니다. 그러므로 그들은 그들 스스로 하나님의 아들을 새롭게 십자가에 못 박는 참으로 끔찍한 죄를 범하고 있습니다. 그 일은 공공연하게 그리스도를 욕보이는 행위입니다(히 6:6). 왜냐하면 그들이 '그리스도의 참 제사'라고 드리는 그 가식적인 행위로 말미암아 매일 제사를 드리는 것으로 여기고 있습니다. 그럼으로써 그리스도의 제사의 충족성과 최종성을 부인하고 있습니다(히 10:2). 그리하여 그 짐승들의 피를 매년 드려 이스라엘의 죄를 속하던 구약시대의 제사보다도 더욱 더 아래로 그리스도의 제사를 내려뜨리고 있습니다.

"대제사장이 해마다 다른 것의 피로써 성소에 들어가는 것같이 자주 자기를 드리려고 아니하실지니." 가우지(William Gouge)는 이 말씀에 대해서 다음과 같이 바르게 지적했습니다.

"하나님께서 사람의 피를 아끼심으로써 사람을 부드럽게 대하신다는 증거를 여기서 발견한다. 구약시대에 그리스도의 제사 직분을 모형적으로 나타내기 위해 한 사람이 제사장으로 세우심 받았다. 그러한 직무를 통해서 사람이 하나님 앞에 나타났다. 그 제사장이 백성들의 이름을 짊어지고, 아니 그들의 죄를 지고 하나님 앞에 섰다(출 28:38). 그렇다 할지라도 그리스도께서 모형적으로 그려 준 그 모든 일을 하셨다. 그리스도께서 자기 피를 흘리듯이 피를 흘리게 될 즈음에, 하나님께서는 이전 구약 시대의 그 제사장을 아끼셨다. 이삭 대신 수양을 제물로 받으셨듯이 짐승들의 피를 받으셨다(창 22:13). 이 점은 우리를 향하신 하나님의 사랑을 얼마나 분명하게 드러내는가! 하나님께서는 사람에 대해 너무 자비하셨고, 그러면서도 자기 아들은 아끼지 아니하셨다(롬 8:32)!"

히브리서 9:26

"그리하면 그가 세상을 창조한 때부터 자주 고난을 받았어야 할 것이로되
이제 자기를 단번에 제물로 드려 죄를 없이 하시려고
세상 끝에 나타나셨느니라."

이 구절은 두 부분으로 구성되어 있습니다. 첫째, 25절에서 진술된 것을 확증하기 위한 이유가 제시되는 부분입니다. 그리스도께서 만일 "자신을 제물로 자주 드리셨다면," 그는 "세상을 창조한 때부터" 날마다 새롭게 '고난을' 받으셨어야 했습니다. 곧, 인간 역사의 각 세대마다 새롭게 거듭 죽으셔야만 했습니다. 둘째로 하나님께서 정하신 법칙을 통해서 그 이유를 확증하고 있습니다. 딱 한 번, 때가 차면 그리스도께서 땅에 오사 자기 백성들의 죄를 위한 제물이 될 것을 정하신 것입니다. 그래서 사도는 25절에서 예기했던 반론이 얼마나 터무니없고 어리석은지를 드러냅니다. 만일 그러한 반대 이론을 받아들인다면 그리스도의 피가 유대교의 대제사장이 드린 것보다 더 효력이 있을 수 없다고 말하는 것이나 같습니다.

사도가 논증하는 요지가 힘이 있는 것은 두 가지 명백한 전제를 기초하고 있기 때문입니다. 첫째, 그리스도의 '자기를 드리는 일'(25절)과 '고난'(26절)은 서로 불가분의 관계입니다. 주 예수께서 자신을 하나님께 드린 것은 그의 고난 안에서, 그의 고난으로 말미암았습니다. 왜냐하면 그는 스스로 제사장도 되시고 제물도 되시기 때문입니다. 아론은 거듭해서 제사를 드렸으나, 그는 한 번도 고난을 받지 않았습니다. 왜냐하면 '그 자신이 제물은 아니었기' 때문입니다. 고난을 당하고 죽임 당한 것은 염소였습니다. 그러나 그리스도께서 제사장이며 제물이시기 때문에 '고난 없이 자신을 드릴 수' 없었습니다. 여기에 사도의 논증의 제일차적인 힘이 있습니다. 죽음을 통해서 자기 피를 흘리심으로 말미암은 그리스도의 제사, 또는 자신을 드린 일이 가진 특별한 성질 자체가 그러한 일의 반복을 미리 배제시켰습니다.

둘째, 여기서 사도의 논증은 창세전부터 구원받도록 되어 있는 모든 사람들의 죄를 속할 필연성이 있었다는 사실을 기초에 두고 있습니다. 세상이 형성된 바로 뒤에 우리의 첫 조상들의 배도(背道)로 인해서 죄가 세상에 들어왔습니다. 그럼에도 불구하고 아벨과 에녹과 노아와 아브라함, 이스라엘의 영적인 남은 자손들은 그들의 죄를 용서받았고 영원히 구원받았습니다. 그러나 그들이 드렸던 어떠한 제사도 그들의 도덕적 죄책을 없이 하거나 그들의 영혼을 구속하지 못하였습니다. 절대로 그런 일은 없었습니다. '그들의 구원'은 그리스도의 희생제사의 효력의 결과입니다. 그래서 필연적으로 다음과 같은 결론이 성립됩니다. 그리스도께서 자신을 드리신 그 제사가 그들의 모든 죄를 씻는 효력을 가지지 못하였다면, 그는 자주 고난을 받았어야 했습니다. 그렇지 않으면 그들은 멸망했을 것입니다. 거꾸로 말하여 선택받은 죄인들이 그리스도로 말미암아 창세전부터 구원받은 것을 보면, 그 큰 제사의 공덕이 세상 끝까지 미쳐야 함이 더 더욱 필요합니다.

"(그러나) 이제 자기를 단번에 제물로 드려 죄를 없이 하시려고 세상 끝에 나타나셨느니라." 여기서 "(그러나) 이제" 인간 역사의 초기에 그러한 일이 일어난 것이 아닙니다. "단번에 제물로 드려." - 그 일은 '단번에' 된 일로서 거듭될 수 없습니다. "세상 끝에," 또는 "때가 차서" 그 일이 나타난 것입니다(갈 4:4). "세상 끝"이라는 표현은 문자 그대로 '시대의 완성(consummation of ages)'이란 말입니다. 죄가 세상에 처음 들어온 것을 가리킬 때 쓰는 "창세 이래"라는 말과 서로 대칭적으로 '세상 끝'이라는 말이 사용됩니다. 그와 같이 창세로부터 그리스도 안에 있는 하나님의 은혜의 큰 경륜을 언급할 때 대칭적으로 그 말이 사용됩니다. '창세 전에'(엡 1:4)라는 말이 영원과 그에 대한 하나님의 뜻을 나타내는 것과 같습니다. 하나님께서 자기 교회를 향한 은혜의 경륜의 때가 세 부분으로 나누어 지칭되기도 합니다. 율법을 주시기 전, 율법이 주어지고 시행되던 시기, 그리스도의 성육신 이래 세상 끝까지의 세 등분으로 말입니다. 절대적으로 생각해서 이 마지막 시기를 "때가 찬 시기"로 부릅니다(엡 1:10). 그때에 하나님께서 그의 은혜의 모든 경륜 속에서 계획하셨던 것이 무르익게 됩니다. 그 시기 동안, 곧 세상이 더 이상 존재하지 않을 때까지는 이제 변혁이 전혀 없게 됩니다.

"자기를 단번에 제물로 드려 죄를 없이 하시려고 세상 끝에 나타나셨느니라." 그는 여기 이 땅에 나타나셨습니다. 여기에 '나타나셨다'의 헬라원어는 24절의 '하나님 앞에 나타나셨다.'고 할 때의 동사와 전혀 다른 동사입니다. 옛적에 그는 모형들을 통해서 희미하게 예표되었던 분입니다. 그러나 이제 그는 육체로 나타나셨습니다(딤전 3:16). 그리스도께서 이렇게 나타나신 목적은 "죄를 없이 하시고자" 함입니다. 여기서 '없이 한다'로 번역된 헬라어 동사는 매우 강한 어휘입니다. 7:18의 '폐하다'로 번역된 어휘입니다. 이런 일이 그리스도의 교회에 대해서만 주어졌다는 것을 유심히 주목해야 합니다. 그는 자기 백성들의 모든 죄를 완벽하게 속(贖)하셨습니다. 그리고 죄의 모든 값을 당신이 친히 받으시고 죄책(罪責)을 속(贖)하셨습니다. 그리하여 죄의 모든 주관하는 권세를 멸하셨습니다. 그 결과는 무엇입니까? 하나님께서 그리스도의 제사의 모든 효력을 회개하며 믿는 사람에게 '적용시키실' 때 그 사람의 모든 정죄가 제거됩니다(롬 8:1). 또 죄의 왕 노릇한 권세가 멸해집니다(롬 6:14).

히브리서 9:27, 28

"한 번 죽는 것은 사람에게 정해진 것이요 그 후에는 심판이 있으리니
이와 같이 그리스도도 많은 사람의 죄를 담당하시려고 단번에 드리신바 되셨고
구원에 이르게 하기 위하여 죄와 상관없이 자기를 바라는 자들에게
두 번째 나타나시리라."

사도는 이 구절에서 '새 언약'이 확립되고 확증되게 한 그리스도의 제사의 이유와 본질과 의도와 효력에 대한 그의 강론을 매듭짓습니다. 구세주의 속죄의 독특성과 충분성에 대한 삼중적인 확증을 이 구절들에서 하고 있습니다. 첫째로 비교하여 진술합니다. 영어로 번역하여 '같이(as),' '이와 같이(so)'라는 말이 이 문장에서 나오는 것이 그 점을 지시합니다. 둘째, 그리스도께서 죽으신 이유에 대한 선언이 진술되었습니다. 그것은 "많은 사람들의 죄를 담당하시기" 위함이었습니다. 셋째, 28절 마지막에서 이 일이 가져온 결과적인 효력이 진술됩니다.

첫째, '비교'의 부분입니다. 하나님의 법정적 선고로 죽는 사람들의 죽음과, 하나님의 정하심을 따라서 드린 그리스도의 제사를 비교하여 진술합니다. "한 번 죽는 것은 사람에게 정하신 것이요." 그 "정하심"은 '하나님의 죄

책을 물어 형벌하는 행위'입니다. 어긴 율법에 대한 선고요 저주입니다(창 2:17). 그것은 두 부분으로 구성됩니다. 육신적인 죽음과 영원한 심판입니다. 죽음은 우연의 결과가 아닙니다. 또한 '자연(自然)의 소산'도 아닙니다. 사람은 자기를 창조하신 하나님의 율법에 의하여 그러한 조건에 처하게 되었습니다. 죽음은 '심리학적 법칙'의 결과보다 더 큰 무엇입니다. 므두셀라로 하여금 969세, 거의 천 년을 살게 허락하신 그 하나님께서는 아담이 타락하지만 않았다면 영원토록 그 아담의 몸을 지탱하여 주셨을 것입니다. 죄 없는 천사는 불멸합니다. 죽음은 '죄의 삯'입니다(롬 6:23). 에녹과 엘리야, 그리스도가 지상에 다시 오실 때 생존해 있을 신자들의 경우(고전 15:51)는 하나님의 주권의 행사로 말미암아 다른 모든 이들에게 적용되는 일반 법칙에서 예외였습니다.

"그 후에는 심판이 있으리니." 이 일은 같은 하나님께서 정하신 불변하는 규정인데 역시 모든 사람들에게 '부과된' 것입니다(행 17:31). 죽음은 사람의 끝이 아닙니다. 다만 모든 사람이 다 자기 때에 맞게 될 피할 수 없는 어떤 다른 것입니다. 죽음 후에 사람들은 심판을 받아야 합니다. 여기서 "심판"은 그리스도께서 두 번째 나타나실 때의 신자들의 '구원'과 반대 개념으로 쓰였습니다. 그것은 마지막 그 큰 날에 주어진 악인들의 심판입니다(롬 2:5). 그것은 율법의 정죄(定罪)의 선고가 그들에게 집행되며, 하나님의 피할 수 없는 저주가 될 것입니다. 그 저주는 하나님으로부터 영원히 그들을 쫓아내는 일이 될 것입니다. 또 그것은 그들에게 말로 다 할 수 없는 영원한 고문이 부과되는 일이 될 것입니다.

"이와 같이 그리스도도…" 단번에 드리신바 되셨고 벌책적 형벌로서의 죽음의 선고가 범죄한 아담의 모든 후손들에게 떨어졌듯이(롬 5:12), 그들의 연대적인 머리인 그리스도도 자기가 대표하는 사람들을 대신하여 모든 자들을 재판하시는 하나님께 율법의 저주 아래 들어갈 것을 선고받으셨습니다.

"이와 같이 그리스도도 많은 사람의 죄를 담당하시려고 단번에 드리신 바 되셨고." 여기서 우리는 은혜와 지혜가 충만하신 하나님께서 자기의 선택하신 백성들을 위해서 마련하신 구원, 곧 '저주로부터의 구원'을 보게 됩니다. 자기 백성들의 대제사장으로서 '기름 부음 받으신 자'가 아버지의 뜻에 따라 영원 전부터 자기에게 맡겨진 모든 사람들의 모든 죄를 위하여 '완전충분하고 최종적인 만족'을 하나님께 드리셨습니다. 그래서 27절과 28절은 율법과 복음을 서로 대칭시켜 표현하고 있습니다. 율법은 무한정하게 '사람들'에게 적용되고, 복음은 특별하게 '많은' 사람들에게 적용됩니다. 그는 나무에 달려 자신의 몸으로 많은 사람들의 죄를 담당하셨습니다. - 자기에게 전가(轉嫁)된 그 모든 죄의 형벌을 받으시고, 그 모든 죄를 완전하게 속(贖)하셨습니다(벧전 2:24).

"구원에 이르게 하기 위하여 죄와 상관없이 자기를 바라는 자들에게 두 번째 나타나시리라." 이 말씀은 문맥과 조화시켜 해석할 필요가 있습니다. 레위기 16장에 나오는 것의 원형을 제시하는 말씀으로 해석해야 합니다. "나타나다"는 말은 여기서 그리스도의 재림을 위해서 사용된 보편적인 어휘와는 다른 것입니다. 그것은 "보인 바" 된다는 의미입니다. 아론이 휘장 안으로 들어가 보이지 않게 될 때, 백성들은 그가 다시 나와 자기들을 축복할 때까지 열심히 밖에서 기다렸습니다. 그처럼 그리스도도 속죄(贖罪)를 이루시고 하늘로 들어가셨습니다. 그럼에도 그를 기다리는 자들에게 다시 나타나 주실 것입니다. 사람들이 죽은 후에 그들의 몸이 '두 번째' 나타나 거기에서 정죄(定罪)를 받게 되는 것처럼, 그리스도도 두 번째 나타나 하나님의 선택한 백성들에게 영원한 구원을 베푸십니다.

"자기를 바라는 자들에게." 곧 모든 구속받은 사람들, 자기가 죄를 담당한 그 "많은 사람들"에게 두 번째 나타나신다는 말입니다. 그 나타나심은 오랜 시간이 필요하겠지만, 그럼에도 그들은 그 나타나심을 기다립니다(히 2:3). "바라다"는 말 속에 다섯 가지 요점이 내포되어 있습니다. 첫째, 그가 나타나신다는 확고한 믿음입니다. 요한복음 14:2,3에 기록된 그의 약속에 대한 은근한 확신으로 나타나실 것을 확실히 믿습니다. 둘째, 그 나타나심을 진정 사랑합니다(딤후 4:8). 셋째, 그 나타나심을 열렬히 갈망합니다. 그럼으로써 그들은 "오 주 예수여 어서 오시옵소서."라고 울부짖습니다(계 22:20). 넷째, 인내로 그것을 기다립니다. 자기들을 좌절케 하는 많은 곤경 가운데서도 인내하면서 기다린다는 말입니다(약 5:7,8). 다섯째, 그 주님이 나타나실 때를 위하여 자신을 예비합니다(마 25:10 ; 눅 12:35-37).

"죄와 상관없이 구원에 이르기 위하여." 그리스도의 두 번째 강림은 바로 이러한 면에서 그의 초림(初臨)과 대조됩니다. 그가 첫 번째 나타나실 때에는 '죄를 전가' 받았습니다(요 1:29). 죄인들의 보증자였기 때문입니다. 그러므로 그는 질고의 사람이었으며, 젊을 때 끊김을 당하셨습니다(시 88:15). 그러나 이제 그는 다른 상태로 나타나실 것입니다. 죄와 사탄을 이긴 자로서, 자기 백성들의 구주로서, 왕 중 왕이요 주의 주로서 나타나실 것입니다. 그가 다시 오실 때 그가 '단번에 드린 제사의 효과'가 명백하게 드러날 것입니다. 그의 백성들의 죄의 문제는 십자가에 완전히 못박혔으니, 그는 그때 자기의 구속받은 백성들을 '영화롭게' 하실 것입니다. "오직 우리의 시민권은 하늘에 있는지라 거기로서 구원하는 자 곧 주 예수 그리스도를 기다리노니 그가 만물을 자기에게 복종하게 하실 수 있는 자의 역사로 우리의 낮은 몸을 자기 영광의 몸의 형체와 같이 변하게 하시리라."(빌 3:20,21) 아멘.

45강

모형적인 제사

10:1 율법은 장차 올 좋은 일의 그림자일 뿐이요 참 형상이 아니므로 해마다 늘 드리는 같
은 제사로는 나아오는 자들을 언제나 온전하게 할 수 없느니라 10:2 그렇지 아니하면 섬기
는 자들이 단번에 정결하게 되어 다시 죄를 깨닫는 일이 없으리니 어찌 제사 드리는 일을
그치지 아니하였으리요 10:3 그러나 이 제사들에는 해마다 죄를 기억하게 하는 것이 있나
니 10:4 이는 황소와 염소의 피가 능히 죄를 없이 하지 못함이라

히브리서 10장은 두 부분으로 나누어집니다. 첫째 부분은 1-20절인데, 그리스도의 제사가 믿는 사람들에게 충분함을 보여 줍니다. 둘째 부분은 21-39절인데, 첫째 부분에서 말한 교리를 믿음과 순종과 견인(堅忍)에 실제적으로 적용시키는 데 할애됩니다. 여기 히브리서 10장을 기록하게 하신 성령님의 의도는 그리스도께서 하나님께 드린 만족의 탁월성과 효력을 나타내시는 것입니다. 하나님을 향해서는 만족을 주며, 은총을 입은 믿음의 사람들에게는 말로 다 할 수 없는 복락을 가져왔음을 성령께서 밝히신 것입니다. 사도가 이 의도를 수행하기 위해서 감동받아 따른 방식은, 다시 한 번 모세의 경륜에 속한 모형적인 제사들과 그리스도의 한 제사를 비교하는 것입니다. 곧 그림자와 실체를 비교하고 대조하는 방식을 취합니다. 그렇게 하는 것은 모세의 경륜 아래 드려졌던 제사가 하나님 앞에서 완전한 효력을 발생하기에 부적합함을 드러냄과 동시에, 그리스도의 제사는 하나님 앞에서 완

전하고 충분함을 드러내고자 함입니다. 아울러 그 그리스도의 제사는 예배자들이 하나님께 가납(嘉納)되어 가까이 나아갈 수 있는 특권을 가져다주는 결과에 이르게 합니다.

옛 언약 아래 드려진 제사들은 그 자체로 거룩한 하나님의 요구들을 만족시킬 수 없었습니다. 그러니 그것들을 드린 자들의 필요를 충족시킬 수도 없었습니다. 그 자체로는 하나님과 더불은 화평을 이룰 수 없었으니 드리는 자의 양심에도 평안을 줄 수 없었습니다. 그 제사들은 죄를 진정으로 속(贖)하지 못하기 때문에 죄인들을 깨끗하게 할 수도 없었습니다. 그러므로 사도는 아론의 반차에 속한 제사장들이 드린 제물들은 "그림자일 뿐이라"고 지적합니다. 그 제사들이 거듭 드려졌다는 것은 그 제사들이 불충분함을 시사하는 것임을 적시합니다. 따라서 희생제물을 죽일 때마다 죄가 속(贖)함 받지 못했다는 사실을 재차 상기하게 되었으며, 흘려진 것이 짐승들의 피였으니만큼 그러한 매개물과 제물로는 하나님의 진노를 가라앉힐 수도 없었습니다. 그러니 그런 제물들을 드린 자들에게 하나님의 복락을 받게 할 수도 없었습니다. 사도는 그 점을 강하게 지적합니다.

히브리서 9장 마지막에 나온 말씀과 10장 사이의 관계는 매우 복됩니다. 9장 마지막 절에는 두 요점이 함께 묶여 있습니다. 곧 그리스도의 십자가와 그의 다시 오심이 함께 진술되었습니다. 갈보리에서 하나님께 구속(救贖)받고 하나님과 화해한 자들이 실제로 영광에 들어갈 때까지 그 사이에 '무엇이' 서 있습니까? 그것은 지상에서의 그리스도의 삶입니다. 히브리서의 마지막 몇 장에서 주로 그 문제를 다루고 있습니다. 다시 말하면, 성도의 '현 상태'와 '특권'과 '행실과 연단과 책임' 문제가 다루어지고 있습니다. 히브리서 10:1-20에서는 중생(重生)한 신자가 지금 하나님 앞에서 '완전한 위치'를 차지하고 있음을 밝히고 있습니다. 그리고 주님께서 약속대로 재림하시기까지의 기다리는 기간 동안 심령으로 '하늘의 안뜰(Heavenly courts)'에 참예하는 예배자로서 그리스도인이 가진 복된 특권이 또한 밝혀지고 있습니다. 9장에서는 속죄가 이루어졌음과, 구세주께서 지성소에 들어가셨을 때 하늘에 속한 것들이 정결함을 입었음을 보여 주었습니다. 성령께서는 이제 신자가 정결함을 입고 하나님께서 가납하시는 예배자로서 하나님께 가까이 나아가기 합당한 자가 되었음을 강조하십니다.

사도는 앞의 여러 대목에서 레위의 경륜에 속한 제사장들과 우리의 대제사장 그리스도를 서로 대조하였습니다. 사도는 또한 그리스도와 레위의 제사장들이 각기 속한 광범하게 다른 두 언약들과 두 경륜들을 맞세워 비교하였습니다. 그리고 그리스도께서 한 번 자기를 드리신 일이 옛적에 수없이 드려진 제사들보다 측량할 수 없이 탁월함을 보여 주었습니다. 그리고 아론과 그리스도께서 직무를 감당했던 각 '장막'을 서로 비교하여 대칭시켜 보았습니다. 이 모든 일들은 방황하는 히브리 그리스도인들에게 유대교의 결함(缺陷)과 기독교의 탁월성을 부각시켜 주기 위하여 행한 일입니다. 이제 사도는 두 체계에 속한 것들 모두가 다 마치 '바람에 흔들리는 촛불'과 '태양 빛'의 차이처럼 다르다는 것을 보여주는 데서 멈추지 않습니다. 그 각 체계에 속한 사람들이 '누리는 특권들'도 빛과 어두움이 광범하게 구분되듯이 다르다는 것을 보여줍니다. 그러한 모세의 체계는 양심에 영구한 평안을 줄 수도 없고 하나님 앞에 나아가게 할 수도 없습니다. 그러나 그리스도께서 하나님께 드리신 만족한 그 제사는 그리스도께 피하여 온 모든 이들에게 이러한 보배로운 복락들이 주어지게 하였습니다.

히브리서 10장 처음 부분에서 진행되어 나가는 생각의 순서를 포착하기는 결코 어렵지 않습니다. 첫째로 1-4절에서는 율법에 속한 제사들이 예배하는 자를 '온전하게 할 수 없음'을 확언하고 증거합니다. 둘째로 5-20절에서는 그리스도가 하나님께 만족을 드릴 때 대표했던 사람들은 그 제사로 '영원히 온전하게 되기에 충분함'(14절)을 증거하고 실증합니다. 그래서 사도는 효력 없는 유대교의 모든 제사들이 완전 충분한 그리스도의 한 제사로 대치될 절대적인 필연성을 증거하는 것입니다. 첫 번째 요점을 발전시켜 나감에 있어서, 레위 제사들이 죄를 속하거나 드리는 자의 절실한 필요를 만족시키기에는 부적합함을 역설합니다(1절). 그 제사들이 거듭해서 자주 드려져야 했다는 것은 그 역설(力說)이 진리임을 확증해 줍니다(2절). 매년 모형적으로 드리는 화목제(和睦祭, propitiation)는 부단하게 죄의 문제를 다시 드러내는 것에 불과합니다(3절). 이러한 사실로부터 필연적인 결론이 나오는데, '그러한 제사로는 죄를 없이 할 수 없다.'는 것입니다.

히브리서 10:1

"율법은 장차 올 좋은 일의 그림자일 뿐이요
참 형상이 아니므로 해마다 늘 드리는 같은 제사로는 나아오는 자들을
언제나 온전하게 할 수 없느니라."

이 구절을 사려(思慮) 깊게 읽는 독자는 세 가지 문제점을 제시할 것입니다. 첫째, "그림자"와 "참 형상"은 무엇을 대조하기 위해 쓰인 말인가? 둘째, "나아오는 자들을 온전하게 한다."는 것이 무엇을 의미하는가? 셋째, 어째서 하나님께서는 그처럼 효력이 없는 제사들을 이용하셨는가? 이 구절을 강해하면서 이 세 가지 요점에 초점을 맞추어 갈 것입니다.

"(왜냐하면) 율법은 장차 오는 좋은 일의 그림자일 뿐이요." 원어에 "왜냐

하면"이라는 접속사가 나오는데, 그것은 이제부터 나오는 말이 앞에서 진술된 것으로부터 나온 추론(推論)임을 시사합니다. 사도는 그리스도의 제사가 하나님의 모든 요구사항들을 충족시키고 새 언약을 견고케 했음을 보여 주었습니다. 이제 사도는 그 사실로부터 다음과 같은 결론을 내립니다. 곧 '레위 제사들이 그리스도의 제사가 성취한 것들을 낼 수 없으니 마땅히 폐해져야 한다.'

"율법은 장차 좋은 일의 그림자일 뿐이요." "그림자일 뿐이요"라는 표현이 경고하듯이 여기서 '율법'을 의식적(儀式的)인 국면에만 국한시켜 생각하지 말아야 합니다. 또한 절대적인 차원에서 생각할 때 제사를 전혀 갖고 있지 않는 '도덕법'에만 국한시켜서도 더 더욱 안 됩니다. 그 말은 모세의 경륜 전체를 가리킵니다. 더 특별하게는 하나님께서 시내산에서 이스라엘 사람들과 맺은 언약과, 그 언약에 속한 모든 예배의 규례들을 가리킵니다.

이에 대하여 사피어(Adolph Saphir)는 이렇게 진술하였습니다.

"사도가 여기서 그림자를 첫 번째로 강조하여 지적하고 있다. 본질적이고 영원하고 복된 약속의 그림자와 개요에 불과한 것을 먼저 지적하고 있다. 그림자는 실체를 전혀 갖고 있지 않다. 다만 그 그림자로서 실제 몸의 형체를 생각나게 하는 것이다. '참 형상' 자체는 그리스도 안에서 장차 오는 좋은 일들의 충만하고 영구한 실체로 우리에게 주어진다."

우리는 그 주해가 정확한 개념을 나타낸다고 믿습니다. 골로새서 2:17의 말씀은 그 개념을 분명히 내포하고 있습니다. "이것들은 장래 일의 그림자이나 몸은 그리스도의 것이니라." 사도는 거기서 히브리서 10:1에서 다루는 것들을 말하고 있습니다. 곧 모세의 경륜은 그 모든 규례들과 예배법으로 지상적인 표증과 상징을 주기는 하지만 실상이나 실체나 몸은 갖고 있지 않습니다. 그것은 그리스도 자신 안에서만 발견됩니다. 바로 구약의 그림자들이 그분을 지시하였습니다. '그림자'는 몸을 표현합니다. 그 형체와 크기를 어느 정도 그려냅니다. 그러나 그 그림자는 불분명하고 불완전합니다. 8장 5절에 대한 우리의 강해를 참조하십시오.

"장차 오는 좋은 일(들)." 여기서 "장차"란 이 서신이 기록될 때를 기준한 미래가 아닙니다. 모세의 경륜이 제정되었던 때를 기준하여 미래입니다. 그 "좋은 일들"은 그리스도께서 성육신하여 그 직무를 감당한 결과로 교회에 임한 모든 복락들과 특권들을 가리킵니다. 그것들을 "좋은 일"이라고 칭한 것은 잘한 일입니다. 왜냐하면 그런 것들에 악이 조금도 섞여 있지 않기 때문입니다. 다른 것들은 '상대적으로는' 좋으나, 이것들은 '절대적으로' 좋습니다. 그것들의 "참 형상," 또는 그 '실체(substance)'가 그리스도 안에서 발견됩니다. 그 "참 형상"이라는 어휘가 유사하게 사용된 로마서 8장 29절을 보십시오. "하나님이 미리 아신 자들을 또한 그 '아들의 형상'을 본받게 하기 위하여 미리 정하셨으니 이는 그로 많은 형제 중에서 맏아들이 되게 하려 하심이니라." 이에 대하여 존 오웬(John Owen)의 주해를 들어 봅시다.

"그러므로 율법에 관하여 사도가 부정적으로 말하는 요점이 바로 그것이다. 율법은 좋은 일의 약속을 실제적으로 성취하지 못하였다. 율법은 실체, 곧 '육체로 나타나신 그리스도'를 갖고 있지 못하였다. 율법은 완벽한 속죄를 이루는 참된 제사를 드리게 하지 못했다. 다만 그러한 것들을 상징적으로 나타냈을 뿐이다. 또한 율법은 그림자에 불과하다. 그림자가 보여주는 실체를 누리게 했거나 드러내지 못하였다. 율법의 온전케 하지 못함과 연약한 것 때문에 그 율법에 속한 제사로는 교회를 온전하게 할 수 없었다."

"해마다 늘 드리는 같은 제사로는 나아오는 자들을 언제나 온전하게 할 수 없느니라." 이 절 처음에 나오는 "왜냐하면"이라는 말이 우리로 추론과 결론을 예기하게 합니다. 만일 율법이 "그림자" 밖에 내포하고 있지 못하다면, 그 율법에 속한 제사들은 그 제사 드리는 자들을 온전하게 할 수가 없음이 명백하다는 말입니다. 오웬(John Owen)은 다음과 같이 지적하여 우리의 이해를 매우 크게 돕습니다. 곧 여기에서 "늘"이라 번역된 헬라어는 "영원히"라는 의미이며 이 히브리서에서는 7:3과 10:12,14에서도 발견된다는 점을 지적합니다(Bagster의 원어대조역 성경은 이 단어를 '영구히<in perpetuity>'라고 옮기고 있다). 또한 존 오웬은 그 말이 앞에 나온 소절과 연결되는 것이 아니라 다음에 나오는 "'제사로는' 나아오는 자들을 언제나 온전하게 할 수 없다."는 말씀과 연결된다고 지적합니다.

그러니 이 10장 1절 후반절에서 세 가지 사항을 확증하고 있습니다. 첫째, "율법 또는 옛 언약, 또는 모세의 경륜"은 무능하다는 것입니다. 그 율법은 "온전하게 할 수" 없습니다. 그 율법으로는 어떠한 방법을 쓰더라도 온전케 할 수 없습니다. 히브리 사람들의 마음에서 유대교가 온전하기를 바라는 '모든' 기대감을 불식시키기 위하여 사도는 그 점을 그렇게 강하게 진술하고 있습니다. 둘째, 여기서 "율법이 할 수 없다." 한 것은 "제사들"의 측면에서 그러하다는 것입니다. 그 제사야말로 유대인들 거의 대부분이 자기의 소망을 크게 걸고 있는 바로 그것입니다. 그러나 일반적으로 드려지는 제사들에 대해서 그 점을 확증했지만, 역시 대 속죄일에 드려지는 큰 제사에 대해서도 여전히 같습니다. 그 큰 제사는 "해마다" 드려졌습니다. 만일 '그 제사'가 효력이 없었다면 그보다 못한 제사들은 더 말하여 무엇하겠습니까! 셋째, "그 율법이 할 수 없다." 함은 "나아오는 자들을 온전하게 할 수 없음"에 기인한 것입니다.

여기서 "온전한"이라는 말의 의미에 관하여 7:11의 강해로 돌아가 보면 될 것입니다. 1930년 8월에 발행된 우리의 '성경연구 강해' 잡지를 보지 못한 사람들을 위해서, "온전한"이라는 말이 이 서신을 이해하는 열쇠와 같은 말 중 하나임을 지적해야겠습니다. 그러므로 그 말은 그 문맥에 비추어서 유심히 주목할 필요가 있습니다. 그것은 체험보다는 '관계'에 더 관련됩니다. 주관적인 측면보다는 '객관적' 측면에 더 관계합니다. 또는 실천적인 국면보다는 법정적이고 사활적인 국면을 지시합니다. "온전함"은 어떤 일을 계획한 조건대로 완성하는 것을 의미합니다. 그 개념은 교리적으로 하나님과 자기 백성들 사이에 만족하고 최종적인 관계를 수립하는 것을 가리킵니다. 그것은 그리스도께서 그의 성도들을 위하여 확보해 놓으신, 이른바 하나님의 은총과 축복 앞에 서 있는 변하지 않는 위치를 말하기도 합니다. 2:10, 5:9, 6:1에 대한 우리의 강해를 참조하여 보십시오.

하나님께서 요구하신 "온전함"은 그의 도덕법을 절대적으로 따르는 것입니다. 그래서 우리에게 어떠한 범죄의 책임도 없이 오로지 충만하고 흠 없고 상(賞)을 받을 만한 순종을 하나님께 드리는 것을 요구하시는 것입니다. 이 '온전함'을 확보하기 위해서 짐승들을 죽이는 것만 가지고는 불가능하다는 것이 너무나 자명한 이치입니다. "나아오는 자들"이라는 말은 2절에서 "섬기는 자들"로 규정되어 있습니다. 그들은 하나님을 섬기는데 레위의 제사들을 이용했었습니다. 히브리서에서 이 "나아오다"라는 말은 레위기 1:2의 "드리다"는 말의 어원에서 온 것입니다. 그 말의 히브리어는 어떤 제물을 가지고 제단에 '가까이 나아가는' 사람들을 의미합니다. 비록 짐승들을 죽임으로써 잠시적인 속죄는 얻었지만, 그것은 영원한 죄사함을 보증받지 못했습니다. 또한 '항상' 또는 "나아오는 자들을 언제나 온전하게" 못했습니다. 그래서 그것을 드리는 사람의 양심에 끼치는 영향은 잠깐 있다가 없어질 뿐이었습니다. 죄의식이 다시 그에게 돌아와 그로 하여금 같은 제사를 반복해서 드리게 하였습니다. 사도는 다음 구절에서 그 점을 선언합니다. 이 점은 우리에게 세 번째 질문을 하도록 유도합니다. '하나님은 어째서 그처럼 효력 없는 제사를 이스라엘 사람들에게 명하셨는가?'

이 질문에 대하여 여러 많은 대답이 주어질 수 있습니다. 비록 레위 제사가 영원한 구속(救贖)을 이룩할 수는 없었다 해도 전혀 소용 없거나 무가치한 것은 아니었습니다. 무엇보다도 먼저 지적할 것은, 그 제사들은 이스라엘 사람들의 마음속에 하나님께서는 한 점의 티도 없이 거룩하시며 악을 용납하지 않으시는 분이심을 늘 생각나게 했습니다. 또한 죄의 삯은 사망임을 부단하게 생각나게 하였습니다. 그럼으로써 이스라엘 사람들은 주 하나님과 교제를 지속하려면 부단하게 자기들의 죄를 '인정'해야 하는 일이 절대적임을 익히게 되었습니다. 둘째로 하나님께서는 이 모형들과 그림자들을 통해서 참된 구원이 나오게 되어 있는 방향을 향하게 하였습니다. 자기들의 죄가 불러온 의로운 형벌을 대신 담당하시는 죄 없는 희생제물을 바라보게 하였다는 말입니다. 그럼으로써 하나님께서는 이스라엘 사람들로 하여금 믿음으로 바라보게 하신 것입니다. 곧 그 구속주가 나타나 자기 백성들의 죄를 위하여 그 큰 제사를 드릴 때를 바라보게 가르치셨다는 말입니다. 셋째, 구약의 제사제도에는 심판을 잠정적으로 유보시키는 의식적인 정결(淨潔) 예법이 있었고, 외적으로 여호와와 교제하는 것을 유지시켜 주는 효력이 있었습니다. 그 제사들을 멸시하는 사람들은 '백성들로부터 끊김'을 당하거나 출교(黜敎) 처분을 받았습니다. 그러나 그 제사들을 드리는 사람들은 주님의 회중 가운데 계속 있었습니다.

다음 구절로 나아가기 전에 앞에서 말한 것을 우리 자신에게 실천적으로 적용시켜 봅시다. 하나님께 나아감에 있어서, 곧 하나님을 섬기는 자로서 우리에게 요구되는 첫 번째 자격은 합법적으로 완전한 속죄(贖罪)를 받았다는 확신입니다. 영혼과 양심 속에 이 터가 이룩되지 못했다면, 예배자로서 하나님께 나아가려는 모든 시도는 참으로 주제넘기 짝이 없습니다. 왜냐하면 죄책을 가진 사람은 절대로 그 앞에 설 수 없기 때문입니다. 우리가 그리스도로 말미암아 하나님께 죄 사함을 받고 가납되었다는 것을 알기 전에 그에게 감사와 찬미를 드리는 것은 가인의 거만한 죄를 되풀이 하는 일입니다. 복음을 통해서 우리에게 제안된 첫 번째 일들은 무엇입니까? 우리 자신의 처참한 영적 상태를 인정하고, 우리 자신을 냉철하게 판단해 보며, 우리의 죄에서 돌아서고, 예수 그리스도 안에서 우리에게 베풀어주시는 하나님의 은혜가 참으로 절실함을 인정하는 일입니다. 마음으로 깊이 동의하고 믿음으로 어린 양의 속죄의 피를 붙잡을 때만 죄인은 거룩한 하나님께 가까이 나아갈 자격을 얻게 되는 것입니다.

히브리서 10:2

"그렇지 아니하면 섬기는 자들이 단번에 정결하게 되어
다시 죄를 깨닫는 일이 없으리니
어찌 제사 드리는 일을 그치지 아니하였으리요."

이 구절의 내용들은 우리로 하여금 지금 히브리서 10장이 다루고 있는 진리의 특별한 여러 국면들을 더 분명하게 포착하게 해줍니다. 이 구절의 내용은 제사로 하나님을 향하여 낸 효력보다는 사람을 향하여 낸 효력에 관한 것입니다. 여기서는 주로 섬기는 자들에게 그 제사들이 끼치는 영향을 다루고 있습니다. "단번에 정결케 되어"와 "다시 죄를 깨닫는 일이 없으리니"라는 표현이 그 점을 아주 명백하게 합니다. 같은 방식으로 다음에 나오는 여러 구절들은 그리스도의 속죄가 "자기 백성들"을 위하여 어떠한 것을 확보해 놓았는지를 가장 주요하게 밝히고 있습니다. 10:10,14,19의 말씀을 참조하십시오.

"어찌 제사 드리는 일을 그치지 아니하였으리요." 가우지(William Gouge)는 이 부분을 주해하면서 이렇게 잘 말하였습니다.

"이 구절은 앞에서 말한 율법에 속한 제사들이 별 효력이 없음을 증거하는 또 하나의 이유로 첨가되어 있다. 그 제사들이 되풀이되었다는 데서 그 이유를 발견한다. 그것을 보면 그 제사들이 나아오는 자들을 능히 온전하게 할 수 없었음이 명백해진다. 그래서 이런 논리가 성립된다. 만일 그 제사가 온전함을 이루었다면 더 이상 드려지지 않았을 것이다. 그러나 해마다 드리는 제사들이 그쳐지지 않았다. 그러므로 그런 제사들로는 그들을 온전하게 할 수 없었음이 틀림없다."

이 말을 듣고 어떤 사람은 다음과 같은 반론을 제기할 수 있습니다. '그 제사를 거듭 드린 것은 그 제사에 고유하게 존재하는 결함 때문이 아니었다. 오히려 제사 드리는 자가 죄책감을 다시 느꼈기 때문이다. 제사를 드리면 그 전까지 지었던 모든 죄는 다 속함 받는다. 그러나 새로운 죄를 범하면 또 다른 제사가 필요하였다.' 이런 식으로 난색을 표하는 자들이 있을 것입니다. 우리는 이 난제를 대면하여 보도록 합니다.

우리가 4절에 이르게 되면 명백히 알겠지만 그 제사 자체에도 결함이 있었습니다. "그 제사들"은 하나님의 "무한한" 요구들을 만족시키기에는 합당치 못하였습니다. 하나님의 명백한 영광을 거스른 모든 그릇된 행위들을 대변하여 보상하기에는 그 제사들은 전적으로 불충분하였습니다. 또한 하나님의 영예를 실추시킨 것을 보상할 수가 없었습니다. 본질적으로 고유한 공덕(功德)을 소유하고 '무한 가치'를 가진 제사가 아니고는 그 어떤 것도 하나님 앞에 진실하고 최종적인 만족을 이룩할 수 없었습니다. 그런데 바로 그런 제사가 하나님께 드려졌습니다. 그 제사는 너무나 완전한 나머지 다른 제사로 보충할 필요가 전혀 없었습니다. 그리스도의 속죄(贖罪, atonement)는 하나님께 대하여 영구한 효력을 가지고 있으며, 언제나 믿음으로 말미암아 그 효용성을 발휘합니다. 그 제사를 아무리 자주 적용한다 해도 그 제사의 능력은 약화되지 않으며, 그 가치가 손상되지도 않습니다.

"그렇지 아니하면 섬기는 자들이 단번에 정결하게 되어 다시 죄를 깨닫는 일이 없으리니." "다시 죄를 깨닫는 일이 없다."는 말은 "단번에 정결하게 되었다."는 말과 같은 의미입니다. 아니 '단번에 정결하게 한 그 범위'를 정확하게 보여줍니다. 제사 드림과 관련하여 쓰이는 그 말이 '죄책의 제거, 또는 죄의 오염을 제거'를 지시할 수도 있습니다(둘 다를 함축하는 경우도 있다). '죄책'은 '의롭다 하심(칭의)'를 통하여 없어지고, '죄의 오염'은 성화(聖化)를 통해서 없어집니다. 죄책이 정결하게 된 것은 그리스도의 제사장적 행위들이 하나님을 향하여 산출한 효과입니다. 성화적인 측면에서 죄의 오염을 정결하게 하는 것은 성령께서 그 제사의 공력을 우리의 영혼과 양심에 적용하심으로 말미암습니다. 여기서 다루는 것은 죄책 때문에 양심에 미치는 것, 곧 죄의 정죄하는 세력을 양심으로부터 깨끗하게 씻어냄을 다룹니다. 그러나 이 레위 제사들은 다음 구절이 보여 주는 바와 같이 그런 일을 해내지 못했습니다.

"다시 죄를 깨닫는 일이 없으리니." 이 말은 '정결함을 받은 사람,' 곧 '의롭다 하심을 받은 사람'이 더 이상 죄의식을 갖지 않는다는 말이 아닙니다. 왜냐하면 중생한 영혼처럼 죄의식을 고통스럽게 가지며 내주(內住)하는 '육체'

를 의식하는 사람이 없기 때문입니다. 그것이 거듭난 하나님의 사람에게 큰 짐이요 슬픔입니다. 아니, 악과 자기 속에 내주하는 죄의 결합에 대하여 무감각한 사람은 기만을 당하는 영혼입니다. “만일 우리가 죄 없다 하면 스스로 속이고 또 진리가 우리 속에 있지 아니할 것이요.”(요일 1:8) 여기 “다시 죄를 깨닫는 일이 없다.”는 말이 어떤 의미에서도 ‘그리스도인은 자기의 죄에 대하여 깊이 생각할 필요가 없다,’ ‘하나님께서 그리스도인에게 죄를 회개하고 고백하라고 요구하지 않으신다,’ ‘그리스도의 제사로 말미암아 긍휼을 얻기 위하여 은혜의 보좌 앞에 거듭 나아가지 말라 하신다.’는 뜻이 결코 아닙니다. “자기의 죄를 숨기는 자는 형통치 못하나 죄를 자복하고 버리는 자는 불쌍히 여김을 받으리라.”(잠 28:13) 이 말씀은 모든 세대마다 귀 기울일 유익한 말씀입니다.

“다시 죄를 깨닫는 일이 없으리니.” 이 말씀은 자기들이 응당 긍휼히 여기심을 받기 위하여 어떤 공로가 있어야 한다는 의식에서 자유한다는 말입니다. 그런 의식에 사로잡히게 되면 정말 무시무시한 공포심을 가지게 되지요. 만일 그런 의식에 사로잡히게 되면, 하나님께서 언제나 우리에게 죄의 책임을 물으신다는 두려움에 처하게 됩니다. 그러나 이제는 그런 의식으로부터 완전하게 구원받게 되었습니다. “그러므로 그리스도 예수 안에 있는 자에게는 결코 정죄함이 없나니.”(롬 8:1) 이를 인식하는 것은 참으로 복됩니다. 믿음은 그리스도의 피가 하나님의 모든 요구를 만족시키는 효력을 가지고 있다는 하나님의 보배로운 증언을 붙잡습니다. 만일 우리 죄의 삯이 죄 없으신 대속자께 전가되어 넘어갔다고 믿는다면, 어떻게 우리가 아직도 그 빚을 갚아야 한다고 무서워할 수 있겠습니까?

“다시 죄를 깨닫는 일이 없으리니.” 여기서 ‘깨닫는 일’로 번역된 말은 두 낱말의 합성어입니다. 곧 ‘지식을 가지고’(with knowledge)라는 두 단어의 합성입니다. 선과 악을 함께 아는 지식을 가지고 깨닫는 양심의 작용을 의미합니다. 양심은 옳고 그릇된 것을 구별하는 영혼의 눈입니다. 우리 몸의 눈이 그러하듯이, 그 양심의 눈도 빛이 있어야 볼 수 있습니다. 하나님께서 양심을 향하여, 그 양심으로 말미암아 빛처럼 말씀하십니다. "우리가 그에게서 듣고 너희에게 전하는 소식은 이것이니 곧 하나님은 빛이시라 그에게는 어둠이 조금도 없으시다는 것이니라."(요일 1:5) 하나님의 빛이 처음으로 내가 어떠한 사람인가를 깨닫게 할 때, 나는 나쁜 양심을 얻게 됩니다. 그 양심이 피로써 정결케 되면(그 피의 효력을 믿음으로 붙잡으면) 나는 깨끗한 양심을 얻습니다.

이 구절이 예배자가 '죄를 더 이상 깨닫지 말아야 한다.'고 말하기보다는 "죄를 다시 깨닫는 일이 없다."고 말하고 있음을 주목하는 것은 중요합니다. 이 점은 1절의 "언제나"('영원히')가 "제사"와 연결되지 않고 "온전하게"와 연결된다는 개념을 확증해줍니다. 레위 제사가 하나님 앞에서 죄를 없이 하는데 완전하게 실패했다고 가정하는 것은 큰 실수입니다. 레위기 4:2,31 ; 16:11,22은 그렇지 않음을 보여 줍니다. 또한 그 제사들이 그것을 드리는 사람들로부터 쌓여 있는 죄책감을 제거하지 못한 것도 아니었습니다. 만일 그러하였더라면 그들이 하나님 앞에서 '즐거워하는 일'에 대한 기록이 전혀 없어야 했겠지요. 사도가 여기서 강조하고 있는 바는, 그런 제사들은 '잠깐 동안'만 양심의 평안을 끼쳤다는 것입니다. 그 제사들은 영구히 안주하여 거하는 평안의 터를 놓을 수 없었다는 말입니다.

그러나 그리스도인이 '정결함을 받은 후,' 또는 '의롭다 하심을 받은 후' 어떠한 사람이 됩니까? 요한복음 13:10의 말씀이 그 질문에 대한 답을 줍니다. "이미 목욕한 자는 발밖에 씻을 필요가 없느니라 온 몸이 깨끗하니라." 그리스도인은 그리스도의 피로 말미암아 단번에 완전히 깨끗함을 입었습니다. 곧 죄의 법정적이고 영원한 귀추들에 관해서는 그러하다는 말입니다. "저가 한 제물로 거룩하게 된 자들을 영원히 온전하게 하셨느니라."(히 10:14) 그럼으로써 매일 자기들을 위하여 새로운 제사를 드릴 필요가 없을 정도의 평안과 위안을 그들에게 가져다 준 것입니다. 복음은 매일 죄를 짓는 사람이 어떻게 언제나 하나님과 평안을 누릴 수 있는지 그 이치를 알려줍니다. 그것은 매일 죄를 하나님께 고함으로 말미암아 가능합니다(스스로 죄를 판단하고 그 죄를 진정으로 회개하는 일을 통해서 가능하다). 그리스도의 보배 피가 가진, 깨끗하게 하는 능력을 매일 자신들에게 적용시켜 자기들의 행실의 더러움을 씻음으로써 그 일이 가능합니다.

히브리서 10:3

"그러나 이 제사들에는 해마다

죄를 기억하게 하는 것이 있나니."

"그러나"는 여기서 논증되는 요점의 본질을 지시합니다. 2절에서는 "섬기는 자들이 법정적으로 온전하게 되었다면 죄를 다시 깨닫는 일이 없었을 것이라."고 지적하였습니다. 그러나 사도는 "이 제사들은 그렇게 하지 못하였다."고 말합니다. 하나님께서는 쓸데없는 것을 지정하지 않으십니다. 하나님께서는 그 제사들을 거듭 드리라고 지시하였을 뿐 아니라, 제사드릴 때마다 죄를 '생각해야 함'을 미리 말씀하셨습니다. 속(贖)할 죄를 생각해야 한다는 말입니다. 반드시 '죄를 기억해야 한다.'는 것입니다. 곧 "죄를 고하는 일이 반드시 있어야 한다."고 하나님께서는 지정하여 주셨습니다. "아론은 그의 두 손으로 살아 있는 염소의 머리에 안수하여 이스라엘 자손의 모든 불의와 그 범한 모든 죄를 아뢰고 그 죄를 염소의 머리에 두어 미리 정한 사람에게 맡겨 광야로 보낼지니."(레 16:21) 또는 그 죄를 분명히 인정함으로써 죄를 생각해야 했습니다. 창세기 4:9와 42:21의 말씀을 참조하십시오. 사도는 이 명백한 사실을 들어서 1절과 2절에서 선언한 것을 이 3절에서 확증하고 있습니다.

그러나 이 시점에서 하나의 어려운 문제가 야기됩니다. 곧 히브리서 10:1-4의 내용이 그 다음에 진술되는 영광스러운 진리를 보다 명백히 돋보이게 하는 배경의 의미를 가졌다는 것입니다. 다른 말로 해서 레위 제사는 할 수 없는 것을 그리스도의 제사는 하였다는 사실을 보여줌으로써 대조시키려 한다는 것입니다. - "그가 거룩하게 된 자들을 한 번의 제사로 영원히 온전하게 하셨느니라."(10:14) 그럼에도 불구하고 그리스도인은 일 년에 한 번만이 아니라 매일 죄를 생각하고 회개하면서 그 죄를 고백해야 한다는 사실이 남아 있습니다. 아니, 우리 주께서는 매일 우리 죄가 사함받기 위해서 기도하라고 가르치셨습니다(눅 11:3,4). 자, 두 제사 모두 동등하게 죄를 다시 기억하는 일이 있다면, 레위의 제사들과 그리스도의 제사 사이에 무슨 차이가 있는가? 그 난제가 매우 복잡 미묘하게 보이지만 해결책은 간단합니다.

모세의 경륜 아래 있는 이들은 자기들의 죄들을 새롭게 속함 받기 위해서는 먼저 자기들의 죄를 고백해야 했습니다. 그러나 그리스도인들은 그렇지 않습니다. 우리가 '기억하고' 고백하는 것은, 단번에 이루어진 완전한 속죄의 효력과 공력을 거듭 '적용'하는 것에 관한 것뿐입니다. 저들에게는 해결 받을 율법의 저주를 생각하는 것이었습니다. 곧 이제 유화(宥和)시켜 드려야 할 하나님의 진노를 바라보며 생각하는 것이었습니다. 그러나 우리에게는 그리스도의 제사의 은택들을 우리 양심에 '적용하는 일'입니다. 그럼으로써 우리는 하나님과 더불어 평강을 누릴 것을 확신하는 것입니다. 죄를 고백하는 일은 '새 언약' 아래서나 '옛 언약' 아래서나 모두 필요합니다. 그러나 그 목적은 전혀 다릅니다. 그 일은 죄책을 위한 하나의 보상으로써 행해지는 것도 아니고, 양심을 잠잠케 하여 계속해서 죄를 행할 수 있도록 하는 방편도 아닙니다. 그 일은 오히려 우리로 하여금 겸비함을 충만히 가지고 죄에 대하여 더 경계하게 하며, 긍휼을 베푸시는 하나님을 영화롭게 하며, 우리 영혼 속에 하나님의 용서에 대한 '의식'을 얻기 위한 것입니다.

히브리서 10:4

"이는 황소와 염소의 피가 능히 죄를 없이 하지 못함이라."

여기서 사도는 앞의 여러 구절에서 말해온 것을 요약합니다. 율법은 참된 구속(救贖)의 '그림자'만을 가지고 있었고, 섬기는 자들을 영구히 온전하게 할 수 없었습니다(1절). 또 "죄를 깨닫게 하는 것"이 남아 있었습니다(2절). 매년 드리는 모형적인 화목제물의 의도가 바로 그 점을 확증합니다(3절). 이러한 모든 것을 종합해 볼 때, 그런 제사로는 "죄를 없이 하거나 바르게 속(贖)하는 것이 불가능하다."는 필연적인 귀결이 성립됩니다. 우리는 여기서 처음 나오는 "왜냐하면"이라는 말의 강도가 그러한 요점을 드러낸다고 봅니다.

세상을 주관하는 하나님 앞에서나 그의 백성들의 양심으로부터 "죄를 없이 할" 필요가 있습니다. 그러나 짐승들의 피로써는 이 일을 해낼 수 없었습니다. 어째서 그러합니까? 첫째는 하나님께서 짐승들을 드려 제사하는 제도를 주신 것이 그 목적을 위한 것이 아니기 때문입니다. 하나님을 예배하는 모든 규례의 공력과 효력은 하나님께서 그 규례들을 향하여 정하신 목적에 따라 좌우됩니다. 제사로 드려진 짐승들의 피를 드리라 한 하나님의 의도는 무엇이었습니까? 그 자체로 '죄를 없이 하는 효력'을 가지게 하려 하심이 아니라, '죄를 없이 하는 길'을 상징적으로 나타내시려 함이었습니다. 짐승의 피로써 그러한 죄를 없이 한다면 하나님의 뜻과 지혜에도 부합되지 않습니다. 하나님께서 친히 죄에 대하여 엄격함을 선언하셨습니다. 하나님의 의와, 피조물을 통치하시는 주권의 영광을 위해서도 그 죄는 반드시 처벌되어야 합니다. 이 점에 대한 가장 엄숙한 실례가 시내산에서 나타났습니다. 특히 불로 율법을 돌판에 기록하여 주셨을 때 그 엄숙한 실례를 보여 주신 것입니다(출 19:16-24).

그러한 모습을 보며 하나님의 무서운 공의를 만족시키는 것과, 염소와 황소의 피와 같은 그 구차한 방편을 통해서 죄를 없이 하는 것 사이에 어떻게 조화가 이루어지겠습니까? 죄가 무한히 정벌당할 만한 것이라는 사실과 그 죄를 속하기 위한 가련한 도구들 사이에 전혀 균형이 이루어지지 않음이 명백하게 드러납니다.

어떤 단순한 피조물로도 전능하신 우주의 통치자의 요구를 만족시키는 것이 불가능하였습니다. 가장 높은 천사라도 죄가 하나님께 대해 저지른 엄청난 잘못을 적당하게 보상할 수 없었습니다. 또한 그의 명백히 나타난 영광을 손상시킨 잘못에 대한 책임을 감당할 수도 없었습니다. 죄 없고 거룩한 그리스도의 인성(人性) - 그리스도는 그 인성 안에서 엄청난 구속의 역사를 이루셨다 - 을 주목하세요. 그 인성이 그의 신성(神性)과 연합되지 않았다면, 그 인성만으로는 하나님의 요구들을 만족시키지 못하였을 것입니다. 그러면 자기 백성들을 위해 영원한 구원을 이룰 수 없었을 것입니다.

하물며 짐승의 피가 무한하신 엄위자의 영예를 어떻게 나타내며, 그분의 의로우신 진노를 어떻게 가라앉혔겠으며, 그 거룩한 율법의 요구들을 어떻게 만족시킬 수 있었겠습니까? 그런 것들이 심지어 사람의 양심과 마음을 어떻게 깨끗하게 할 수 있었겠습니까? 그런 일을 말해서 무엇하겠습니까?

이에 대한 가우지(William Gouge)의 말을 들어 봅시다.

"황소와 염소의 피는 외적이고 지상적이고 육체에 속한 것들이다. 그러나 죄를 없이 하는 것은 내면적이고, 신적이고, 영적인 문제였다."

하나님의 세워 주심에 따라 레위 제사들이 외적이고 의식적인 더러움을 없이 하는 효력을 갖고는 있었지만, 그것들이 내면적이고 도덕적인 오염을 제거할 수는 없었습니다.

이 4절은 의식학파(Ritualist)에 속한 사람들의 큰 오류를 폭로하는 참으로 중요한 원리를 밝히고 예증합니다. 우리가 위에서 지적하였듯이, 하나님을 섬기는 모든 예법은 하나님께서 정하신 바에 따라서 그 가치를 형성하게 됩니다. 그것들은 하나님께서 지정하신 만큼의 효력만을 낼 뿐입니다. 그 자체에 어떤 고유한 효력을 가지고 있는 것이 아닙니다. 그것들이 영적인 진리들을 '상징적으로 나타내는' 효용성을 가지고 있었지만, 그 자체에는 아무런 영적 가치가 없습니다. 또한 그 자체만으로는 영적인 결과들을 낼 수 없었습니다. 유대교의 제사가 하나님이 정하여 주신 의미와 가치를 가지고 있었습니다. 그러나 그것들은 죄를 없이 하지 못하였습니다. 그것은 기독교의 두 규례들에도 마찬가지입니다. 세례나 주의 성찬이 하나님에 의해서 세워졌습니다. 그것들은 상징적인 의미를 가지고 있습니다. 그것들은 복된 실상을 나타내 줍니다. 그러나 그 자체에 죄를 없이 하거나 영혼을 중생케 하거나 영적인 능력이 있는 것은 아닙니다. 영혼이 복을 받는 것은 상징적으로 나타낸바 된 그분을 상징을 넘어서 믿음으로 바라볼 때만 가능합니다.

이제 이 강론을 끝마치기 전에, 우리는 독자들의 마음에 일어날 법한 하나의 문제를 말하고 싶습니다. 우리가 다루었던 구절들에서 확인된 것에 비추어, 구약의 성도들 중 어느 누구도 하나님 앞에서 완전하고 영구한 위치를 가지지 못했다는 결론을 내려야 하겠는가? 결코 그렇지 않습니다. 왜냐하면 그러한 추론은 구약의 명백한 많은 대목들과 분명하게 충돌하고, 교회가 옛 언약을 통해서 받았던 약속들과도 맞지 않습니다. 사도는 여기서 구약 성도 중 한 사람도 영적으로 하나님께 나아가지 못했다거나, 한 사람도 하나님 앞에서 양심의 평안을 얻지 못했음을 절대적으로 부인하고 있는 것도 아닙니다. 오히려 그런 복락은 레위 제사를 '방편으로 하여' 확보될 수 없음을 확언하고 있을 뿐입니다. 그러나 "은혜로 택하심을 따라 남은 자들"(롬 11:5)은 그림자를 넘어 실체를 바라보게 하는 믿음을 받았습니다(욥 19:25 ; 시 23:6 ; 아 2:16 ; 사 12:2 ; 단 12:2 등 참조). 아멘.

46강

하나님의 성육신

10:5 그러므로 주께서 세상에 임하실 때에 이르시되 하나님이 제사와 예물을 원하지 아니하
시고 오직 나를 위하여 한 몸을 예비하셨도다 10:6 번제와 속죄제는 기뻐하지 아니하시나니
10:7 이에 내가 말하기를 하나님이여 보시옵소서 두루마리 책에 나를 가리켜 기록된 것과
같이 하나님의 뜻을 행하러 왔나이다 하셨느니라

사도는 히브리서 10:1-4에서 히브리 사람들에게 레위 제사의 불충분성을 강조하도록 성령님의 감동을 받았습니다. 불쌍한 죄인들이 하나님께 가납(嘉納)될 자들이 되기 위하여 갖출 필요가 있던 영적이고 영원한 효력들을 낼 능력이 그 레위 제사에는 없었습니다. 사도가 여기서 그 점을 밝히려는 의도는 무엇입니까? 히브리 그리스도인들로 하여금 그리스도의 제사의 절대적인 필요와 절대적인 충분성을 밝히 알게 하려 함입니다. 첫째, 그는 옛 언약은 장래의 "좋은 일들의 그림자"를 보여 주었음을 이미 확증했습니다. 그 언약이 실체 자체를 보여준 것은 아닙니다(1절). 모세의 경륜 아래 있던 사람들이 무엇을 배웠습니까? 자기들이 의식법(儀式法)을 어김으로 말미암은 의식적인 죄책(罪責) 때문에 하나님과의 의식적(儀式的)인 교제에서 끊어졌음을 배웠습니다. 그리고 하나님께서 지정하여 주신 제사들로는 하나님 앞에서 의식적으로 용서 받았음을 배웠습니다(레 4:20). 그로 인하여 외면적인 교제를 회복하여 잠시 하나님의 심판이 미루어졌음을 알게 하신 것입니

다. 이러한 방식으로 그리스도의 제사가 더 고차원적으로 성취한 것을 더 낮은 영역에서 상징적으로 나타냈던 것입니다.

모형적 제사가 불충분하다는 것은 그 제사들이 반복해서 드려진다는 사실로 명백히 시사됩니다(2절). 만일 그 제사가 "다시는 죄를 깨닫게 하는 일이 없을" 정도로 '정결하게 되었다면,' 곧 그의 도덕적 죄책이 완전하고 최종적으로 속(贖)하여졌다면 더 이상 다른 제사가 필요 없을 것입니다. 하나님의 백성들이 부단하게 새로운 죄를 짓는다 할지라도 새로운 제사가 필요 없습니다. 어째서 그러한가? 한 온전한 제사가 하나님께 대하여 완전한 만족을 이루었으며, 하나님 앞에서 영구한 효력을 가지고 있기 때문입니다. 그러므로 그것은 회개와 믿음에 유효할 뿐만 아니라 새로운 죄의 용서함을 위해서 적용되기에 합당합니다. 그러나 모형적인 제사에는 그러한 충분성이 없었습니다. 그 제사들은 잠시적이고 외적인 정결함을 가져왔습니다. 그러나 그 이상은 아니었습니다. "주 여호와의 말씀이니라 네가 잿물로 스스로 씻으며 네가 많은 비누를 쓸지라도 네 죄악이 내 앞에 그대로 있으리니."(렘 2:22)

죄인이 받아야 할 무한한 형벌과, 하나님의 공의의 요구와 짐승들이 죽임을 당하는 것 사이에는 전혀 균형이 이루어지지 않습니다. 그 문제를 하나님의 본질과 사람의 영혼의 빛에 비추어서 생각하거나 죄의 지극히 죄됨에 비추어 생각하든지간에, 황소와 염소의 피로써는 속죄를 이룰 수 없다는 것이 명백합니다(4절). 이 사실이 구약시대에서도 알려져 있었습니다. 여호와의 선지자들 중 여러 사람이 다음과 같은 말씀을 선포했습니다. "내가 무엇을 가지고 여호와 앞에 나아가며 높으신 하나님께 경배할까 내가 번제물로 일

년 된 송아지를 가지고 그 앞에 나아갈까 여호와께서 천천의 숫양이나 만만의 강물 같은 기름을 기뻐하실까 내 허물을 위하여 내 맏아들을, 내 영혼의 죄로 말미암아 내 몸의 열매를 드릴까."(미 6:6,7) 그러나 후에 육신적인 유대인들은 이방인들처럼 눈이 어두워서 하나님께 짐승의 피를 드림으로써 진정하고 유효한 속죄가 이루어진다고 믿게 됨으로 이 빛을 상실하였습니다.

"그러므로 하늘에 있는 것들의 모형은 이런 것들로써 정결하게 할 필요가 있었으나 하늘에 있는 그것들은 이런 것들보다 더 좋은 제물로 할지니라."(히 9:23) 새롭게 된 어떤 사람에게든지 그 요점이 선명하게 인식이 됩니다. 그러하여도 유대인들에게 그 점을 확신시키는 것은 지극히 어려운 문제였습니다. 레위의 제사는 하나님께서 정하신 것이지 인간이 만들어 낸 것이 아니었습니다. 유대인들의 조상들은 1500여 년 동안 그 제사를 드렸습니다. 그래서 바로 이 후대에 와서 그 제사들을 하나님이 폐하셨다고 확언하면 그들의 믿음과 선입견과 정서에 대단히 큰 부담이었습니다. 그럼에도 불구하고 사도의 논리는 논박할 여지가 없었습니다. 사도의 논증의 힘을 맞설 수가 없었습니다. 그러나 사도가 여기서 그의 논리를 끝마치지 않는 것을 주목하는 것은 참으로 복됩니다. 오히려 그는 다시 한 번 더 다른 어떤 이유도 제기할 수 없는 권위를 가르쳤습니다.

우리가 히브리서의 각 장을 살펴나가면서 기독교가 유대교에 비해 탁월함을 펼쳐 보이는 영감된 기록을 따라가고 있습니다. 그럴 때 마다 매우 중요한 요점의 증거를 구약성경에서 취하고 있다는 사실에 깊은 인상을 받아왔습니다. 천사들보다 아들이 탁월하다는 것을 확증할 때(히 1:4) 시편 97:7을 들고 나왔습니다(히 1:6). 낮아지신 메시야가 하나님의 손으로 지은 모든 것보다 뛰어남을 주장할 때는(히 2:6-9) 시편 8:4-6의 말씀을 인용하였습니다.

그리스도의 제사 직분이 아론의 제사 직분보다 탁월함을 선언할 때는 시편 110:4를 그 사실의 구체적인 증거로 제시했습니다(히 6:20). 옛 언약이 새 언약에 의해서 폐지되었음을 지적할 때는 예레미야 31:31이 바로 그 사실을 가르쳤음을 알았습니다(히 8:8). 레위적인 제사가 폐지될 절대적인 필연성을 보여주기 위해서 무엇보다 중요한 요점에 이르게 되었을 때, 유대인들이 가지고 있던 성경의 또 다른 구절을 언급하면서 그 사실을 히브리 사람들에게 공표하고 있습니다. 이 점은 성경의 말로 할 수 없는 가치와 최종적인 권위를 얼마나 완벽하게 드러냅니까!

"그러므로 주께서 세상에 임하실 때에 이르시되 하나님이 제사와 예물을 원하지 아니하시고 오직 나를 위하여 한 몸을 예비하셨도다 번제와 속죄제는 기뻐하지 아니하시나니 이에 내가 말하기를 하나님이여 보시옵소서 두루마리 책에 나를 가리켜 기록된 것과 같이 하나님의 뜻을 행하러 왔나이다 하셨느니라."

이 히브리서 10:5-7의 말씀이 시편 40편에서 직접 인용한 대목입니다. 시편 40편은 시편 2편, 16편, 22편과 같이 메시야 예언 시편입니다. 이 시편에는 주 예수께서 성부께 말씀하시는 것이 나타나 있습니다. 그러므로 그가 여기서 발하시는 모든 말씀을 하나도 놓치지 않고 주목해 보는 것이 우리에게 합당할 것입니다.

여기 구약에서 인용한 말씀은 "그러므로 주께서 세상에 임하실 때에 이르시되"라는 말씀으로 소개되고 있습니다. "그러므로"의 정확한 의도가 쉽게 지각되지 않습니다. 그 말은 '처음 네 절에서 지적한 사실과 부합하여,' 또는 '그에 대한 증거로 그리스도 자신이 말씀하신 예언적인 말을 들어보라.'

는 의미로 보입니다. 이에 대해 존 오웬(John Owen)은 이렇게 제안했습니다. "그것은 다음에 나오는 말씀이 어째서 발해졌는지 그 이유를 설명하는 것이 아니라, 어째서 그 일들이 그렇게 명해졌고 지시되었는지 그 이유를 밝히고 있다." "그러므로"는 논리적 접속사로서 구약의 제사가 능력이 없기에 그리스도께서 흠 없는 제사를 드리러 오셨다는 것을 지시하지 않습니다. 도리어 그 제사들 대신 하나님의 뜻을 행하러 오셨다는 것을 지시한 것입니다. 모세의 예배는 그 모든 복잡한 의식(儀式)과 함께 더 나은 것이 대신 옴으로 폐해졌습니다. 그리스도께서 처음 것을 폐하신 것은 둘째 것을 세우려 하심이었습니다.

여기서 우리가 살펴보려는 내용은 한 번의 강론에서 다루어지기 보다는 상세하게 다루어 책 한 권을 낼만큼 가치 있습니다. 그 내용들은 정말 복되고 놀랍고 참으로 중요합니다. 이 부분에서 우리는 성부(聖父)의 놀라운 은혜와 지혜를 발견하고, 성자(聖子)의 말 할 수 없는 사랑과 순종을 발견합니다. 아울러 성부와 성자 사이에 구속(救贖)의 역사(役事)와 교회의 구원에 관하여 맺은 성약적 조약(聖約的 條約, federal agreement)을 발견합니다. 또한 옛 언약과 새 언약 사이에 존재하는 조화가 아주 분명하게 나타난 것을 보며, 이런 것들에 대한 선언을 발견합니다. 또한 이 부분에서 우리는 영원한 성삼위(聖三位)의 존엄한 도모(圖謀, counsels)에 대해 무언가를 배우게 됩니다. 또한 하나님의 지혜로 그 도모하신 뜻들을 이행하시기 위하여 지정하신 방편들도 발견합니다. 이 부분에서 성령님의 의도를 기도하면서 탐구해 보고 열심히 연구하는 것이 우리의 의무이자 특권입니다.

히브리서 10:5

"그러므로 주께서 세상에 임하실 때에 이르시되

하나님이 제사와 예물을 원하지 아니하시고

오직 나를 위하여 한 몸을 예비하셨도다."

"그러므로 주께서 세상에 임하실 때에." 여기서 "주님"은 성삼위 중 제 2 격위이십니다. 그분은 영원 전부터 아버지의 기뻐하심 속에서 존재하셨습니다. "하늘에 있는 것들이나 땅에 있는 것들이나 눈에 보이는 것들이나 보이지 않는 것들" - "만물이 다 그로 말미암고 그를 위하여 창조되었고"(골 1:16) 그분은 "만물 위에 계셔 세세에 찬양을 받으실 하나님이시니라."(롬 9:5) 참으로 이 복되고 영광스러운 분이 단순하게 이 세상을 보시러 낮아지셨을 리가 없습니다. 또는 이 세상에 대사(大使)를 보내시려고 자신을 낮추실 리가 없습니다. 오직 친히 이 세상에 들어오시기 위해서 자신을 낮추셨습니다. 참으로 기이하기 짝이 없게도 그분은 이 세상에 '하나님의 모양(form of God)'으로 오시지도 않으셨고, 신성(神性)의 모든 명백한 표지를 지니고 오신 것도 아닙니다. 또 천사의 모습으로 나타나신 것도 아닙니다. 구약에서는 그러한 모습을 취하신 적이 가끔 있었습니다. 그러나 오히려 그분은 "종의 형체로," 그리고 "율법 아래" 들어오셨습니다. 이 비할 수 없는 기이함에 우리의 마음이 참으로 경이로움에 사로잡혀 경배로 머리를 조아릴지어다!

"때가 차매…"(갈 4:4) 그 때는 인간이 죄악됨이 완전하게 드러났고, 그 무서운 비참에서 자신을 구출할 능력이 전혀 없음이 완벽하게 드러났을 때입니다. 그 때에 유대교의 불충분성과 레위 제사들의 무능력이 명백해졌습니다. 그 때 비로소 성자께서 성육신(成肉身)하시어 하나님의 영원한 뜻을 이루시기를 기뻐하셨습니다. 그럼으로써 영원한 언약의 조약을 성취하시고, 구약 성경의 예언들과 약속들을 이루시고, 삼위 하나님께 말로 할 수 없는 기쁨의 찬양을 드리게 하는 엄청난 사역을 이루시고, 자기 백성들의 죄를 정결케 하시고, 백성들에게 아버지의 집에서 영원히 거하기에 합당한 자격과 조건을 부여할 완전하고 영구한 의(義)를 제공하시게 되었습니다. 이러한 일들은 너무나 초월적이기 때문에, 성령님으로 말미암아 조명(照明)을 받아 가르침 받은 사람만이 그 일들의 이루 형언할 수 없는 의미와 가치를 어느 정도 이해하고 내다볼 수 있습니다. 하나님의 주권적인 은혜로 강해자인 필자와 독자 모두의 마음에 총명(聰明)을 밝혀주시기를 바라옵나이다.

"그러므로 주께서 세상에 임하실 때에 이르시되 하나님이 제사와 예물을 원하지 아니하시고 오직 나를 위하여 한 몸을 예비하셨도다." 여기서 우리는 아들이 아버지의 뜻과 마음을 완전하게 알고 있음을 발견합니다. 성삼위 하나님의 영원한 목적 가운데서 그리스도께서는 중보자로 "영원 전부터 세우심"을 받으셨습니다. "창세전부터, 태초부터 땅이 생기기 전부터 내가 세움을 받았나니."(잠 8:23) 주 아버지 하나님께서는 "주님을 가지셨으며," 주님께서 아버지 하나님과 함께 세우심을 받은 분으로서 항상 아버지 하나님 곁에 계셨습니다(잠 8:22,30). 그러니 그 어느 것도 주님으로부터 숨겨진 적이 없었습니다. 하나님의 모든 뜻이 다 그분께 알려졌습니다. 그러므로 그는 성육신하신 후에 이렇게 선언하십니다. "아버지께서 아들을 사랑하사 자기의 행하시는 것을 다 아들에게 보이시고."(요 5:20) 이 사실에 대한 실례가 바로 우리가 다루는 바로 이 부분에 나타나 있습니다.

"이르시되 하나님이 제사와 예물을 원치 아니하시고 오직 나를 위하여 한 몸을 예비하셨도다." 그러나 여기에서 하나의 어려움이 발생합니다. 레위 제사들이 하나님 자신에 의해서 세워졌는데 어떻게 그것들을 원치 않으셨다고 말할 수 있는가? 그 해답은 간단합니다. 여기서 하는 말은(성경에서 그런 경우가 드물지 않다) 상대적으로 한 말이지 절대적으로 한 말이 아닙니다. 구약의 제사는 오직 '한 가지의 진정한 의미'에서만 하나님께 가납될 수 있었습니다.

그 의미를 상실하면 그 제사들은 하나님께 가납되지 않았습니다. 여기서는 그 제사 제도를 세우신 것을 의미하는 것이 아닙니다. 히브리서 10:8에서 "이는 다 율법을 따라 드리는 것이라."는 진술이 있기 때문입니다. 여기서 모세의 경륜 동안 그 제사들에 관하여 사람들이 복종해야 할 것을 언급하시며 그 말씀을 하신 것도 아닙니다. 왜냐하면 하나님께서는 그들의 손에서 그것을 요구하기도 하셨고, 그 제사들을 인정하기도 하셨기 때문입니다. 또한 단순하게 '현재'의 관점에서만 말하고 있는 것도 아닙니다(어떤 사람들은 피상적으로 그렇게 상상한다. 곧 제사들이 더 이상 하나님께 기쁨이 되지 못한다는 식으로 이해하나 결코 그렇지 않다). 우리가 다루고 있는 이 성경 본문은 더 깊은 의미를 가지고 있습니다. 하나님께서는 그리스도의 제사를 통해서 이루실 '목적'을 위하여 그 제사 제도를 세우신 것이 아니라는 말입니다.

"오직 나를 위하여 한 몸을 예비하셨도다." "오직"이라는 말은 앞에 나오는 것을 규정하는 데 도움을 줍니다. 곧 그리스도의 몸은 레위 제사와 대칭되어 예비되어 그것을 대신하는 자리에 서 있다는 말입니다. 독자는 전체 문맥을 생각해야 합니다. 전체 문맥에서 성령께서는 황소와 염소의 피가 전적으로 부적합하다는 것과, 그 피가 하나님의 최고의 요구를 만족시킬 수 없고 죄인들의 가장 깊은 필요를 충족시킬 수 없음을 보여 주었습니다. 하나님께서는 그러한 목적을 위해서 짐승의 제사를 명하신 것이 아닙니다. 그러한 목적에 관한 한 그 짐승들의 제사를 결코 기뻐하지 않으셨습니다. 하나님의 뜻에 따른 그 목적에 대하여 그 제사들은 전혀 부적합하였습니다. 영원전부터 하나님의 백성들을 위하여 하나님께 만족을 드리기로 미리 '정해진' 분은 "어린 양" 그리스도셨습니다(벧전 1:20). 레위 제사들을 하나님께서 세우신 의도는 다름 아닌 '그 큰 제사'를 그림자로 나타내주는 잠시적인 방편으로 사용하시는 것이었습니다. 중보자께서 친히 창세전부터 이 사실을 온전히 인식하고 계셨습니다.

"오직 나를 위하여 한 몸을 예비하셨도다." "한 몸"이라는 어휘는 전체를 한 부분으로 나타내는 이른바 제유법적(提喩法的) 표현[1]으로서 그리스도의 인성(人性) 전체를 나타내는 말입니다. 곧 영과 혼과 몸으로 된 그리스도의 인성을 다 나타냅니다. 성령께서 여기서 그리스도의 '영혼'(이사야 53:10에서와 같이)보다는 그리스도의 '몸'에 강조점을 둔 이유들 중 몇 가지를 겸비한 마음으로 다음과 같이 제시하고자 합니다.

첫째, 그리스도의 제사는 "죽음"으로 말미암는다는 사실을 강조하기 위해서입니다. 그 제사에 이 몸만 드려집니다.

둘째, '새 언약'은 그리스도의 제사로 말미암아 확증되어야 했기 때문입니다. 이것은 '피'로 말미암아서 될 일입니다. 그 피는 몸속에만 들어 있습니다.

셋째, "혈육에 함께 속한" 그의 지체들의 머리되신 그리스도의 지위를 더 명백하게 보여주기 위함입니다.

넷째, 우리로 하여금 그리스도의 전체 인성(人性)('나실 바 거룩한 이' - 눅 1:35)이 하나의 독특하게 따로 존재하는 인격이 아님을 상기시키기 위함입니다.

"오직 나를 위하여 한 몸을 예비하셨도다." 여기서 채용된 동사는 이중적인 강조점을 가집니다. 그리스도의 인성은 미리 예정된 것이고, 아버지에 의해서 창조된 것입니다. "예비하셨다."는 말을 통해서 처음 언급된 것은 이사야 30:33에서 언급된 것과 같습니다. "대저 도벳은 이미 설립되었고 또 왕을 위하여 예비된 것이라." "하나님께서 자기를 사랑하는 자들을 위하여 예비

---

1) 농부가 많은 가축을 소유하고 있음을 '그가 소유한 머리가 많다.'라든지, 공장 주인이 많은 일꾼들을 고용할 필요가 있음을 '그에게 많은 손이 필요하다'고 한 것과 같은 식의 표현법이다

하신 모든 것은…"(고전 2:9). "영광 받기로 예비하신바 긍휼의 그릇에 대하여…"(롬 9:23) 하나님께서는 당신 자신의 영원한 뜻으로 아들이 성육신할 것을 결심하셨습니다. 아버지께서는 영원한 언약 속에서 그리스도가 사람들의 모양이 되실 것을 제안하셨고, 아들께서는 그 제안을 받아들이셨습니다. "예비하셨다."는 말로 다르게는 그리스도의 인성의 실제적인 창조사역을 나타내고 있습니다. 의도된 일에 부합하기 위해서 그렇게 그리스도의 인성을 실제로 창조해야 합니다.

"오직 나를 위하여 한 몸을 예비하셨도다." 이 말씀과 시편 40:6의 "주께서 나의 귀를 통하여 들려주시기를 …"이라는 말씀이 상통하지 않는 것을 본 주석가들이나 독자들이 다같이 당황할 수 있습니다(시편 40:6의 '통하여'라는 말이 난외주에서는 '파서'<digged>라는 말로 번역되어 있다). 그러나 표현상으로는 실제적인 모순은 없습니다. 하나는 상징적인 것이고, 다른 하나는 문자 그대로 옮겨 놓은 것입니다. 둘 다 의미는 같습니다. 이 두 표현들은 아버지께서 아들을 향한 처사를 가리킵니다. 순종의 방식으로 하나님의 뜻을 행하도록 아들을 준비하려는 아버지의 행위의 목적을 언급하고 있는 것입니다.

시편 기자가 사용한 은유(隱喩)는 이중적인 의미를 가지고 있습니다. '귀'는 우리가 복종할 계명을 듣는 몸의 지체입니다. 그래서 성경에서는 '들음으로 순종함'을 표현하는 것보다 더 자주 나오는 표현이 없습니다. 여기서도 그 '귀'란 전체를 대신하여 쓴 말입니다. 아들은 그 신적 속성에 있어서 아버지와 동등되시나, 그 신성만으로는 율법 아래 들어가시는 것이 불가능하였습니다. 그러므로 그는 다른 본성, 곧 인성(人性)을 아들을 위해서 예비하셨습니다. 그 인성 속에서 아들이 아버지께 복종할 수 있었던 것입니다.

어떠한 사람도 몸이 없으면 그 귀는 어떠한 용도도 없습니다. 귀를 통해서 순종에 이르는 가르침을 받습니다. 성육신하실 아들을 가리켜 다음과 같은 예언의 말씀이 선포되었습니다. "주 여호와께서 학자들의 혀를 내게 주사 나로 곤고한 자를 말로 어떻게 도와줄 줄을 알게 하시고 아침마다 깨우치시되 나의 귀를 깨우치사 학자들 같이 알아듣게 하시도다 주 여호와께서 나의 귀를 여셨으므로 내가 거역하지도 아니하며 뒤로 물러가지도 아니하며."(사 50:4,5) 그래서 시편 40:6에 사용된 상징적 표현은 아버지께서 메시야로 하여금 자유롭고 능하게 하나님의 뜻에 복종할 수 있는 본성을 가지게 하셨음을 지시합니다.

더 나아가서 그 본성의 성질은 '몸'에만 속해 있는 듣는 귀를 가지고 있는 인성의 성질을 가리키는 것입니다. 시편 40:6에 사용된 상징어법의 두 번째 의미는 출애굽기 21:6과 비교하면 알아낼 수 있는 것입니다. 그 출애굽기 21:6에 따르면, 제 칠년에 노예가 풀려날 수도 있었습니다. 그러나 그 자유를 누리는 것보다 자원하여 종으로 남아 있기를 원하는 히브리 종의 경우를 법으로 묶어 놓는 장치가 주어져 있습니다. "주께서 내 귀를 통하여 들리시기를"이라는 말씀은 구주께서 "하나님의 종"으로 행동할 기꺼운 마음을 가지고 계심을 공표하였습니다(사 42:1 ; 53:11). 출애굽기 21:6에서는 '귀'가 단수명사입니다. 그러나 시편 40:6에서는 '귀들'이라고 복수로 되어 있음을 세심하게 주의해야 합니다. - 그리스도께서는 '모든' 것 가운데서 '가장 탁월하시도다!' 상전이나 배우자에게 아무리 훌륭한 충성을 다했다 해도 그리스도의 것과 비교할 수 있는 것이 하나도 없습니다. 말하자면, 그리스도 안에는 기꺼움으로 흘러 넘치는 요소가 있었습니다.

"오직 나를 위하여 한 몸을 나를 위해 예비하셨도다." 이 말씀은 같은 사상을 다른 형식으로 표현한 것에 불과합니다. 곧 그의 인성은 섬김의 도구로서 목적을 달성하기 위해서 취해진 것입니다. 그리스도께서 이 세상에 오신 것은 구약의 모든 그림자들의 실체가 되기 위함이었습니다. 출애굽기 21:1-6도 예외가 아닙니다. 아들이 사람이 되심으로써 '종의 형체'를 취하셨습니다(빌 2:7).

"오직 나를 위하여 한 몸을 예비하셨도다." 존 오웬(John Owen)이 이 부분을 어떻게 주해하는지 들어 보십시오.

"성경은 구원의 원천이 특별한 방식으로 성부(聖父)께로부터 연유한 것이라 밝히고 있다. 성부의 뜻과 은혜, 그의 지혜와 기뻐하심, 그의 사랑과 그의 아들을 보내심 등 - 그것들이 교회의 구원을 위한 모든 능력의 행사와 은혜와 자비의 '영원한 샘'으로 성경 어디서나 제시되어 있다. 그러므로 주님 그리스도께서는 언제나 기회 있을 때마다 자기는 아버지의 뜻을 행하러 왔노라고 선언하셨다. 아버지의 영광을 나타내고 그 이름을 알림으로써 그의 은혜를 더욱 높이 기리려 하신다고 언제나 선언하신다."

구속주의 인성은 성령님으로 말미암아 지은바 된 것입니다. 그의 몸이 '예비 된 것'은 일반적인 출생의 법으로 말미암지 않고 마리아에게 역사하신 제3격위 하나님의 초자연적인 능력으로 말미암았습니다. 그래서 여기서 주 예수의 동정녀 탄생이 분명히 암시되어 있습니다.

존 오웬(John Owen)의 주해를 더 들어 봅시다.

"아버지께서는 그에게 그런 몸, 그런 인성을 예비하시어 우리의 인성과 똑같은 성질을 가질 수 있게 하셨다. 그는 그러한 인성을 입으시고 우리를 위해서 그 역사(役事)를 이루실 참이었다. 왜냐하면 그가 우리의 대표로 행동하여 우리 대신 고난을 받기 위해서는 그가 취한 인성이 우리의 것과 같고 같은 종류일 필요가 있기 때문이다. 아버지께서는 아담의 몸처럼 흙의 먼지로 그의 몸을 형성하지 않으셨다. 그렇게 한다면 그는 우리와 같은 종류에 속한 자가 아니었을 것이다. 그렇다고 구원하지 아니할 천사들을 창조할 때처럼 아무것도 없는 것에서 몸을 형성하지도 않으셨다(히 2:14,16). 그는 아브라함의 허리에서 나온 우리 혈육을 취하셨다. 몸을 예비하시되, 죄로 말미암아 본성 전체가 부패와 오염된 우리의 것과는 어떤 식으로든 관계되지 않는 방식으로 예비하셨다. 만일 그의 몸이 일반적인 생성의 원리로 예비 되었다면 부패와 오염이 없을 수 없다. 육신적 결혼방식을 통해서 몸을 예비하셨다면, 우리의 본성과 우리의 모든 개개인들에게 다 미쳐 있는 원죄의 때를 분명히 가지게 되었을 것이다. 그렇게 되었다면 그는 모든 방면에서 그의 전체 구속(救贖)의 역사(役事)를 이루기에 부적합했을 것이다(히 7:26). 그리스도를 위하여 그렇게 예비된 이 몸과 인성은 외적인 원인들을 통해서 모든 종류의 시험에 처하게 되었다. 그러함에도 불구하고 은혜의 완전함으로 그 인성이 구별되었고, 내주하시는 성령의 충만함으로 그 인성이 완전하게 보존되어 아무리 작은 흠이나 죄책도 그 몸에 접촉하지 못하였다."

이 중요한 요점을 요약해 봅시다. 우리 구주의 인성을 산출하는 실제적인 작용은 성령의 직접적인 역사였습니다(눅 1:35). 그러나 실질적이고 특별한 방식으로 그 몸을 예비하신 것은 성부의 일이었습니다. 곧 아버지께서는 무한히 지혜롭고 권위 있게 그것을 궁구하셨고, 당신의 뜻과 의지로써 그렇게 되도록 섭리하셨습니다. 아버지께서는 만물을 다스리며 조정하실 때 그렇게 되도록 하셨습니다. 성령께서 실제적으로 그것을 이루셨습니다. 성자께서 그 인성을 취하셨습니다. 이 일에 있어서 성삼위 하나님의 각위(各位)들의 구별되는 행사를 시각적으로 구분하지는 못합니다. 다만 그 각위의 일하심에는 경륜적인 질서가 있었습니다. 동일한 시점에서 아버지께서는 권위 있게 그 거룩한 인성이 실존하도록 뜻을 세우셨고, 성령께서는 같은 시점에 그것을 유효하게 창조하셨고, 성자께서는 직접 그것을 자신의 것으로 취하셨습니다.

히브리서 10:6

"번제와 속죄제는 기뻐하지 아니하시나니."

이 말씀은 앞 절의 중심적인 요점을 확대시켜 규정짓고 있습니다. 거기서 우리는 성자께서 성육신하시기 전에 아버지께 아뢰는 말씀을 듣게 됩니다. "하나님이 제사와 예물을 원치 아니하시나이다." 이에 대하여 흠 잡기 좋아하며 반론을 제기하는 이들은 이렇게 대꾸할 수도 있습니다. '진실로 하나님께서는 우상을 숭배하던 조상들이 바알에게 드렸던 제사나 제물을 원치 않으셨다. 또한 이방 사람들이 자기들의 신들에게 드렸던 제사도 원하지 아니하셨다.' 그러나 짐승의 제사로는 여호와를 만족하게 해드리지 못하였다고 말하는 것과는 전혀 다른 문제입니다. 그러한 반론은 레위 제사마저도 하나님을 만족시켜 드리지 못했다는 명백한 선언으로 말미암아 대번에 배격 당합니다.

"번제와 속죄제는 기뻐하지 아니하시나니." 그리스도께서는 이 말씀 속에서 무엇이라고 말씀하시는가요? 죄를 속하기 위해서나 하나님을 섬기기 위하여 모세의 경륜 아래서 드려졌던 모든 제사들을 다 함축하시어 그렇게 말씀하십니다. 앞의 5절에서 "제사"란 이스라엘 사람들이 하나님의 용서를 얻기 위하여 주께 드린 제물들 전체를 다 포함하였습니다. "예물"이란 하나님의 손에서 받은 복락에 감사하여 드린 모든 선물들을 함축합니다. 여기 6절에서는 법적 표현으로 "번제"는 후자를, "속죄제"는 전자를 가리킵니다. 그리스도는 그 둘 다를 가리켜 "아버지께서는 원치 아니하시나이다."라고 아버지께 아뢰십니다(5절). 또 이어서 "기뻐하지 아니하시나이다."라고 또한 아뢰십니다.

"원치 아니하시나이다."와 "기뻐하지 아니하시나이다."는 말의 차이는 이러합니다. 전자는 하나님께서는 스스로 완전한 만족을 위하여는 레위 제사를 정하지 않으셨다고 선언하십니다. 그런 입장에서 그 레위 제사를 기뻐하지 않으심을 선언하십니다. 이 말을 절대적인 의미로가 아니고 상대적인 의미로 이해해야 합니다. 하나님은 이스라엘 사람들에게 제사를 요구하셨습니다. "이런 것은…개혁할 때까지 맡겨 둔 것이니라."(히 9:10) 그렇다고 절대적인 의미에서 하나님께서는 그런 제사들에는 아무런 의미도 없게 하셨다든지, 그런 제사들이 하나님을 전혀 기쁘게 하지 않았다고 말하면 안됩니다. 다만 그 제사들이 진정한 속죄를 이룰 수 없다는 의미에서 하나님의 기쁨이 되지 못하였다는 것이고, 그런 의미에서 하나님의 법에 부응하지 못하였다는 것입니다. 그러니 그런 차원에서 그런 제사들은 장차 올 것을 예표하는 것뿐이었습니다. 하나님께서는 더 이상 다시 드려질 필요 없는, 도덕적 순종과 인격적 탁월성을 가진 '한 만족한 제사'를 세워 놓으셨습니다. "(전체로 드려지는) 번제와 속죄제를 기뻐하지 아니하신다."는 말씀은 "이는 내 사랑하는 아들이요 내 기뻐하는 자라."(마 3:17)는 말씀을 더욱 생생하게 돋보이게 하는 배경 역할을 합니다.

우리가 다시 한 번 지적할 것은, 이 구절의 가르침이 상징적 규례들을 잘못 사용하는 일이 없도록 하라는 때에 맞는 경고를 제공한다는 사실입니다. 존 오웬(John Owen)은 이에 대하여 다음과 같이 설명합니다.

“예배의 규례들의 용도와 효력이 어떠한 것이라도 하나님께서 정하지 않으신 목적을 위해서 채용되거나, 아니면 그런 목적을 이룰 것으로 믿고 의지한다 하자. 그러면 그런 규례들을 가지고 하나님을 섬기는 우리의 예배를 받지 않으실 것이고, 그 규례들 자체도 인정하지 않으실 것이다. 그래서 그는 옛 언약에 속한 가장 엄숙한 제도들에 관하여 스스로 천명하셨다. 새 언약 아래 있는 규례들도 옛 언약 아래 있는 규례들 못지않게 이 방면에서 크게 남용되어 왔다.”

히브리서 10:7

“이에 내가 말하기를 하나님이여 보시옵소서
두루마리 책에 나를 가리켜 기록된 것과 같이
하나님의 뜻을 행하러 왔나이다 하셨느니라.”

이 말씀은 성자께서 하나님 아버지와 자기 백성의 구원을 위하여 완전한 만족을 드리도록 정해진 모든 일을 행하실 기꺼운 마음의 자세와 그 만반의 준비 태세를 표현합니다. 그 말씀들은 메시야 시편에서 인용한 말씀 속에서 지적된 대칭의 두 번째 항목을 내포하고 있습니다. 이 말씀들은 아버지의 계획과 뜻에 대한 성자의 마음과 생각을 기록합니다. 이 말씀들은 우리로 하여금 하나님의 영원한 도모(圖謀)로 돌아가게 합니다. 그 도모 속에서 아버지께서는 죄가 자기의 명예를 훼손하고 모독한 데 대한 응분의 보상을 받을 결심을 밝히셨습니다. 성부께서는 열거된 그런 짐승의 제사들로는 만족하지 않으십니다. 오직 아들이 성육신하여 인간의 몸을 입고 율법을 높이고 존귀하게 하는 일을 통하여 만족을 얻으실 결심을 밝히셨습니다. 그에 대하여 아들은 기뻐하시며 완전한 찬동(贊同)을 성부께 드리신 것입니다.

"이에 내가 말하기를 하나님이여 보시옵소서 두루마리 책에 나를 가리켜 기록된 것과 같이 하나님의 뜻을 행하러 왔나이다 하셨느니라." "하나님의 뜻"은 레위 제사로써는 해낼 수 없는 일, 곧 "죄를 없이 하는" 것이었습니다(4절). 더 나아가서 하나님의 뜻은 자기 백성들로 "온전하게 하시는 것"이었습니다(히 10:1,14 참조). 하나님의 법정적인 혐오감을 불러 일으켰던 원죄(原罪)와 개인들이 지은 죄의 모든 결과를 제거하는 것이 하나님의 은혜로운 계획이었습니다(엡 2:3). 뿐만 아니라 하나님으로 하여금 우리를 예전보다 더욱더 사랑하시게 하고, 우리 속에서 기뻐 사랑할 만한 것을 일으키는 '의'를 제공하여 주시는 것도 하나님의 은혜로운 계획이었습니다. 그의 "뜻"은 우리를 향하여 화평하고 용서하는 것만을 의미하는 것이 아닙니다. 은혜와 은총을 의미하기도 합니다. 천사들이 베들레헴 목자들에게 공표한 것과 같이 그리스도의 오심은 "지극히 높은 곳에서는 하나님께 영광이요 땅에서는 평화"를 의미합니다. 그뿐 아니라 "사람들을 향하려는 좋은 뜻을 시행하시려" 오신 것입니다. 하나님께서는 우리를 용서하시려고 미리 정하셨을 뿐 아니라, 우리를 자녀 삼으려고 미리 정하셨습니다. 그리고 우리를 '은혜로 받아 주셨습니다.' 그럼으로써 "하나님의 은혜의 영광을 찬미하게" 하신 것입니다(엡 1:5,6).

아들이 이 땅에 오시어 시행하신 하나님의 "뜻"은 "하나님께서 그리스도 예수 우리 주 안에서 정하신 영원한 목적"이었습니다(엡 3:11). 하나님이 원하셨으면 죄인들을 쓸어버림으로 죄를 "없이 할 수도" 있었습니다. 단번에 그들을 제거하심으로써 죄를 간단하게 처리해 버릴 수도 있었다는 말입니다. 에스겔을 통하여 말씀하신 바와 같이 말입니다(겔 23:34-48 참조). 그러나 하나님께서는 은총을 받은 죄인들이 하나님 앞에서 의롭다 하심을 받고 살 수 있는 방식으로 죄를 없이 할 목적을 세우신 것입니다. 원하시는 대로 모든 것을 홀로 하실 수 있는 주권적인 용서의 행동으로써 자기 백성들의 죄를 끊어버리실 수도 있었습니다. 죄를 미워하시는 것은 하나님의 본성에 부합한 것이었습니다. 그러나 죄를 심판하시어 죄를 미워하심을 나타내고 죄에 대한 혐오감을 완전하게 가시게 하실 수도 있었습니다. 죄를 심판하시는 하나님의 본성대로만 행동하셨다면, 죄를 짓는 자는 누구든지 즉각적으로 죽었을 것입니다. 그러나 하나님의 뜻에 속한 '다른 한 행동'이 있었기 때문에, 하나님께서는 자주 심판을 중지하시고 인내하셨습니다. 그가 잠시 동안 참으실 의향을 가지신 것을 보니 그는 영원히 참으실 수도 있었습니다. 그러나 하나님의 지혜 - "그 마음의 원하는 바"(엡 1:11)는 합당한 만족을 요구하는 것이 최선이라고 여기게 하였습니다.

방금 들은 말씀은 겟세마네에서 고난당하시는 구주께서 하신 말씀으로 명백하게 확증받습니다. "가라사대 아버지여 아버지께는 모든 것이 가능하오니 이 잔을 내게서 옮기시옵소서 그러나 나의 원대로 마옵시고 아버지의 원대로 하옵소서." 여기서 그 진노의 무서운 잔이 성육신하신 아들에게서 옮겨지지 아니한 것은 하나님께서 그 잔을 마시도록 정하셨기 때문이지, 다른 방도가 없었기 때문이 아님을 알게 됩니다. 우리는 실로 다른 어떤 것을 생각할 수 없습니다. 상대적으로 말해서 영원한 언약이 인(印)쳐진 다음에는 다른 어떤 것도 있을 수 없습니다. 그러나 절대적으로 생각할 때, 하나님의 무한한 지혜와 주권적인 기뻐하심의 관점에서 말할 때 원하시면 우리를 다른 방법으로 구원하실 수도 있었습니다. 우리는 죄가 어떠한 방식으로든지 전능자를 제한하거나 제약하는 상황을 산출했다고 하는 사상을 인정해서는 안 됩니다. 죄가 들어온 것도 전능자의 뜻으로 말미암은 것입니다![2)]

하나님께서 원하시면 짐승의 피를 우리의 죄를 위한 완전하고 최종적인 속죄로 받아들이실 수도 있으셨습니다. 그렇게 하지 않으신 이유는 그리스도께서 속죄제물이 되도록 정하셨기 때문입니다. 만일 하나님께서 만족을 원하시면, 완전한 만족이어야 한다고 스스로 결정하신 것입니다. '모든 일'은 "그 마음의 원대로 역사하시는" 분의 주권적인 기쁘심에 따라 결정되고 조종됩니다(엡 1:11). 히브리서 10:4도 우리가 방금 말한 것에 비추어서 해석되어야 합니다. 성삼위 여호와 하나님의 영원한 목적 때문에 그러한 일은 '불가능'했습니다. 하나님께서는 완전한 만족을 요구하실 것입니다. 다른 어떤 것도 하나님은 원하지 않으십니다. 아들은 이 점을 아셨습니다. 그리고 그 점에 대하여 온전히 찬동하셨습니다.

아들께서는 창세전부터 아버지의 뜻에 완전하게 찬동하셨습니다. 스가랴 6:13이 말하는 바와 같습니다. "이 둘 사이에 평화와 의논이 있으리라 하셨다 하고." 그 '평화와 의논'은 '영원한 언약'을 가리킵니다(히 13:20). '평화의 의논'은 성부와 성자 사이에 있었던 협약 또는 조약이었습니다. 아들이 "더 좋은 언약의 보증이 되신 것"은 자원하시는 한도 내에서 된 일입니다(히 7:22). 아들이 담당해야 할 일을 명백하게 함축하고 있음에 틀림없는 칭호를 얻으신 것도 바로 그 자신의 자원하는 마음에 의한 것입니다. 그는 자기 백성들의 죄 때문에 하나님의 공의에 보상을 드리고, 백성들이 진 모든 빚을 다 갚고, 자기 백성들이 마땅한 의무인 율법에 순종하는 일을 자신의 일로 합의하신 것입니다. 성자께서는 자신의 자유로운 의지로 아버지께서 제안하

---

2) 우리는 이 말을 잘 이해해야 한다. 하나님께서 의도적으로 그렇게 하셨다기 보다는 하나님의 뜻 안에서 허용하셨다는 말로 받아야 할 것이다. 그리고 구원의 방도도 하나님의 영광을 가장 영광스럽게 드러내고, 하나님의 의로움과 거룩함과 다른 모든 하나님의 속성들을 가장 높이 나타낼 방식으로 취해졌음을 잊어서는 안 된다. - 역자 주

신 그 엄청난 사역을 집행하기로 찬동하셨습니다.

창세전에 아버지께서 제안하신 것을 성자가 승낙하셨다는 사실이 그의 성육신 순간에 재확인되었습니다. "그러므로 주께서 세상에 임하실 때에 이르시되…오직 나를 위하여 한 몸을 예비하셨도다…이에 내가 말하기를 하나님이여 보시옵소서 두루마리 책에 나를 가리켜 기록한 것과 같이 하나님의 뜻을 행하러 왔나이다." 성자께서 인성을 취하실 때 기꺼운 마음으로 취하시고, "종의 형체"를 가지사 "율법에 들어가셔서" "죽기까지 복종"하실 것을 승인하셨습니다. 그래서 그는 위에 있는 말씀으로 아버지께 아뢰신 것입니다. 그 말씀이 그의 영광을 위하고 우리에게 교훈을 주며 기이함과 놀라움을 가져다주기 위해서 기록되어 있습니다. 그 요점들과, "두루마리 책에 나를 가리켜 기록한 것과 같이"라는 말씀의 의미가 무엇인지에 대하여는 다음 강론에서 다루겠습니다.

47강

자신의 몸을 제물로 드리신 그리스도의 헌신

10:7 이에 내가 말하기를 하나님이여 보시옵소서 두루마리 책에 나를 가리켜 기록된 것과
같이 하나님의 뜻을 행하러 왔나이다 하셨느니라 10:8 위에 말씀하시기를 주께서는 제사와
예물과 번제와 속죄제는 원하지도 아니하고 기뻐하지도 아니하신다 하셨고(이는 다 율법
을 따라 드리는 것이라) 10:9 그 후에 말씀하시기를 보시옵소서 내가 하나님의 뜻을 행하러
왔나이다 하셨으니 그 첫째 것을 폐하심은 둘째 것을 세우려 하심이라 10:10 이 뜻을 따라
예수 그리스도의 몸을 단번에 드리심으로 말미암아 우리가 거룩함을 얻었노라.

우리의 모든 순종의 참되고 바른 구성내용에는 두 가지의 주도적인 성분이 들어 있습니다. 하나는 '순종할 일 그 자체'요, 또 하나는 우리 속에 있는 그 순종의 '원리와 샘 근원'입니다. 사도는 전자(前者)에 대하여는 '행실(deeds)'로 부르고 후자는 '할 마음(will)'이라 부릅니다(고후 8:12). 하나님께서는 순종하는 행실 그 자체보다도 우리 속에 있는 순종의 원리나 근원을 더 크게 여기시기 마련입니다. 순종이나 행실 없이도 어떤 경우에는 그 근본적인 동기만을 보고 받으시기도 합니다. 우리의 순종의 본과 기준인 그리스도의 순종에도 그 순종을 완성하는 두 주요 요소가 있습니다. 첫째는 순종의 행위 자체입니다. 그 순종이 가치 있고 보배로운 것은 그 순종이 그리스도의 순종이기 때문입니다. 그렇게 위대하신 이의 순종이니 가치가 있다는 말입니다. 둘째로 그 순종하시는 그분의 마음의 자원, 그것을 감당하고자 하는 마음으로부터 만반의 준비를 하시고 그 일을 이루시고 싶은 진심이 아름답습니다. 그분의 존영의 가치가 그분이 이루신 순종의 가치와 공덕을 결정합

니다. 그러나 그분이 그것을 이루실 마음의 의지와 열심은 하나님께 가납될 만하고, 그 밖에도 그 순종의 가치에 필요한 영향력을 가집니다. 또한 그것이 우리를 거룩하게 하시려는 일에 그 순종의 가치와 효력이 영향을 발휘합니다. 히브리서 10:7-10에서 우리는 그 모든 것을 만나게 됩니다.

토마스 굳윈(Thomas Goodwin, 1600-1680)이 이 요점에 대하여 어떻게 설명하는지 여기에 소개합니다(그의 의도를 손상하지 않는 범위에서 약간 변형된 형태로 인용한 것임[1])

"'예수 그리스도의 몸을 드림' - 여기에 순종의 행실 자체가 있다. 그가 '죽기까지 복종'하셨다(빌 2:8). 그런 다음에 그가 그렇게 복종할 때 가진 마음의 기꺼움이 있었다. '내가 하나님의 뜻을 행하러 왔나이다.' 이 둘은 우리의 성화(聖化)와 구원에 있어서 다같이 필요한 것으로서 분명하고 보다 더 섬세한 숙고를 필요로 한다. 주께서 구속하시고 구원하실 때 가지신 그 기꺼운 마음의 이야기는 네 부분으로 구성되어 있다. (1) 그는 영원 전부터 아버지께서 그 일을 제안하실 때 맡겠다고 실제로 승낙하셨다. (2) 영원 전부터 성육신하실 때까지 그 일을 할 마음의 뜻을 바꾸지 않으셨다. (3) 세상에 임하실 때에 그 승낙을 다시 한 번 새롭게 하셨다. (4) 강보(襁褓)로부터 십자가상까지 나아가는 모든 과정 중에서 그 일을 준행하실 마음의 뜻을 변치 않으시고 결국 그 일을 이루셨다.

"그리스도께서 영원 전부터 '찬동'하신 일이 필요하였다. 또한 우리를 위

---

1) 필자가 어째서 그리하였는지 그 이유를 정확하게 파악하기는 힘드나, 역자가 보기에 필자는 토마스 굳윈의 문체가 현대인에게 이해되기 쉽지 않아 독자를 힘들게 할 수 있다는 생각을 한 것 같다. 역자가 토마스 굳윈의 책을 번역하여 출간한 적은 없으나 읽어본 바로는 아주 까다롭다는 인상을 받았다. - 역자 주

해서 하나님께서 그리스도께 약속하신 것처럼, 그리스도께서도 우리를 위한 그 하나님의 약속에 찬동하시는 일이 필요하였다. 우리의 중보자가 하나님이셔야 하며, 그 중보자로 영원 전부터 존재하시는 것이 필요하였던 한 가지 이유가 거기에 있다. 그럼으로써 그는 우리의 구원을 처음 계획하실 때부터 함께 참여하셨으며, 그 구원의 계획 속에 있는 하나님의 생각과 마음을 다 아실 수 있었고, 우리를 위해서 하나님의 모든 약속들을 하나님께 받으실 수 있었다. 뿐만 아니라 이 국면에서 볼 때, 그 자신의 승낙은 아버지께서 우리의 구원을 계획하자마자 곧 필요하였다. 정말 그렇게 된 것은 참으로 합당한 일이었다. 왜냐하면 그 모든 일을 수행하고 여러 세부적인 것을 전부 다 감당하셔야 하는 그리스의 입장에서 그것은 아주 당연하기 때문이다. 그리스도의 어깨에 그런 일들이 다 지워질 참이 아닌가! 또한 그 임무는 참으로 어려웠다. 그러므로 그리스도께서 아버지와 함께 계셨으니 처음부터 그 사실을 아시는 것이 참으로 합당한 일이었다. 그리스도의 마음과 머리가 처음부터 그 일에 기울어져 있었다는 것은 합당한 일이다. 이사야 9:6의 말씀 속에서 우리는 그 모든 것을 발견한다. 거기보면 그리스도가 약속되는데, "이는 한 아기가 우리에게 났고 한 아들을 주신 바 되었는데"라고 약속된다. 그 말씀 속에서 우리를 위해서 어떤 호칭들이 그리스도께 주어졌는지 주목해보라.

"'모사(謀士)라, 전능하신 하나님이라, 영존하시는 아버지라.' '영존하시는 아버지'라 하여 영존성이 하나의 칭호에만 붙어 있다. 그러나 그 영존성은 다른 두 칭호에도 공통적으로 붙여질 수 있는 것이다. 곧 그분은 '영존하시는 아버지'실 뿐 아니라 '영존하시는 모사'시다. 왜냐하면 그는 '모사'이자 아버지시기 때문이다. 또한 그 점에 있어서 그분은 전능하신 하나님이시다. 영원 전부터 그분은 언제나 그런 분이셨다. 왜냐하면 그는 하나님으로서 영원 전부터 아들로 아버지와 함께 계셨던 분이시기 때문이다. 그러니 그분은 하나님과 함께 계셨던 '모사'임에 틀림없으며, 하나님께서 의도하신 모든 일에 관여하셨다. 특히 바로 우리를 위한 그 사업에 함께 관여하셨다. 그 일을 이루기 위해서 그리스도께서 '한 아들'로 주어질 것이며, '한 아기로' 태어날 것이 천명되어 있다. 그리고 바로 그 일의 효력이 그 어깨에 전적으로 달려 있다고 말하고 있다. 이러한 논리로 하면 확실히 이렇게 말할 수 있다. 만일 하나님께서 아브라함에게 자기가 하실 일을 숨기신 일이 없으셨다면, 영원 전부터 하나님과 함께 계시던 그리스도에 대해서야 무엇을 더 말하랴. 이런 이유로 해서 그 일을 인식하심에 있어서 마땅히 그리스도는 그 일에 관여하셨다. 그러하니 그 일에 대한 그리스도의 실제적인 승낙이 필요하였던 것이다. 왜냐하면 그분은 그 승낙으로 이루어질 모든 일의 아버지요 건축자가 되실 분이시기 때문이다. 바로 그 방면에서 그 뜻을 실행하는 것과 관련하여, 그분은 우리를 위해 그 일의 '아버지'가 되셨다. 그래서 그리스도를 '영존하시는 아버지'라 불렀던 것이다. 그러한 영존성에 비추어서 그분은 하나님이시며, 영원 전부터 하나님이실 뿐 아니라 그런 의미에서 영원 전부터 '아버지'이시다. 또한 우리를 위한 '모사'로서 하나님과 함께 계시고, 우리의 구원을 위하여 우리의 '아버지'로 존재하신다. 그분이 하나님의 '모사'인 것은 그 지혜로 그 구원의 계획을 수립하시는데 함께 동참하셨기 때문이다. 이 계획에 '아버지'가 되신 것은 그 계획안에 있는 그의 의지 때문이다. 또한 그 계획을 성취하시는 그의 행사 때문이다. 그분의 마음과 의지가 아버지의 마음처럼 그 일에 함께 쏠려 있었다는 점에서, 그분은 하나님이실 뿐 아니라 그 일의 '아버지'이셨다. 그래서 그분은 그 일을 온전하게 이루신 아버지가 되신 것이다."

우리가 잠언 8장의 주목할 만한 한 대목을 보십시오. 아들이 영원 전부터 처녀로 말미암아 잉태되어 인성을 취하시기까지 아버지의 뜻에 온전한 즐거움으로 복종하신 여러 증거들을 암시적으로 발견합니다. 거기서(예언의 성령님으로 말미암아) 아들이 아버지에 대해서 말씀하시는 것을 듣게 됩니다. "내가 그 곁에 있어서 창조자가 되어 날마다 그의 기뻐하신 바가 되었으며 항상 그 앞에서 즐거워하였으며."(잠 8:30) 그뿐 아닙니다. "사람이 거처할 땅에서 즐거워하며 인자들을 기뻐하였느니라."(잠 8:31) 그래서 우리는 그리스도의 마음이 다른 모든 일보다 그의 백성들을 구속하시는 일에 더 쏠리고 있었음을 알게 됩니다. 구약시대에 때때로 자신을 신현(神顯, theophany)의 방식으로 드러내신 일들이 바로 그 사실을 예증하였습니다(창 12:7 ; 출 3:2-9 ; 단 3:25).

그러나 그리스도께서 세상에 오셨을 때에 성부께 자신의 마음의 찬동을 새롭게 하여 드렸습니다. 우리가 특별하게 그 요점을 숙고하고 싶습니다. 그 일을 이 위대한 역사(役事)에 엄숙하게 '자신을 드릴 의지'로 부를 수 있습니다. 그 일은 '자신의 성전'을 드린 일이었습니다. "예수께서 대답하여 이르시되 너희가 이 성전을 헐라 내가 사흘 동안에 일으키리라."(요 2:19) 솔로몬이 하나님을 위해서 성전을 봉헌(奉獻)한 일로 그 일을 예표하였습니다. 그의 인성(人性)이 동정녀의 몸에서 잉태되는 순간 그 일이 일어났습니다. "그러므로 주께서 세상에 임하실 때에 이르시되…오직 나를 위하여 한 몸을 예비하셨도다." (섬기는 하나의 도구를 예비하셨도다.) "하나님이여 보시옵소서 두루마리 책에 나를 가리켜 기록된 것과 같이 하나님의 뜻을 행하러 왔나이다 하셨느니라." 아들이 인성을 취하여 성육신하시기 위하여 낮아지신 바로 그 순간에 아버지께 아뢰신 말씀을 우리로 알도록 성령께서(하늘의 신적 계시와 영원한 언약을 기록하게 하신 분) 그 말씀을 기록하셨습니다. 그 요점을 논증하는 것은 참으로 기이하고 복됩니다! 아들이신 그리스도께서 일을 마치시고 다시 하늘로 돌아 오셨을 때에 아버지께서 무어라 하셨는지 그 말씀을 우리가 듣는다니, 정말 놀라운 일입니다. "여호와께서 내 주께 말씀하시기를 내가 네 원수들로 네 발판이 되게 하기까지 너는 내 오른쪽에 앉아 있으라 하셨도다."(시 110:1)

"그러므로 주께서 세상에 임하실 때에 이르시되."(히 10:5) 여기서 말씀하시는 분은 다름 아닌 성삼위일체 하나님의 제 2격위십니다. 그는 영구히 '몸'을 입으신 분이십니다. 그 일은 고상한 왕이 가장 하찮은 시녀와 결혼하는 것보다 무한히 더 자신을 낮추신 모습입니다. 말로 할 수 없이 영광스러운 하나님의 아들이 십자가에 못 박힘으로써 그 인성(人性)을 입으심 자체 보다 정말 훨씬 더 자신을 겸비하게 낮추셨습니다. 그러므로 이처럼 낮은 자세로 자신을 굽히시기를 기꺼워하신 그분의 마음은 참으로 탁월하게 필요하였고, 우리의 위로와 찬미를 위하여 기록되어 있습니다. 그래서 인성이 조성(造成)되는 바로 그 순간에, 아니 아직은 인성 자체가 자신의 의향으로 승낙할 수 없는 바로 그 순간에도, 아버지의 영광의 광채셨던 바로 그분은 자기의 기뻐하는 마음을 공표하셨던 것입니다. 이것은 말로 표현할 수 없이 복됩니다. 우리가 그 점을 숙고할 때 그 앞에 머리 숙여 경배하게 하옵소서. "죽임을 당하신 어린양이 존귀와 영광과 찬송을 받으시기에 합당하도다."

히브리서 10:7

"이에 내가 말하기를 하나님이여 보시옵소서

두루마리 책에 나를 가리켜 기록된 것과 같이

하나님의 뜻을 행하러 왔나이다 하셨느니라."

"두루마리 책에 나를 가리켜 기록된 것과 같이." 괄호 안에 들어 있는 이 부분에 두 가지의 요점이 언급되어 있습니다. 성령께서 언급하신 "책"은 하나님의 영원한 뜻을 보관해 놓은 것, 곧 하나님의 정하신 뜻을 담아 놓은 두루마리입니다. 둘째로 성경을 가리키는 것인데, 성경은 하늘 높은 곳에 보존되어 있는 하나님의 뜻의 일부입니다. "여호와여 주의 말씀은 영원히 하늘에 굳게 섰사오며."(시 119:89) 성령님으로 말미암아 작성된 "그 책"에 신인(神人)이신 중보자 그리스도에 관하여 기록되어 있습니다. 왜냐하면 그리스도는 하나님의 모든 뜻의 총합이요 본질이기 때문입니다(엡 3:11). 뿐만 아니라 하나님의 모든 약속의 보고(寶庫)입니다(고후 1:20). 아들께서는 그 책에 기록된 모든 것을 완전히 인식하셨습니다. 왜냐하면 그는 아버지와 함께 계셨던 '모사(謀士)'이셨기 때문입니다. 시편 40:7의 '두루마리 책'의 히브리어는 '마길라'로서 그 단어를 그대로 직역하면 책을 세는 단위인 '권'(卷, Volume)입니다. 그러나 헬라어 '케파리스'는 분명히 '머리(head)'로 번역되어야 마땅합니다. - '케파레'(kephale)는 신약에서 76회나 나옵니다. 시편 40편 말고 다른 곳에서는 그 단어가 항상 '머리'로 번역되고 있습니다.

여기서 우리는 가장 놀랍고 복된 계시를 받게 됩니다. 하나님의 뜻이 기록된 "그 책의 머리에, 곧 그 책의 시작"에 그리스도에 대하여 "기록되었도다!" 그리고 그 책에는 하나님의 모든 은총을 입은 자녀들의 이름이 수록되어 있습니다. "그러나 귀신들이 너희에게 항복하는 것으로 기뻐하지 말고 너희 이름이 하늘에 기록된 것으로 기뻐하라 하시니라."(눅 10:20) "하늘에 기록된 장자들의 모임과…"(히 12:23). 그러나 그 이름들의 "머리"에 그리스도의 이름이 기록되어 있습니다. 왜냐하면 그분이 "만물" 위에 뛰어나신 분이시기 때문입니다(골 1:18). 그래서 하나님의 뜻과 경륜을 적어 놓은 하늘의 두루마리에 가장 처음 기록된 이름은 중보자 자신의 이름입니다. 그 하늘에 있는 두루마리의 일부를 우리에게 복사(複寫)하여 주신 것이 바로 성경인데, 성경에서도 역시 그러합니다. 구약에서 '처음' 나오는 이름이 창조주로서의 그리스도의 이름입니다(창 1:1 ; 요 1:1-3 참조). 그리고 신약에서도 첫 번째 이름이 "예수 그리스도"십니다. "아브라함과 다윗의 자손 예수 그리스도의 계보라."(마 1:1) 그렇습니다. "그 책의 머리에" 그리스도에 대하여 기록되어 있습니다.

사람이신 그리스도 예수님은 하나님의 택하심을 받은 '첫 번째' 사람입니다. 사람이신 그리스도 예수님은 성삼위의 제 2격위와 영원토록 연합되도록 선택된 사람입니다. 그러므로 아버지께서 우리에게 "내가 붙드는 나의 종, 내 마음에 기뻐하는 나의 택한 사람을 보라."(사 42:1)고 말씀하신 것입니다. 교회는 그리스도 안에서 택하심을 입었습니다(엡 1:4). 그리고 교회가 그리스도께 주어졌습니다(히 2:13). 성자 하나님과 연합된 사람이신 그리스도 예수님은 은혜로 선택받은 전체 백성의 머리로 지정되셨습니다. 그리고 그 선택받은 사람들 모두 그리스도의 신비적인 몸의 지체들입니다(엡 1:22,23 ; 5:30). "아버지께서 '그리스도가 나의 첫 번째 선택자로다'고 말씀하셨도다. 그런 다음에 우리 영혼들을 우리 머리되신 그리스도 안에서 택하신 것이로다."

그리스도의 인성이 역시 영원한 언약의 조항에 찬동하셨다는 것을 발견하는 것은 귀합니다. 왜냐하면 그리스도의 인성은 하나님의 신성과 구별되는 것이며, 그래서 독특한 뜻을 가지고 있으며, 위대한 변화에 직접 관계되었기 때문입니다. 그리고 그의 인성은 모든 고통에 복종해야 했으며, 결국 드려지는 희생제물이 되어야 했기 때문입니다. 근본적으로는 신성의 차원에서 그 아버지의 뜻에 찬동하신 것입니다. 그러나 인성을 취하실 때도 역시 그렇게 하셨습니다. 그러나 이제는 그리스도의 한 인격 안에서 신성과 연합된 인성의 찬동이 함께 따라 왔던 것입니다. 그러면 인성이 언제 찬동하셨는가? 의심할 여지없이 이 질문은 우리 모두 대답하기 참으로 곤란해 보입니다. 또한 그 질문에 대한 해답을 얻으려하면 '비밀스런 일'에 덤벼드는 격이라고 생각될 수 있습니다. 그러나 그렇지 않습니다. 그것은 계시(啓示)된 것들에 속해 있습니다.

이 기이한 국면을 생각하기 전에 우리는 먼저 동정녀 마리아가 우리 주님의 거룩한 인성의 어머니가 되기를 '기뻐하였음'을 간과하지 말아야 합니다. 그녀는 인간적으로 말해서 자신의 도덕적 평판에 심각한 손해를 가져다 줄 정도의 전례 없는 놀라운 방식을 그렇게 기뻐하였습니다. 누가복음의 영감된 기록 속에서 우리는 참으로 복된 모습을 발견합니다. 거기 보면 천사가 참으로 놀라운 영예이면서 아울러 지독한 시험거리가 될 일을 그녀에게 제안합니다. 그녀에게 억지로 한 것은 아닙니다. 왜냐하면 하나님께서는 절대로 인간의 책임성을 묵살하지 않으시기 때문입니다! "보라 네가 잉태하여 아들을 낳으리니 그 이름을 예수라 하라."(눅 1:31) 그녀의 온유한 반응을 주목하세요. "주의 계집종이오니 말씀대로 내게 이루어지리이다."(눅 1:38) 이 말은 "내 자신을 주께 드리나이다."입니다. 그녀가 스스로 승낙하기 전에는 '잉태하는 일'이 일어나지 않았습니다. 누가복음 2:21의 "전에"라는 말과

1:31-38과를 서로 비교해 보십시오. 그처럼 하나님께서는 그의 권능의 날에 자기 백성들로 하여금 "기꺼운 마음을" 가지게 하십니다(시 110:3).

이제 우리 주님이 인성을 가지시고 그 하나님의 영원한 목적에 찬동하시는 기꺼운 모습을 주목해 보기로 합시다. 토마스 굳윈(Thomas Goodwin)의 주해를 여기서 인용합니다.

"그가 분별력을 가지고 행동을 시작하자마자 즉시로 당신의 아버지이신 하나님께로 향할 마음의 뜻을 정하셨다. 누가 시킨 것이 아니고 중보자로서 자신에게서 우러나온 것이다. 자 이런 생각을 해보라. 만일 어린 아이들이 죄 없이 태어난다면, 그 어린 아이들의 마음속에는 가장 먼저 알아보아야 할 하나님에 대한 개념이 이미 심기워진 상태일 것이다. 그 경우 다른 모든 것을 알기 전에 가장 먼저 하나님을 알게 되었을 것이다. 그리고 그들 마음에 기록된 도덕법 때문에 그들은 하나님을 바라보고 본성적인 본능과 심령의 성향으로 말미암아 하나님을 향하게 되고, 모든 행동들을 하나님의 영광을 위하는 방향으로 조절하게 될 것이다. 그리스도의 유아기에 바로 그런 일이 일어났다. 그러한 거룩한 원리들은 그를 인도하여 자기를 향하신 하나님의 뜻을 바라보게 하였고, 자기가 이를 그 하나님의 뜻을 향하게 하였다. 자 그렇게 그 하나님의 뜻이야말로 그의 모든 행동을 좌우하고 그의 생각을 조정하는 것이 되었다. 또한 그의 모든 행동들과 모든 생각들은 우리로 '의롭다 하심'을 받게 하는 것과 연관되었다. 그것들은 이성의 능력이 자람에 따라서 그 만큼 더 더욱 활발하게 발휘되었다."

이를 위하여 하나의 합당함과 만족함이 있었습니다. 왜냐하면 그리스도께서 어린아이로서 행하신 일은 완전히 성숙한 사람이실 때 행하신 것만큼 가치 있었기 때문이다. 그와 같이 그가 어떠한 경우에서든지 당한 모든 일은 그 공력을 통하여 자기 백성들이 거룩함을 입게 되는 데 영향을 미칩니다. 십자가에서 당하신 고통과 동등하게 말입니다. 그 속옷은 "호지 아니하고 위에서부터 통으로 짠 것이라."(요 19:23) 그가 자기 교회를 위해서 행하신 의는 '하나로 통일된' 것입니다. 베들레헴의 구유에서부터 시작하여 갈보리에서 완성된 하나의 통일체였습니다. 시편 22편은 우리의 질문에 분명한 해답을 제공합니다. 그리고 구주께서 얼마나 일찍이 자신을 헌신했는지 드러내 줍니다. 그의 은혜로우면서 독특한 말씀을 들어 보십시오. "오직 주께서 나를 모태에서 나오게 하시고 네 모친의 젖을 먹을 때에 의지하게 하셨나이다 내가 날 때부터 주께 맡긴바 되었고 모태에서 나올 때부터 주는 내 하나님이 되셨나이다."(시 22:9,10) 오, 나의 형제자매들이여, 여러분의 영혼을 그 거룩한 자 앞에 경배함으로 부복하게 하십시오. 그분은 이 세상에 들어오신 바로 그 첫 순간부터 지체 없이 자신을 하나님께 바쳤고, 하나님을 인정하였고, 전적으로 하나님을 의지하셨습니다.

이를 통해서 우리는 사랑스럽고 결정적인 모형이 성취된 것으로부터 볼 수 있습니다. 곧 마태복음 2:23이 독점적으로 가리켜 말하는 것은 아니지만 직접 언급하는 나사렛 사람의 모습을 보는 것입니다. "나사렛 사람"(나실인)은 자원하여 자신을 구별하여 온전히 주께 드리는 사람이었습니다(민 6:12). 삼손은 구약에서 이 점에 대한 놀라운 실증 인물입니다. 그와 그리스도 사이에 여러 주목할 만한 병행적인 요소가 있습니다. (1) 천사가 와서 그의 어머니에게 그가 잉태될 사실을 공표합니다(삿 13:2,3). (2) 천사의 예언이 기록되어 있습니다. (3) 천사가 아이를 낳지 못하는 여인에게 그녀의 수태가 특이한 것임을 나타내었습니다. (4) 그녀의 아들이 나실인이 될 것을 말합니다. 나실인은 '여호와께 구별된 거룩한 사람'입니다(민 6:8). (5) 삼손은 모태로부터

'나실인'으로 하나님께 구별되었습니다(삿 13:5). (6) 그녀의 아들이 이스라엘을 구원할 자로 선언되었습니다(삿 13:5). (7) 이스라엘이 그 당시 이방인들에게 압제당하고 있었습니다(블레셋 사람들에게). 그리스도께서 태어나실 때도 유대인들이 로마 사람들에게 압제당하고 있었던 것과 같습니다. (8) 삼손이 죽을 때 가장 강력한 승리를 쟁취하였습니다!

신약성경이 기록하는바 우리 주님이 하신 첫 번째 말씀은 참으로 놀랍고 복됩니다. "어찌하여 나를 찾으셨나이까 내가 내 아버지 집에 있어야 될 줄을 알지 못하셨나이까"(Bagster의 원어대조역에서는 "내 아버지의 일에 관계하는 것이 내게 합당한 것을 알지 못하나이까"라고 하였음). 여기서 헬라어는 매우 강조적입니다. "내게"라는 말 앞에 있는 단어는 '철저하고 계속하여 드려졌다.'는 의미를 가진 말인데, 그 단어가 디모데전서 4:15에서는 "전심전력하여(wholly)"로 번역됩니다. 독자는 누가복음 2:48,49의 문맥과 친숙할 것입니다. 구세주의 어머니가 나타나 그를 꾸짖었습니다. "아이야 어찌하여 우리에게 이렇게 하였느냐 보라 네 아버지와 내가 근심하여 너를 찾았노라." "예수께서 이르시되 어찌하여 나를 찾으셨나이까 내가 내 아버지 집에 있어야 될 줄을 알지 못하셨나이까 하시니." 예수님께서 어머니에게 대답하신 이 말씀은 다음과 같은 의미입니다.

"당신은 나의 지상적인 부모임에 틀림없습니다. 나는 당신들에게 이제까지 당신들의 경내에서 복종하여 왔습니다. 그러나 내가 다른 아버지를 모시고 있다는 사실을 알지 못합니까? 그분은 내 중보자의 직무 때문에 또 다른 방식의 일을 내게 명하신 아버지이십니다. 나는 아버지의 영광을 위해서 드려진 그리스도입니다. 그의 뜻과 법은 내 마음에 기록되어 있습니다. 나는 내 자신의 것이 아닙니다!"

잠시 시편 40편으로 돌아가 봅시다. 거기서 구주께서 "내 귀를 통하여 내게 들려주시기를"이라고 말씀하십니다(6절). 그것은 그의 인성(人性)에만 적용되는 상징적인 어투입니다. 거기에 채용된 은유(隱喩)는 출애굽기 21:1-6로부터 취한 것입니다. 히브리 사회에서 종은 6년이 차면 '방면되어 자유하게 될' 권리를 가지고 있었습니다. 그러나 예외가 하나 있었습니다. "종이 분명히 말하기를 내가 상전과 내 처자를 사랑하니 나가서 자유인이 되지 않겠노라 하면 상전이 그를 데리고 재판장에게로 갈 것이요 또 그를 문이나 문설주 앞으로 데리고 가서 그것에다가 송곳으로 그 귀를 뚫을 것이라 그가 영영히 그 상전을 섬기리라."(출 21:5,6) 그리스도 안에서 이것이 상징하는 실체를 발견합니다. 우리는 하나님의 피조물로서 "율법 아래" 태어날 필요가 있었고, 하나님의 통치를 받아야 할 사람들입니다. 사람이신 그리스도 예수님은 달랐습니다. 그의 인성(人性)은 신성의 제 2격위와 연합됨으로 말미암아 어떤 노예적인 복종과는 관계가 없었습니다. 마치 어떤 여인이 왕과 결혼하면 더 이상 '신하'가 아닌 것과 같습니다. 신인(神人)이신 그분이 종의 자리를 취하신 것은, 자신의 자원하는 뜻으로 비할 데 없이 낮아지신 행동이었습니다. 그리고 하나님과 교회와 자기 백성을 사랑하시기 때문에 그는 그렇게 행동하신 것입니다. 그것이 그로 하여금 그렇게 행하게 하신 동인(動因)이었습니다.

시편 40편 속의 메시야 예언이 내포하는 또 다른 요점을 주목하십시오. "그때에 내가 말하기를 내가 왔나이다 나를 가리켜 기록한 것이 두루마리 책에 있나이다 나의 하나님이여 내가 주의 뜻 행하기를 즐기오니 주의 법이 나의 심중에 있나이다 하였나이다."(7,8절) 정한 때가 이르렀을 때 아들은 자원하여 하나님의 경륜이 기록된 책에 자기에 대하여 기록된 것을 일점일획도 빠짐없이 다 이루셨습니다. 그 하나님의 경륜의 책에 그에 관하여 기록된 것 중 일부가 성경 지면(紙面)에 옮겨져 있습니다. 그는 자기에게 대하여 기록된 모든 것을 염두에 두셨습니다. 이 일은 자기 귀를 '뚫는 일' 보다 더 한 일이었습니다. - 아버지의 뜻에 기꺼이 찬동함을 나타내는 일이었습니다. 그것은 하나님의 율법(하나님의 뜻의 표현!)을 자기 인성(人性)을 조정하고 통제하는 원리로 삼으시어 자기 정서의 한복판에 있게 하시는 일이었습니다. 만일 어린아이들이 무죄(無罪)한 상태로 이 세상에 태어난다면 아마 그랬을 것입니다. 그래서 그는 "나의 양식은 나를 보내신 이의 뜻을 행하며 그의 일을 온전히 이루는 것이니라."고 말할 수 있었습니다(요 4:34). 곧 아버지께서 정하신 것을 구체적으로 이루시는 것이 자기 양식이라고 하신 것입니다.

이 주제는 아무리 다루어도 끝에 도달하지 않을 큰 주제입니다. 그 주제는 영원토록 숙고해 보아도 모자랄 정도의 큰 주제입니다. 사랑하는 독자여! 본 강해자와 함께 인내하면서 한 단계 더 올려 그 주제를 살펴보기로 합니다. "나는 받을 세례가 있으니 그 이루기까지 나의 답답함이 어떠하겠느냐."(눅 12:50) 그 말씀은 얼마나 놀라운 말씀입니까! 주 예수 그리스도께서는 그 세례의 말로 할 수 없는 "쓴" 맛을 알고 계셨습니다. 그 세례는 어떤 단순한 피조물도 감내하지 못할 일이었습니다. 그럼에도 불구하고 그는 그 일을 이루시고 싶어 견딜 수 없어 하셨습니다. 그 일을 지체하는 것을 그의 마음이 허락하지 않았습니다. 신인(神人)께서 바란 것은 다름 아닌 자기가 겪어야 할 질고(疾苦)를 끝내고 "시냇물"을 건너는 것이었습니다(시 110:7). 그가 빠져 나와야 하는 진노의 바다를 건너가기 위하여 가룟 유다에게 하신 주목할 만한 말씀을 기억하십시오. "네 하는 일을 속히 하라."(요 13:27)

다시 주께서 처음으로 자기 제자들에게 자기에게 닥쳐오고 있는 고난과 죽음에 대하여 공언(公言)하실 때 어떠하셨을지를 주목해 보십시오(마 16:21). 베드로는 "그를 붙잡고 간하며 주여 그리 마옵소서."라고 간청하였습니다. '선한 일을 행하려 하시는 당신께서는 마땅히 필요한 일만 하셔야지요. 그런 억울하고 불명예스러운 종말을 당하지는 말게 하셔야지요.' - 그리스도는 이 말을 어떻게 받으셨습니까? 그는 베드로의 말씀을 인정하셨습니까? 아닙니다. 절대로 아닙니다. 그는 베드로의 그 말을 아주 악한 말로 취급하셨습니다. 그의 거룩한 열심이 그때처럼 생생하게 번득인 적이 없었습니다. 그는 베드로에게 돌아서서 말씀하셨습니다. "사탄아 내 뒤로 물러가라 너는 나를 넘어지게 하는 자로다." 이전이나 이후에도 그런 말씀을 성도에게 하신 적이 없습니다. "넘어지게 하는 자로다."는 말씀은 '거쳐 넘어질 기회를 만드는구나.'라는 뜻입니다. 베드로의 권고는 그런 성향을 가지고 있었습니다. 그의 마음이 온전히 쏠려 있는 그 위대한 사역에서 그 마음을 떠나게 하는 성향을 가지고 있었다는 말입니다.

'유월절 강화(講話)의 말씀(Pascal Discourse[2])'에 하나의 주목할 만한 말씀이 있습니다. 그 말씀은 구주를 사로잡아 아버지께서 자기에게 맡기신 일을 끝내도록 한 거룩한 열심과 거룩한 기다리심을 감안하여 해석하지 않으면 설명이 불가능한 말씀입니다. 유다가 자기를 배신하려고 나갔을 때 구주께서는 시간을 아껴 열 한 제자에게 길게 말씀하셨습니다. 그러는 중에 그는 이렇게 말씀하셨습니다. "오직 내가 아버지를 사랑하는 것과 아버지의 명하신 대로 행하는 것을 세상으로 알게 하려 함이로다 일어나라 여기를 떠나자 하시니라."(요 14:31) 그는 거기에서 황급히 나가셔야만 했습니다. 그래야만 배신자를 앞세운 무리들이 동산에서 그를 안전하게 만나 잡을 수 있게 되어 있습니다. 말하자면 그리스도께서 그 때 자기의 생명이 이제 경각간에 도달한 것을 보셨습니다. 주님께서 자기 목숨의 시간을 재는 모래시계의 모래알

2) 요한복음 13-16장의 말씀을 그렇게 부르기도 한다. - 역자 주

들이 아직은 다 흘러내리지 않았음을 아시고 그 남은 짧은 시간 동안에 강화(講話)를 계속하시어 마치셨습니다.

마지막 투쟁의 지점에 가까이 나아가면 나아갈수록 그리스도께서 하나님께 헌신하신 그 '완전성'이 더욱 복되게 드러났습니다. 사로잡히는 순간이 당도했을 때, 또 베드로가 그의 칼을 뽑아 저지하려 했을 때, 구주께서는 "내 아버지께서 내게 주신 잔을 내가 마시지 않겠느냐."라고 소리치셨습니다(요 18:11). 그는 재판정에 나아가실 때 억지로 끌려가는 짐승처럼 나가지 않으시고 "도살장으로 가는 양처럼" 이끌려 가셨습니다(행 8:32). 예언의 성령으로 말미암아 8세기 전에 발해진 그 자신의 말씀을 들어보십시오. "주 여호와께서 나의 귀를 여셨으므로 내가 거역하지도 아니하며 뒤로 물러가지도 아니하며 나를 때리는 자들에게 내 등을 맡기며 나의 수염을 뽑는 자들에게 나의 뺨을 맡기며 모욕과 침 뱉음을 당하여도 내 얼굴을 가리지 아니하였느니라."(사 50:5,6) '그런 일들'은 주님께 주어진 가장 어려운 몫이었습니다(십자가를 제외하고). 그럼에도 주님께서는 배역하지 않으셨습니다. 오, 복되신 구세주시여, 우리에게 당신의 영을 더욱더 허락하옵소서.

겟세마네에 이르게 될 때 까지 조금도 억지의 표정을 나타내지 않으셨습니다. 말하자면 그가 마시려고 하는 그 무서운 잔을 보다 더 직접 대면하며 거기서 하나님의 진노를 발견하기 까지, 다시 말하면 거기서 당신 자신이 "저주받은 바 되었다."는 것을 아시기까지는 조금도 마지못해 망설이는 표정을 짓지 않으셨습니다. 그런데 그의 본성으로 가지고 있는 '거룩한 지각'이 '자기가 죄 삼으심을 당한다.'는 사실 앞에 움칫 놀라셨습니다(고후 5:21). 그것은 그의 인성(人性) 전체를 드러내는 것이었습니다. 그때 그는 무서움과 떨림으로 자기를 기다리고 있는 것을 바라보고 고뇌에 차셨습니다.

그의 꺼질 수 없는 우리를 향한 사랑이 우리를 위해 고난당하심으로 말미암아 더욱 더 분명하게 드러났습니다. 그 사실을 더욱더 명백하게 드러내실 양으로 이렇게 외치셨습니다. “아버지여, 할 수만 있거든 이 잔을 내게서 옮기시옵소서.” 그럼에도 그는 즉각 침착을 유지하셨습니다. “그러나 내 뜻대로 마옵시고 아버지의 뜻대로 하옵소서.” 그래서 우리는 다시 그가 아버지의 뜻에 완전하고 충만하게 순종하신 모습을 보게 됩니다. 그 앞에 있는 오직 한 가지의 목적은 “아버지의 뜻”을 행하는 것이었습니다.

그럼에도 불구하고 이 보배로운 주제에 대하여 또 하나 더 생각할 요점이 있습니다. “보시옵소서 하나님의 뜻을 행하러 왔나이다.” 동사를 잘 주목하고 시험해 보십시오. 아들이 아버지께서 자기에게 짊어지우시기를 원하셨던 것은 무엇이든지 수동적으로 참아내시기로 승인하셨다는 말이 아닙니다. 그 말씀은 자기에게 할당된 일은 어느 것이든지 적극적으로 수행할 소원을 가지고 계심을 나타내고 있습니다. 비록 그 일이 말로 할 수 없는 낮아짐과, 말로 다 이를 수 없는 고난을 내포하고 있다 할지라도 말입니다. 그 일이 베들레헴의 구유뿐 아니라 갈보리의 십자가를 수반하는 일이었음에도 그 일을 주저하지 않으셨습니다. 주님께서는 어린아이로서, 사람으로서, 삶과 죽음 속에서 당신의 하나님께 “복종”하셨습니다. 우리의 경우, 불순종하는 마음이 저절로 마음속에 일어나듯이, 주님의 경우에는 우리를 위해서 하나님을 만족하게 해 드린 일도 역시 저절로 우러난 일이었습니다. 비록 그가 행하신 일이 우리를 사랑하는 마음에서 된 일이지만, 그럼에도 가장 주요하게는 하나님의 뜻에 복종하고 하나님을 사랑하는 가운데서 행해진 일입니다. “오직 내가 아버지를 사랑하는 것과 아버지의 명하신 대로 행하는 것을 세상으로 알게 하려 함이로다!”(요 14:31)

우리는 적용을 위해 말하기 위해서 충분한 시간적 여유를 두기로 합시다. 우리가 앞에서 보았던 모든 것에 비추어 볼 때, '그러한' 순종은 얼마나 놀라운 가치를 가지고 있습니까! 우리가 생각하고 있는 분이 다름 아닌 "손바닥으로 바닷물을 헤아리며 뼘으로 하늘을 재시는"(사 40:12) 전능자이심을 기억하십시오. 그러면 그의 낮아지심과 겸비하심이 하나님을 거역한 자기 백성의 모든 불순종으로 인하여 훼손된 하나님의 영예를 보상하고도 남을 만큼의 존귀와 효력을 지녔음에 틀림없지 않습니까! 그가 신인(神人) 중보자로서 행하신 모든 일에 무한한 가치를 부여한 것은 그리스도의 인격이 지닌 신적 탁월함이었습니다. 그러므로 그는 "자기로 말미암아 하나님께 나아오는 자들을 능히 구원하실 수" 있으십니다.

오, 그리스도인 독자여, 천 번 실패를 하더라도 자신을 바라보지 말고 '전적으로 사랑스러운' 그 분을 바라보십시오. 당신의 죄가 아무리 검고 비열하다 할지라도, 그처럼 놀라우신 분의 보배 피가 그 모든 것에서 당신을 깨끗하게 합니다. 정말 우리는 그분에게 얼마나 전심으로 헌신해야 마땅한가요! 오, 그의 사랑이 참으로 우리를 강권하여 그에게 복종하게 하고 그를 기쁘시게 하기를 바라나이다.

히브리서 10:8,9

"위에 말씀하시기를 주께서는 제사와 예물과 번제와 속죄제는

원하지도 아니하고 기뻐하지도 아니하신다 하셨고

(이는 다 율법을 따라 드리는 것이라)

그 후에 말씀하시기를

보시옵소서 내가 하나님의 뜻을 행하러 왔나이다 하셨으니

그 첫째 것을 폐하심은 둘째 것을 세우려 하심이라."

우리는 이 말씀 속에서 시편 40편에서 인용한 그 주목할 만한 인용구에 대한 사도의 영감어린 주석을 대하게 됩니다. 여기서 내린 결론을 더욱 명백히 보이게 하려고 다시 반복하고 있습니다. 지금 우리가 시선을 두어야 하는 것은 진술의 순서입니다. 그 순서가 필연적으로 암시하는 것이 무엇인가를 알아야 합니다. 8절의 첫 번째 말("위에")과 9절의 첫 번째 말("그 후")은 서로 대칭적인 위치에 놓여 있습니다. 그리고 9절 마지막에 있는 "첫 것"과 "둘째 것"이 그것들을 가리킵니다. 레위 제사들이 "율법을 따라 드려졌다."는 것을 인정합시다. 그런다 할지라도 하나님께서는 죄를 진실로 속죄하는 방편이나 자기의 교회를 구원하시는 방편으로서는 그것들을 원치 않으셨습니다. 하나님께서는 이 점을 벌써 다윗 시대에 알려 주셨습니다. 하나님께서 그러한 결정을 다윗 시대에 내린 것은 아닙니다. 왜냐하면 선지자들을 통해서 때가 차매 말씀하신 것은 영원 전에 뜻하셨던 것을 계시로 알려 주신 것에 불과하기 때문입니다. 아들이신 중보자는 그 점을 잘 알고 계셨습니다. 그러므로 그는 "보시옵소서 하나님의 뜻을 행하러 왔나이다."라고 말씀하셨던 것입니다. "보시옵소서!" 그 말은 영광스러운 장면이 하나님과 천사들과 사람들 앞에 전개되리라는 것을 알리는 신호의 말입니다. "내가 왔나이다 하늘에서 땅으로 왔나이다. 내가 '하나님의 형상'에서 '종의 형체'로 왔나이다. 빛과 치료하는 광선을 발하는 태양이 떠오른 것처럼 내가 왔나이다. 경주를 달리기 기뻐하는 장사처럼 내가 왔나이다. 하나님 당신의 뜻을 행하러 왔나이다. 정하신 여러 뜻을 수행하러 왔나이다. 하나님께서 요구하신 것을 집행하러 왔나이다. 당신의 백성이 이 율법에 대하여 마땅히 드려야 하는 완전한 사랑의 헌신을 드리러 내가 왔나이다. 구속(救贖)의 위대한 역사를 성취하러 내가 왔나이다." 그처럼 그리스도의 완전한 순종은 레위 제사 전체와 직접적인 대조를 이룹니다. 그 제사들로는 할 수 없었던 것을 이루셨습니다.

"그 첫 것을 폐하심은 둘째 것을 세우려 하심이라." 이것이 무엇을 가리키는지 명백합니다. 다른 결론을 끌어낼 수 없습니다. 레위 제사들은 하나님의 뜻을 이루기에는 효력이 없었습니다. 성육신하신 아들의 만족하게 하심이 그 일을 이루셨습니다. "폐하다"는 말의 헬라어는 옛 언약에 적용된 어휘보다 더 강하기까지 합니다. "옛 것이 되다." 또는 "낡아지다."는 말보다 더 강하다는 말입니다(히 8:13 참조). 그 말은 통상적으로 생명이 떠나는 것을 나타내는 어휘입니다(16:27). 죽은 것들은 쓸모없을 뿐 아니라, 오히려 해롭습니다. 그런 것들은 매장하는 것이 마땅합니다. 모세의 그림자들도 역시 그러하였습니다. 우리 주님이 드린 한 제사와 관련하여 동등하게 강조적인 최종적인 말이 사용됩니다. 그 제사는 교회에 관한 하나님의 뜻을 "확립하였습니다." 다시 말하면 움직이거나 변동될 수 없는 확고한 터에 교회를 세우셨습니다.

히브리서 10:10

"이 뜻을 따라 예수 그리스도의 몸을 단번에 드리심으로 말미암아
우리가 거룩함을 얻었노라."

이 말씀은 여기 전체 부분에 대한 하나의 주석입니다. "이 뜻을 따라," 더 좋게 번역하여 "이 뜻 안에서"는 그리스도의 뜻을 말하는 것이 아닙니다. 왜냐하면 앞에서 아버지의 뜻에 대해서 말하기 때문입니다. 그리스도가 완전하고 가납하실 만한 제사를 드리도록 목적하신 이는 아버지십니다. 더 나아가 그 "뜻"은 구속주의 "드리심"과 구별됩니다. 9절의 "하나님의 뜻"이란 말은 구속의 언약에 관하여 아버지와 아들이 영원 전에 협약한 것을 가리킵니다. 또 그의 "계명"을 이루는 것을 가리킵니다(요 10:18). "이 뜻을 따라"는

위대한 제사가 어떠한 요소와 어떤 범주 안에서 드려졌는지를 알게 하며, 어떠한 요소와 영역 가운데 택하심 받은 자들이 "거룩함을 입는가"를 보여 줍니다.

"이 뜻을 따라 예수 그리스도의 몸을 단번에 드리심으로 말미암아 우리가 거룩함을 얻었노라." "거룩함을 입었다"는 말은 신분적으로 하나님의 은총을 다시 받게 되었음과, 하나님께 가납(嘉納)될 위치에 있음을 알리는 말입니다. 그리스도의 죽으심은 한 "제사"로서(히 7:27 ; 9:23), 그 제사로 말미암아 죄를 씻으시고(히 9:26), 우리의 양심을 정결케 하셨습니다(히 9:14). 또 그 제사를 통하여 우리 개인을 하나님께 구별시켜 드렸습니다(히 10:14). 이 모든 부분들은 그리스도의 죽음이 하나의 제사로써 선택한 사람들을 살아계신 하나님을 예배하는 친 백성으로 구별시켰음을 확증합니다.

중요한 것은 모형이 원형 안에서 구체화되는 것을 아는 것입니다. 이에 대하여 스미튼(G. Smeaton)이 지적하는 말을 참조합니다.

"옛날 더 낮은 영역에서 상징적으로 드려졌던 제사들이 잠시 심판으로부터 예배자들을 해방시켰다. 그것은 죄책이 그 희생제물에게로 전가되었기 때문이다. 그처럼 더 높은 범주에서 그리스도의 죽으심은 죄 때문에 우리가 받을 심판을 '지연'시키셨을 뿐 아니라 그 심판을 실제로 제거시켰다. 그 그리스도의 죽음은 우리로 하나님께 가까이 하는 백성의 신분을 얻게 하였다. 이스라엘이 모형적인 의미에서(또는 의식적인 의미에서) 그러하였듯이 하나님께 가까이 하는 거룩한 백성들의 죄를 얻게 하였다."(G. Smeaton).

"이 뜻을 따라 예수 그리스도의 몸을 단번에 드리심으로 말미암아 우리가

거룩함을 얻었노라." 여기서 "거룩함을 입었다."는 말을 가장 광범한 영역에서 숙고해야 합니다. 그 말은 죄를 완전히 속죄하고 하나님께 온전히 헌신하여, 우리의 본성들이 실질적으로 정결케 되며 하나님께 직접 나아가는 특권에 속한, 이른바 양심의 평안을 포함하는 가장 광범한 영역에서 취급되어야 합니다. 믿음은 도구적인 원인입니다. 그것을 통해서 우리는 그 거룩함을 우리의 것으로 받아들입니다. 속에서 역사하시는 성령님의 사역은 효력적인 동인(動因)입니다. 그 성령님의 사역을 통하여 우리는 그것을 믿을 수 있고 붙잡을 수 있습니다. 그리스도의 구속적(救贖的) 사역은 공로적인 동인(動因)입니다. 그것을 통해서 그리스도는 우리를 새롭게 하시는 그의 성령님의 선물을 우리에게 베푸시게 하셨습니다. 그러나 아버지의 주권적이고 영원한 뜻이 최고 최상의 근원적인 원인입니다. 교회를 위하여 하나님의 뜻이 정한 모든 것은, 그리스도의 만족하게 하심과 제물을 통해서 우리에게 전달됩니다. 그러나 이것은 성령님으로 조명(照明)된 총명과, 성령님으로 말미암아 열려진 마음을 통해서만 포용될 뿐입니다.

48강

교회를 온전케 하시는 하나님

10:11 제사장마다 매일 서서 섬기며 자주 같은 제사를 드리되 이 제사는 언제나 죄를 없게
하지 못하거니와 10:12 오직 그리스도는 죄를 위하여 한 영원한 제사를 드리시고 하나님 우
편에 앉으사 10:13 그 후에 자기 원수들을 자기 발등상이 되게 하실 때까지 기다리시나니
10:14 그가 거룩하게 된 자들을 한 번의 제사로 영원히 온전하게 하셨느니라

이 부분과 앞에서 생각했던 구절들이 참으로 긴밀하게 연관되어 있습니다. 그 관계가 너무 친밀하기 때문에 지금 우리가 생각하려는 문제를 별도로 떼어 이해하거나 설명할 수 없습니다. 사도가 이 전체에서 의도하는 바는 그리스도의 제사의 초자연적인 탁월성을 보여 주는데 있으며, 그것이 자기 백성들을 위해서 어떤 효과를 산출했는지를 보여 주려는 것입니다. 아울러 그것이 모든 모형적인 제사를 필연적으로 폐할 것이 틀림없다는 것을 부각시키려고 합니다. 지상에 있는 하나님의 성도들의 외적 예배가 이처럼 큰 변화를 가져온 것은 육신적 혈통을 따라 이스라엘 사람들의 여러 실패에 비추어 취해진 잠정적인 편법이 아닙니다. 오히려 창세전부터 하나님의 뜻에 의해 정해진 일이었습니다. 다시 말하여 그 일은 영원 전에 '하나님의 경륜의 책'에 기록된 하나님의 뜻으로 정해진 일이었습니다. 그 뜻은 때가 되매 그 성경의 지면들에 옮겨 기록되었고 실행되었습니다.

시편 40편은 하나님의 아들이 성육신하여 이 땅에 강림함으로 일어나게 될 변화를 이미 공언하였습니다. 그 메시야 시편은 성부와 성자 사이의 거래가 무엇인지를 우리에게 아주 복되게 알려 줍니다. 성부와 성자 사이에 서로 합의한 언약이 무엇인가도 익히 알게 해줍니다. 또 그 시편은 아버지의 뜻을 온전히 따르는 아들의 순종뿐 아니라, 그것을 기쁘게 준행해 나가려는 아들의 자원하는 심정을 아주 복되게 보여 줍니다. 그의 어깨에 참으로 격렬한 투쟁이 필요한 일이 메워질 참이었습니다. 그리고 그 날의 짐과 열기가 그에게 부어져 그것을 담당해야 할 판이었고, 낮아지심과 죽음의 고뇌가 그의 몫이 되어야 합니다. 그럼에도 그리스도께서는 이 깜짝 놀랄 혹독한 시련을 싫다고 도망가지 않으시고, "나의 하나님이여 내가 주의 뜻 행하기를 즐기나이다."라고 외치셨습니다(시 40:8). 아버지의 영광이 그에게 그렇게 사랑스러웠고, 그의 뜻을 이루겠다는 열심에 너무 충만했고, 아버지의 법을 높이고 영예롭게 하고자 하는 그의 갈망이 너무 깊었습니다. 그 때문에 그의 '양식(糧食)'은 다름 아닌 아버지의 뜻을 행하고 성취하는 것이었습니다. 기근이 들어 죽어가는 사람이 굶주림을 채우기 위하여 먹을 것을 갈망하지만, 그 때어느 누구의 갈망이 아무리 깊어도 신인(神人) 중보자께서 아버지의 기쁘심을 이루기 위하여 가졌던 열망의 정도보다는 못합니다.

그는 염소와 황소의 피로써는 죄가 저지른 손상(損傷)을 보상할 수 없음을 잘 아셨습니다. 또한 그리스도께서는 존엄한 성삼위 간의 도모(圖謀, counsel) 가운데서 진심으로 찬동의 뜻을 밝히셨습니다. 곧, 하나님의 공의(公義)의 요구를 만족시키기 위해서는 모든 방면에서 모든 국면을 충족시킬 이가 주어져야 함에 찬동하셨습니다. 하나님의 통치를 거스르고 배도하고 신적 율법을 어긴 자가 사람이니, 사람의 구주가 되기 위해서는 기꺼이 하나님을 떠나 배도한 사람과 동일한 인성(人性)을 덧입고 하나님께 완전한 순종을 드릴 이가 필요합니다. '율법'이 순종의 법칙이니만큼(렘 31:33), 율법이 하나님의 모든 요구를 다 내포하고 있습니다. 또 피조물들이 자기 조물주에 대하여 드려야 할 마땅한 사랑의 섬김을 요구하는 내용이 들어 있습니다. 아들께서는 그런 '율법' 아래 들어오시겠다고 승낙하신 것입니다(갈 4:4). 그래서 그 율법의 교훈들을 '성취하겠다'고 승낙하신 것입니다(마 5:17). 그 율법의 형벌이 범법자에게는 사망이니, 그는 "내 백성을 위해 내가 대신 저주 받겠다."고 합의하셨습니다.

이 모든 일이 아들에게 '억지로' 떠맡겨진 것이 아닙니다. 도리어 자원하는 마음으로 그 일을 하겠다고 합의하고 나서신 것입니다. 아버지께서 아들을 '보내셨다'고 하는 구절들이 있는 반면, 아들이 "왔다"고 선언하시는 다른 구절들이 있습니다. 창세기 22장에 이 점이 아주 복되게 예표되어 있습니다. 창세기 22장에 성부와 성자 사이에 있었던 "평화의 도모"에 대한 지상적인 부본(副本)이 나타나 있습니다(슥 6:13). 우리는 거기서 인간의 아버지가 자기의 사랑하는 아들을 제단에 기꺼이 바치고 싶어하는 모습을 봅니다. 또한 인간의 아들(그때 그는 다 자란 상태였다)이 기꺼이 죽임을 당하고자 하는 모습도 발견합니다! 그것은 그 위대한 협약에 대하여 성삼위의 각 격위들이 상호 의견을 같이 했음을 기이하게 드러내 줍니다. 특히 "두 사람이 함께 나아가서"(창 22:8)라는 보배로운 말씀을 주목해 보십시오! 모리아산에 함께 따라 올라가는 이삭의 행동을 주목하면 이런 말을 듣습니다. "보시옵소서! 오, 나의 하나님이여, 내가 하나님의 뜻을 행하러 왔나이다."

사람 가운데는 어떤 일을 행함에 있어서 세 가지 것이 함께 합니다. 첫째, '뜻'의 행사입니다. 그것은 다른 두 가지를 '주도적으로' 움직이는 동인(動因)이요 샘 근원과 같습니다. 둘째, '지혜'의 행사가 있습니다. 지혜를 통해서 그는 계획하고 일을 질서 지웁니다. 셋째, 그것을 이루기 위한 '힘'의 발휘입니다. 교회의 구원과 그 구원에 함축된 모든 것을 행함에 있어서 성삼위의 각 위들께서 그러하셨습니다. '뜻'은 보다 일반적으로 말할 때 아버지께 속한 것으로 묘사됩니다(마 11:26 ; 엡 1:11 등 참조). '지혜'는 보다 탁월하게 아들에게 속한 것으로 말합니다. 그래서 아들을 보고 '모사'라고 불리기도 합니다. 잠언에서는 '지혜'로 자주 불립니다(눅 7:35 ; 11:49 참조). '능력'은 성령님께 돌려집니다. - 눅 1:35에서 성령님의 행사를 가리켜 "지극히 높으신 이의 능력이라" 칭합니다. 아버지께서는 구속(救贖)의 위대한 일을 궁리해 내셨고, 아들께서는 그 일을 집행하셨고, 성령께서 그 일을 적용하십니다. 여기 히브리서 10장에서는 우리의 구원의 제일 위대한 원인(原因), 곧 '아버지의 주권적인 뜻'에 따라 그 모든 일들이 진행되었다고 말하고 있습니다.

이 10장 전체를 자세히 읽어 보면 볼수록, 사도가 구속(救贖) 기원과 그 원천을 생각하도록 성령께 감동받았다는 사실을 그만큼 더 분명히 알게 될 것입니다. 5절에서는, 주 예수께서 율법의 제사들에 관하여 아버지께 아뢰는 말씀을 듣습니다. "그 제사들을 원하지 않으시나이다." 다시 말하면 그 제사들은 아버지께서 '죄를 없이 하기 위해서 영원 전에 뜻하셨던 것이 아니라.'는 말입니다. 이 점에 대하여 아들께서 부연하시어 "오직 나를 위하여 한 몸을 예비하셨도다."라고 말씀하십니다. 우리가 이미 보았듯이 '한 몸을 예비하셨도다.'는 말씀은 가장 깊은 의미에서 이러한 뜻입니다. '아버지께서 나를 위하여 한 인성(人性)을 지정하시어 내가 합당한 만족을 아버지께 드릴 섬김의 그릇이 되게 하셨나이다.' 그런 다음에 그는 하나님의 '영원한 경륜의 책'을 언급하십니다. 그 점에 비추어서 그는 "오 하나님이여 하나님의 뜻을 행하러 왔나이다."라고 선언하십니다. 끝으로, 성령께서 "이 뜻을 따라 예수 그리스도의 몸을 단번에 드리심으로 말미암아 우리가 거룩함을 얻었노라."

고 확언하심으로써 그 전체를 요약하고 계십니다.

이 근본적인 진리를 더 확대시켜 설명해야겠다는 의무감이 생깁니다. 오늘날의 사람들이 하나님의 절대적인 주권을 거의 부인하고 있다는 것에 비추어 보면 더욱 그러합니다. 성령께서는 여기서 친히, 하나님의 절대적인 기쁨이 모든 하나님의 역사 가운데서 가장 위대한 그 일에 있어서 오직 유일한 동인(動因)이었음을 강조하셨습니다. 바로 그 위대한 역사를 통해서 하나님께 가장 큰 영광이 돌아갔습니다. 또 하나님의 백성들에게 가장 높은 유익이 끼쳐졌습니다. 하나님께서는 사람을 구원할 필연적인 의무를 갖지 않으셨습니다. 하나님께서는 "범죄한 천사들을 용서치 아니하시고 지옥에 던져 어두운 구덩이에" 두셨습니다(벧후 2:4). 하나님께서 원하셨다면 전체 인류에 대하여도 역시 같은 일을 행하셨을 것입니다. 하나님의 본성 속에 하나님으로 하여금 긍휼을 나타내지 않으면 안 될 만한 어떤 필연성도 없었습니다. 만일 그러하였다면 타락한 천사들에게도 긍휼을 베풀어야 했을 것입니다! 그 전능자께서는 당신 자신 안에서나 자신 밖에 있는 어떤 것에 의해서도 제약을 받지 않으십니다. 만일 제약을 받으신다고 억측을 부린다면, 그것은 하나님의 뜻의 절대적인 자유권을 논박하는 셈입니다.

하나님께서 아담의 후손 인류 중 일부를 구속하시려고 마음의 결정을 내리셨다 해도, 자신의 사랑하는 아들을 보내실 어떤 필연성이 있었던 것도 더욱더 아닙니다. "그 앞에는 모든 열방이 아무것도 아니라. 그는 그들을 없는 것 같이, 빈 것 같이 여기시느니라 그런즉 너희가 하나님을 누구와 같다 하겠으며 무슨 형상에 비기겠느냐."(사 40:17,18) 하나님은 바로 그러한 분이신데, 그분이 어찌 인간의 이성으로 측량이 되겠으며, 우리의 불신앙 때문에 제한을 받으시겠습니까? 하나님께서 원하셨다면 이 지구를 지금보다 천배 더 크게 만드실 수도 있으셨습니다. 또한 그가 원하셨다면 천배 더 작게 만들기도 하셨을 것입니다. 같은 방식으로 자기 백성을 저희 죄에서 구원하기 위하여 어떤 방편을 사용하시기로 정하시는 데도 절대적으로 자유로우십니다. 아들을 보내시어 여자에게서 나게 하시고 십자가에 죽게 하시는 것이 그의 본성의 역사는 아니었습니다. 그의 뜻에 속한 일이었습니다. 마치 "그의 뜻대로" 우리를 낳으신 것과 같습니다(약 1:18). 참으로 그가 그렇게 하신 것은 '합당하시도다.'(히 2:10) 그렇게 됨으로써 그는 무한히 영예로우셨습니다. 그럼에도 그가 원하지 않으셨다면 거절하실 수도 있었습니다.

히브리서 10장 전체에서 언급되는 하나님의 "뜻"은 영원하고 은혜롭고 자유로운 목적을 가리킵니다. 하나님께서는 그 영원한 뜻을 통해서, 타락한 인류 중에서 자기의 선택한 백성들을 회복시키기로 작정하셨습니다. 또 그들의 죄를 없이 하시며, 그들의 인격을 거룩하게 하시며, 영원토록 자신의 즐거움에 동참하도록 그들을 가까이 이끄시기로 결정하셨던 것입니다. 이 '하나님의 뜻'의 행동은 그들 속에 있는 어떤 공로적인 원인 때문에 된 것도 아닙니다. 그 일은 하나님 자신으로 하여금 그렇게 하시게 강압하는 어떤 외부적인 것이 있었던 것도 절대 아닙니다. 하나님께서 그렇게 하시기로 작정하신 것은 하나님 당신 자신의 자유로운 행사였고, 다른 어떤 이유에 끌려 하신 일이 전혀 아니었습니다. 이 지존하신 분의 최선의 권리를 그와 다르게 볼 어떠한 경우도 없습니다. 하나님은 폭군도 아니시고, 변덕스럽게 행동하시는 분도 아닙니다. 그의 뜻은 지혜롭고 거룩한 것입니다. 그러므로 "그의 뜻의 결정대로 모든 일을" 하시는 분입니다(엡 1:11). 그러므로 하나님께서는 당신의 은혜가 가장 크게 높여질 수 있는 하나의 계획을 강구하셨던 것입니다.

하나님께서 자기 백성들을 구원하시되 그 자신들을 자랑할 어떤 근거도 없애시고 오직 하나님 자신만을 자랑하게 할 방식으로 구원하시기로 작정하신 것도 바로 그 이유 때문입니다. 그러므로 그는 그 자신의 아들이 그들의 구주가 되시고, 하나님의 공의를 모두 만족시키고 가장 밝은 양심의 모든 요구를 충족시키도록 정하신 것입니다. 그리스도를 죽음에 내어 주는 하나님의 목적은 하나님의 은혜의 영광을 높이기 위한 것입니다. 그것은 죄인들을 구원하시는 왕적이고 오직 유일한 특권이 하나님의 은혜의 영광에 있도록 한 것입니다. 가장 지존한 자의 명예와 탁월함이 그렇게 드러나게 한 것입니다. 하나님의 은혜만이 "왕 노릇"하게 하였습니다(롬 5:21). 그래서 거기에 어떤 다른 경쟁자도 나타나지 못하게 하였습니다. 하나님만이 하나님 되게 하신다는 것이 하나님의 탁월성입니다. 하나님을 하나님 되게 하는 그 어떤 이가 전혀 없습니다. 그와 마찬가지로 하나님의 아들만이 구세주시고 그 외에 어떤 다른 자도 없다는 것이 바로 그 아들의 탁월성입니다(행 4:12).

사람이 되신 성자 하나님께 지상이나 하늘에 있는 어떤 피조물도 감당해 낼 수 없는 한 직무가 주어졌습니다. 요한계시록 5장에 보면 이 점에 대한 가장 완전한 시금석과 확증이(죄에 대한 하님의 공의를 만족시키는 것보다) 약간 덜 어려운 논리로 진술됩니다. 요한계시록 5장에 "누가 두루마리를 열기에 합당한가?"라는 도전이 제기됩니다. 곧 '인봉(印封)된 두루마리(책),' 보좌에 앉으신 하나님의 손에 들려 있는 그 두루마리를 누가 열며, "누가 그 인봉을 떼기에 합당하냐?"는 문제가 제기됩니다. 그 "두루마리"가 어떠한 책이냐는 질문에 대한 대답을 포기하고 나타내는 반응을 주목할 필요가 있습니다. "하늘 위에나 땅 위에나 땅 아래에 능히 그 두루마리를 펴거나 보거나 할 이가 없더라."(3절) 심지어 사랑받은 요한마저도 낙담하여서 "그 두루마리를 펴거나 보기에 합당한 자가 보이지 않기로 크게 울었더니."(4절) 그 다음에 나오는 말로 할 수 없이 복된 말씀을 주목하십시오. "장로 중에 하나가 내게 말하되 울지 말라 유대 지파의 사자 다윗의 뿌리가 이기었으니 이 두루마리와 그 일곱 인을 떼시리라 하더라 내가 또 보니 보좌와 네 생물과 장로들 사이에 어린 양이 섰는데 일찍 죽임을 당한 것 같더라…어린 양이 나아와서 보좌에 앉으신 이의 오른손에서 두루마리를 취하시니라."(5-7절) 구속(救贖)의 계획을 계시(啓示)하기에 합당한 피조물이 전혀 없었다면, 그 구속을 '효력 있게 시행할' 피조물이 없다는 것은 더 더욱 말할 필요가 없습니다!

그래서 우리의 구원의 '기원'은 하나님의 주권적인 뜻에서 발견됩니다. 그 방편은 하나님의 성육신하신 아들이 제시한 '공의의 만족' 속에 있습니다. 10절에는 두 가지 일이 함께 들어 있습니다. "이 뜻을 따라 예수 그리스도의 몸을 단번에 드리심으로 말미암아 우리가 거룩함을 얻었노라." 이 말은 영원 전에 '하나님의 경륜의 책'에 기록된 것을 가리킵니다. 그 "뜻"은 하나님의 백성들이 "거룩함을 입어" 하나님께 가납되게 하는 것입니다. 그 일은 그리스도의 "몸을 드리는 일"로 말미암아 효력이 발생하였습니다. 그것은 그가 탄생하신 순간에서 시작되어 십자가에서 "다 이루었다." 외치실 때 끝이 났습니다. 그 일은 "영 단번에" 이루어진 것입니다.

이 두 가지 일이 절대적으로 필요하였습니다. 곧 하나님 아버지가 뜻을 정하시는 것과, 중보자께서 죄를 위한 온전한 속죄의 만족을 드리시겠다고 찬동하는 뜻을 밝히는 것입니다. 아버지께서 이 일을 기뻐하시고 자기 아들을 불러 그 일을 하라 하신 것이 필요하였습니다. 왜냐하면 아버지께서야말로 그 만족함을 받으실 분이기 때문입니다. 만일 그리스도께서 행하신 모든 일을 자원하는 심정으로 기쁘게 수행하셨다 해도 아버지께서 그 일을 하라는 "부르심"이 먼저 정해진 것이 아니라면, 아버지께서는 그 모든 것을 다 거절하셨을 것입니다. "누가 이것을 네게 달라 하였느냐?"고 물으셨을 것입니다. 그러므로 성령께서는 이 서신이 진행해 나가는 동안 거듭해서 이 근본적인 사실을 강조하셨습니다(히 2:10 ; 3:4,5 ; 6:17 참조). 그래서 10:10은 그리스도께서 자기 백성들로 하여금 거룩함을 입게 한 공력에 더하여, 그리스도의 제사를 정하시고 받으신 하나님을 더욱 분명히 말하고 있습니다.

"제사장마다 매일 서서 섬기며 자주 같은 제사를 드리되 이 제사는 언제나 죄를 없게 하지 못하거니와 오직 그리스도는 죄를 위하여 한 영원한 제사를 드리시고 하나님 우편에 앉으사 그 후에 자기 원수들을 자기 발등상이 되게 하실 때까지 기다리시나니 그가 거룩하게 된 자들을 한 번의 제사로 영원히 온전하게 하셨느니라."(히 10:11-14) 존 오웬(John Owen)은 이 부분을 이렇게 주석하고 있습니다.

"이 말씀은 그리스도의 제사장 직무와 제사, 그리고 그 일들의 존영과 효력에 관한 사도의 복되고 긴 논증의 마무리를 준비하는 부분이다. 그는 그 논증을 그 다음 몇 구절에서 막을 내리고 끝마친다. 사도는 그 전체 문제를 전에 자기를 통해서 나타난 하나님의 성령의 증언으로 확증해주면서 끝을 맺고 있다.

"사도가 선언했고 이전에 증거한 것을 단축하는 방식을 통해서 우리가 배울 네 가지 요점이 있다. (1) 율법적 제사장들과 제사들의 상태를 배운다. 그것들을 인정하기는 하나 그것들은 죄를 없이 하기에는 불충분함을 전에 증거하였다(11절). (2) 영 단번에 드려진 그리스도의 한 번의 제사는 그것들과는 다르다(12절). (3) 그리스도 편에서 드린 그 제사의 귀추는 두 부분으로 나누어진다. 첫째로 그 제사에 대하여 즉각적으로 발동한 그의 상태와 조건(12절)은 그의 제사의 존영과 효력과 절대적인 완전성을 나타낸다. 둘째로 그의 상태와 조건이 이후에도 계속된다(13절). (4) 그의 제사의 절대적인 효력이다. 곧 교회를 거룩하게 한 효력이다(14절)."

히브리서 10:11

"제사장마다 매일 서서 섬기며 자주 같은 제사를 드리되

이 제사는 언제나 죄를 없게 하지 못하거니와."

"또한"이라는 접속사가 처음 나오는데, 그것은 10절과 11절의 논리적 끈 역할을 합니다. 사도는 10절에서 선언된 진술의 복됨을 재확인하려는 의도에서 그렇게 말한 것입니다. 다시 한 번 성령께서는 그리스도의 '완전 충분한 제사'와 율법 아래 드려졌던 '효력 없는 제사'의 차이를 강조합니다. 이 점은 다섯 가지 항목으로 나누어 볼 수 있습니다. 그 점에 대해서 그렇게 길게 다룰 필요는 없습니다.

첫째, 율법 아래서 제사장 직무는 '많은 사람들'에 의해서 수행되었습니다. "제사장마다"라는 말이 그 점을 지목하고 있습니다. 그것은 12절의 "이 사람"이라는 말과 서로 대칭됩니다.[1] 하나님께서 요구하시는 모든 일을 행하기 위하여 스스로 자원하여 나서신 분입니다. 둘째, 레위 제사장들은 "서서" 섬겼습니다. 이것은 대제사장들이나 그 휘하에 있던 모든 제사장들에게 다 해당되는 요점입니다. 성막이나 성전에 그들을 위하여 앉을 의자가 없었습니다. 왜냐하면 그들의 역사(役事)는 끝나지 않았기 때문입니다. 셋째, 그들은 '매일' 그 직무를 감당해야 했습니다. 그 점은 하나님을 만족시킬 일을 즉시 영 단번에 행할 수 없었음을 보여줍니다. 넷째, 그들은 자주 "같은 제사를" 드렸습니다. 물론 그 제사들마다 자세히 보면 차이는 있고 그 모양도

1) 우리말 개역개정이나 개역한글에서는 '그리스도'라고 되어 있다. - 역자 주

다르겠지만, 그것들은 다 공통점을 지니고 있었습니다. 그 제사의 제물들이 이성 없는 짐승들이었고, 이지적이고 가납될 만한 순종을 하나님께 드릴 수가 없었습니다. 다섯째, 그것들은 공의의 무한한 요구를 만족시킬 수도 죄를 속(贖)할 수도 없었습니다. 또 그 제사와 관련된 사람들의 양심을 위하여 영구한 안식을 제공하지 못했습니다.

하나님의 진노를 가라앉히고 양심을 위로하기 위해서 인간들이 고안한 모든 방책이 전혀 쓸모없음을 지적해야겠습니다. 그리하여야만 우리가 앞에서 방금 보았던 것이 보완이 됩니다. 만일 레위 제사들이 하나님의 정하심에 의해서 된 것인데도 하나님의 완전한 요구를 실질적으로 충족시키지 못하였고, 죄인들의 가장 깊은 필요를 만족시킬 수 없었다면, 사람들이 고안해 낸 것들에 대해서 말해서 무엇하겠습니까! 로마 가톨릭 사람들의 고해성사(告解聖事)나 견진(堅振)이나 미사나 고행이나 연옥이나, 그와 유사한 허튼 짓들이 얼마나 쓸모없겠습니까! 또 어떤 프로테스탄트들이 행하는 금욕생활(禁慾生活)도 얼마나 그러합니까! 절제(節制) 서약을 위한 서명이나, 담배를 끊는 일이나, 그 외의 어떤 다른 일을 잘하겠다고 눈물로 호소하며 금식한다든지, 하나님과 화평을 이루려는 목적으로 어떤 종교적인 업적들을 수행한다든지 하는 것들로 어찌 하나님 앞에서의 진정한 요구를 만족시킬 수 있을까요? 주의 구원은 절대로 그러한 것들을 통해서 영혼에 임하지 않습니다. "우리를 구원하시되 우리의 행한 바 의로운 행위로 말미암지 아니하고 오직 그의 긍휼하심을 따라 중생의 씻음과 성령의 새롭게 하심으로 하셨나니 우리 구주 예수 그리스도로 말미암아 우리에게 그 성령을 풍성히 부어 주사 우리로 그의 은혜를 힘입어 의롭다 하심을 얻어 영생의 소망을 따라 상속자가 되게 하려 하심이라."(딛 3:5-7)

히브리서 10:12

"오직 그리스도는 죄를 위하여

한 영원한 제사를 드리시고 하나님 우편에 앉으사."

처음 나오는 "오직(But)"이라는 말은 11절에서 말한 것과 하나의 대조를 이루고 있음을 시사합니다. 곧 성령께서는 그리스도의 단번에 드린 완전하고 유효한 제사를 율법에 속한 효력 없는 제사들과 서로 대칭시켜 놓고 있다는 말입니다. "오직 이 사람"이라고 되어 있는데, '이 사람'이 이탤릭체로 되어 있습니다.[2] 만일 여기에 어떤 말을 첨가하려 한다면 '제사장'이라는 말일 것입니다. 헬라어 원문은 단순하게 "오직 그가"라는 강조적인 대명사를 썼을 뿐입니다. 사도는 여기서 염두에 두고 있는 것은 중보자의 제사장적 사역입니다. 그는 오셔서 하나님께 드리는 속죄의 제물로 하나님의 제단에 자신을 단번에 드리셨습니다. 그의 순종의 전체 행로는 십자가에서 종결되고 완성되었습니다.

여기에 대조와 비교의 방식을 통하여 그리스도께서 아론과 그 후계자들보다 탁월함이 강조되어 있습니다. 두 경우 다 제사장들이 죄를 위해 제사를 드렸습니다. 그러나 둘 사이의 유사점은 바로 거기에서 끝이 나버리고 맙니다. 아론과 그 후계자들은 많았습니다. 그리스도는 혼자뿐입니다. 그들은 여러 차례 제사를 많이 드렸습니다. 그러나 그는 단 한번만 드렸습니다. 그들은 계속해서 제사를 드려야 했습니다. 그리스도께서는 완전하고 최종적인 제사를 딱 한번 드리고 그만두셨습니다. 그들의 제사는 효력이 없었습니다. 그리스도의 제사는 죄를 실제적으로 없이 하였습니다. 그들은 서서 섬

2) 필자는 KJV의 역문(譯文)을 중심으로 생각하고 있다. 'But this man, after He offered one sacrifice for sins for ever…' - 역자 주

겼습니다. 그리스도는 앉으셨습니다. 그들은 "하나님께" 섬겼습니다. 그리스도께서는 하나님 우편에 앉힌 바 되셨습니다. 모형적인 대제사장은 어느 주어진 때에만 지성소에 들어갔습니다. 일 년 중 하루를 택하여 들어갔습니다. 그러나 그리스도께서는 지극히 높은 곳에 "영원히" 들어 가셨습니다. 그는 제사장 되심을 멈추지 않으셨고, 그 직무를 그만두지도 않으십니다. 그는 지금도 "자기 보좌에 앉은 제사장"이십니다(슥 6:13). 그가 차지하고 계신 지위는 그의 사역의 최상의 탁월성을 증거하며, 그의 제사가 하나님께 가납되었음을 인증합니다. 한 때 낮아지셨던 구주께서 그에 따라 차지한 그 영광스러운 위치는 그의 구속 사역의 가치와 최종성을 결정적으로 증거합니다.

이에 대한 스펄전(C. H. Spurgeon) 목사의 설교를 들어 보십시오.

"그리스도께서 하늘에 계시며, 아버지께서 그의 제사를 기쁘게 받으셨다는 그 사실은 그리스도의 역사(役事)가 다 이루어졌음을 증거하는 것입니다. 사랑하는 자들이여, 우리나라 특사가 외국 공관에 나가 있는 한 거기에는 평화가 있습니다. 그와 같이 예수 그리스도 우리의 구주께서 우리 아버지의 궁정에 계시는 한, 백성인 우리와 아버지 사이에 진정한 평화가 있습니다. 그렇습니다. 그는 영원토록 그곳에 계실 것이니, 우리의 평안은 그치지 않고 영원토록 거기서 계속될 것입니다. 그러나 만일 속죄가 전적으로 이루어지지 않았고 하나님의 공의가 완전하게 만족함을 받지 못했었다면, 그 평안은 계속적으로 존재할 수가 없었을 것입니다."

"한 영원한 제사를 드리시고…" 여기 "영원한"이 구주께서 드린 한 번의 제사와 연결되는지 아니면 그가 하나님 우편에 앉아 계심에 연결되는지에 대하여 이견이 분분합니다. 헬라원문은 결론적으로 말해준다고 할 수는 없다할지라도 결정적으로 후자의 경우를 더 옹호하고 있습니다. 아마 이중적인 개념을 함께 취급하여 표현한 말 같습니다. "영원한"이라는 말이 첫 소절과 연결되어야 한다는 이들의 주장은 이러합니다. 데살로니가전서 4:16, 요한계시록 19:11 등이 구주께서 하늘을 떠나실 것을 보여 주고 있으니, 둘째 소절과 연관될 수는 없다는 논리입니다. 그리스도께서 서서 스데반을 영접하신 것을 보면 그런 주장을 펼 만도 하겠다는 생각이 듭니다(행 7:55). 그러나 그런 식의 해석은 사용된 은유적인 표현을 '육신의 생각으로 해석하여' 괜한 어려움을 만든 셈입니다. "영원히 앉으사"라는 말은 11절의 "매일 서서"라는 말과 대조할 목적으로 쓰인 것입니다. 그리스도는 마땅히 날마다 의무로 해야 되는 제사장의 직무로부터 영원히 벗어나신 분입니다. 그는 다시는 그러한 일을 하지 않으실 것입니다. 그는 속죄를 이룬 자의 역할 외에 '다른' 역할들을 감당하고 계십니다.

"(영원히) 하나님 우편에 앉으사." 이 히브리서 가운데는 그리스도께서 높은 곳에 앉아 계신 일을 네 번 언급합니다. 그럼에도 결코 같은 의미의 반복이 아닙니다. 각 경우마다 전혀 다른 차원을 생각하며 쓰이고 있습니다. 첫째, 1:3에서는 그의 '영광의 보좌'를 의미합니다. 그 말의 앞 뒤 문맥이 그것을 보여 줍니다. 둘째, 8:1에서는 그가 차지한 제사장적 탁월성의 자리를 의미합니다. 그는 제사장 직무를 차지하는 다른 모든 사람들보다 탁월하십니다. 셋째, 10:12에서는 제사가 하나님께 가납된 것을 의미합니다. 하나님께서는 그가 드린 제사를 만족하게 여기시고 그 가치를 증거하셨습니다. 넷째, 12:2에서는 승리자의 보좌입니다. 경주를 성공적으로 마친 자에게 주어지는 상급의 의미로 쓰인 것입니다.

베들레헴의 구유에 탄생하신 이, 지상에서 머리 둘 곳이 없었던 이, 십자가에서 죽으신 이, 그 시신이 남의 무덤에 묻히셨던 이, 바로 그분이 지금은 하늘에 계십니다. 그는 천사장의 지위보다 더 높은 자리에 앉아 계십니다. 그는 모든 피조물보다 높이 되신 분입니다. 그는 하나님의 우편에 있는 "영화로운 사람"이십니다! 그리스도는 위에 있는 모든 무리들 가운데서 그 자리를 차지하기에 마땅한 '오직 유일한 분'이십니다! 거룩한 천사들과 구속받은 죄인들에게 아버지의 집에 있는 자리를 마련해 준 것은 다름 아닌 하나님의 "은총"입니다. 그러나 사람으로서 그리스도 예수님은 바로 그 높은 영예를 차지하기에 마땅하신 분입니다.

하늘의 가장 높은 곳,
그 곳은 주권적인 권리로 주님의 처소일세
왕 중 왕, 주의 주
그는 거기서 빛으로 왕노릇 하시네.

이는 말로 할 수 없이 복된 요점입니다. 그리스도께서 "자기 백성들을 위해" 하늘에 들어가셨음을 깨닫게 되면 더욱 더 그러합니다. 그는 '직무적' 성격을 띠고 그곳에 가셨습니다. 우리의 대표로서, '우리를 위해서' 하나님 앞에 나타나시기 위해서 거기에 가셨습니다(히 9:24). 그는 우리의 대제사장으로서 거기에 계시며, 그의 흉배에 우리의 이름을 써 놓으셨습니다. "앞서 가신 예수께서 멜기세덱의 반차를 따라 영원히 대제사장이 되어 우리를 위하여 들어 가셨느니라."(히 6:20) 참으로 기이하고 보배롭도다. 거기에 능력 있는 승리자가 "영광과 존귀로 관 쓰고" 앉아 계십니다. 그는 모든 권능과 주권, 그리고 제한받지 않는 은혜의 보좌를 차지하고 우주를 다스리고 계십니다. 그는 모든 은혜를 만들고 계십니다. 그는 모든 일이 합력하여 자기의 사람들에게 유익이 되도록 일을 만들고 계십니다. 그의 모든 구속받은 백성들이 그와 함께 영광중에 있게 될 때까지 왕의 규(圭, 笏)를 휘두르고 계실 것입니다.

히브리서 10:13
"그 후에 자기 원수들로
자기 발등상이 되게 하실 때까지 기다리시나니."

시편 110편을 인용한 신약의 말씀 중 이 말씀이 일곱 번째요 마지막입니다. 시편 110:1에는 "여호와께서 내 주에게 말씀하시기를 내가 네 원수로 네 발등상 되게 하기까지 너는 내 우편에 앉으라 하셨도다." 여기에는 방금 선언된 것을 더 첨가적으로 확증하기 위해서 아버지께서 아들에게 약속하신 것이 넌지시 시사되어 있습니다. 앞의 10,12절에서(4절에서도) 그리스도께서 제사를 반복하여 드리는 것이 "전혀 필요 없음"을 말했고, 여기서는 그런 일은 결코 있을 수 없음을 말합니다. 처음부터 하나님께 제사를 드린 후에는 중보자에게 영광의 상태와 존귀의 지위가 주어지게 정해져 있었습니다. 그는 그 원수들이 완전히 복종하기까지 하늘 보좌에 그 자리를 차지하고 계실 것입니다. 그러므로 그가 섬김의 자리에 들어가서 다시 죽는 일은 도저히 있을 수가 없습니다!

고난 받으신 구주께서는 제한받지 않는 권능과 지배권을 옷 입으셨고, 그의 제사로 이룩하려는 효력들을 하나도 남김없이 다 이루셨습니다. 거기에는 이중적인 목적이 있었습니다. 그의 선택한 백성들을 구원하고, 하나님을 거스르는 모든 반역자들을 정복하는 일입니다. 왜냐하면 "이는 정하신 사람으로 하여금 천하를 공의로 심판할 날을 작정하시고 이에 저를 죽은 자 가운데서 다시 살리신 것으로 모든 사람에게 믿을 만한 증거를 주셨기" 때문입니다(행 17:31). 자기의 위대한 사역을 완성하신 구속주께서는 이제 아버지의 약속이 성취되기를 조용히 기다리고 계십니다(고전 15:25-27 참조). 그리스도께서는 권능을 행사하시어 하나님을 거스른 모든 거만스러운 배도자들을 둘러엎으실 것입니다. 그는 이렇게 말씀하실 것입니다. "내가 노함을 인하여 무리를 밟았고 분함을 인하여 짓밟았으므로 그들의 선혈이 내 옷에 튀어 내 의복을 다 더럽혔음이니 이는 내 원수 갚는 날이 내 마음에 있고."(사 63:3,4 ; 계 14:20 참조). 그 때 사람들은 "어린 양의 진노"의 무서움을 맛볼 것입니다. "산들과 바위에게 말하되 우리 위에 떨어져 보좌에 앉으신 이의 얼굴에서와 그 어린 양의 진노에서 우리를 가리라."(계 6:16)

"어린 양의 진노"는 "그리스도의 사랑"만큼 완전합니다. 아버지의 집으로 구속(救贖)하신 자들을 인도하여 들이실 때처럼, 하나님이 원수들을 둘러 엎으실 때에도 참으로 그의 영광은 빛날 것입니다. 그의 옆구리가 찔려 터져 우리를 위해서 그 생명이 끊김을 당하는 것을 볼 때처럼, 우리는 그의 원수들의 선혈이 그 옷에 튀어 있음을 볼 때에도 역시 그에게 경배하게 될 것입니다. 그 일이 모두 다 아버지께서 그에게 맡기신 일의 고유한 부분들입니다. 우리가 현재 상태에서 그리스도를 멸시하고 거부하는 자들에게 하시는 말씀을 묵상할 때 무서움으로 가슴이 조여온다 해도 그러합니다. "너희 저주받을 자들이여 나를 떠나라." 그럼에도 그 날에 우리는 그 일 때문에 그를 찬양할 것입니다. "오! 악한 사람들과 핍박자들과 그리스도를 반대하던 모든 사람들이 타는 불 못에 던져지게 될 때 그 승리는 얼마나 놀라울까요!"(C. H. Spurgeon).

방금 우리가 앞에서 말한 것에 대한 주목할 만한 (예표적인) 표증을 주후 70년에 하나님께서 주셨습니다. 그리스도께서 육신을 입고 이 땅에 계실 동안, 그 원수들은 냉혹한 혐오감으로 그를 추격하였습니다. 그리스도를 쫓아 죽음으로 내몰았을 때에도 그들의 적대감은 가라앉지 않았습니다. 그들의 격노는 그를 따르는 추종자들에게도 계속해서 나타났습니다. 누구나 사도행전을 읽으면 초대교회 그리스도인들을 거스르던 배도적인 유대교의 포악성을 발견하지 않을 수 없습니다. 유대인들은 나사렛 예수를 자기들이 이겼다고 크게 떠벌였습니다. 잠시 동안 그들이 그의 교회를 이긴 것 같은 모습을 보였습니다. 그 문제는 여러 해 동안 미심쩍은 상태에 있었지만, 하나님께서는 한 나라로서의 유대인들을 철저하게 멸하심으로써 그 일에 종지부를 찍으셨습니다. 그럼으로써 복음을 복종하지 않는 사람들의 영원한 멸망의 표증을 보여 주신 것입니다. 로마 군인들이 그들의 도시를 불사르고 그들의 전을 파괴하도록 하나님께서 역사하신 모습 속에서 우리는 무엇을 봅니까? 그리스도가 "나의 왕 됨을 원치 아니하던 저 원수들을 이리로 끌어다가 내 앞에서 죽이라."(눅 19:27)고 말씀하신 대로 일이 벌어질 것에 대한 예표가 아니면 무엇이겠습니까?

그러나 13절을 다른 차원에서 마지막으로 생각해 봅시다. "기다리시나니"라는 말 속에서 중보자의 사랑스러운 도덕적 완전함의 표증을 다시 한 번 대하게 됩니다. 그리스도는 단 한순간에 그의 원수들을 멸하실 수 있습니다. 그러나 1900여 년 동안 그리스도께서는 자기 때를 기다리고 계십니다. 어째서요? 하늘에서 마저 그는 온유하고 자비하고 겸비하신 자세로 아버지의 기뻐하심을 기다리고 계시기 때문입니다. 그의 최종적인 승리가 아직 보류되어 있는 것은 하나님께서 '정하신' 그 날을 조용히 기다리고 계시기 때문입니다(행 17:31). 그러므로 우리는 "예수 그리스도의 나라와 인내"에 대하여 읽게 되는 것입니다(계 1:9). 이 점에 있어서도 그는 우리에게 한 실례를 보여 주십니다. 우리의 몫과 우리의 조건이 어떠하다 할지라도, 우리를 거스르는 악의 세력들이 아무리 격렬하게 군다 할지라도 우리는 인내로 우리 영혼을 지켜야 합니다(눅 21:19). 그리고 시온을 기쁘게 할 "정한 때"가 있음을 알아야 합니다(시 102:13). 오래지 않아 그리스도와 그의 교회의 모든 원수는 전복될 것입니다. 그들과 "화해하지 않고" 둘러 엎으실 것입니다. "그의 원수들이 그의 발등상이 될 것"이라는 말씀은 '보편구원론자들'[3]의 꿈이 거짓임을 명백하게 드러냅니다.

히브리서 10:14

"그가 거룩하게 된 자들을

한 번의 제사로 영원히 온전하게 하셨느니라."

여기서 세 가지 요점이 우리의 주목을 끕니다. 첫째, 이 관점과 문맥의 관계입니다. 둘째, "영원히 온전하게 하셨다."는 말이 무엇을 뜻하는가? 셋째, "거룩함을 입은" 사람들이 누구인가?

이 구절과 앞선 구절을 서로 연결시키는 고리 "왜냐하면"이란 이유 접속사는 이중적인 강조를 시사하고 있습니다. 첫째, 그 말은 지금 말하는 것이 전체 대목의 주제를 더 분명하게 증거하고 있음을 지시합니다. 그리스도의 한 제사가 하나님에 의해서 구별된 사람들을 "영원히 온전하게 하였다."는 사실은 그리스도의 제사의 효력과 충분성을 더욱 더 드러냅니다. 그리고 더 이상 그 제사가 반복될 필요가 없음을 보여 줍니다. 둘째, 중보자께서 그 원수로 자기 발등상 되기까지 하나님 우편에 앉아 계시는 것이 합당함을 나타냅니다. 그 중보자의 사역은 그처럼 복된 결과를 이룩했습니다. 그는 안식과 상급을 함께 차지할 권리를 가지고 계십니다.

---

3) 보편구원론(universalism)을 주장하는 이들은 하나님의 공의와 거룩성을 무시하고 하나님의 자비와 사랑의 속성을 과도하게 끌고 나가 결국 모든 인류가 하나도 빠짐없이 구원에 이르게 될 것이라는 주장을 한다. - 역자 주

"그가 거룩하게 된 자들을 한 번의 제사로 영원히 온전하게 하셨느니라." "온전하게 하셨다."는 것은 문자 그대로 옮기면 "마쳤다," 또는 "완성했다"는 의미입니다. 이 말이 들어 있는 문맥이나 전체 서신이 보여 주는 바와 같이 여기서는 주관적인 의미에서의 온전함보다는 객관적인 의미에서의 온전함을 더 말하고 있습니다. 이 구절은 교회가 영광중에 있는 영원한 상태를 말하고 있지 않고, 하나님 앞에 현재 교회가 서 있는 처지를 말하고 있습니다. 그리스도는 그의 제사로 말미암아 자기 백성들을 위하여 온전한 죄 사함을 이룩하셨고, 그 죄에 대하여 하나님 앞에서 평안을 가지게 하셨습니다. 주 예수의 "한 제사"는 무한한 공력을 가진 나머지(거룩한 인성 안에 무한한, 또는 신적 격위가 존재하시니), "자기 사람들"을 위하여 완전한 속죄를 이루었습니다. 그리하여 그들이 각자 하나님 앞에 가납되고 하나님께 가까이 나아갈 수 있는 권리를 확보해 놓으셨습니다. 또 그 백성들로 하여금 하나님 앞에서 제사장적 신분을 얻게 하였고, 언약적인 차원에서 하나님께 가까이 나아가게 하였습니다.

그들의 구원이 다름 아닌 '임마누엘'의 삶과 죽음을 통하여 대리적인 순종과 대리적인 고난으로 말미암아 성취되었습니다. 그는 하나님의 율법을 온전히 지키고 그 저주를 다 당하심으로써 그 율법을 영화롭게 하셨습니다. 그러므로 그의 백성들은 완전히 의롭다 하심을 얻었고, 온전히 거룩하게 되었습니다. 다시 말하면 하나님의 전에서 섬기기에 완전한 의와 완전한 정당성을 소유하게 되었다는 말입니다. 그들 스스로 그렇게 한 것이 아니라, 머리 되신 그리스도로 말미암아 그렇게 된 것입니다. 하늘에 대한 그들의 '자격'은 오직 그들에게 전가된 그리스도의 의(義)에 기초하고 있습니다. 성령께서 그들을 중생케 하실 때 그들의 정당성이 주어진 것입니다. 그들이 현재 그 하늘의 영광을 "누리고" 있느냐의 문제는, 매일 하나님과 교제를 유지하는지의 여부에 따라서 결정됩니다. 그들이 하늘에서 완전하고 영원한 즐거움을 누리게 되는 것은 구주가 다시 오실 때 "영화롭게" 된 다음부터의 일이 될 것입니다.

"온전하게 하셨느니라." 여기에서 "온전하게 하셨다."는 말은 체험적인 의미에서보다는 제사적인 의미에서 이해되어야 합니다. 그것은 그리스도인이 하나도 거리낌 없는 평안을 가지고 하나님의 거룩한 면전에 서 있을 "권리"를 가리킵니다. 그렇게 할 우리의 권리는 우리가 영화롭게 될 때와 마찬가지로 지금도 견고합니다. 왜냐하면 그 권리는 십자가에서 이루신 우리의 대속주의 제사의 일에 의해서만 주어졌기 때문입니다. 그것은 전적으로 우리 밖에 있는 것에 달려 있습니다. 우리가 처음 믿을 때나 그 이후 언제라도 우리 속에서, 우리로 말미암아 하나님의 주권적인 은혜가 어떠한 일을 하시느냐에 달려 있는 것이 전혀 아닙니다. 우리는 그리스도의 보배로우심을 따라 하나님이 보시기에 보배롭습니다(엡 1:6 ; 요 17:22,23).

그럼에도 불구하고 이 점을 부연해야겠습니다. 이 완전한 객관적 거룩함(그리스도로 말미암아 우리가 하나님께 바쳐진)은, 성령님을 통하여, 말씀을 사용함으로 부단하게 우리가 체험적으로 씻음 받고 정결하게 되는 일을 덜 필요하게 만듭니까? 전혀 그렇지 않습니다. 우리는 "예수께서 이르시되 이미 목욕한 자는 발밖에 씻을 필요가 없느니라 온 몸이 깨끗하니라."(요 13:10) "곧 하나님 아버지의 미리 아심을 따라 성령이 거룩하게 하심으로 순종하고 예수 그리스도의 피 뿌림을 얻기 위하여 택하심을 받은 자들에게 편지하노니 은혜와 평강이 너희에게 더욱 많을지어다."(벧전 1:2)

그리스도의 "한 제사"로 말미암아 "거룩하게 된 자들," 보다 문자적으로 말하면 '성화(聖化)된 자들'은 아버지에 의해서 '영원히 구별된' 자들입니다

(유 1절). 이 서신에서 선택받은 사람들이 여러 가지 칭호로 불립니다. "구원을 얻을 후사,"(1:14) "아들들,"(2:10) "그리스도의 형제들,"(2:12) "하늘의 부르심에 참여한 자들,"(3:1) "약속의 후사들,"(6:17) "이스라엘의 집"과 "유다 집,"(8:8) 등으로 말입니다. 그러나 여기서 그 사람들을 "거룩하게 된 자들"이라 부르는 것은, 이 대목 전체에서 성령께서 모든 것의 근거있는 참 원천을 보여주시려는 의도 때문입니다. 곧 주권적인 '하나님의 절대적인 뜻'을 보여주려 하시기 때문입니다.

49강

성화(聖化)를 위한 은혜의 방식

10:15 또한 성령이 우리에게 증언하시되 10:16 주께서 이르시되 그 날 후로는 그들과 맺을 언
약이 이것이라 하시고 내 법을 그들의 마음에 두고 그들의 생각에 기록하리라 하신 후에
10:17 또 그들의 죄와 그들의 불법을 내가 다시 기억하지 아니하리라 하셨으니 10:18 이것들
을 사하셨은즉 다시 죄를 위하여 제사 드릴 것이 없느니라

이 본문의 말씀들은 사도가 히브리 사람들에게 펼쳐 보이고 있는 주도적인 논증을 마무리합니다. 그 다음에 나오는 대목은 앞에서 확증된 명제로부터 끌어낸 일련의 권고의 성질을 더욱 많이 띠고 있습니다. 기독교가 유대교보다 말로 할 수 없이 탁월하다는 것은 우리의 대제사장의 영광스러운 인격과 그의 제사의 완전한 효력에 비추어 온전히 증거되었습니다.

"여기서 우리는 이 서신의 교의적(教義的)인 부분의 마지막에 도달한다. 하늘에 속한 영광스런 신비들로 가득 찬 부분을 대하게 된다. 또한 이 부분의 말씀은 이방인들의 교회의 빛, 이스라엘 백성의 영광, 복음적 믿음의 터와 성채(城砦)를 보여 준다."(John Owen)

탁월한 강해자 존 오웬은 바로 이어서 다음과 같은 말을 덧붙입니다(이는 존 오웬 자신의 감상을 가장 합당하게 표현한 말입니다).

"나는 정말 겸비함을 가지고 말하건대, 이렇게 큰 위대한 일을 해내기에 내 자신이 얼마나 연약하고 무능한 존재인지! 그것을 해석해 나가도록 나를 인도해 주시고 받쳐주신 주님의 은혜에 감사하는 바이다. 그것을 통해서 공로 없이 오직 주권적으로 주시는 순전한 은혜의 효력으로 교회에 유익을 주기를 바라는 바이다. 그러하니 이러한 결론을 내릴 뿐이다. 노력의 열매 속에서도 성령의 의중을 전혀 모른 적이 참으로 여러 번이었고, 다른 사람들의 고귀한 생명의 귀중성을 전혀 발견하지 못했으니 성령께서 내 가련한 간구에 은혜롭게 응답하사 빛을 더하여 주시기를 바라오며, 빛을 더 부어주시어 진리의 증거를 더욱 밝혀 주시기를 바랄 뿐이니이다."

이 부분과 지난 강론에서 다룬 부분 사이의 관계는 이러합니다. 11-14절에서 그리스도의 '제사의 온전함'이 선언되었습니다. 첫째, 11-14절에서 그 온전성을 비교법으로 선언하였고, 특히 14절에서는 단독적으로 그 온전성을 선언합니다. 15-17절에서는 구약성경이 이 점에 대하여 확증하는 또 다른 증거를 인용합니다. 그리스도의 중보 사역이 그처럼 효력이 있었기 때문에, 저가 한 제물로 거룩하게 된 자들을 영원히 온전케 하셨습니다.

이에 대하여 청교도 목사 차르녹(Charnock)의 말을 들어 봅니다.

"그 한 제물은 어쩌나 무한한 가치를 지녔던지, 죄책과 죄의 오염과 죄의 능력 모두의 차원에서 죄를 온전히 없이 하였다. 그리고 그 제사는 모든 신자들이 세상 끝까지 완전한 성화(聖化)를 이루기 위해 필요한 모든 은혜를 위한 충분한 가치를 지녔다. 우리의 죄책을 없애기 위하여 그의 피로 만족하게 하셨고, 우리의 은혜를 공급하기 위해서 보배로운 공력을 성취하셨다."(그의 영문 전집 제 5권. p. 231).

앞의 부분과 지금 우리가 다루는 대목 사이에 또 다른 연관이 있습니다. 14절에서 사도는 "저가 한 제물로 거룩하게 된 자들을 영원히 온전하게 하셨느니라."고 선언하였습니다. 이제는 "거룩하게 된 자들"을 나타내 주는 표지(標識)들을 묘사합니다. 자기 영혼을 진정으로 귀하게 여기고, 또 자기 영원한 운명에 대해서 깊은 관심을 가지고 있는 자들에게는 이 점이 사활을 좌우할 만큼 중요한 문제입니다. 성육신하신 하나님의 아들이 속죄제로 자신을 드렸는데, 내가 은총을 입어 그 제사의 효력을 받는 무리들 속에 들어 있음을 어떻게 알 수 있는가? 내가 "거룩하게 된" 자들 속에 들어 있음을 증거하는 어떤 분명하고 결론적인 증거를 가지고 있는가? 이러한 중압감을 주는 질문들에 대한 답변이 우리가 숙고하려는 구절들 속에 들어 있습니다.

각 독자마다 필자인 강해자와 함께 정직한 마음과 분별하는 눈을 허락하십사고 하나님께 간구해야 할 것입니다. 이 부분에서 묘사하는 것을 자기의 체험 속에서 만났는지 아닌지를 알아보기 위해서 그런 은혜가 필요합니다.

"또한 성령이 우리에게 증언하시되 주께서 이르시되 그 날 후로는 그들과 맺을 언약이 이것이라 하시고 내 법을 그들의 마음에 두고 그들의 생각에 기록하리라 하신 후에 또 그들의 죄와 그들의 불법을 내가 다시 기억하지 아니하리라 하셨으니 이것들을 사(赦)하셨은즉 다시 죄를 위하여 제사 드릴 것이 없느니라."(15-18절)

14절의 역설(力說)은 두 부분으로 나뉩니다. 첫째는 "거룩하게 된 자들"이요, 둘째는 그런 자들이 "영원히 온전케 되었다."는 것입니다. 사도가 여기서 제시하는 증거 본문 속에는 그 둘이 다 발견됩니다. 물론 순서는 바뀌어 있습니다. "거룩하게 된 자들"은 하나님께서 그의 법을 그 마음에 둔 자들입니다. "영원히 온전케 된 자들"은 하나님께서 저희 죄와 저희 불법을 다시 기억하지 않으시는 바로 그 사람들입니다.

히브리서 10:15

"또한 성령이 우리에게 증언하시되"

이 부분에 대한 존 오웬(John Owen)의 주해를 그대로 인용하겠습니다.

"그리스도의 제사 직분의 영광과, 그의 제사 사역에 관한 이제까지의 사도의 전체 논증의 기초가 그리스도를 중보로 삼는 '새 언약'의 묘사 속에 놓여 있다. 그 '새 언약'은 그의 제사로 말미암아 확증되고 인증되었다. 마치 '옛 언약'이 황소와 염소의 피로 인증된 것과 마찬가지다(8:10-13). 이렇게 해서 그리스도의 제사 직분과 제사에 관한 사도의 증거가 풍성하게 되고 명백해진 셈이다. 이제 그는 앞에서 제시했던 '새 언약'에 대한 묘사를 통해서 성령의 증거를 기초하여 전체를 확증한다. 사도의 논증의 결론은 주 예수 그리스도의 인격의 존영과 그의 직무의 존귀, 아울러 영원한 그의 제사의 효력 때문에 자신을 단번에 드리셨다는 것이다. 사실상 그 결론은 앞에서 그가 가르쳤고 선언했던 모든 것을 다 함축한다. 또 그 결론은 자주 거듭 드려졌던 모든 레위 제사들의 불충분성과, 그에 따라서 그 제사들이 교회에서 물러나게 되었음을 분명하게 시사한다. 그러하기 때문에 이 특별한 요점을 증언하시려고 성령께서 그 말씀들을 언급하신 것이다."

"또한 성령이 우리에게 증언하시되." 이 말씀은 세 가지 문제점을 야기합니다. 첫째는 성령께서 무엇에 대해 "증언"하시는가? 둘째로 "또한"은 무엇을 가리키는가? "또한 성령께서도"라는 말이니 그것을 다른 누구도 증언한다는 말인가? 셋째로 성령께서 "어떻게" 증언하시는가? 우리는 이 질문들에 대한 해답을 찾아보기로 합니다.

성령께서 "증언하신다." 했는데 무엇을 "증언"하신다는 말인가요? 우리가 14절만 뒤돌아보면 그 대답은 이렇게 나올 것입니다. 구속주(救贖主)께서 드리신 '그 만족이 거룩하게 된 모든 자들을 영원히 온전케 하였다.'는 사실을 성령이 증언하신다는 것으로 이해된다는 말입니다. 16-18절에 나타나는 말씀이 그 점을 밝혀 주고 있습니다. 그럼에도 불구하고, 더 광범하게 살펴볼 필요가 있다고 확신합니다. 구속주가 드린 만족은 하나님의 '뜻'을 성취한 것이었고, 영원한 언약 가운데 맺어진 협약을 이루는 것이었습니다. 전체 문맥이 그것을 말하고 있습니다. 성령께서는 그 놀라운 협약이 아버지와 중보자 사이에 맺어질 때 함께 계셨습니다. 그래서 예레미야를 통해서 그 영광스러운 약속들 중 일부를 알리셨습니다. 우리가 진행해 나가면서 이 점의 증거를 더 명확하게 발견할 것입니다.

둘째, "또한 성령이 우리에게 증언하신다."는 말씀은 9절을 바라보게 합니다. 9절에는 하나님께서 세우시고 아들이 집행할 영원한 경륜을 증언하시는 아들의 증거를 발견합니다. 여기서는 17,18절의 진술대로, 아버지께서 중보자를 통해서 약속하신 대로 그 언약의 백성들에게 무엇을 해주실 것인지를 성령께서 증언하십니다. 그래서 우리는 여기서 성삼위의 신격의 각 위들이 함께 역사하시는 모습을 발견합니다. 그럼에도 불구하고 하나님의 말씀은 너무나 충만하기 때문에, 그렇게 말하는 것으로 "또한"이라는 말의 범주를 다 밝혀낸 것이라 여길 수 없습니다. 이 문맥을 통해서 사도가 주도적으로 생각하고 있는 것(히브리서의 주도적인 사상)은 그리스도의 단 한번 드리신 그 제사의 '충분성과 최종성과 효능'입니다. 중보자께서 "하나님 우편에 앉으셨을 때(12절) 그 점을 증거하신 것입니다. 성령께서는 또한 그리스도께서 위해서 죽은 사람들의 마음과 생각 속에서 성화(聖化)의 역사(役事)를 일으켜 그 복된 사실을 우리에게 증언하십니다.

성령께서 우리에게 증언하시는 첫 번째 방식은 기록된 말씀을 통해서입니다. 특별히 예레미야 선지자를 통해서 밝히신 말씀으로 우리에게 증언하십니다. 사도는 그리스도의 제사가 한 번만 드려졌다는 사실을 가지고(11절) 그리스도의 제사의 '충분성'을 논증하되, 유대교의 많이 드려진 제사와 대조하여 논증하였습니다(12절). 그가 지금 "앉아 계시다"는 사실로부터 그 제사의 '최종성'을 증언했습니다. 그가 지금 앉아 계시다는 것은 제사를 드려야 하는 의무가 마쳐진 것을 시사합니다. 히브리 사람들은 이것을 반대하여, '사도가 지적한 것은 그럴듯하게 보이기는 하지만, 성경의 명백한 증거를 대지 않으면 믿지 않겠다.'고 대들수도 있습니다. 그래서 사도는 이제 다시 한 번 예레미야 31장의 기념할 만한 예언을 인용합니다. 그 예레미야 31장은 그가 내린 결론들을 명백하게 확증해 줍니다. 그 예언의 여러 조목들이 사도의 추론들을 어떻게 인증하는지는 차차 알게 될 것입니다.

"또한 성령이 우리에게 증언하시되." 우리가 알았듯이 여기서 가장 먼저 예레미야 31:31-34에 기록된 말씀을 언급하고 있습니다. 성령께서는 성경의 저자십니다. 왜냐하면 "예언은 언제든지 사람의 뜻으로 낸 것이 아니요 오직 '성령의 감동하심을' 입은 사람들이 하나님께 받아 말한 것이기" 때문입니다(벧후 1:21). 그러나 더 나아가서 성령께서 성경과 함께 하시고 그 권위를 계속 부여하시기 때문에도 성경은 성령의 증언입니다. 우리가 기록된 말씀을 읽을 때, 그 기록된 말씀을 통해서 직접 우리에게 말씀하시는 진리의 음성을 인지해야 합니다. 그렇게 하면 모든 행실의 문제에서 최종적인 권위를 가진 말씀을 인지하게 되는 것입니다. 또한 우리의 믿음은 그 말씀만을 의지해야 합니다.

"또한 성령이 '우리'에게 증언하시되." 여기서 "우리에게"라는 말은 오늘날 매우 주목하여 살펴볼 필요가 있는 표현입니다. '하나님의 말씀을 옳게 분변하고자 한다.'는 구실 아래 하나님의 자녀들에게 필수적인 떡을 탈취해 가는 사람들이 많이 있기 때문입니다. 독자들은 그러한 사람들에게 당하지 않도록 매우 조심해야 할 것입니다. 선지자 예레미야가가 밝히고 있는 것은 '그의' 시대에 살던 하나님의 백성들을 위한 것이었습니다. 그러나 수백 년 후에 사도는 서슴치 않고 예레미야가 기록한 것이 동등하게 '우리에게도' 해당된다고 말합니다. "우리를 위해서" 뿐 아니라 "우리에게" 그 말씀이 주어졌음을 특별하게 주목하십시오! 하나님의 말씀은 모두 다 세상 끝 날까지 하나님의 백성들의 유익을 위해서 기록된 것입니다.

그러나 더 나아가 성령께서는 영원한 언약과 그리스도 제사의 효력에 대하여 객관적으로 기록된 말씀을 통해서 뿐 아니라 주관적으로 그 말씀을 '우리에게 적용'시킴으로써도 증거하십니다. 사도 바울이 고린도 사람들에게 말한 바와 같습니다. "너희는 우리로 말미암아 나타난 그리스도의 편지니 이는 먹으로 쓴 것이 아니요 오직 살아 계신 하나님의 영으로 한 것이며 또 돌비에 쓴 것이 아니요 오직 육의 마음 판에 쓴 것이라."(고후 3:3) 그 결과를 통해서 그 원인을 알 수 있고, 열매로 그 나무를 압니다. 그처럼 그리스도의 제사의 가치와 공력은 성령님을 통하여, 우리 마음에 역사하는 그의 은혜의 강력한 작용으로 말미암아 우리에게 증거됩니다. 그리스도인의 영혼 속에 성령님에 의해 심겨진 모든 은혜마다 그리스도의 순종과 피로 산 것입니다. 그리고 살아 있는 증거들이야말로 그리스도의 순종과 피의 가치를 드러냅니다.

"왜냐하면 그 후에 전에 주께서 이르신 바와 같이."[1] 사도가 예레미야의

---

1) 우리말 개역개정이나 개역한글에서는 이 부분을 16절에 배치하고 있으나 필자가 강해의 역본으로 삼는 KJV에서는 15절에 배치하고 있다(Where of the Holy Ghost also is a wirness to us: for after that he had said before 라고 되어 있다). - 역자 주

예언에서 인용하려는 특별한 증거 본문은 자신의 말로 도입됩니다. 다음 구절에서 사도가 말한 이른바 “주께서 이르시되”라는 소절과 같이 말입니다. 여기서 그냥 “주께서 이르시되”라고 말하지 않고 “전에(before)”라는 말을 덧붙인 것은 무엇을 가리키느라고 그런 것입니까? 그 대답은 다음 16절의 “내가 그들과 맺은 언약은 이것이니.”라 하신 말씀에서 찾습니다. “그날 후로는”이란 말은 또한 무엇을 의미하는가라고 묻는다면 “내 법을 그들의 마음에 둘 것이라.”는 말씀 속에서 찾습니다. 여기서 특히 주목해야 할 요점은 무엇입니까? 하나님께서 우리 마음에 당신의 법을 두시고 우리의 죄를 용서하시는 긍휼은 오직 그리스도의 제사가 가져온 직접적인 열매라는 것입니다. 더 광범하게 말하면 하나님께서 중보자에게 언약하신 약속의 성취라는 것입니다.

하나님께서 그리스도와 맺으신 영원한 언약이 자기 백성들에게 행하신 모든 선한 일의 “근거”입니다. 이 진술의 증거는 많은 성경구절에서 찾아 볼 수 있습니다. 오늘날에는 그 증거에 대하여 별로 많이 생각하지 않고들 있습니다. 예를 들어서 출애굽기 6:5에서 여호와께서 모세에게 “나의 언약을 기억하노라.”고 말씀하십니다. 이스라엘을 애굽에서 이끌어내신 데 대한 근거로 그 말씀을 하신 것입니다. 다시 시편 105:8에서 “그는 그 언약 곧 천대에 명하신 말씀을 영원히 기억하셨으니.”라고 하였습니다. 그와 같이 에스겔 16:60에 하나님께서는 이렇게 선언하십니다. “그러나 내가 너의 어렸을 때에 너와 세운 약속을 기억하고 나와 영원한 언약을 세우리라.” 한편 누가복음 1장에서 스가랴의 예언의 말씀을 이렇게 기록하고 있다. “찬송하리로다 주 이스라엘의 하나님이여 그 백성을 돌아보사 속량하시며 우리를 위하여 구원의 뿔을 그 종 다윗의 집에 일으키셨으니 이것은 주께서 예로부터 거룩한 선지자의 입으로 말씀하신 바와 같이 우리 원수에게서와 우리를 미워하는 모든 자의 손에서 구원하시는 일이라 우리 조상을 긍휼히 여기시며 그 거룩한 언약을 기억하셨으니."(68-72절)

히브리서 10:16

"주께서 이르시되 그 날 후로는 그들과 맺을 언약이 이것이라 하시고 내 법을 그들의 마음에 두고 그들의 생각에 기록하리라 하신 후에."

여기서 사도는 예레미야 31:31의 '새 언약'을 언급합니다. 그것을 '새 언약'이라 부르는 것은 그것이 새로 맺어진 언약이기 때문에서가 아닙니다. 왜냐하면 그 언약의 기원을 보면 그 언약은 영원 전부터 머리되신 그리스도 안에서 택하신 자들에게 주신 것이기 때문입니다(딛 1:2). 또한 그것이 새롭게 '계시된' 언약이기 때문에 그렇게 부른 것도 아닙니다. 왜냐하면 그 이전의 구약의 성도들에게 어느 정도 그것이 알려져 있었기 때문입니다. 그것을 '새 언약'이라 부르는 것은 낡아버리고 폐해져 버린 언약의 이전 시행방식과 구별되기 때문입니다. 또한 그 언약이 부여하는 '새 마음,' '새 영,' '새 노래' 때문에 '새 언약'이라 부르는 것입니다. 또한 할례나 유월절 같은 옛 규례들 대신 새로운 규례들(세례와 주의 성찬)이 들어오기 때문에 그렇게 부릅니다. 더 나아가 그 언약의 생명력과 효능이 영구하기 때문에 '새'라는 수식을 붙인 것이 참으로 잘한 일입니다. 그 언약은 결코 낡은 것이 되거나 다른 것에 자리를 양보하지 않을 것입니다.

"내 법을 그들의 마음에 두고 그들의 생각에 기록하리라 하신 후에." 하나님께서 어떤 사람들의 마음과 생각에 하나님의 법을 기록해 주시는 은택을 주시나요? 하나님께서 영원 전에 구별하신 자들(엡 1:4), 그리하여 하나님께서 중보자에게 주신 자들(요 17:6), 그리스도께서 위하여 죽은 자들에게 그리하시는 것입니다. 그들이 바로 하나님께서 "미리 정하시고 부르시고 의롭다 하시고 영화롭게 하신 자들"입니다(롬 8:30). 오직 이들만이 하나님께 그처럼 은혜로운 대접을 받습니다. 그 밖에 다른 사람들도 종교적인 교육이나 개인적인 노력을 통해서 하나님의 율법을 아는 이론적인 지식은 얻을 수 있습니다. 그러나 생명을 얻게 하는 하나님을 아는 지식은 선택 받은 자들에게만 허락됩니다.

"내 법을 그들의 마음에 두고." 우리가 이 엄청나게 중요한 표현을 생각함에 있어서, 하나님께서 그 점에 대하여 우리에게 허락하신 빛의 분량에 따라 설명하려고 애써야 할 것입니다. 먼저, 아담의 경우를 생각하면 그 점에 대한 이해에 도움을 얻을 것입니다. 아담이 창조주의 손으로 지으심을 받았을 때 하나님의 법이 그 마음에 있었습니다. 다른 말로 해서, 그 때 그는 모든 종류의 거룩한 성향과, 하나님께서 명하시는 것은 무엇이든지 행하고 싶은 경향성과 본성을 본능같이 부여 받았었습니다. 그리고 하나님께서 금하시는 것은 모두 싫어하는 성향을 가지고 있었습니다. 그것이 바로 그의 마음의 본성의 '법'이었습니다. 아담 안에 있던 하나님의 법은 아담의 원래적인 "본성"이요, 그의 영과 혼의 성질이었습니다. 마치 짐승들이 자기 새끼들을 사랑하고, 새들이 자기 둥주리를 트는 본성의 법을 가지고 있는 것처럼 말입니다.

토마스 굳윈(Thomas Goodwin)은 이 점을 이렇게 설명합니다.

"하나님께서 사람을 처음 만드실 때 글자로 기록되거나 말로 전달된 외적인 법은 가지고 있지 않았다. 오히려 그의 마음에만 새겨진 내면의 법이 있었다. 다시 말하면, 그에게 구체적으로 새겨지고 그의 영혼의 체계에서 역사하는 내적인 법이 있었다. 이 하나님의 법의 전체 본질과 뿌리는, 단순히 그의 총명을 의지하거나 빛을 비추어 주거나 어떤 일을 해야 할 것인가를 가르쳐 주는 정도에 불과한 것이 아니었다. 오히려 더 나아가 그의 의지와 감성에 있어서, 진실하고 살아 있는 영적 성향과 의향을 가지게 하고, 하나님께 기도하고 하나님을 사랑하고 하나님을 두려워하는 방향으로 나아가도록 그를 유도하는 것이었다. 또 영적이고 거룩한 방식으로 하나님의 영광을 구하게 하는 성향이었다. 그 성향들은 모든 의무를 준행하기에 마땅한 내적 능력들이었다."(Thomas Goodwin의 전작집 제 6권, p. 402에서)

창세기 2:17의 외적 명령은 그가 책임을 훌륭히 수행하는 일을 '시험'하기 위해서 주어진 것이었습니다. 하나님께서 은혜롭게 그 안에 두신 것은 그 책임을 감당하기 위한 장비였습니다. 타락하지 않은 아담의 마음에 하나님께서 자기의 법을 두셨다고 가르치는 성경이 어디 있느냐고 묻는다면, 시편 40:8을 가리키는 것으로 충분합니다. 거기 그리스도께서는 "주의 법이 나의 심중에 있나이다."라고 말씀하십니다. 로마서 5:14도 아담은 "오실 자의 '표상'"이었다고 선언합니다. 그러나 더욱 더 좋은 대답을 제공할 수 있습니다. 밭에서 발견되는 그루터기를 보면 그 땅이 어떤 곡식을 낼 것인지 알아낼 수 있는 바와 같이, 타락하고 부패한 인간성 속에 드러나는 파멸로서 타락하지 않은 한 사람 속에 무엇이 있었음을 확인할 수 있습니다. 로마서 2:14은 이방인들이 "'본성으로' 율법에 속한 일을" 한다고 말합니다. 그들의 양심은 부도덕과 살인은 범죄임을 그들에게 말하여 줍니다. 그래서 하나님의 법이 원래 아담의 "본성" 자체였다는 명백한 증거를 모든 사람들의 마음 속에 있는 그 본성의 그림자를 통하여 발견합니다.

안타깝게도 아담은 하나님께서 창조한 대로의 모습을 유지하지 못했습니다. 그는 타락했고, 그 결과 그의 마음은 부패되었으며, 그의 '본성' 자체도 손상되었습니다. 그래서 그가 전에 사랑하던 것을 이제는 미워하게 되었고, 그가 미워했어야 하는 것을 이제는 섬기게 되었습니다. 아담의 모든 타락한 후손들에게도 마찬가지입니다. "그들의 총명이 어두워지고 그들 가운데 있는 무지함과 그들의 마음이 굳어짐으로 말미암아 하나님의 생명에서 떠나 있도다."(엡 4:28) 그리고 그들의 육신적인 생각은 "하나님의 법에 굴복하지 않을 뿐 아니라 할 수도" 없습니다(롬 8:7). 사람은 그 거룩한 "본성"이나 영적 성향이나 소질 대신 죄를 그 안에 있게 하여 죄의 지배를 받고 있습니다. 그것을 로마서 7:23은 "죄가 우리 지체 속에 있는 한 '법'이 되어 있다."고 가르칩니다. 그것이 바로 "죄와 사망의 법"입니다(롬 8:2). 그와 같이 예레미야 17:1에서(히브리서 10:16과 대칭되는 말씀) 마음의 죄와 부패가 "금강석 끝 철필로 기록되되 그들의 마음 판과 그들의 제단 뿔에 새겨진" 것으로 말하고 있습니다.

중생(重生)과 성화(聖化)를 통해서 전에 아담이 처음 창조되었을 때에 표준이 되었던 '하나님의 형상'이 다시 영혼에 각인(刻印)됩니다. "새 사람을 입었으니 이는 자기를 창조하신 이의 형상을 따라 지식에까지 새롭게 하심을 입은 자니라."(골 3:10) 그리스도인들의 마음속에 하나님의 법이 기록되어 하나님을 섬기고 복종하고 기쁘게 하고 영화롭게 하는 것이 그의 '본성' 자체가 됩니다. 하나님의 법이 다시 영혼 속에서 새롭게 되었으니 그 법을 '생각의 법(law of mind)'이라고 부릅니다. 왜냐하면 이제 생각이 하나님의 권위에 의해서 통제되기 때문입니다. 해바라기가 해를 향하여 얼굴을 돌리듯이 그 생각이 본능적으로 하나님을 향하여 돌아갑니다. 마치 나침반 바늘이 자석을 대면 그리로 기울어지는 것과 같습니다. 그래서 새로워진 마음은 하나님의 법을 '즐거워합니다.'(롬 7:22) 그리고 하나님의 법을 '섬깁니다.'(롬 7:25) 그렇게 하는 것이 그 마음의 '본성'이기 때문입니다.

"내 법을 그들의 마음에 두고 그들의 생각에 기록하리라." 그리스도께서 위하여 죽은 자들 각자 속에 일어나는 이 놀라운 변화를 여기서는 직접적이고 절대적으로 하나님이 하신 일로 묘사되어 있습니다. "내 법을 그들의 마음에 두고 그들의 생각에 기록하리라." 그것은 사람들에게 단순하게 무엇을 주시는 것보다 더한 일이요, 받아들여지기에 별 효력이 없는 초청을 하는 것보다 훨씬 더한 것입니다. 은총 받은 사람들로 하여금 그것에 복종하도록 철저하게 변화시키는 것은 항거할 수 없는 성령님의 이적적인 작용입니다.

처음 사람을 만드셨던 그분만이 사람을 다시 만드실 수 있습니다. 전능자가 아니고서는 타락이 가져온 그 무서운 상처를 회복시킬 수 없으며, 죄의 그 무서운 권세를 대처할 수 없습니다. 전능자가 아니고는 육체의 정욕으로부터 마음을 끌어낼 수 없으며, 세상의 속박에서 벗어나게 할 수 없으며, 사단의 얽매임에서 사람을 풀어낼 수 없습니다. 하나님의 거룩한 법을 마음에 기록하여 하나님을 진지하고 기쁘게 최상으로 사랑하고 섬기게 할 수 있게 하시는 이는 오직 전능자이십니다. 다른 어느 누구도 그런 일을 해 낼 자가 없습니다.

"내 법을 그들의 마음에 두고." 이는 '옛 언약,' 또는 '시내산 언약' 아래 있던 자들과 대조되는 요점입니다. 하나님께서 돌 판에 "십계명"의 말씀을 기록하여 주셨습니다. 그리하여 그 십계명이 영구하고 고정적인 권위를 가지고 있음을 시사하셨습니다. '돌 판'에 그 십계명을 기록하신 것은 그것을 받았으나 중생하지 않은 사람들의 마음의 '굳은 상태'를 표상하기 위한 의도도 가지셨기 때문입니다. 그러나 '새 언약' 아래서, 곧 복음적 경륜을 따라 영원한 언약을 '시행하고' 하나님의 백성들에게 그 은혜를 '적용'하는 때에 하나님께서는 자기 백성들의 영혼 속에서 그의 거룩한 법이 효력 있게 작용하도록 하십니다. 첫째, 하나님과 그 법을 거스르는 육신적 마음의 적대감을 복종시키고 제거하심으로써 그 거룩한 법이 효력있게 하시는 것입니다. 그 복종은 상징적으로 '마음의 할례'로 표현되기도 하였습니다(신 30:6). 또한 "돌 같은 마음을 제거함으로써" 그 일을 행하십니다(겔 36:26). 둘째, 그 법에 순종할 원리를 그 마음에 심으심으로써 그 일을 하십니다. '고기 같이 부드러운 마음'을 주시며 '마음에 그 법을 기록하신다.'는 상징적인 어법으로 그 요점을 묘사하십니다.

사랑하는 독자여, 하나님께서 여기서 '내가 내 약속을 두리라.'고 하지 않고 "그들의 마음에 내 법을 두리라."고 말씀하심을 특별하게 주목해야 합니다. 하나님께서는 당신 자신이 요구하신 것들을 포기하지 않으실 것입니다. 하나님의 공의는 그의 뜻에 지체 없이 복종할 것을 요구하며, 그의 권능은 그 점을 필연케 합니다. 장엄한 은혜의 승리는 율법을 거스르는 마음의 '적대감'(롬 8:7)을 바꾸어 그 율법을 '사랑하게' 하는 것입니다(시 119:37). 시편 19:7의 "여호와의 율법은 완전하여 영혼을 소성케 한다."는 말씀에서 그 점이 설명됩니다. '복음이 아직은 어느 누구도 회심케 하지 않았었다.'는 말을 들으면 우리 독자들 대부분은 아마 깜짝 놀랄 것입니다(응당 그래야 합니다). 정말 당시 이 예언의 말씀을 주실 당시에는 정말 복음이 어느 사람도 회심케 한 적이 없었습니다. 도리어 성령께서는 율법을 사용하시어 하나님을 거스르는 배역에 대하여 깨닫게 하여 주십니다. 영혼이 자기가 하나님을 대적하는 배역을 회개하는 심정으로 죄를 미워하고 그만두기 까지는 복음이 가져오는 평안의 메시지를 받을 준비가 아직은 되지 않은 것입니다.

주의 깊은 독자는 히브리서 8:10과 10:16의 말씀이 약간 서로 다름을 눈치 챘을 것입니다. 8:10에서는 "내 법을 그들의 생각에 두고 그들의 마음에 이것을 기록하리라."고 하였습니다. 그러나 여기 10:16에서는 "내 법을 그들의 마음에 두고 그들의 생각에 기록하리라."고 하여 두 소절의 순서가 바뀌어 있습니다. 히브리서 8:10은 하나님께서 역사하시는 '순서'를 말합니다. 생각(mind)이 먼저 정보를 받고나서 그에 따라 마음(heart)이 달라지는 것입니다. 더구나 8:10에서는 하나님을 '아는' 것의 문제를 다루고 있습니다. 그 일에 있어서 감성이 하나님께 끌리기 전에 총명이 먼저 조명을 받아야합니다. - 알지 못하는 하나님을 사랑할 자가 누구이겠습니까? 성령께서는 중생한 사람들에게 하나님의 법의 권위와 탁월성을 아는 효력적인 지식을 가장 먼저 전달하십니다. 그렇게 되면 그들은 자기들을 매고 있는 세력과 자기들의 영성 모두를 깊이 인식하게 됩니다. 그런 다음에 성령께서는 그것들을 사랑하는 마음을 전달하십니다. 그렇게 되어 그들의 마음이 그것들을 향하여 진심으로 기울어집니다.

사도가 우리 본성의 부패의 좌소(座所)를 규정할 때, '생각(mind)'[2]과 '마음(heart)' 속에서 그것을 찾습니다. "이제부터 너희는 이방인이 그 마음의 허망한 것으로 행함 같이 행하지 말라 그들의 총명이 어두워지고 그들 가운데 있는 무지함과 그들의 마음이 굳어짐으로 말미암아 하나님의 생명에서 떠나 있도다."(엡 4:17,18) 그러므로 성화(聖化)를 위하거나 우리 본성을 새롭게 하시는 신적 역사(役事)는 생각과 마음을 다잡고, 하나님을 믿고 사랑하고 집착하는 원리를 그 마음과 생각 속에 갖추어 주시는 일입니다. 그래서 '새 언약'에 속한 은혜(그리스도께서 자기 백성들을 위해서 자기 몸을 드려 값으로 주고 사신)는 죄(우리 본성에 거하면서 권세를 부리는)가 우리를 부패시키는 정도만큼 우

---

2) mind를 여기서는 '생각'으로 번역하였는데, 이 말은 '이지' 또는 '지성'으로 번역하여 '정서'와 '의지'와 구별되는 인격적 요소를 가리킨다. - 역자 주

리의 '본성(nature)'을 고칩니다. 하나님께서는 '그' 중심의 진실을 원하십니다 (시 51:6). - 물론 하나님의 법을 외면적인 행실을 통해서 지키는 것을 요구하지 않는 것은 아닙니다. 그 일을 요구하십니다. 그러나 그것이 하나님의 법을 향한 내면적 사랑에서 우러나온 것이 아니면 하나님께 가납되지 못합니다. 존 오웬(John Owen)은 이에 대하여 다음과 같이 주해합니다.

"이러한 것들을 통해서 우리는 새 언약이 말하는 약속의 첫 가지에 내포된 은혜의 성질을 쉽게 분변해 낼 수 있다. 또한 이것은 성령님의 유효한 작용인데, 마음의 생각(mind)을 새롭게 하고 빛을 비추어 주시는 작용이다. 그로 인하여 우리 생각들이 습관적으로 하나님의 전체 율법에 순응하게 된다. 다시 말하면, 새 언약 속에 있는 우리의 순종의 원칙과 법에 습관적으로 기울어지게 된다는 말이다. 그리하여 우리에게 요구되는 모든 행동들과 의무들을 수행할 수 있게 된다. 이것이 이 언약 덕택에 우리에게 약속되고 전달된 첫 번째 은혜다. 그렇게 되는 것은 정말 필요하였다. 그 이유를 알아보자. (1) 생각(mind)은 모든 영적 순종의 가장 주요한 좌소(座所)이다. (2) 의지(will)와 정서(affections)의 작용보다 반드시 앞서야 하는 것은, 분별하고 알고 판별하는 생각이다. 외적인 모든 행실에 대하여는 더욱 더 그러하다. (3) 생각의 부패는 눈멂과 어둠과 허망함과 적대감에 의해서 오는 것이다. 내면적이고 영적이고 구원을 주는 은혜의 작용이 마음의 생각에 임하지 않으면, 그 어떤 것도 우리 영혼에 불을 일으키고 우리의 본성을 개선하는 데 한 발자국도 나아갈 수 없다."

히브리서 10:16에서 '마음(heart)'이 '생각(mind)'보다 먼저 언급된 것은 성령께서 우리 자신을 잴 수 있는 신적(神的) 척도를 주기 위함입니다. 그것은 우리가 그리스도의 한 제사로 영원히 온전하게 된 자들, "거룩하게 된 자들"

속에 들어 있는지 아닌지를 가늠하는 시금석입니다. 하나님의 율법에 대한 이지적인 지식을 가졌다고 그것이 중생한 근거는 결코 되지 못합니다. 하나님의 율법에 대하여 '참 마음'으로 알고 있으면 그것이 중생의 증거입니다. 우리 각 자 는 다음과 같은 질문들을 정직하게 대면해 볼 필요가 있습니다.

'내 속에는 내 밖에 있는 율법에 부응하는 것이 있는가? 다시 말하면, 하나님의 계시된 뜻에 규제받고 통제받고 싶은 소원과 결심이 진정으로 내 마음 속에 있는가? 하나님을 기쁘시게 하고 섬기는 것이 내 영혼의 가장 깊은 갈망이요, 내 삶의 가장 중요한 일인가? 하나님께서 내 속에서 자기의 기쁘신 뜻을 두고 행하게 하시기를 위하여 행하고 기도하는 것이 가장 큰 기도 제목인가? 내 소원과 말과 방식에서 전혀 거룩해지지 못한 사실을 볼 때 가장 큰 슬픔을 느끼게 되는가?' 진정 체험적으로 말해서, 우리가 하나님을 사랑하면 할수록 하나님의 법의 탁월성을 더 잘 분별할 것입니다.

히브리서 10:17

"또 그들의 죄와 그들의 불법을
내가 다시 기억하지 아니하리라 하셨으니."

다시 이 진술의 '순서'를 주목하십시오. 16절 이후 여기서 무엇을 발견합니까? 은혜의 순서에 있어서 칭의(稱義)(칭의의 소극적인 국면은 '죄 용서'다)가 성화(聖化)보다 앞섭니다. 그러나 신자의 이해에 있어서는 그렇지 않습니다. 나를 거룩하게 하시는 하나님의 열매가 내 속에 있는지를 확인해 봄으로써 내가 하나님으로부터 '의롭다 하심'을 받았는지 확인할 수 있기 때문입니다. 그 외에는 내가 의롭다 하심을 받았는지 알아 볼 다른 방법이 없습니다. 원인을 발견하기 위해서 효과들을 연구해야 합니다. 같은 방식으로, 하나님께서는 부르시기 전에 선택하셨습니다. 또는 거듭나게 하시기 전에 선택하셨습니다. 그러나 내가 선택 받았다는 분명한 증거를 얻기 위하여 나의 부르심이 '확실한 지' 확인해 보아야 합니다(벧후 1:10 참조). 자기들의 죄가 하나님께 용서받았다고 외치면서도 마음에 기록된 하나님의 법의 표증을 하나도 갖지 않은 사람들도 많습니다. 그러한 사람들은 슬프게 기만을 당하고 있는 것입니다. 성경은 자기 뜻대로 하고 자기를 기쁘게 하는 데서 구원받지 못한 사람들이 스스로 하나님께 용서를 받았다고 여기는 것을 정당하게 말한 적이 없습니다.

"또 그들의 죄와 그들의 불법을 내가 다시 기억하지 아니하리라 하셨으니." 이 말씀을 하나님께서 백성들의 죄를 그 '본심'에서 전혀 생각하지 않으신다는 말로 이해하지 말아야 합니다. 그보다는 하나님께서 재판장으로 직무를 수행하시는 측면에서 그 죄들을 다시는 기억하지 않으신다는 말로 이해해야 합니다. 우리의 대속주는 이미 우리의 책임을 감당하셨고, 공의가 온전히 만족되었습니다. 두 번 다시 값을 치르라고 요구할 수 없게 되었습니다. "그러므로 그리스도 예수 안에 있는 자들에게는 결코 정죄함이 없나니."(롬 8:1) 이것은 신자가 의롭다 하심을 받은 것의 소극적인 국면입니다. 그의 죄가 그의 것으로 여겨지지 않는다는 말입니다. 적극적인 국면은 그리스도가 이룬 완전한 율법적 의가 그에게 전가(轉嫁)되는 것입니다.

히브리서 10:18

"이것들을 사하셨은즉 다시 죄를 위하여 제사 드릴 것이 없느니라."

여기서 사도는 그가 그처럼 온전하게 확증했던 전제들로부터 논박할 수 없는 결론을 끌어내고 있습니다. 우리는 그것을 숙고하기 전에 이 놀라운 구절들을 간단하게 요약하기로 합시다. 첫째, 영원한 언약은 하나님께서 자기의 선택한 백성들을 은혜롭게 대접하시는 모든 행사의 원천입니다. 둘째, 그 아버지와 중보자 사이의 영원한 협약은 '새 언약' 아래서 지금 시행되고 있습니다. 셋째, 이 언약의 의도는 백성들을 외적으로만 거룩하게 구별하자는 것이 아니라 마음과 삶에 있어서 거룩한 자들이 되게 하려는 것입니다. 넷째, 선택한 자들의 성화(聖化)는 그들이 회개하고 복종하도록 효력 있는 은혜를 전달함으로써 이루어집니다. 여기서는 그것이(하나의 상징으로) 하나님께서 자기의 법을 그들의 마음에 두고 그들의 생각에 기록하시는 것으로 묘사되어 있습니다. 다섯째, 이 실제적인 성화는 중생할 때 우리 안에서 시작된 은혜의 역사를 '계속하시는' 하나님의 행사입니다. - 우리의 영화(榮化)는 중생 시에 시작된 것의 '완성'입니다. 왜냐하면 그 때에는 죄의 모든 난제가 우리로부터 완전하게 제거될 것이고, 우리는 그의 아들의 형상을 본받아 온전하게 될 것이기 때문입니다.

"이것들을 사하셨은즉 다시 죄를 위하여 제사 드릴 것이 없느니라." 이 말씀은 예레미야의 말을 인용하되 사도 나름으로 적용한 것입니다. 그리스도의 제사의 완전성을 과시하기 위한 노골적인 의도를 드러내려고 그리 말한 것입니다. 사도의 결론은 전혀 항거할 수 없는 것입니다. 그리스도께서 자기 백성들을 위하여 죽으시어 한 제사를 드리셨습니다. 그 제사로 인하여 영원한 언약의 은혜가 그 모든 백성들에게 전달하도록 안전한 조치가 취해졌습니다. 곧 그들의 인격이 거룩하게 되고 의롭게 되는 은혜를 전달할 장치를 확보해 놓았다는 말입니다. 그 때 그들의 죄가 하나님의 면전에서 완전하게 사라졌으니 더 이상 다른 제사가 필요 없습니다. 아멘.

50강

하나님께 나아갈 담력

10:19 그러므로 형제들아 우리가 예수의 피를 힘입어 성소에 들어갈 담력을 얻었나니
10:20 그 길은 우리를 위하여 휘장 가운데로 열어 놓으신 새로운 살 길이요 휘장은 곧 그
의 육체니라 10:21 또 하나님의 집 다스리는 큰 제사장이 계시매 10:22 우리가 마음에 뿌림
을 받아 악한 양심으로부터 벗어나고 몸은 맑은 물로 씻음을 받았으니 참 마음과 온전
한 믿음으로 하나님께 나아가자 10:23 또 약속하신 이는 미쁘시니 우리가 믿는 도리의 소
망을 움직이지 말며 굳게 잡고

우리가 주목하려는 구절들은 교리적인 부분에서 실천적인 부분으로 넘어가는 전환점을 내포합니다. 특권들과 의무들은 서로 떨어져서는 안 되기 때문입니다. 지금까지 그리스도의 제사 직분에 대해 상세하게 논의하였으니, 이제는 단 몇 마디로 이제까지 말한 모든 것의 요점과 본질을 요약하고 있습니다(19-21절). 그런 다음에 전체로부터 명백한 추론을 끌어냅니다(22절). 사도는 지혜롭고 능한 건축자처럼 기초에 이르기까지는 먼저 파는 일을 합니다. 그런 다음에 자신과 다른 사람들에게 확신 있게 그 위에 집을 세우라고 촉구합니다. 사도는 기독교가 유대교보다 광대하게 탁월함을 논증하였습니다. 이제 그는 그의 편지를 받는 그리스도인 독자들에게 그들의 모든 복된 유익을 활용하라, 부여된 큰 특권들을 누리라고 권면하고 있습니다.

그 점에 대하여 아돌프 사피어(Adolph Sapir)가 어떻게 주석하는지 들어봅시다.

"사도의 대 논증은 끝을 맺었다. 우리 앞에 그 결과가 매우 짧게 요약되어 있다. 우리는 예수의 피를 힘입어 새롭고 산길로 말미암아 지성소에 나아갈 담력을 얻었다. 하늘의 성소에는 하나님의 집 맡은 위대한 대제사장이 계시다. 모든 난제들이 완전하고 영원히 제거되었다. 우리는 나아감을 얻었다. 길이신 그분은 또한 길의 목적도 되신다. 그는 지금 우리의 대제사장으로서 우리를 위해서 간구하시고, 우리의 모든 충분하신 중보자로서 모든 필요한 도움을 우리에게 제공하시고 계시다.

"사도는 이것을 기초하여 세 가지 권면을 한다. (1) 참 마음으로, 믿음의 충만한 확신을 가지고 하나님께 가까이 나아가자. (2) 흔들리지 말고 믿음의 소망을 견고히 잡자. (3) 서로 사랑을 더해갈 방도를 생각하며 선한 행실을 위해서 애쓰며, 형제가 하나 되는 것을 위하여 애쓰고 기다리고 돕자. 믿음, 소망, 사랑 - 이 세 가지는 그리스도께서 하늘나라에 들어가신 결과요 영적으로라야 분변되는 것이다. 믿고 소망하고 사랑하는 마음의 자세는 하나님의 은혜에 대한 '새 언약'의 계시에 부응하는 것이다."(A. Saphir)

이어 존 오웬(John Owen)의 말을 들어 봅시다.

"사도는 이 말씀을 통해서 서신의 마지막 부분에 접어들고 있다. 마지막 부분은 전적으로 권고적인 부분이다. 가끔, 전에 주장되었던 것들과 서로 조화를 이루는 교리가 나타나기도 하지만, 이 서신의 나머지 부분 전체는 사도가 주요하게 주장했던 진리에 합당한 여러 다양한 의무들을 제시하고 강조하며 행하라고 지시한다. 그리고 그것들이 믿는 모든 사람들에게 필요한 것으로 강조하고 있다. 이 모든 권고 속에는 권고된 의무들의 '근거'와 '필연성'과, 그러한 것들을 행하도록 하나님께 허락을 받았다는 특권, 또 그런 것들이 하나님께 가납받게 된 영예의 언급이 함께 들어 있다. 그 모든 것들은 그리스도의 제사장 직무와 제사를 통해서 나온 것이다. 우리는 그 그리스도의 제사장 직무와 제사를 통해서 그 효력들과 은택들을 받게 되었다."

사도 바울의 다른 서신들에서 명백히 발견되는 진리의 순서가 있습니다. 로마서에서는 처음 열 한 장이 교리적인 진술에 할애되었습니다. 그리고 다음 네 장은 실천적인 부분으로 그리스도인의 의무들을 진술하고 있습니다(롬 12:1 참조). 에베소서에서도 그렇습니다. 처음 세 장은 하나님의 주권적인 은혜를, 나머지 세 장은 그리스도인의 책임들을 말해줍니다(4:1 참조). 교사와 설교자는 이로부터 전인(全人)을 세워주기 위하여 어떻게 말씀을 다루어야 할지를 보여 주는 중요한 가르침을 추출해 낼 수 있습니다. 총명을 위하여 빛을 받아야 하고, 양심은 탐사를 받고 위로를 받아야 하며, 마음에는 불을 붙여야 하고, 의지는 움직이도록 해야 하고, 감성적 정서는 잘 조절하여 질서를 지키게 해주어야 합니다. 잘못된 교리가 냉정하고 자만심에 빠진 사람들을 산출하며, 잘못된 권면이 낙담하고 잘못 가르침 받은 사람들을 산출할 것입니다.

히브리서 10:19

"그러므로 형제들아 우리가 예수의 피를 힘입어
성소에 들어갈 담력을 얻었나니."

이 구절에 대한 존 브라운(John Brown)의 주해를 참조합시다.

"히브리서 이전까지에서는 주로 기독교에 속한 장엄한 여러 요점들 중 몇 가지를 진술하고 증명하고 논증하는데 주로 할애되었다. 이제부터는 앞선 진술로부터 자연스럽게 파생되는 의무들을 명하고 강조하는데 모두 할애된다. 19-23절은 명백히 두 부분으로 나뉜다. 한 부분은 완전하게 입증되는 자명한 원리들의 진술이요, 다른 한 부분은 이 원리들을 인정함에 따라 파생되어 나오는 의무들을 권면하는 진술이다."

여기서 그리스도인들에게 선포되는 위대한 특권은, 그리스도인들이 가납(嘉納)된 예배자들로 하나님께 가까이 나아갈 수 있다는 것입니다. 사도는 앞에서 다루어 왔던 여러 주요한 요점들을 되풀이 말함으로써 그 특권을 표현하고 있습니다.

첫째, 그리스도인들은 하나님의 면전에 나아갈 자유를 얻었다는 점입니다(19절).

둘째, 그리스도인들에게 그렇게 하나님 앞에 나아갈 길이 열렸습니다(20절).

셋째, 그 길로 그들이 나아갈 때 그들을 인도할 안내자가 예비되어 있습니다(21절).

바로 이 세 가지 요점들이 가진 '자유'의 성질을 확대 설명합니다. 하나님 앞에 나아가되 '담대함'으로 나아갑니다. 그리스도의 피로 말미암아 그렇게 할 수 있습니다. 여기서 '길'을 '새롭고' '산' 길로 묘사하고 있습니다. 그 길을 우리가 사용할 수 있는 것은 그리스도께서 그 길을 '마련'하셨기 때문입니다. '안내자'가 그리스도의 '제사장'적 역할을 통해서 표현되어 있습니다. 그의 존영은 '위대함'으로, 그의 권위는 '하나님의 집을 다스리는' 권위로 표현되어 있습니다.

"그러므로 형제들아 우리가 예수의 피를 힘입어 성소에 들어갈 담력을 얻었나니." 22절이 보여 주는 바와 같이, "성소에 들어간다."함은 그리스도 안에서 "하나님께 가까이 나아감"을 의미하는 것입니다. 왜냐하면 "그리스도로 말미암지 않고는 아버지께로 올 자가 없기" 때문입니다(요 14:6). 여기서 "성소"는 하나님께서 거하시는 하늘을 의미하는 또 하나의 명칭입니다. 여기서 하늘을 그렇게 부른 것은 '성막과 성전의 지성소'가 하늘을 상징하는 예표이기 때문입니다. 이 점은 9:24의 말씀을 통해서 확증됩니다. "그리스도께서는 참 것의 그림자인 손으로 만든 성소에 들어가지 아니 하시고 오직 참 하늘에 들어가사 이제 우리를 위하여 하나님 앞에 나타나시고."(히 9:24). 여기 히브리서 10:19의 말씀과 9:12의 말씀을 서로 연결해 보면 참으로 복됩니다. "염소와 송아지의 피로 아니하고 오직 자기 피로 영원한 속죄를 이루사 단번에 성소에 들어가셨느니라."(9:12) "그러므로 형제들아 우리가 예수의 피를 힘입어 성소에 들어갈 담력을 얻었나니."(10:19) 그리스도의 몸의 지체들이 하늘에 있는 성소에 들어갈 수 있는 권리를 가지는 것은, 그들의 머리되신 그리스도께서 그리로 들어갈 권리를 갖게 되었기 때문입니다!

"성소에 담대하게 들어갈 담력을 얻었나니." 이는 그리스도인이 죽을 때나 구세주께서 재림하실 때 하늘에 들어가는 일에만 국한시켜 말한 것이 아닙니다. 그리스도인이 지금 가지고 있는 영광을 믿음을 통해 하나님께 그렇게 담대히 나아감을 가리키는 것으로 이해해야 할 것입니다. 여기서 다시 우리는 '옛 언약'과 '새 언약' 사이에서 얻어지는 조건들 사이의 엄청난 대조를 주목하게 됩니다. 유대교 아래서 이스라엘 사람들은 여호와께 가까이 나아감을 엄격하게 제한당했습니다. 여호와께서 거하시는 처소가 그들에게는 엄격하게 차단되어 있었습니다. 아니, 장막에서 섬길 특권을 받았던 레위인들 조차 지성소에는 들어가지 못했습니다. 그러나 지금은 '새 언약'의 복락에 참여한 모든 사람들에게 그 권리가 주어져 하나님께 담대하게 나아갈 수 있습니다. 하나님의 보좌에 나아가 아뢰고, 하나님의 성소에 나아가 예배할 수 있습니다. 그리고 하나님의 전에서 복된 자녀들로서 하나님의 상(床)에 앉아 먹을 수 있게 되었습니다.

누가복음 15장에 나오는 비유의 끝에서 그리스도께서 그 요점을 아주 복되게 밝히고 계십니다. 거기서 탕자가 "스스로 돌이켜" "내가 일어나 아버지께 가리라"고 말하는 것을 봅니다. 그는 일어나 갔습니다. 자, 그가 어디까지 갔습니까? 문밖에까지 입니까? 아니면 창문으로 들여다보는 정도까지 갔습니까? 아닙니다. '집 안으로' 들어갔습니다. 주권적인 은혜는 "하나님께 들어갈 담력"을 허락하였습니다. 그러니 들어가지 못할 것이 무엇입니까? 탕자가 자기 죄를 고백한 다음 '화해의 입맞춤'을 아버지께 받았고, '가장 좋은 옷'을 받아 입었습니다. 그래서 그는 아버지의 집에서 그 영광을 누리기에 '합당한 사람'이 되었습니다.

주님께서 이 비유를 통해서 가르치시는 것과 완전한 조화를 이루는 말씀이 여기 히브리서 10장에 나타나 있습니다. "저가 한 제물로 거룩하게 된 자들을 영원히 온전하게 하셨느니라." 이 때문에 하나님께서는 그들의 마음에 당신 자신의 법을 기록하셨습니다. 그리고 그들의 죄와 불의를 "다시는 기억하지 않겠다."고 공언하신 것입니다.

"그러므로 형제들아…" 여기 "그러므로"라는 말의 강도를 여기서 주목해야 합니다. 그리스도가 하나님께 드리는 만족한 제사로 말미암아 모든 법적인 장애가 제거되었고, 그리스도 안에 역사하는 하나님의 성령의 역사가 그로 하여금 "빛 가운데서 성도의 기업의 부분을 얻기에 합당하게 하셨으니"(골 1:12), 이제 하나님께 가까이 나아가는 길을 막고 선 것은 하나도 없습니다. 뿐만 아니라 적극적으로 하나님께 가까이 나아갈 충분한 이유와 동기가 우리에게 있는 것입니다. 그래서 감사와 찬양과 경배로 하나님 앞에 우리의 마음을 토해 낼 충분한 근거를 얻게 된 것입니다. 4:16에서 "그러므로 우리가 긍휼하심을 받고 때를 따라 돕는 은혜를 얻기 위하여 은혜의 보좌 앞에 담대히 나아갈 것이니라."는 초청의 말씀을 듣습니다. 그러나 여기 10:19-22에서는 보다 특별하게 '예배'에 관해서 말하고 있습니다. 곧 하나님께 예배드리고 교통하는 장소인 "지성소"로 들어가는 문제를 다루고 있습니다(민 7:89).

"우리가 예수의 피를 힘입어 성소에 들어갈 담력을 얻었나니." "담력(boldness, 담대함)"이라는 말에 대하여 몇 가지 설명을 덧붙여야 합니다. 사피어(A. Saphir)는 다음과 같이 바르게 지적하였습니다. "이 표현은 '객관적'으로 이해할 것이지 주관적으로 이해될 것이 아니다. 그렇지 않으면 이어지는 권면의 말씀이 의미 없어진다." 다른 말로 해서 여기서의 "담력"은 우리 자신 밖에 있는 것을 가리키는 것이지, 주관적으로 우리 마음의 조건을 가리키지 않는다는 말입니다. 사피어는 계속 말하였습니다. 헬라어 원문은 "그러므로 형제들아 성소에 들어갈 담력(담대함)을 가졌으니"라는 의미입니다. 그래서 어떤 사람들은 '들어갈 권리(the right of entrance)'로 번역하였습니다. 그 어휘는 '옛 언약'의 여러 조건들과 비교할 때 '새 언약' 아래 있는 우리의 조건이 얼마나 복된지를 이중적으로 지시할 양으로 채용되었습니다. '옛 언약' 아래 있던 사람들은 여호와 하나님의 거처인 거룩한 처소에 절대로 들어가서는 안된다는 제약을 받고 있었습니다. 그러나 그리스도인들은 여호와께서 거하시는 거룩한 처소에 들어갈 완전한 자격을 얻었습니다. 다시 말하여, 유대교에 속한 사람들은 그렇게 하는 것이 '무서웠습니다.' 반면에 지금은 우리가 담대한 확신을 가지고 하나님께 나아갈 수 있다는 믿음의 지각을 가지고 있습니다. 왜냐하면 하나님께서는 "그의 사랑하시는 자 안에서" 우리를 받으셨기 때문입니다(엡 1:6). 심령이 완전한 해방감을 가지고 아버지께 가까이 나아가기가 거북할 이유가 하나도 없습니다.

"예수의 피를 힘입어." 바로 이것이 그리스도인들로 "성소에 들어갈 권리"

를 얻게 한 공로적인 원인입니다. 그 성소는 하나님의 은혜와 영광의 모든 표증이 드러나는 곳입니다(9:3,4). 유대교에 속한 제사들의 피는 그처럼 하나님의 면전에 직접 나아갈 수 있는 권리를 확보하지도 못했고 그럴 수도 없었습니다. 예수님의 피가 그런 일을 했습니다. 하나님께 마땅한 바의 입장에서도, 그 제사의 효력을 적용하여 믿는 자들의 양심에 끼치는 방면에서도 하나님의 면전에 직접 나아갈 수 있는 해방감을 얻게 한 것이 바로 예수님의 피입니다. 그리스도의 속죄는 단번에 드리신 제사, 또는 단번에 하나님께 마땅한 바를 수행하심, 그것이 하나님과 신자들 사이의 모든 법적인 장애물을 제거하였습니다. 그것은 하나님의 율법의 여러 요구 사항들을 성취했고, 그 율법의 저주를 제거했으며, '중간에 막힌 담을' 허셨습니다. 그 증표로 구주께서 운명하실 때 성전 휘장이 위로부터 아래까지 반으로 갈라졌습니다. 또한 성령께서도 피의 효력을 그리스도인들의 양심에 적용시킴으로써 그들은 이제 죄책감으로부터 벗어났습니다. 또 하나님을 무서워하는 데서 자유로워졌고, 해방감을 가지고 하나님께 가까이 나아갈 수 있게 되었습니다.

히브리서 10:20

"그 길은 우리를 위하여 휘장 가운데로 열어 놓으신
새롭고 산 길이요 휘장은 곧 그의 육체니라."

이 말씀은 그리스도인들 스스로 그리스도께서 자기들을 위해서 확보해 놓으신 말로 할 수 없는 특권들을 활용하고 이용하게끔 격려하고 부추기는 두 번째 말씀입니다. 이 부분의 구절들을 이해하기 위해 명심할 필요가 있는 요점은 신약(新約)의 특권들이 여기서는 구약(舊約)의 어법으로 표현되고 있다는 사실입니다. 타락한 사람에게 주어질 수 있는 가장 높은 특권은 하나님의 면전에 나아감을 얻는 것입니다. 그가 거스른 주권자 주 하나님 앞에 나아가는 것이야 말로 최고의 특권입니다. 그렇게 하나님 앞에 가까이 나아갈 오직 유일한 길이 그리스도로 말미암아 열려졌습니다. 성막(성전)은 그리스도에 대한 놀라운 모형이었습니다. 여기서 그러한 상징들을 가리키면서 그리스도를 삼중적인 관점에서 우리 믿음에 적용시키고 있습니다.

첫째, 그리스도는 우리가 성소로 나아갈 때 들어가는 '문'입니다. 아담이 범죄하자마자 하나님의 위엄에 나아갈 수 있는 문이 닫혀져 그와 그의 모든 후손들이 들어가지 못했습니다. 그리고 그룹들이 화염검(火焰劍)으로 하나님께 나아가는 길을 지켜 막고 있었습니다(창 3:24). 그러나 지금은 화염검이 보증자의 피로 말미암아 소멸되었습니다(슥 13:7). 그러니 하나님께 나아갈 문이 열려 있습니다. 하나님께서는 무한한 지혜로써 자기가 추방했던 사람들을 다시 그 면전으로 돌아오게 하는 길을 궁구(窮究)해 내셨습니다(삼하 14:14). 곧 그리스도께서 하나님을 만족하게 해드리는 일을 통해서 다시 하나님 앞에 돌아갈 길과 문이 열리게 하신 것입니다.

둘째, 그리스도 안에서 우리가 하나님께 가까이 나아갈 수 있는 '용기'를 주기 위한 관점에서 그리스도를 우리 믿음에 적용시켜 말합니다. 그를 가리켜 "우리를 위해서 열어 놓으신 새롭고 산 길이라."고 새로운 상징어법으로 표현하고 있습니다. 존 오웬(John Owen)이 이에 대해서 설명하는 말하는 바를 들어 봅시다.

"'우리가 지성소에 나아감을 얻었다.'고 말한 사도는 이제 어떻게 그리로 나아갈 수 있는지를 천명한다. 장막이 있을 때 지성소에 나아가는 오직 유일한 길은 피를 가지고 '성소를 지나 휘장'을 젖히고 들어가야 했다. 그러나 구약의 모든 교회들은 이 길을 사용하는 것이 금지되어 있었다. 그것은 다름 아닌 모형적으로 때가 되면 신자들이 하나님의 면전에 나아갈 길이 열려질 것임을 예표하기 위함이었다. 그런데 아직은 그러한 길이 열리지 않았었다. 사도는 이 점을 묘사한다. (1) '그가 열어 놓으신 길이 준비되었다.'는 사실로부터 그것을 묘사한다. 그것은 그가 자신을 하나님께 바치신 것을 의미한다. (2) 그 길의 성질로부터 그것을 묘사한다. 그것은 '새롭고 산 길이다.' (3) 그것의 성향으로부터 그 점을 묘사한다. 그는 첫째로 모형적으로 장막 아래 있던 옛 길에 대하여 표현함으로 그것을 나타내었다. 그것은 '휘장'을 통해서 들어가는 것이다. 둘째로 그 모형을 해석한다. '곧 그의 육체'를 설명한다. 전체로 그리스도 예수로 말미암아 하나님께 나아가는 일 속에서 믿음을 행사할 것을 묘사하고 있다."

19절에서 사도는 하나님의 백성들에게 하늘이 열렸다고 선언하였습니다. 그러나 여기서는 그리스도를 "사닥다리" 모형으로 더 강하게 표현하고 있습니다(창 28:12 ; 요 1:51). 다시 말하면 땅에 서서 하늘까지 미치는 사닥다리로 다시 한 번 표현하고 있다는 말입니다. 이 국면에 있어서 그리스도는 "길이요 진리요 생명"이라고 표현되었습니다(요 14:6). 왜냐하면 그는 하나님께 인도하는 오직 유일한 참된 '길'이시기 때문입니다. 성경에서는 그 '길'이 다양하게 언급됩니다. "생명의 길"(잠 10:17), "거룩의 길"(사 35:8), "좋은 길"(렘 6:16), "평강의 길"(눅 1:79), "구원의 길"(행 16:17) - 이 모든 표현들은 같은 것을 가리킵니다. 곧 하늘에 이르는 오직 유일한 통로이신 그리스도 자신을 가리킨 것입니다. 그리스도 자신은 이중적인 의미에서 그 "길"이십니다.

첫째는 마음(heart)이 그 정서 속에서 제일의 자리를 차지하려고 경쟁하는 모든 각 대상에게 등을 돌리며 자기 의(義)를 포기하고 오직 구주만 부여잡을 때에 그리스도께서 길이 되십니다. 둘째로, 그리스도를 우리의 본으로 삼고 '그의 자취를 따라' 지체 없이 하나님께 순종하고 은혜를 간절하게 구할 때에, 그리스도께서 우리의 길이 되십니다.

여기서 하나님께 "나아가는 길"을 "새롭고 산 길"로 표현하고 있습니다. "새롭고"라는 말을 문자 그대로 하면 '새롭게 살해당한(newly slain)'이라는 의미입니다. 그 말의 어원적인 단순동사는 '옥시도'인데 '죽이다(slay)'라는 의미입니다. 그리스도께서 이러한 방식으로 죽임을 당하셨기 때문에 하나님께 나아가는 통로가 우리에게 열린 것입니다. 그러나 이 '새롭고'라는 말은 절대적인 의미에서 생각될 것이 아닙니다. 다시 말하면, 그리스도가 죽기 전에는 그 길이 전혀 존재하지 않았다는 식으로 생각해서는 안 됩니다. 왜냐하면 구약시대의 모든 성도들도 바로 '그 길'을 따라서 하늘에 갔기 때문입니다. 그러니 여기서 그 길이 만들어지고 계시되고 사용된 차원에서 전적으로 "새롭다"는 의미가 아닙니다. 그러면 어째서 그것을 "새로운" 것이라고 부르는가? 행위언약 아래 있던 옛 삶의 길과 구분하고, 새 언약과 조화를 맞추기 위해서 그렇게 수식한 것입니다. 왜냐하면 그것이 지금은 온전히 드러났을 뿐만 아니라(엡 3:5), 영원한 힘을 가지고 있기 때문입니다. - 그것은 결코 낡아지지 않을 것입니다.

하나님께 나아가는 이 "길"을 "산 길"이라 말하는 데는 최소한 세 가지 이유 때문입니다. 첫째, 유대교 아래서 하나님께 나아가는 길과 반대된다는 의미에서 그러합니다. 유대교 때에는 동물의 죽음으로 말미암아 그 길이 열렸었습니다. 그러나 그 짐승의 죽음을 의존하더라도 대제사장이 아니고는 어느 누구도 그 길을 사용하지 못했습니다. 만일 그 길을 범하면 반드시 죽었습니다. 둘째로, 그 길의 영구한 효력 때문에 그러합니다. 그것은 생명 없는 것이 아닙니다. 오히려 우리가 하나님께 나아갈 때 그것은 영적이고 생명 있는 능력을 가집니다. 셋째로, 그 길의 결과 때문입니다. 그 길은 생명으로 인도합니다. 그 길은 반드시 우리로 생명을 얻게 합니다.

"그 길을 산 길이라 부른 것은, 그리스도를 상징했던 모든 것이 생명 있는 것으로 표현되어야 하기 때문이다. 그래서 우리는 그를 '산 돌,' '생명의 떡'이라고 부르는 말씀을 대하게 되는 것이다."(A. Saphir)

아마 이 명칭이 그리스도의 부활을 가리키기도 할 것입니다. 그리스도께서 죽임을 당하였지만 무덤이 그를 잡아둘 수 없었습니다. 그는 지금 "살아서 영원히" 존재하십니다. 그것은 그의 백성들 속에서 회개와 믿음과 순종을 일으키고 그들을 영원한 생명으로 안전히 이끌어 줍니다. 하나님께 나아가는 이 새롭고 산 길은 그리스도에 의해서 "우리에게 열려" 있습니다. 그 길은 사람을 섬기고 구원하려고 그리스도께서 마련하신 길입니다.

"그 길은 구속주가 죄인 위해 성소로 나아가는 길이요, 그 성소는 백성들을 섬기시는 구속주가 따로 구별하신 길이다"(A Barnes)

그리스도께서 친히 '길'이십니다. 그 의미는 이러합니다. 그리스도께서 죄인들이 하나님을 대면할 때 사용하도록 자신을 드리셨다는 말입니다. "또 그들을 위하여 내가 나를 거룩하게 하오니."(요 17:19) 그 "길"은 우리가 이 세상에서 하늘나라를 향하여 나아갈 때 따라야 할 통로로 여겨야 합니다. 그리스도께서는 자기의 자취를 따르도록 본을 남겨 주심으로써 우리가 그 '길'을 어떻게 사용할 것인지 '밝히셨습니다.' - "자기 양을 다 내어 놓은 후에 '앞서 가면' 양들이 그의 음성을 아는 고로 따라오되."(요 10:4)

"그 길은 우리를 위하여 휘장 가운데로 열어 놓으신 새로운 살 길이요." 가우지 박사(W. Gouge)가 이에 대하여 주석하는 바를 참조합시다.

"여기서 '우리를 위하여…열어 놓으신'라는 표현이 그리스도께서 우리로 하늘로 통하는 길로 가기에 합당하게 하셨다는 것으로 이해하게 한다. 그리스도께서는 세 직무, 제사장과 선지자와 왕으로서의 직무를 가지고 일하셨다. 그는 제사장으로 참으로 그 길을 위하여 자신을 바치셨다. 자기의 피로 말미암아 자신을 바치신 것이다. 마치 율법 아래서 제사의 피로 말미암아 물건들을 거룩하게 바쳤듯이 말이다. 그리스도께서는 자기 피로 우리의 죄를 정결하게 하셨다. 바로 그 우리의 죄가 하늘로 나아가는 길을 막았던 것이다. 그는 선지자로서 이 길을 우리에게 계시하시고 알려 주셨다. 그가 지상에 계실 적에 친히 그렇게 우리에게 알려 주셨다. 이제 그는 하늘에 들어가신 후 사역자들을 통해서 그 일을 행하신다(엡 4:11). 왕으로서 그는 길을 닦아놓고 울타리를 쳐 놓고 모든 백성들이 공통적으로 그것을 사용하게 하신다. 그래서 그 길을 왕의 첩경이라 불러도 좋을 것이다."

"휘장은 곧 저의 육체니라." 하늘로 가는 길이 열려진 것은 그리스도의 인성(人性)으로 말미암습니다. 하늘로 가는 길이 새롭고 거룩하게 바쳐진 것도 그 인성을 통해서입니다. 그러나 예수님께서 죽기 전에 사람으로서 영위한 삶 자체로는 죄인들이 하나님으로부터 얼마나 무섭게 멀리 떨어져 있는지를 강조하는 데 기여할 뿐이었습니다. 마치 장막의 아름다운 휘장이, 이스라엘 사람들이 하나님의 면전에 나아가지 못하게 닫혀 있었던 것처럼 말입니다. 더 나아가 그리스도의 인성은 죄를 짊어진 인성입니다. 왜냐하면 자기 백성들의 불의가 다 그에게 전가되었기 때문입니다. 그리스도의 육체가 십자가에 못박히시기 전에는 아직은 저주가 폐해지지 않았다는 증거가 모든 사람들에게 목격되었습니다. 그가 이 세상 장막에 거하는 한, 죄가 아직도 사유(赦宥)하심을 받지 않았음이 명백합니다. 휘장이 찢어지고 그리스도가 죽어야만 하나님께 나아갈 길이 열려질 수 있었던 것입니다. 하나님께서 성전 휘장을 찢으셔서 모든 거치는 것이 다 제거되었다는 분명한 암시를 주셨습니다. 그로 인하여 이제 하나님의 면전에 나아갈 길이 열려졌음을 시사해 주셨습니다.

히브리서 10:21

"또 하나님의 집 다스리는 큰 제사장이 계시매."

여기에 세 번째 그리스도인의 특권이 있습니다. 그것은 또한 하나님께 가까이 나아갈 용기를 주는 세 번째 이유가 되는 셈입니다. 그리스도를 믿을 때 가지는 세 번째 성격이 묘사되어 있습니다. 문이 열려지고 새롭고 산 길이 마련되었다 할지라도, '우리는 그리로 들어갈 만한 힘이 없고, 죄가 너무 많아 성소에 들어갈 수 없다.'는 반론이 제기될 수도 있을 것입니다. 그러므로 그 반론을 불식시키기 위하여 그리스도는 지금 하나님의 집을 다스리는 제사장으로 묘사됩니다. 정말 여기서 얼마나 큰 용기를 얻습니까! 그리스도는 제사장으로서 "하나님께 속한 일에 사람을 위하여 예물과 속죄하는 제사를 드리신" 분으로 존재하십니다(히 5:1). 그는 휘장 안에서 살아계신 구주로 자기 백성들을 위하여 간구하고 계시며, 아버지 앞에서 자기 백성들의 유익을 항상 유지하고 계신 분입니다.

"또 하나님의 집 다스리는 큰 제사장이 계시매." 여기서 "또"는 이 구절의 내용이 19절에서 시작된 사슬의 한 고리를 형성하고 있음을 보여 줍니다.

그럼으로써 이 구절의 내용이 우리가 하나님께 나아가는 데 도움을 주는 근거가 됨을 알려 줍니다. 헬라어에서는 없는 "계시매"가 이 번역문에 첨가된 이유를 분명하게 이해할 수 있습니다. 문장의 완성을 위하여 필요한 주동사가 19절로부터 파생된 것이기 때문입니다. 여기서 형용사를 "큰"으로 번역해야지 "높은"으로 번역하지 말아야 합니다. 그 이유는 여기서 그리스도께서 다른 제사장들에 비교하여 상대적으로 어떠하심을 말하고 있지 않고 절대적인 차원에서 그리스도의 존영과 탁월성을 가리키고 있기 때문입니다. 그는 인격과 가치와 지위와 능력과 긍휼에 있어서 "큰" 분이십니다.

특히 그리스도께서 누구에게 '큰 제사장'이신지를 보여 주기 위하여 "하나님의 집 다스리는"이라는 말이 부연됩니다. 존 오웬(John Owen)은 이에 대하여 다음과 같이 부연합니다.

"여기서 사도는 그리스도의 제사를 생각하고 있는 것이 아니다. 오히려 그가 어떠하며 제사 후에 어떤 일을 행하고 계신지를 보여주고 있다. 그가 하늘로 올라가 높임을 받고 난 이후 지금 어떤 일을 하시는지를 사도는 진술하고 있다. 사도가 그리하는 것은 대제사장 직무의 두 번째 부분을 말해야 하기 때문이다. 제사장 직무의 첫 번째 부분은 백성들을 위해서 제사를 드리는 일이었다. 그 다음은 '하나님의 집을 다스리는 일'이다(슥 3:6,7). - 스가랴에 나오는 대제사장 여호수아는 그리스도의 탁월한 모형이었다."

"또 하나님의 집 다스리는…" 하늘과 땅에 있는 하나님의 가정 전체를 나타내는 말이 "하나님의 집"입니다. 이 표현이 첫 번째로 이 세상에 있는 교회입니다. 왜냐하면 이 격려의 말씀이 세상에 있는 교회에게 주어지고 있기 때문입니다. 또한 이 말씀으로 하나님께 가까이 나아갈 동기를 그들에게 제시하고 있습니다. 그러나 그리스도께서는 하늘의 성소를 섬기고 계시며, 우리가 기도와 영적인 예배를 통해서 들어가는 것도 그 하늘의 성소입니다. 그러니 이 "하나님의 집"은 지상에 있는 전투적 교회(church militant)와 하늘에 있는 승리한 교회(church triumphant)를 둘 다 함축하는 말입니다.

"또 하나님의 집 다스리는…" 그리스도께서 '하나님의 집을 다스린다.'함은 그의 머리시며 주가 되시는 권위를 주로 가리킵니다. 주님 그리스도께서는 신자들의 인격과 의무와 예배들을 주장하십니다. 그가 정해 주신 대로 해야 그들이 드리는 모든 예배가 하나님께 가납되는 것입니다. 또한 그들 예배자들이 모든 의무를 수행하도록 성령님으로 말미암아 붙잡아 주시는 분도 그리스도십니다. 그리고 교회의 치리(government)의 방향을 지시하시고, 교회의 직무들을 세우시고, 교회의 법들을 시행해 나가게 하시는 분도 그분이십니다. 또한 교회의 직무를 감당하는 이들의 섬김이 하나님께 합당하게 받아들여지도록 인도하시는 분도 그분이십니다. 그분은 시온의 왕이시요, 왕의 규(珪)를 휘두르시고, 교회의 유익을 위해서 지도하시며, 그 기쁘신 뜻대로 그 모든 원수들을 둘러 엎으시는 분입니다. 구원받은 자들을 교회로 가입시키시는 분도 주님이십니다. 그분만이 머리시니, 아내가 범사에 남편에게 복종하듯이 그리스도의 신비로운 몸에 속한 지체들도 다른 어느 주(主)도 인정해서는 안 됩니다. 우리는 그로부터 우리가 행할 일에 대한 명령을 받습니다. 또한 역시 우리는 그분께 보고하며 회계(會計)해야 합니다.

히브리서 10:22

"우리가 마음에 뿌림을 받아 악한 양심으로부터 벗어나고
몸은 맑은 물로 씻음을 받았으니
참 마음과 온전한 믿음으로 하나님께 나아가자."

사도는 앞에서 그리스도인들에게 허락된 삼중적인 특권을 묘사하였습니

다. 이제는 그에 수반되는 그리스도인들의 세 가지 의무를 지적하고 있습니다. 여기서는 첫 번째 의무를 말하고 있는데, 기쁨에 찬 예배자로서 지성소로 나아가 하나님께 가까이 하는 일입니다. "하나님께 나아간다."함은 하나님께 제사장된 모든 성도들에게 공통되는 제사장적 행동입니다(계 1:6). 여기에 쓰인 헬라어는 공적이든 사적이든 찬양과 간구를 아뢰기 위해서 지존하신 하나님께 나아가는 모든 신적 예배의 집행을 표현하는 말입니다.

"하나님께 가까이 나아가는 일은 마음이나 생각의 행위이다. 그것을 통해서 성령님의 감동을 받은 영혼이 기쁘고 항거할 수 없이, 오직 유일한 영혼의 안식처로서의 그리스도 안에서 하나님께 돌아가는 것이다. 지존하신 그 위엄을 향한 모든 행사에 그리스도의 공력과 중보가 끊임없이 작용한다. 말하자면, 신자는 만세반석의 틈 속에 자신을 감추고 있다. 그는 하늘로 올라가는 복된 계단의 비밀스러운 장소에 들어가 있다. 그리고 그런 다음에 거기서 그는 새롭고 산 길을 통해서 하나님께 가까이 나아가면서 소리를 높이는 것이다. 그는 다윗처럼 말한다. '나는 지극한 기쁨을 가지고 하나님의 단과 하나님께 나아가리라.' 만일 하나님께서 얼굴을 감추시면, 영혼은 기다리고 하나님의 처분에 자신을 맡기며 이렇게 말할 것이다. '하나님께 소망이 있사오니 나는 주를 찬미하리이다. 그가 낮에 자비를 명하시고 밤에 그의 노래로 나를 이끄시리이다.' 주께서 미소를 지으시며 평강의 응답을 허락하실 때에도 그리스도인은 그 성공을 자기 자신의 믿음이나 열심에 돌리지 않고 오직 그리스도께만 돌려야 한다."(1733년에 작성한 Eben. Erskine의 글로부터 요약 발췌)

"참 마음과 온전한 믿음으로 하나님께 나아가자." 우리가 하나님께 나아갈 때 반드시 지녀야 하는 자세가 그것입니다. 그저 거룩한 몸짓이나 입술로만 하나님을 경배하는 것으로는 부족합니다. 하나님께서는 우리가 불신앙에 빠져 있으면서 드리는 그런 예배를 결코 받지 않으십니다. "참 마음"은 이중적이고 의심하고 믿지 못하고 신뢰하지 않는 가식적 마음과 반대되는 마음입니다. "마음과 뜻을 연단하시고," "불꽃같은 눈을 가지신" 그 하나님을 대면할 이중적인 마음을 가지는 일을 해서는 절대 안 됩니다.

하나님께서는 내면적인 마음에서 우러나는 진실을 원하십니다. 그래서 "내 아들아, 네 마음을 내게 달라."(잠 23:26) 하시는 것이 우리에 대한 하나님의 첫 번째 요구입니다. 이 뜻에 조금이라도 미치지 못한 점이 있다면, 결코 하나님을 만족시켜 드릴 수 없습니다. 그러나 더욱더 "참 마음"이 필요합니다. 진지하고 깨끗하고 정직한 소원과 결심을 가지고 하나님께 합당한 것을 드리는 것이 필요합니다. 우리는 그분을 속일 수 없습니다. 사람들의 귀를 위해서 꾸며진 아름다운 말이나 효과만을 위해서 감정적으로 흥분하여 열심을 부리는 것이 하나님께는 통하지 않습니다. "하나님은 영이시니 예배하는 자는 신령과 진정으로 예배할지니라."(요 4:24) 이 점은 외적으로만 의무를 수행하는 것을 만족하게 생각하는 사람들을 얼마나 정죄하는지요. 또한 하나님을 진심으로 대하지 않고 그저 억지로 한 의식(儀式)을 행하는 것으로 만족해하는 사람들을 얼마나 정죄합니까! 다윗과 같이 말할 수만 있다면 얼마나 좋겠습니까! "내가 전심으로 주를 찾았사오니"(시 119:10)

"온전한 믿음으로." 이 말은 소극적으로 말하면 의심이나 요동하는 것이 없다는 것이요, 적극적으로는 흔들리지 아니하는 확신을 가지고 나아가는 것을 가리킵니다. 그것은 스스로 자신의 믿음을 견고하게 의뢰한다는 말이 아닙니다. 거룩하신 성삼위 하나님께 가까이 나아갈 확실한 자격을 주신 그리스도의 공로를 온전히 의지함을 의미합니다. "온전한 믿음"이란 마음이 나의 죄를 위해서 십자가에서 흘려진 그리스도의 피의 절대적 충분성을 의뢰하고 의지함을 가리킵니다. 또한 현재 내 위치를 위해서 하나님 앞에서 계속 간구하시는 그리스도의 중보 기도의 효력을 온전히 의지한다는 말이기도 합니다. 내 자신에게서 시선을 떼어야 합니다. 내 연약한 찬양이나 간구를 정결하게 하시고 당신의 달콤한 향기를 발하게 하시며(계 8:3,4), 그 모든 것들이 하나님께 가납되게 하시는 그 대제사장을 바라보아야 합니다. 그러나 겁 많은 하나님의 자녀가 하나님께 가까이 나아감을 막는 사탄이 술책을 부리지 못하게 하십시오. 자기가 "참 마음이나 온전한 믿음을 갖지 않았다."는 두려움으로 하나님께 나아가는 것을 꺼리는 하나님의 자녀를 넘어뜨리려는 사탄의 간계를 미연에 방지해야 합니다. 만일 그런 연약한 하나님의 자녀가 그러한 참 마음과 온전한 믿음에 대하여 분명한 의식을 가지고 있지 못하면, 참 마음과 온전한 믿음을 위한 은혜를 위하여 은혜의 보좌 앞에 나아가 열심히 간구해야 할 것입니다.

"우리가 마음에 뿌림을 받아 악한 양심으로부터 벗어나고 몸은 맑은 물로 씻음을 받았으니." 여기서 우리는 어떠한 사람들이 하나님의 성소에 나아가기에 합당한지에 대한 묘사를 듣습니다. 하나님께 가까이 나아가기 위해서 두 가지를 준비해야 합니다. 의롭다 하심을 받고 거룩하게 하심을 받아야 합니다. 여기서는 그 두 가지의 복락들을 옛 언약 아래서 상징적으로 예표했던 모형적 차원에서 언급하고 있습니다.

"우리가 마음에 뿌림을 받아 악한 양심으로부터 벗어나고." 유대교의 정결케 함과 피로써 '뿌려 주는' 일은 외적인 것에만 관련되는 것이지 양심을 온전하게 할 수는 없었습니다(히 9:9). 그러나 그리스도의 제사는 고통당하는 마음에 평강을 주고 하나님 앞에서 담대한 확신을 갖도록 주어진 것입니다.

"악한 양심"은 죄책으로 송사(訟事)받으며 용서받지 못한 죄 때문에 압제를 당하는 양심입니다. 그 양심이 정결함을 입는 것은 그리스도의 속죄 피의 충분성을 믿는 믿음으로 말미암습니다. 곧 성령께서 체험적으로 그 효력적인 공력을 적용시킴으로써 가능합니다. "믿음으로 의롭다 하심을 받았은즉 하나님과 더불어 화평을 누리자."(롬 5:1) 믿음으로 말미암아 우리는 정죄감에서 벗어나게 되고, 고통당했던 마음이 그리스도 안에서 안식합니다.

"몸을 맑은 물로 씻음을 받았으니." 이 상징적인 어법은 제사장들이 하나님을 섬기러 들어갈 때 몸을 씻었던 것을 넌지시 암시합니다(출 29:4). 디도서 3:5에서 그 일에 대한 원형적인 성취를 정의하고 있습니다. "중생의 씻음과 성령의 새롭게 하심으로." 그러나 여기서 강조점은 신자의 매일 삶에 미치는 중생의 '외적' 효과들에 관한 것입니다. 우리는 외면적으로나 내면적으로 모두 다 깨끗함을 받아야 합니다. 그래서 우리가 이런 권면을 받는 것입니다. "그런즉 사랑하는 자들아 이 약속을 가진 우리가 하나님을 두려워하는 가운데서 거룩함을 온전히 이루어 육과 영의 온갖 더러운 것에서 자신을 깨끗하게 하자."(고후 7:1) 성경에서는 몸을 거룩하게 하는 것을 강조하여 권하고 있습니다(롬 12:1 ; 고전 6:16,20).

이 22절 전체는 하나님과 교제하는 실천적인 측면을 가르치는 매우 중요한 교훈을 담고 있습니다. 양심을 깨끗하게 하고 몸을 씻는 일이 중생할 때 겪는 그리스도인의 최초의 경험이 되는 것이기는 합니다. 그럼에도 불구하고 그 최초의 경험으로만 만족해서는 안 됩니다. 우리가 거룩한 하나님께 담대하게 나아가기 위해서는 계속해서 정결함을 입을 필요가 있습니다. 매일 우리는 우리의 죄를 고백해야 합니다. 그럼으로써 우리는 매일 용서를 받고 "모든 불의에서 정결하게" 됩니다(요일 1:9). 불결한 양심은 여호와와 교제하는 데 있어서 참으로 큰 장애물입니다. 마치 의식적(儀式的)인 불결이 유대인들에게 큰 장애물이었듯이 말입니다. 그처럼 우리의 행실을 부단하게 말씀의 물로 씻어야 합니다(요 13장). 레위 제사장들은 그들의 거룩한 직무를 수행하러 들어갈 때마다 깨끗이 씻어야 했을 뿐 아니라, 거룩한 성소로 들어갈 때마다 손과 발을 씻어야 했습니다(출 30:19,20).

오늘날 바로 이 점에서 얼마나 슬픈 실패를 경험하고 있는지요. 하나님 앞에서 마음을 드리는 일이 얼마나 연약합니까. 또한 하나님의 높고 거룩한 요구들을 얼마나 미미하게 실천에 옮기고 있습니까. 또한 사전 준비도 없이 하나님의 면전에 돌진하려고 하는 일이 얼마나 많은가요.

존 오웬(John Owen)의 말을 들어 봅시다.

"하나님과 가까이 하기 위하여 마땅한 준비가 우리에게 요구되며, 우리의 마음을 정결하게 하려고 그리스도의 피의 효력을 '새롭게' 우리 영혼에 적용시킬 것이 요구된다. 사도는 특별히 이 점을 가리켜 말한다. 그것이 없으면 공적 예배는 큰 해악이다. 그것이 없는 것마다 하나님께 대한 합당한 경외심이 없는 것이고, 하나님의 이름에 대한 합당한 만족도 없고, 우리 영혼에 미치는 어떤 은혜도 기대할 수 없다."

51강

그리스도인의 견인(堅忍)

10:23 또 약속하신 이는 미쁘시니 우리가 믿는 도리의 소망을 움직이지 말며 굳게 잡고
10:24 서로 돌아보아 사랑과 선행을 격려하며

이제 우리가 살펴보려는 구절은 지난 강론에서 다루었던 구절들의 연속으로 사도가 히브리서에서 설명해 나왔던 교리를 실천적으로 적용하는 부분입니다. 사도는 17-21절에서 그리스도가 자기 백성들을 위해서 확보하신 말로 할 수 없는 복락들과 특권들을 요약하였습니다. 곧 그들의 죄와 불의가 모든 자들을 심판하시는 재판장의 면전에서 도말(塗抹)되었습니다(17,18절). 또한 하나님께서 예배를 받으시기에 합당한 권리를 획득하였습니다(19-21절). 그들의 영적인 생명의 지속을 위하여 하나님이 예비하신 장치가 마련되어 있습니다. 곧 대제사장이 하나님의 집을 다스리시고 계십니다(21절). 그런 다음 22-24절은 그리스도인의 의무들과 책임들을 간단하게 요약합니다. 그 큰 제사로 말미암아 확보된 결과들과, 그 은택들에 부합한 의무들 사이의 친밀한 관계를 더 잘 지각하게 하는 방식으로 요약하고 있습니다.

우리가 이제 집중하려는 부분은 하나의 권고의 성격을 띠고 있습니다. 우리가 지난 강론에서 지적하였듯이, 성령께서 먼저 하나님의 은혜의 부요를 밝히시는 방식을 일반적으로 택하십니다. 그런 다음에 그 은혜를 받은 사람들에게 합당한 반응을 제시하십니다. 여기서도 그러합니다. 22-24절에서 발견되는 것은 19절 처음에 나오는 "그러므로"라는 말과 논리적 연관을 가짐으로 힘을 얻습니다.

여기에 세 가지의 특권들이 열거되어 있습니다. 하나님의 은혜로 모든 그리스도인들은 하늘의 시은좌(施恩座, mercy-seat. 또는 '속죄소')로 나아갈 자유를 얻게 되었습니다(19절). 이러한 자격을 획득한 것은 그리스도께서 하나님의 면전에 나아갈 길을 그들을 위해서 "바치셨기" 때문입니다(20절). 이 복락은 영구합니다. 왜냐하면 대제사장이 그들을 위해서 중보하기 위하여 거기 거하시기 때문입니다(21절). 그 세 가지 요점에 대하여 찬동하는 성도에게는 마땅히 세 가지의 책임이 주어집니다. "나아가라."(22절) "믿는 도리의 소망을 움직이지 말고 굳게 잡으라."(23절) "서로 돌아보아 사랑과 선행을 격려하라."(24절)

이 세 가지 권면 중 첫 번째 것은 앞에서 열거된 첫 번째 복락과 연결됩니다. 그리스도의 완전충분한 제사가 자기 백성들의 모든 죄를 위하여 완전하고 유효한 속죄를 이루었으니(거룩한 성삼위 하나님께 나아가지 못하도록 율법적으로 그들을 제어하였던 모든 것이 그렇게 제거되었으니), 화해를 이루신 하나님께 두려움이나 의심 없이 담대하게 가까이 나아가라는 것입니다. 이 권고의 두 번째 부분은 열거된 두 번째 복락에 부응합니다. 그리스도께서 행할 새롭고 산 길을 "우리를 위해서 열어 놓으셨고," 우리가 따를 본을 보여주셨으니 "믿는 도리의 소망을 움직이지 말고 굳게 잡으라." 그리고 이 세 번째 권고는 세 번째 특권에 상응하는 것입니다. "하나님의 집 다스리는 대제사장이 계시니…서로 돌아보아 사랑과 선행을 격려하라." 그리하여 하나님의 집에 있는 사람답게 처신하라는 것입니다.

이 권고의 세 부분들의 순서를 아주 면밀하게 살펴보아야 합니다. 첫 번째로는 우리가 하나님과 어떤 관계를 가지고 있는지를 다루고 있습니다. 먼저 신령과 진정으로 하나님을 예배하여야 합니다. 그 일을 위해서 선한 양심을 유지하며 우리 자신을 모든 더러움에서 구별시켜야 합니다. 둘째로는 세상 사람들 앞에 어떠한 행실을 가져야 할까를 다루고 있습니다. 사람들의 불신앙과 무법함(lawlessness)의 정신에 오염되지 말라는 것입니다. 그러기 위해서 의무를 수행하는 길에서 견고히 참고 견뎌나가야 합니다. 셋째로 동료 그리스도인들을 향한 우리의 책임을 규정하고 있습니다. 이기적인 정신을 죽이고 우리의 형제자매의 가장 고차원적인 복락을 항상 염두에 두어야 하며, 거룩한 본으로 그들에게 용기를 주려하며, 거룩한 부지런함을 내도록 분발하게 하고, 하나님과 사람을 향하여 열심을 내게 하라는 것입니다. 이렇게 보니 이 권고의 범주가 얼마나 포괄적인가를 알게 됩니다. 그리고 그 권고가 얼마나 질서정연하게 놓여 있는지를 보고 감탄하지 않을 수 없습니다. 진정 우리가 성경의 '연결 순서'를 주목하지 못하는 적이 얼마나 흔한지요!

히브리서 10:23

"또 약속하신 이는 미쁘시니
우리가 믿는 도리의 소망을 움직이지 말고 굳게 잡고."

이 부분의 헬라어에 대해서 약간의 의문이 생깁니다. 어떤 사본(寫本)들은

KJV의 역문(譯文)대로 '믿는 도리(profession of faith)'로 번역하도록 되어 있습니다. 그러나 다른 사본들은 '소망의 도리'라고 번역하도록 되어 있습니다. 그래서 영어 개정역(Revised Version)이나 백스터의 원어대조역(Bagster's Interliner)에서는 'confession of hope'라 번역하고 있습니다. 그러나 우리가 보기에 KJV 역본이 더 나아 보입니다. 만일 이 부분에서 '소망'으로 번역하게 되어 있는 사본대로 하면, 22절에서는 '믿음,' 23절에서는 '소망', 24절에서는 '사랑'을 말하는 것이 되기는 합니다. 그러나 사도가 여기 10장 나머지 부분과 11장 전체에서 성도의 믿음의 견인을 주제로 삼고 있다는 무거운 사실로 말미암아 그 선택이 무색해집니다. 그러므로 우리는 현재의 "믿는 도리"라는 번역을 고수합니다. 다만 'profession' 보다는 'confession'이 더 좋아 보입니다.[1)]

"우리가 믿는 도리의 소망을 움직이지 말고." 여기서 강조되는 의무는 사도의 논증 속에서 간간이 언급되었던 것과 같은 것입니다(히 2:13 ; 3:6-4:12 ; 5:11-6:2). 곧 교리적인 대목이 이 권면에 힘과 능력을 준다는 말입니다. 여기서 존 오웬(John Owen)의 주해를 참조합니다.

"여기서 '믿음'은 그 교리를 원리적으로 받아들인 것, 곧 우리가 가진 믿음의 방편과 우리가 믿는 대상으로서의 교리 둘 다를 가리키는 말로 쓰이고 있다. 우리는 둘 다에 대하여 같은 신앙을 가진다. 하나는 내적인 원리로, 다른 하나는 외적인 원리로서 믿음을 가진다. 이 엄숙한 우리의 믿음의 도리는 이중적이다. 내적인 것과, 그에 부합되는 모든 행실과 의무들을 계속 행함으로 말미암는다. 첫째는 복음을 믿음으로 받아들이고, 그 복음에 내포된 하

---

1) profession과 confession 모두 '신앙고백'으로 번역될 수 있는 단어인데, 필자가 보기에는 전자는 '외적인 신앙고백의 자세'를 위해서 적합한 어휘이고, 후자는 신앙고백의 내면적인 측면을 나타내기에 좋은 어휘라고 여기는 것 같다. - 역자 주

나님께 대한 예배의 규례들을 받아들임으로써 그리스도께 자신들을 엄숙하게 내 맡기는 것이다."

"우리가 믿는 도리의 소망을 움직이지 말고 굳게 잡고." 여기서 세 가지 문제를 생각할 필요가 있습니다. 첫째, "우리의 믿는 도리"라는 말은 무엇인가? 둘째, "굳게 잡자"라는 말은 어떠한 의미인가? 셋째, "움직이지 말고 굳게" 잡자는 것이 무엇을 지시하는가? 여기에서 다루어지는 주제가 정말 중요하기 그지없는데도 오늘날 설교자들이 이 주제를 참으로 만족스럽지 못하게 다루고 있습니다. 이 때문에 우리는 성령께서 우리에게 힘주시는 대로 몇 배의 더 큰 집중력을 가지고 이 부분을 다루어야 할 것입니다.

"믿는 도리(confession of faith)"는 자기가 그리스도인이라고 공적으로 선언할 때 엄격하게 서약하는 내용입니다. 세상과 육체와 마귀를 버리고 그리스도를 택하겠다고 공언하는 일입니다. 또한 자기의 지혜와 의와 뜻을 버리고 주 예수님을 자기의 선지자와 제사장과 왕으로 받아들이겠다는 선언입니다. 다시 말하면 그리스도를 하나님의 뜻을 자기에게 가르쳐 주시는 선지자로, 하나님의 요구들에 부합한 자격을 갖추게 하시는 제사장으로, 자기 속과 자기와 관련된 모든 일을 하나님의 뜻에 복종하게 다스리고 집행하는 왕으로 받아 모시겠다는 선언입니다. 또한 그것은 죄를 미워하고 죄의 권세와 형벌에서 벗어나기를 소원한다는 서약입니다. 거룩을 사랑하고 하나님의 아들의 형상을 본받겠다는 공언입니다. 또한 자기는 하나님을 거슬러 싸우는 모든 무기를 다 버리고 이제는 온전히 하나님의 의로운 요구들에 복종하겠다는 외침입니다. 그는 자신을 부인하고 매일 자기 십자가를 지고, 이 세상에서 "하나님을 위하여 어떻게 살 것인가"를 위하여 그리스도께서 보여 주신 본을 따르겠다는 증언입니다. 한 마디로 말해서, 자기는 진심으로 "그리스도 예수를 주로 삼겠다."는 공적인 천명입니다(골 2:6). 이러한 사실을 서약하는 데 있어서 조금이라도 모자라면 '성경적으로' 말할 때 그리스도인으로 인정될 수 없음을 분명하고 힘 있게 말해야 할 것입니다.

이에 대하여 존 오웬(John Owen)의 말을 들어 봅시다.

"사도는 이 서신의 나머지 모든 부분에서 우리 영혼의 영원한 조건이 '달려 있는' 요점에 입각하여 '이' 권고를 강조하고 확증하는 데 전념하고 있다. 사도는 그 일을 할 때, 부분적으로 우리가 이러한 의무를 감당하기 위해 어떠한 방편의 도움을 받을 수 있는지 선언한다. 또한 그러한 방편을 게을리 사용할 때에 따라올 영원한 파멸과 확실한 멸망을 지적한다. 그리고 또 다른 편에서는 우리 자신의 이전 시험들로부터 용기를 얻게 하며, 우리 믿음의 힘을 갖게 한다. 또 한편에서는 이런 식으로 우리에게 부닥쳐 올 수 있는 여러 가지 난제들을 어떻게 극복하는지에 대한 상당히 많은 실례들을 보여 주고, 아울러 다른 여러 논증으로써 확증하여 준다. 하나님께서 기뻐하시면 나아가면서 그것을 보게 될 것이다."

"우리가 믿는 도리의 소망을 굳게 잡고." 이 말씀은 계속 꾸준히 우리가 들어왔다고 고백한 그 길을 따라가라는 의미입니다. 모든 핍박의 위협과 거짓된 선생들의 현학적(衒學的)인 논증과 세상의 여러 유혹들에도 불구하고 그 길을 계속 따라가라는 것입니다. 바로 거기에 여러분의 안전이 달려 있습니다. 왜냐하면 믿음을 부인한다면 여러분은 "믿음을 고백하지 않았던 불신자보다 더 악하기" 때문입니다. 하나님께서는 우리에게 명백히 경고하셨습니다. 구주 예수 그리스도를 아는 지식으로 말미암아 세상의 더러움에서 피한 후에 다시 그 속에 얽매여 굴복하면, "그 나중 형편이 처음보다 더 심하리니 의의 도를 안 후에 받은 거룩한 명령을 저버리는 것보다 알지 못하는 것이 오히려 그들에게 나으니라."(벧후 2:20,21) "믿음을 고백"하는 것과, 그 믿음을 "견고히 붙잡는 것"과는 전혀 별개의 문제입니다. 믿음을 고백하는 사람들은 수도 없이 많습니다. 그러나 믿음을 붙잡는 일들은 아주 적습니다. 자신을 그리스도인이라고 공언하기는 쉽습니다. 그러나 그리스도인의 삶을 영위한다는 것은 매우 어렵습니다.

존 오웬(John Owen)은 "굳게 잡고(hold fast)"라고 번역된 헬라어 표현이 담고 있는 내용을 이렇게 진술했습니다.

"첫째, 사도는 큰 어려움과 위험과 우리 믿음의 도리를 굳게 잡지 못하게 방해하는 세력들이 있을 것임을 상정하고 있다. 둘째, 그 어려움을 이기기 위해서 우리의 힘을 다 기울이고 열심을 내야 함을 말한다. 셋째, 그러한 어려움 속에서 부단히 믿음을 지켜야 한다. 고린도전서 15:2에서 '굳게 지키다'는 표현으로 믿음을 시사한 것과 같이 믿음을 부단히 소유하고 있으라는 말이다."

만일 우리 독자들이 자기들을 멸하려는 원수들의 강력한 힘과 그 완고한 적대감을 깨달을 수가 있다면, 어느 누구도 그렇게 말하는 것이 지나치지 않다고 인정할 것입니다. 그 사람 안에 있는 죄가 그리스도인을 박멸시키려고 언제나 벼르고 있습니다. 밖에 있는 세상이 그 사람의 거룩의 길에서 돌이키게 하려고 끊임없이 애쓰고 있습니다. 우리의 원수 마귀는 우는 사자처럼 두루 다니며 삼킬 자를 찾고 있습니다. 존 번연(John Bunyan)의 놀라운 풍자적 글 「천로역정」(Pilgrim's Progress)에서 그 점이 잘 나타나 있습니다. 기독 순례자가 거대한 거인들과 무시무시한 아볼루온(Apollyon)에게 위협을 당하고 있습니다. 그 순례자가 그것들을 죽이느냐 아니면 그들에게 멸망당하느냐 둘 중 하나를 택해야 하는 기로에 놓인 것입니다.

오늘날 신앙을 고백하고 하늘나라의 순례길을 막 출발한 어린 그리스도인들에게 "끝까지 견디는 자는 구원을 얻으리라."는 말씀이 적용되지 않고 오직 유대인들에게만 적용된다는 식으로 말하는 이들이 있음을 볼 때 참으로 서글프기 짝이 없습니다. '그들 편에서 불성실하면 천년왕국에서 받을 어떤 면류관도 박탈당하기는 하겠지만, 그리스도를 일단은 개인의 구주로 영접하였으니 육체에 빠지거나 세상과 연락하여 돌아간다 할지라도 하늘나라에 가지 못하는 것은 아니라.'는 식입니다. 그렇게 말하는 것은 참으로 서글픈 일입니다. 그처럼 영혼을 파멸시키는 오류의 말을 듣는 사람들 중에 참으로 낮은 그리스도인의 삶의 표준이 자리 잡고 있다는 것은 결코 놀라운 일이 아닙니다. 그리스도로 말미암아 구속(救贖)받은 자들의 영원한 안전을 크게 믿었던 과거의 선생들은 그렇게 복된 진리를 왜곡시키지 않았었습니다. 그들은 균형을 유지하였으며, 하나님께서는 하나님께 '순종하는 길에서' 그 백성들을 지킬 것이라는 점을 강조하였습니다. 그러면서 그들은 '그 길을 버리는 사람들은 그들이 어떠한 신앙고백을 하였던지 간에, 또 그들의 과거 체험이 어떠하였던지 하나님의 백성들이 아님을 증거하는 셈이라.'고 역설하였던 것입니다.

우리가 생각하고 있는 것을 예증하기 위하여, 그리스도인의 구원의 안전에 관한 주제로 어떤 정기 간행물에 난 최근의 글을 소개해 보려 합니다. 그 글은 이렇게 시작되었습니다. "주 예수 그리스도를 십자가에서 모든 죄를 위하여 죽으신 분으로 믿는 사람, 그를 자기의 구주로 영접한 사람은 구원을 받는다. 아니 더 나아가서, 그가 어떠한 환경이나 조건에 있든지 간에, 그가 어떤 일을 행하든지 간에 그의 구원은 떨어질 수 없다." 그와 같은 방임적이고 아무런 단서를 달지 아니한 불균형적인 진술은 참으로 잘못된 것이고 극도로 위험한 것입니다. 더욱 위험한 것은 그 글에서 그 진술을 제한하고 수식하는 어떠한 대목도 없었다는 점입니다. 그러나 더욱 더 놀라운 것은, 그렇게 진술하는 것은 '비성경적'이라는 점입니다. 하나님의 말씀은 "우리가 소망의 담대함과 자랑을 끝까지 견고히 잡으면 그의 집이라."(히 3:6)고 말하고 있습니다. 다시 "너희가 육신대로 살면 반드시 죽을 것이로되."(롬 8:13)라고 말하고 있습니다. 곧 영원히 죽어 "두 번째 사망"을 당한다는 것입니다. 왜냐하면 로마서 전체에서 '생명'과 '죽음'이라는 말은 '영원한' 차원에서 다루어지고 있기 때문입니다.[2)]

위에서 예로 든 사람의 진술은 그리스도인의 '책임'을 완전하게 배제시켜 버렸습니다.[3)] 아니, 그리스도인의 책임 문제를 완전하게 묵살시켜 버린 것입니다. 성경은 하나님께서 성도를 끝까지 보존하여 주신다는 복된 진리를 선포할 때마다 언제나 예외 없이 그리스도인이 자신의 믿음을 끝까지 견지해야하는 엄숙한 진리를 함께 진술합니다. 주의 백성들이 "믿음으로 말미암아 하나님의 능력으로 보호하심을 입는다."는 말씀을 듣습니까?(벧전 1:5) 그들은 역시 "무릇 지킬 만한 것 중에 더욱 네 마음을 지키라 생명의 근원이 이에서 남이니라."(잠 4:23)는 권면의 말씀을 듣습니다. 아울러 "하나님 아버지 앞에서 정결하고 더러움이 없는 경건은 곧, 고아와 과부를 그 환난 중에 돌

---

2) 로마서 8장의 진술을 예증으로 삼아 필자가 강조하고 싶은 요점을 부각시키고 있다. 필자의 강조는 오늘날 현대의 그리스도인들에게 아무리 강조해도 지나치지 않다. 교회사는 무율법주의, 또는 도덕폐기론의 얼굴을 하고 십자가의 원수로 행하는 자들의 악한 영향에 대하여 강하게 경고하고 있다(빌 3:18). 그러나 필자가 로마서 8:13의 '반드시 죽을 것이라'는 표현이 영원한 '두 번째 사망'을 가리킨다고 해석한 것은 지나쳐 보인다. 바울 사도는 로마서 8장에서 이신칭의의 문제 자체를 다루고 있지 않고, 다만 이신칭의 이후의 신자가 실제 자기 속에 내주하는 죄의 본성으로서의 육신의 생각을 어떻게 제어하여 구원받은 하나님의 자녀로서 복음적인 부르심에 합당한 '영의 생각'과 그것의 실천으로서의 성화의 문제를 다루고 있다. 이에 대한 균형 잡힌 해석은 본 역자가 번역하여 청교도신앙사에서 발행한 존 오웬(John Owen)의 「영의 생각, 육신의 생각」(On Spiritual Mindedness)과 SFC 출판사에서 발행한 존 오웬의 「죄 죽이기」(The Mortification of Sin)를 함께 참조하면 좋을 것이다. - 역자 주

3) 우리는 그러한 진술이 선한 믿음에서 나온 것임을 의심하지는 않는다. 그러함에도 불구하고 그 진술을 한 사람은 극단주의자의 학파에 알지도 못하는 사이에 피해를 본 사람이다.

아보고 또 '자기를 지켜' 세속에 물들지 아니하는 이것이니라."(약 1:27) "자녀들아 너희 자신을 '지켜' 우상에서 멀리 하라."(요일 5:21) "하나님의 사랑 안에서 자기를 '지키라.'"(유 21) 성경 본문 가운데 어떠한 부류만 인용하고 다른 부류에 대해서는 등한히 하는 자세는 정직한 일이 아닙니다. 다 같이 동등한 열심과 강조점을 두고 인용해야 마땅합니다.

"우리가 믿는 도리의 소망을 움직이지 말며 굳게 잡고." 오늘날 어떤 학파가 주장하는 일방적인 교훈은 이와 같은 권면이 쓸데 없을 뿐 아니라 의미 없다고 일축해 버립니다. 자, 이렇게 상정해 봅시다. 내 관심이 그리스도의 완성된 사역에만 온전하게 기울여 있고(오늘날 너무나 많은 사람들이 확언하고 있듯이), 하늘로 나를 데리고 가실 것이라는 하나님의 약속을 의뢰하는 일에만 관심을 가진다고 합시다. 그리고 내 영혼과 그 영원한 문제를 하나님의 손에 의탁한다 합시다. 그리고 그저 나를 보호하고 지키는 것은 하나님의 책임일 뿐이라는 식으로만 여긴다 합시다. 그러면 '네 자신을 지키라'고 명하는 일은 전혀 필요가 없어집니다. 일단 하나님의 진리에서 떠나기만 하면, 사람들의 논리는 정말 얼마나 무모한지요! 내 몸을 하나님의 손에 위탁시켰으니 그가 나의 건강을 지켜주실 것이므로 건강법에 대하여 관심 둘 필요가 없다고 하는 말이 지당한지요? 건강법을 게을리 해도, 내가 무엇을 먹든지 간에 질병과 죽음으로부터 나는 틀림없이 보존하실 분은 하나님이십니까? 그러나 그렇지 않습니다. 내가 독(毒)을 마시면 나는 때가 되기 전에 무덤으로 가야 합니다. 그와 같이 내가 육체를 따라 살면 나는 반드시 죽을 것입니다.

사도들은 '기계적인 구원(mechanical salvation)'을 전혀 믿지 않았습니다. 그들은 부지런히 "제자들의 마음을 굳게 하여 이 믿음에 거하라." 권면하느라 바빴습니다(행 14:22). 오늘날 많은 교사들의 치우친 논리에 따르면, 그리스도인더러 "믿음에 계속 거하라."고 권면하는 것은 전혀 불필요한 일로 보입니다. 그들 스스로가 그렇게 할 것이기 때문입니다. 그러나 기록된 것보다 더 지혜로워지려고 하지 말고, 사도들보다 자기들이 더 낫다고 생각하지 마십시오. 사도들은 "하나님의 은혜를 보고 기뻐하여 모든 사람에게 굳은 마음으로 주께 붙어 있으라." 권하였습니다(행 11:23). 아니 "항상 하나님의 은혜 가운데 있으라." 권하였습니다(행 13:43). 사랑하는 바울도 자기로부터 전도를 받고 믿은 사람들이 정말 구원받았으니 이제 더 이상 그들의 영원한 복락에 대하여 관심을 쓸 필요가 없다는 식의 관점을 갖지 않았습니다. 오히려 그는 디모데를 보내었습니다. "이러므로 나도 참다못하여 너희 믿음을 알기 위하여 그를 보내었노니 이는 혹 시험하여 우리 수고를 헛되게 할까 함이니."(살전 3:5) 베드로도 성도들에게 그렇게 경고했습니다. "그러므로 사랑하는 자들아 너희가 이것을 미리 알았은즉 무법한 자들의 미혹에 이끌려 너희 굳센 데서 떨어질까 삼가라."(벧후 3:17)

우리가 이러한 질문을 받는다 합시다. '그러면 당신은 성도들의 절대적이고 완전한 구원의 안전성을 더 이상 믿지 않는단 말인가?' 우리는 그 질문에 대하여 이렇게 대답합니다. '우리도 믿는다. 성경에 밝혀진대로 믿는다. 그러나 지금 참으로 대중적인 인기를 얻는 그 곤고한 왜곡된 진리는 믿지 않음을 확실하게 밝힌다. 하나님의 말씀에 밝혀진 그리스도인의 견인(堅忍)은 믿음이 생기고 중생케 된 얼마 동안만 필요한 것이 아니다. 당연한 일로 하늘에 갈 때까지 의미있다. 그때까지의 중간 과정의 도덕적 역사(歷史)를 생각하지 않고도 말이다.'

그리스도인의 견인(堅忍)이란 믿음과 거룩 안에 계속 거하여 끝까지 믿음을 지키고, 의의 모든 열매들을 부단하게 맺어나가는 것입니다. 회심한 사람이 일단 그 길에 들어섰으면 그 길을 벗어나지 않고 계속 고수하여 나가는 것, 그것이 바로 성도의 견인입니다. 그러니 견인은 믿음을 행사해 끝까지 참고 경건을 실천에 옮기는 일입니다. 자신들의 구원의 안전성에 대한 이기적인 생각을 하나님의 교훈들보다 더 중요하게 여기는 자들, 또 그 이기적인 생각들에 더 많이 영향을 받고 있는 자들은 전혀 그리스도인들이 아닙니다.

하나님의 보존과 인간의 견인 사이의 '균형'을 존 오웬(John Owen)은 잘 나타내었습니다.

"요컨대 우리가 그리스도 안에서 우리의 믿음을 지키는 것이 절대로 우리 자신의 부지런함에 달린 것이 아님은 사실이다. 그리스도와 우리의 연합에 변치 않는 사실이 은혜 언약의 성취에 입각하여 그리스도 안에 우리가 계속 거하는 것을 안전케 하며, 결국 그 믿음을 끝까지 보존시켜 줄 것이다. 그러나 그럼에도 우리 측의 부지런한 열심은 그 목적을 위한 '불가분의 방편'이다. 그 방편이 없이는 그 일이 이루어지지 않을 것이다. 일에 있어서 부지런함과 열심을 내는 것은 마치 바울이 파선당할 때 타고 있던 배의 사공들과 같다. 하나님께서는 이미 전에 바울에게 그와 함께 배에 탄 모든 사람들의 목숨이 안전할 것이라고 말씀해 주셨다(행 27:24). 또한 바울은 하나님께서 자기에게 말씀하신대로 이루어질 줄로 믿었다. 그처럼 그들의 죽음이 보존된 것은 절대적으로 하나님의 미쁘심과 능력에 기인한 것이었다. '그러함에도' 사공들이 배 밖으로 도망쳤을 때, 바울은 백부장에게 '사람들이 배에 머물러 있지 않으면 그들은 구원을 얻지 못할 것이라.'고 말한다(행 27:31). 그러나 하나님께서 그 모든 사람들을 보존하시겠다고 스스로 약속하셨으니 바울이 그 뱃사람들에 대하여 걱정할 필요가 무엇이겠는가? 그는 하나님께서 그들을 보존하실 것임을 잘 알았다. 그러나 그럼에도 불구하고 하나님께서 방편을 사용하셔서 그들의 목숨을 보존하실 것으로 알았다.

"만일 우리가 그리스도 안에 있으면 하나님께서는 우리에게 영혼의 생명을 주시고 우리의 영혼들을 보존하실 것이라고 스스로 언약하셨다. 그러나 '그러함에도 불구하고' 폭풍과 시련이 다가올 때 우리가 부지런히 열심 내지 않으면 구원을 받을 수 없다. 하나님이 지정하신 방편에 대하여도 그리 말할 수 있다. 우리가 배도(背道)하여 미끄러지지 않도록 주의하라는 경고로 가득 찬 이 서신뿐 아니라, 성경 여러 곳에서도 그러한 경고가 많이 나타나 있다. '그런즉 선줄로 생각하는 자는 넘어질까 조심하라.'(고전 10:12) '네가 가진 것을 굳게 잡아 아무나 네 면류관을 빼앗지 못하게 하라.'(계 3:11) '…그리스도 안에 거한다.'는 것이 무엇임을 생각하라. 그 일을 위해서 얼마나 주의해야 하며, 얼마나 부지런해야 하며, 얼마나 열심을 내야 하는지를 생각하라. 사람들은 그리스도 안에 거한다는 것을, 마치 물을 줄 필요도 없고 거름도 줄 필요도 없고 가지를 쳐 줄 필요도 없이 그저 저절로 혼자 번창하게 내버려 두는 나무와 같은 식으로 생각한다. 오늘날 패퇴하며 번성하지 못하는 신앙고백자들이 그처럼 많은 것을 보는 것이 이상한 일인가? 처음 가졌던 믿음의 자세에서 전적으로 이탈된 사람들이 그처럼 많은 일이 이상한 일일까?"

앞의 두 인용문에서 저 의기양양한 영성의 시대로 일컬어지는 퓨리탄 시대에도 성경 어디서도 보증하지 않는 그 악이 존재하였음을 우리는 짐작하게 됩니다. 참으로 해 아래 새 것이란 없습니다! 거의 3백 여 년 전에, 저 신실한 교사요 가장 훌륭한 강해자로 알려진 존 오웬(John Owen)이 성도들을 견인하게 하시는 하나님의 진리를 부패하게 하는 악과 싸워야 했습니다. 그러나 놀라운 일이 아닙니다. 마귀는 그리스도를 향해서도 그 방법을 썼습니다.

"하나님께서 천사들을 보내어 네 발이 닿기 전에 너를 받쳐줄 것이라."는 하나님의 약속을 들이대며 믿고 뛰어내리라고 종용했습니다. 그러나 구주께서는 가차 없이 자신을 지킬 필요성을 아시고 그 사탄의 간계를 물리치셨습니다! 존 칼빈(John Calvin)은 요한복음 8:31의 주석에서 다음과 같이 말했습니다.

"그러므로 그리스도께서 우리를 자기 제자들로 여겨 주시기를 바란다면, 우리는 열심을 다해 믿음을 지켜야 한다."

논리가 아닌 성경이 우리 믿음의 법칙입니다. 문맥에서 한 두 진술만을 뽑아내지 말고 믿음의 전체 유추(類推, analogy)를 취해야 합니다. 진리가 왜곡되고 부패하고, 그 마땅한 자리를 벗어나면 오류가 됩니다. 통찰력이 부족한 인간의 이성의 눈으로는 하나님의 공의와 하나님의 긍휼 사이에 괴리가 있어 보입니다. 그러나 성령님께 진실로 가르침 받은 사람은 그 둘 사이의 완전한 조화를 분별할 수 있습니다. 육신의 생각을 가진 사람이 볼 때에는, "근심하는 자 같으나 항상 기뻐한다."(고후 6:10)라는 말이 풀리지 않는 역설(逆說)로 보일 것입니다. 아들이 자기 백성들을 "자유하게" 했습니다. 그럼에도 불구하고 그 아들이 백성들에게 "내 멍에를 메라."고 말씀하셨습니다. 이것이 많은 사람들에게 이해가 되지 않습니다. "떨며 즐거워하라."(시 2:11)는 말씀도 트집 잡기를 좋아하는 사람들에게는 모순된 어구(語句)로 보일 것입니다. 하나님의 백성들을 지키신다는 하나님의 약속과, 하나님의 백성들에게 영원한 정죄의 고통에 빠지지 않게 "자신을 지키라." 요구하시는 하나님의 말씀 사이에는 적잖은 모순이 있는 것처럼 보입니다. 그러나 방금 언급된 것들은 이 대목 전체를 통해서 언급되는 다른 것들과 모순되지 않습니다.

"또 약속하신 이는 미쁘시니." 언뜻 보기에는 이 말씀과 앞의 권고 사이에 어떤 관계를 가지고 있는지 정확하게 분간하기가 그리 쉽지 않아 보입니다. 그 말씀들이 격려하기 위해서 부연된 것만은 분명한 것 같습니다. 우리가 영적으로 약속하신 이의 순전함을 생각하면 할수록 우리의 믿음은 더 강해질 것이기 때문입니다. 거짓말하실 수 없는 자와 상종하고 있음을 인식하면 할수록, 그 분의 말씀을 신뢰하는 우리의 확신은 더욱 더 커질 것입니다. 우리는 길에서 만나는 여러 어려움들에 신중하지 못하게 사로잡히지 말고, 우리에게 "지극히 크고 보배로운 말씀들"을 은혜롭게 주신 그 분을 바라볼 필요가 있습니다. 그래야만 우리가 힘을 얻고 기쁨을 얻습니다. 그럼에도 불구하고 그런 차원에서 보는 것만으로는 이 구절의 두 어구 사이의 직접적인 연관을 설명하기가 쉽지 않습니다. 또한 여기서 어떤 특별한 약속을 언급하는지 아닌지에 대한 의구심에도 시원한 답을 주지 않습니다.

"또한 약속하신 이는 미쁘시니." 아마 이 말씀이 앞에 나온 권고에 대해서 가진 관계를 반스(A. Barnes)가 어느 누구보다 잘 밝힌 것 같습니다.

"사도는 그들이 믿는 도리를 굳게 잡도록 유도하기 위하여 이 요점을 더 생각하게 만든다. 영생을 그들에게 약속하신 하나님께서는 말씀하신 모든 일에 대하여 미쁘시다. 여기서의 논증은 이러하다. (1) 하나님은 우리에게 그처럼 미쁘시니 마땅히 우리도 하나님께 미쁘게 대하여야 한다. (2) 그가 미쁘시다는 사실이 우리에게 '용기'를 준다. 우리는 우리의 믿는 도리를 굳게 잡을 은혜를 위하여 그 분을 의존한다. 만일 그 분이 신실하지 못한 것이 드러나면 우리는 그렇게 할 만한 아무런 힘도 가지지 못한다. 그러나 그분은 결코 불신실하지 않다. 그가 약속하신 모든 것을 능히 이루실 것을 확신할 수 있다. 그러므로 그러한 하나님을 섬기기 위하여 우리는 요동하지 말고 바싹 붙어 있어야 한다."

만일 우리가 4:1과 6:15을 비교해 보면, 여기서 사도가 특별히 어떤 "약속"을 염두에 두고 있는지에 대한 빛을 얻습니다. 4:1에서는 "그러므로 우리는 두려워할지니 그의 안식에 들어갈 약속이 남아 있을지라도 너희 중에 혹 미치지 못할 자가 있을까 하노라." 6:15에서는 "저가 이같이 오래 참아 약속을 받았느니라."고 말합니다. 이 서신 전체에서 "구원"을 "장래"에 속한 일의 차원에서 다루고 있음을 세심히 주목해야 합니다. 오늘날 설교와 교육 속에서 거의 무시당하고 있는 것이 바로 구원의 이 국면입니다(참으로 이 국면은 놀라운 요점이다). 히브리서에서는 베드로 서신들에서와 같이, 성도들더러 아직 광야에 있음을 상기하라고 말합니다. 그 광야는 시험과 위험이 도사리고 있는 곳입니다. 끝까지 이기는 자는 히브리서 3:12의 엄숙한 경고를 부지런히 주목하는 사람들 뿐입니다. "형제들아 너희는 삼가 혹 너희 중에 누가 믿지 아니하는 악한 마음을 품고 살아 계신 하나님에게서 떨어질까 조심할 것이요."

히브리서 10:24

"(또한) 서로 돌아보아 사랑과 선행을 격려하며."

이 구절 맨 처음에 있는 "또한(And)"은 두 가지의 의도를 나타내기 위하여 사용된 어휘입니다. 그 말은 이 구절의 내용이 방금 앞에서 살펴보았던 것과 긴밀하게 연관이 있음을 명백하게 시사합니다. 우리는 자신이 영적으로 세워지는 일에 세심한 주의를 기울이듯이 다른 성도들에 대하여도 그렇게 해야 마땅함을 이 구절은 지적합니다. 그래서 여기서는 두 가지 요점을 생각해야 합니다. 곧 명령된 의무의 정확한 본질과, 그 권고와 23절의 권고 사이의 연관성입니다.

"서로 돌아보아." 영어 성경에서 이 부분을 "서로 생각하라"(let us consider one another)고 번역하고 있습니다. 영어로 그렇게 '생각하라'로 번역된 신약 헬라어 단어가 열 한 가지입니다. 그 중 넷은 단순 동사들이고, 그 중 일곱은 특별한 강조를 목적으로 한 합성 동사입니다. 그 동사의 첫 번째 의미는 어떤 일을 심각하게 관찰하는 것을 가리킵니다. "사도와 장로들이 이 일을 의논하러 모여."(And the apostles and elders came together for to consider of this matter. KJV)(행 15:6) 두 번째 의미는 면밀하게 어떤 일을 의도하여 비추어 생각하라는 것입니다. "이 사람이 얼마나 높은가를 생각해 보라 조상 아브라함이 노략물 중 십분의 일을 그에게 주었느니라."(Now consider how great this man [was], unto whom even the patriarch Abraham gave the tenth of the spoils.)(히 7:4) 세 번째 의미는 파수꾼으로서 정탐하거나 은밀히 탐사하는 것을 의미합니다. "너 자신을 살펴보아 너도 시험을 받을까 두려워하라"(considering thyself, lest thou also be tempted.)(갈 6:1) 네 번째 의미는 어떤 일을 마음속에서 뒤집어 생각하는 것을 의미합니다. "내가 말하는 것을 생각해 보라 주께서 범사에 네게 총명을 주시리라."(Consider what I say ; and the Lord give thee understanding in all things.)(딤후 2:7)

첫 번째 단순 동사는 사도행전 12:12에서 합성되어 어떤 문제에 대하여 스스로 진지하게 생각해 보는 것을 의미합니다. 두 번째 단순 동사는 히브리서 13:7에서 합성 동사가 됩니다. 그래서 어떤 일을 열심히 살펴보는 일을 의미합니다. 네 번째 단순 동사는 사도행전 11:6에서 합성되어 어떤 일을 온전히 알기까지 철저하게 가늠해 보는 것을 의미합니다. 바로 여기 우리가 다루는 본문에서 그런 의미로 이 동사가 사용되었습니다. 마가복음 6:52에는 다른 합성어가 나옵니다. 제자들은 이들을 함께 종합 비교하지 못했습니다. 히브리서 12:3에서 그것이 다른 합성 동사가 되어 그리스도께서 고난 받으신 '모든' 것을 헤아려 보는 것을 의미합니다. 요한복음 11:50에서 유사한 합성 동사가 나타납니다. 그리하여 철저하게 회계(會計)한다는 의미로 쓰입니다. 마태복음 6:28에서 "백합화를 생각해 보라."는 주님의 말씀에서 그 동사는 그 백합화를 통해서 가르침을 받기까지 철저하게 배우라는 의미를 가집니다. 이 모든 것을 통해서 배워야 하는 실제적인 교훈은 무엇입니까? 하나님께 속한 일들은 우리의 가장 면밀한 주의를 요한다는 사실입니다.

"서로 돌아보아." 우리 동료 순례자들의 유익을 부지런히 마음에 두고 부단하게 그 유익에 보탬이 될 일을 도모하라는 말씀입니다. "돌아 보다"는 매우 강조적인 말입니다. 히브리서 3:1에 나오는 말과 같습니다. "우리 믿는 도리의 사도시요 대제사장이신 그리스도 예수를 생각하라." 이 말씀은 다른 그리스도인들의 영적인 상태와 복락에 대하여 의식적으로 주의를 기울여 탐사해 보라는 의미입니다. 그들은 그리스도 안에서 형제자매들이요 같은 가족들입니다. 지상에 있는 어떤 관계 보다 더 가깝고 더 사랑스러운 이들인 줄 알고 자신을 그들에게 묶어 매라는 말입니다. 그들의 일과 너희의 복된 관계를 '생각할 뿐' 아니라, 그들의 환경과 처지와 시련과 시험과 연약과 필요를 생각하라는 말입니다. '그들을 도와주고 봉사하고 그들에게 복된 것을 행할 은혜를 구하라. 그들도 그들 나름의 갈등과 좌절과 낙담하는 마음을 가지고 있음을 기억하라.' "그러므로 피곤한 손과 연약한 무릎을 일으켜 세우라."(히 12:12)

"서로 돌아보아 사랑과 선행을 격려하며." 여기에 서로 생각하며 돌아보는 목적과 주요한 의도가 표현되어 있습니다. 그것은 의무들을 수행하도록 서로 격려하고 자극하려고 돌아보아야 합니다. 열심을 내게 하고, 열정을 가지고 거룩한 삶을 힘 있게 살아가도록 자극하려고 돌아보는 것입니다.

우리는 경건한 본을 통해서 서로 간에 자극하며, 합당한 권고와 이기적이지 않은 자비의 행동을 통해서 서로를 격려해야 합니다. 서로 간에 '사랑'의 불꽃을 붙여야 합니다. 그 사랑의 불꽃은 단순한 감상이나 육신에 속한 정이 아닙니다. 오히려 거룩한 행동 원리로서 상대방을 위하여 가장 높은 선을 이루어 주려는 것입니다. 기독교 사랑은 의롭고, 결코 죄에 대하여 여유를 주지 않습니다. 기독교 사랑은 신실하고, 필요한 곳에 비난과 경고를 무서워하지 않고 나아가는 것입니다. "선행"은 경건한 삶의 열매요 소산입니다. "또 사랑은 이것이니 우리가 그 계명을 따라 행하는 것이요."(요이 6)

24절의 권면과 23절의 권면 사이에는 매우 친밀한 관계가 존재합니다. 사랑과 선행은 둘 다 '구원 얻는 믿음'(saving faith)의 진지한 신앙고백의 열매요 표증들입니다. 그러므로 그것들을 열심히 주목하는 것은 우리의 신앙고백을 지속시킬 수 있는 진수가 되는 방편입니다. 그리스도인의 견인은 다름 아닌 실천적인 경건을 계속해 나가는 것이요, 그리스도께 순종하는 길에서 벗어나지 않고 그리스도의 형제들을 사랑하는 일을 끊임없이 행하는 것입니다. 그러므로 서로 돌아보면서 믿음을 견고히 하며, 삶의 열매가 있도록 서로 돌아 보라고 당부하는 것입니다. 어떠한 그리스도인도 자기 자신을 위해서 살지 않습니다(롬 14:7). 우리 각자는 우리가 관계하는 사람들에게 도움을 주지 않으면 장애가 되고, 복이 되지 않으면 저주가 됩니다. 그 중 어느 편에 우리가 속하여 있습니까?

주께서 본 강해서 저자와 독자들 모두를 다 분발시켜 보다 비이기적이 되게 하옵시고, 같은 몸의 지체되는 사람들의 영적인 선(善)을 위해 사랑의 배려를 아끼지 않게 하시기를 원하나이다. 아멘.

52강

배도(背道)의 경고

10:25 모이기를 폐하는 어떤 사람들의 습관과 같이 하지 말고 오직 권하여 그 날이 가까움
을 볼수록 더욱 그리하자 10:26 우리가 진리를 아는 지식을 받은 후 짐짓 죄를 범한 즉 다시
속죄하는 제사가 없고 10:27 오직 무서운 마음으로 심판을 기다리는 것과 대적하는 자를
태울 맹렬한 불만 있으리라

우리는 이제 히브리서뿐 아니라 하나님의 말씀 전체에서 가장 엄숙하고 가장 두렵게 하는 부분 중 하나에 이르게 되었습니다. 성령께서 우리 각자의 마음을 주장하사 '경건한 떨림'으로 이 부분에 접근하게 하시기를 원하나이다. 그 '경건한 떨림'이란 배도의 씨앗을 마음에 가지고 있는 사람들에게 반드시 있어야 합당합니다. 먼저 우리가 살펴보려는 이 부분이 '나는 그리스도인들이라 아니라.'고 고백하는 자들에게 주어진 것이 아닙니다. 진리의 성령께서 부르사 "하늘의 부르심에 참여한 거룩한 형제들"(3:1)로 인정하는 이들에게 주어진 것임을 신중하게 숙고해야 할 것입니다. 그들이 그런 거룩한 형제의 반열에 든 자들임에도 불구하고, 성령께서는 지금 그들 앞에 놓인 저 무서운 벼랑 끝으로 나아가지 말라고 간곡하게 당부하고 계십니다. 또한 그들이 그 벼랑을 향하여 나아가게 될 경우 따라올 확실한 멸망을 신실하게 경고하고 계십니다. 우리는 이 문제를 하나님의 성도들의 영원한 안전성의 논리로 접근하지 말고, 정직하게 이 죄악 세상에 있는 동안 우리

각자에게 부닥쳐오는 그 무서운 위험을 대면할 은혜를 구합시다. 그리고 그 무섭고 비참한 참화를 피하는 모든 필요한 방편들을 활용할 은혜를 간절하게 구합시다.

사랑하는 독자들이여, 과거 수천수만의 사람들이 자기들은 진실로 구원을 받았음에 틀림없다고 여겼습니다. 그리스도의 완성된 역사(役事)의 공로를 참으로 믿고 있으니 자기들은 틀림없이 하늘나라에 인도될 것이라는 확신을 여러분처럼 가졌었습니다. 그럼에도 불구하고, 그런 이들이 지금 지옥의 고통 속에 있음을 기억해야 합니다. 그들의 확신은 육신적인 것이었습니다. 그들의 "믿음"이란 귀신들이 가진 것에 불과했습니다. 그들의 믿음은 성경의 문자에만 단순하게 매달려 있는 육신적인 것이었습니다. 그것은 하나님에 의해 마음에서 역사하는 초자연적인 믿음이 아니었습니다. 그들은 자기들의 믿음은 구원받은 것이라고 너무나 확신한 나머지 성경으로 그것을 철저하고 자주 탐사해 보지 않았습니다. 그래서 그들은 하나님의 선택받은 백성들의 믿음이 틀림없이 산출하는 열매들이 자기들에게 있는 지 아닌지를 확인하는 일을 전혀 하지 않았습니다. 만일 그들이 이 같은 글을 읽었다면, 그들은 거만하게 '이러한 글은 다른 사람에게나 속한 것이라.'고 가볍게 결론을 내렸을 것입니다. 그들은 어찌나 자만에 찬 확신을 가지고 있던지 자기들은 여러 해 전에 거듭났기 때문에 고린도후서 13:5의 "너희 자신을 시험해 보라."는 명령 따위는 주목할 필요가 없다는 식입니다. 그러나 지금 지옥에 처한 그들에게는 운명을 바꿀 가능성이 전혀 없어졌습니다. 너무 때가 늦었습니다. 그들은 자기들에게 주어진 날들을 낭비해 버렸고, '흑암(黑暗)'이 영원히 그들의 몫이 되어 있습니다.

이 엄숙하고 외경(畏敬)스러운 사실에 비추어 볼 때 본 강해자와 독자 모두 지금 하나님 앞에 꿇어 엎드려 진지하게 부르짖어야 할 것입니다.

“오, 하나님이여 나를 시험하소서. 내가 누구인지 나에게 밝혀 주소서. 내가 속고 있다면 영원히 때가 늦기 전에 나를 깨우쳐 알게 하소서. 나로 하여금 하나님의 말씀으로 신실하게 자신을 재어보게 하시고, 그럼으로써 내 마음이 새로워졌는지 그렇지 않은지 내가 내 뜻을 버렸는지, 아니면 하나님께 진실로 복종하고 있는지를 발견하게 하소서. 또 내가 회개하여 모든 죄를 미워하며, 그 죄의 세력에서 벗어나기를 갈망하는지, 내 자신을 혐오하고 자신을 부인하려고 부지런히 추구하는지 알게 하옵소서. 또 내 믿음이 세상을 이기는 믿음인지(요일 5:4), 아니면 그저 단순한 아무런 경건한 삶을 내지 못하는 관능적인 것에 불과한 것인지 알게 하소서. 내가 열매 있는 포도나무의 가지인지, 혹은 땅만 버리는 무화과나무인지 알게 하소서. 곧 내가 그리스도 안에 있는 새로운 피조물인지 아니면 회칠한 위선자와 같은지 알게 하여 주소서.”

만일 내가 정직한 사람이라면, 내 자신에 관한 진상을 대면해 보고 알고 싶은 기꺼운 마음과 소원을 가져야 합니다.

아마 어떤 독자들은, ‘나는 내 자신에 관한 진리를 이미 알고 있다.’고 말할 채비가 되어 있을 것입니다. ‘나는 하나님의 말씀이 내게 말하는 것을 믿는다. 나는 죄인이다. 내 속에 선한 것이 하나도 없는 줄 안다. 내 오직 유일한 소망은 그리스도다.’

그렇습니다. 사랑하는 친구들이여, 그리스도께서는 자기 백성들을 그들의 죄에서 구원하십니다. 또한 성령님을 그들의 마음속에 보내어 그들의 이전 상태로부터 근본적인 변화를 가져오게 하시고, 하나님의 사랑을 중생시킨 자들의 마음에 부어 주십니다. 그 사랑은 나를 사랑하신 그 분을 기쁘게 하려는 깊은 열망과 진지한 결심으로 나타납니다. 그리스도께서 영혼을 구원하실 때 그는 지옥에서 그 영혼을 구원하실 뿐 아니라, 죄의 세력과 사탄의 지배와 세상을 사랑하는 마음에서 그들을 구원하십니다. 또한 사람을 두려워하는 데서 구원하시고, 육체의 욕심과 자기를 사랑하는 그 정신에서도 구원하십니다. 그럼에도 진실로 성령께서 아직도 이 복된 사역을 다 "마치지" 않으셨습니다. 참으로, 죄의 본성이 아직도 다 말살된 것은 아닙니다. 오직 구원 받은 사람은 죄의 권세로부터 건짐 받은 것입니다(롬 6:14). 구원은 초자연적인 것으로, 마음을 변화시키고 뜻을 새롭게 하고 생활을 변모시킵니다. 그래서 은혜의 '이적'이 일어났음이 모든 주위 사람들에게 드러납니다.

그러므로 '내가 하늘나라에 가기 위해서 내 자신의 의(義)를 부인하고 내 모든 선행을 다 포기하며 오직 그리스도만 믿는지?'의 질문만으로는 부족합니다. 많은 사람들은 이러한 문제를 열심히 그리고 진지하게 확언합니다. 그러면서도 그들이 사망에서 생명으로 옮겨졌다는 증거를 전혀 보이지 않고 있습니다. 더 필요한 일은, 나의 믿음이 참으로 구원받을 만한 믿음인지 확인해 보는 것입니다. 그러한 참으로 구원받을 만한 믿음에는 '구원에 가까운' 것들이 있기 마련입니다(히 6:9). 나는 이러한 것들이 있는지 살펴보고 확인해 보아야 합니다. 연기나 열을 전혀 내지 않는 나무더미는 전혀 불길을 가지고 있는 것이 아닙니다. 여름에 열매도 맺지 못하고 이파리도 없는 나무는 죽은 나무입니다. 그처럼 경건한 삶이나 순종하는 행위나 영적인 열매를 전혀 내지 아니하는 믿음은 하나님의 선택받은 백성들의 믿음이 아닙니다. 독자들이여, 저는 여러분에게 부지런히 그러면서도 신실하게 하나님의 틀림없는 말씀의 빛으로 자신들을 재어 보라고 촉구하는 바입니다. 만일 여러분이 아브라함의 행실을 하지 못하면 아브라함의 자녀가 아닙니다(요 8:39).

배도(背道, apostasy)란 무엇인가? 그것은 믿음이 파선(破船)케 합니다(딤전 1:19). 그것은 살아계신 하나님으로부터 마음이 떠나는 것이기도 합니다(히 3:13). 그것은 구주 예수 그리스도를 아는 지식을 통해서 세상의 더러움에서 피한 후에 다시 세상으로 돌아가 세상에 굴복하는 것을 의미합니다(벧후 2:20). 이러한 배도는 먼저 여러 단계를 거칩니다. 첫째,'뒤를 돌아다보는 단계'가 있습니다(눅 9:62). 마치 롯의 아내가 외적으로는 소돔을 떠났지만 그녀의 마음은 거기에 있었던 것과 같습니다. 둘째, '뒤로 물러가는' 단계입니다(히 10:38). 이 경우 그리스도의 요구들이 더 이상 마음에 호소력을 갖지 못하게 됩니다. 셋째, '뒤로 돌아서는' 단계입니다(요 6:66). 육체의 욕심을 채우기에는 경건의 길이 너무나 좁습니다. 넷째, '뒤로 넘어지는' 단계가 있는데, 이것이 치명적입니다. "그들로 가다가 뒤로 넘어져 부러지며 걸리며 붙잡히게 하시리라."(사 28:13)

히브리서 10:25

"모이기를 폐하는 어떤 사람들의 습관과 같이 하지 말고

오직 권하여 그날이 가까움을 볼수록 더욱 그리하자."

이 구절은 23절과 24절에서 다룬 그리스도인의 견인(堅忍)의 문제로부터 배도(背道)의 문제로 넘어가는 전환점을 형성합니다. 배도의 문제는 26절 이하에서 다루어집니다. 물론 그 주제는 23절보다는 24절과 더 긴밀하게 연관됩니다. 주석가들 거의 대부분은 이 요점에서 방황합니다. 그것은 "또"라는 말이 이 구절 처음에는 없다는 것을 주목하지 못하기 때문입니다. 또한 "폐하다"는 말의 의미를 깨닫지 못하기 때문입니다. 실상 이 구절의 내용은 배도에 대한 근실한 경고를 형성합니다.

첫째, 사도는 히브리인 그리스도인들에게 공적 예배를 폐하지 말라고 경고합니다. 둘째, "어떤 사람들"이 이미 그러한 일을 하고 있음을 사도는 지적합니다. 셋째, 그들에게 서로 더욱 부지런하도록 격려하라고 명합니다.

"모이기를 폐하는 어떤 사람들의 습관과 같이 하지 말고." 이 말씀을 해석하기 전에 먼저 오늘날 이 말씀을 거짓되게 적용하려는 자들의 시도를 배격해야 합니다. 옛적에 사탄이 시편 91:11,12의 말씀을 오용하여 구주를 시험하려 했던 것처럼(마 4:6), 역시 이 구절을 우리에게 그런 식으로 악하게 적용하려는 마귀의 간계를 경계해야 합니다. 사탄이 우리 마음에 성경구절을 얼마나 자주 들이대는지 인식하는 사람이 참으로 드뭅니다. 그리스도인이 그리스도를 위하여 나아가려 할 때 마귀는 그에게 "너무 의인이 되지 말라."(전 7:16)는 말씀을 인용할 것입니다. 예를 들어 하나님의 자녀가 디모데후서 3:5과 히브리서 13:13의 말씀을 복종하기로 결심하고 경건하게 살지 않는 모든 사람들로부터 자신을 구별시키려 합니다. 그 때 원수는 "모이기를 폐하지 말라."는 말씀을 들이 댈 것입니다. 로마 가톨릭 사람들은 종교개혁 초기에 이 구절을 사용하여 루터와 그의 친구들을 비난하며 이 하나님의 명령을 지키지 않는다고 정죄했습니다. 그러나 하나님의 말씀은 서로 상충되지 않습니다. 어떤 곳에서는 "불신자와 멍에를 같이 메지 말라."(고후 6:14)고 해놓고, 여기서는 양들더러 "염소들과 함께 친교하라."고 명할 리가 없습니다. 이 구절을 바르게 이해하면 그리스도를 신실하게 의지하는 것을 저지시키려는 자들에게 결코 기회를 내주지 않을 것입니다.

"모이기를 폐하는 어떤 사람들의 습관과 같이 하지 말고." 존 오웬(John Owen)이 이 부분을 바르게 잘 주해하였습니다.

"이 '모이기'라는 말은 일종의 제유법적(提喩法的) 표현 방식으로 부분을 가지고 전체를 표현하는 양식이다. 그 '모이기'란 그리스도를 위해 모여 행하는 전체 예배를 나타낸다. 왜냐하면 예배는 '모여서' 하는 일이기 때문이다. 모이는 것을 폐하는 자는 그리스도께 드리는 예배를 폐하는 것이다. 그들 중 어떤 사람들이 그러한 위험에 직면해 있었다."

여기서 사도는 '모이기를 폐하는 것'은 기독교를 전적으로 포기하는 것이라고 여기고 그렇게 하지 말라고 권고합니다. 사도가 '모이는 집회에 참석하는 일을 중단하지 말라.'는 식으로 말하지 않고, "함께 모이기를 포기하거나 폐하는 일을 하지 말라."고 하였습니다. 여기는 나태함의 죄나 분열의 죄를 다루고 있지 않고, 배도(背道)의 죄를 다루고 있습니다. 만일 어떤 신앙을 고백한 그리스도인이 기독교회를 포기하고 모하멧 교인이 되었다면, 그는 이 구절의 권고를 불순종한 것이 될 것입니다. 그러나 다른 모든 것보다 그리스도의 영예를 중요시하는 사람이 그리스도의 이름을 불명예스럽게 하거나 모독하는 어떤 교회(모임)에 등을 돌리는 것은 이 구절의 요구사항에 불응하는 것이 아닙니다.

"모이기를 폐하는 어떤 사람들의 습관과 같이 하지 말고." 여기서 "폐하다"는 동사는 매우 강하고 강조적인 것입니다. 그 동사는 이중합성어로서 '위험의 때에 포기하다'는 의미입니다. 그 말은 십자가 위에 고뇌하시는 구속주께서 "나의 하나님 나의 하나님 어찌하여 나를 버리시나이까?"라고 울부짖을 때 사용하신 말입니다. 또 "이는 내 영혼을 음부에 버리지 아니하시며 주의 거룩한 자로 썩음을 당치 않게 하심이로다."(행 2:27)라고 선언할 때도 사용된 말입니다. 또 바울은 디모데후서 4:10에서도 이 말을 사용했습니다. "데마는 세상을 사랑하여 나를 버리고…" 히브리서에서는 그 말이 여기 말고 단 한 곳에서만 발견되는데, 우리가 살펴보고 있는 이 구절과 명백한 대칭을 이루어 쓰이고 있습니다. "그가 친히 말씀하시기를 내가 과연 너희를 '버리지 아니하고' 과연 너희를 떠나지 아니하리라 하셨느니라."(13:5) 이처럼 기독교를 공적으로 고백하는 것을 완전히 버리지 말라는 경고의 말씀이 주어지고 있음을 분명히 알게 될 것입니다.

그리보면 어느 누구나 25절이 23절, 24절, 26절을 아주 적당하게 연결하는 고리를 제공하는 것을 간파할 것입니다. 25절은 요동하는 히브리 그리스도인들로 하여금 그리스도를 믿는 믿음 안에서 계속 거하도록 하는 또 다른 방편을 처방해 줍니다. 만일 그들이 "움직이지 않고 믿는 도리를 견고히 잡으려면, 또한 서로 돌아보아 선행을 격려하려면," "모이기를 폐하지 말아야 한다."는 것입니다. '(함께) 모이기'의 헬라 원어는 이중 합성어입니다. 그 말이 여기 말고 다른 서신에서는 데살로니가후서 2:1에서만 발견됩니다. "형제들아 우리가 너희에게 구하는 것은 우리 주 예수 그리스도의 강림하심과 우리가 그 앞에 모임에 관하여." 여기서 "우리가 그(그리스도) 앞에 모임에 관하여"라고 하였습니다. 그 '모임'은 한 '머리' 안에서 모이는 것을 의미합니다. "폐하다"는 것은 바로 그 머리 되신 그리스도를 등지고 멀리 떠나는 것입니다.

"모이기를 폐하는 어떤 사람들의 습관과 같이 하지 말고." 사도는 이상의 경고를 강화시키기 위해서 "어떤 사람들의 습관과 같이"라는 말을 덧붙인 것입니다. "습관"이라는 말의 헬라어는 "관례"라는 의미이며, 누가복음 2:42에서 그렇게 번역되어 있습니다. 히브리 그리스도인들에게 하지 말라고 경고하는 그 악은 가끔 교회에 빠지는 것을 의미하기보다는, 의도적으로 끝내 교회를 떠나는 악임을 부연해서 확증해 주고 있습니다. 요한복음 6:66에 보면 "이러므로 제자 중에 많이 물러가고 다시 그와 함께 다니지 아니 하더라."는 말씀이 있습니다. 요한은 역시 "우리에게서 나갔으나 우리에게 속하지 않았던" 자들에 관해서 기록합니다(요일 2:19). 또한 바울은 그의 수고를 다 마쳐

가는 즈음에 "아시아에 있는 모든 사람이 나를 버린 이 일을 네가 아나니." 라고 말하지 않을 수 없었습니다(딤후 1:15). 그와 같이 여기서도 기독교 신앙고백을 했던 어떤 이들이 이제 그 신앙고백을 버리고 유대교로 돌아갔습니다. 사도가 그 일을 그렇게 쓴 것은, 그 치명적인 자취를 다른 사람들도 따라갈까 보아 경계시키려 함입니다(고전 10:12 ; 롬 11:20 참조).

"오직 권하여 그 날이 가까움을 볼수록 더욱 그리하자." 이것은 25절의 적극적인 국면입니다. 이것은 그리스도인들이 거룩한 신앙고백을 계속 견지하도록 하나님께서 정해 주신 또 다른 방편입니다. "서로 권하는 것"은 모든 그리스도인들에게 주어진 의무입니다. 이 악한 날에 그 의무를 실행하는 사람들이 얼마나 적습니까. 그럼에도 불구하고 인간적인 측면에서 볼 때 그러한 실패를 이상하게 여기기는 어렵습니다. 신앙을 고백하는 대다수의 사람들이 권면을 받거나 주의를 받는 일보다 위로해 주고 토닥거려 주는 것을 더 좋아합니다. 그들 대부분은 너무나 예민한 나머지 조금만 비평적인 말을 하여도 마음이 상합니다. 그리스도 안에 있는 형제자매들로 여겨지는 사람들에게 미쁘고 참된 "사랑"의 행동을 보이는 은혜를 구하는 사람은, 사람에 관한 한 다른 사람에게 인정받지 못할 일을 하고 있는 셈입니다. 그는 머지않아 자기 모든 '친구들'(?)을 거의 다 잃게 될 것이고, 그 친구들과 가진 '우정'(?)을 끊어 버릴 것입니다. 그러나 이것만이 "그의 고난에 참여함"의 맛을 조금이라도 보게 하는 것입니다. 히브리서 3:13은 여전히 하나님의 명령입니다! "오직 오늘이라 일컫는 동안에 매일 피차 권면하여 너희 중에 누구든지 죄의 유혹으로 완고하게 되지 않도록 하라."

"그 날이 가까움을 볼수록 더욱 그리하자." 사도가 이 말을 하면서 가장 마음에 두고 있는 일은 유대 나라의 멸망임을 거의 의심할 여지가 없어 보입니다. 그 때 그 나라는 매우 연약해 있었습니다. 왜냐하면 이 서신이 로마의 디도 장군이 예루살렘을 함락하기 8년 전 쯤에 기록되었기 때문입니다. 이스라엘의 선지자들에 의해서 그 무서운 정황이 거듭 예고되었고, 누가복음 21장에서 주 예수님에 의하여 명백하게 공언되었습니다. 그 무서운 "날"이 가까이 온다는 것은 영적 분별력을 가지고 있는 사람들에게는 명백하게 지각될 수 있었습니다. 계속해서 그 민족이 그리스도를 죽인 죄를 회개하지 않고 많은 사람들이 기독교를 버리고 배도한 유대교로 돌아갔습니다. 이러한 것은 분명히 하나님의 심판의 폭풍이 터질 조짐이었습니다. 바로 이 사실은 참된 그리스도인들로 하여금 믿음 위에 든든히 서 있게 할 부가적인 동기를 제공하였습니다. 주 예수님께서는 자기를 따르는 자들이 예루살렘이 멸망할 때 보존될 것이라고 약속하셨습니다. 그러나 그들이 누가복음 21:8,19,34에 있는 주님의 경고의 말씀을 청종하여 그대로 준행할 때만 그러합니다. 또한 그들이 믿음과 거룩을 견지하고 있을 때만 그 멸망에서 벗어날 수 있었습니다(마 24:13). 여기서 히브리 그리스도인들에게 열심을 내라고 부추기면서 특별한 이유로 제공하고 있는 요점은 무엇입니까? 같은 처지에 있는 다른 그리스도인들에게도 똑같은 정도로 적용될 수 있다는 것입니다.

히브리서 10:26

"우리가 진리를 아는 지식을 받은 후 짐짓 죄를 범한 즉
다시 속죄하는 제사가 없고."

여기에서 제시된 보편적인 진리는 개종하여 그리스도인이 된 사람들이 그리스도를 떠나게 되면 그들의 상태는 소망이 없게 된다는 것입니다. 이 점을 다음의 몇 가지 상세한 사항으로 나누어 표현할 수 있습니다. 첫째, 이 죄의 본질 때문에 그러합니다. 곧 기독교 신앙을 의도적으로 아주 포기하는 것의

본질 때문에 그러합니다. 둘째, 그러한 죄를 짓지 말라는 경고를 받은 자들의 상태 때문에 그들은 소망이 없게 됩니다. 셋째, 그 죄가 그렇게 무섭다는 것을 알고도 그러한 죄를 지었기 때문입니다. 넷째, 그 죄는 용서받을 수 없기 때문에 그들은 절망의 상태에 있게 됩니다.

"우리가…짐짓 죄를 범한즉." 이 구절을 유도하는 이유 접속사 "왜냐하면(for)"은 최소한 세 가지 요지를 나타냅니다. 첫째로, 더욱 직접적으로는 25절에서 방금 말한 것으로부터 나오는 분명하고 필연적인 결론을 지적합니다. 자기들이 내거는 모든 것으로 기독교의 모임들을 "폐하고" 포기하는 사람들은 그리스도의 제사로도 어찌할 수 없는 죄를 지었습니다. 성경이 '그리스도의 피가 모든 죄로부터 깨끗하게 한다.'라고 어느 누가 반론을 제기하면, 성경은 "그의 아들 예수 그리스도의 피가 우리를 모든 죄에서 깨끗하게 한다."고만 말했을 뿐이라고 답해야 합니다(요일 1:7). 이 죄를 범한 자들도 그렇게 된다고 말한 것은 아니라고 답해야 할 것입니다. 요한일서는 또한 그리스도의 피로도 용서되지 않는 죄가 있음을 가르칩니다(요일 5:16). 둘째로, 보다 일반적으로는 26절은 어째서 그리스도인들이 22-25절에서 주어진 권고에 귀를 기울일 필요가 있는지의 이유를 제시하고 있습니다. 22-25절에서 제시한 의무들은 하나님의 백성들이 이 무서운 죄를 짓지 않게 하시려고 하나님께서 친히 지정하신 방편들입니다. 셋째로, 보다 더 멀리는 10:17에는 기록된 보배로운 약속을 그릇되게 사용하지 말라는 경고가 주어져 있습니다. 그 복된 선언은 무분별하고 사려 없는 행동을 격려하기 위해서 주어진 것이 아닙니다.

"짐짓 죄를 범한즉." 이 부분에 대하여 존 브라운(John Brown)의 주해를 참조합니다.

"여기서 '죄'라는 말이 무언가 특별한 의미에서 사용되고 있다. 그것은 일반적으로 죄를 묘사하기 위한 말이 아니고, 특별한 종류의 죄를 가리키고 있다. - 전에 알았고 고백하였던 진리에 대한 믿음과 고백을 등지고 배도하는 것을 가리킨다. '죄 지은 천사들'은 배도한 천사들을 가리킨다. 여기서 묘사되는 배도는 행위라기보다는 배도의 상태이다. '우리가 죄를 지었고 우리가 배도했다면'이라는 말이 아니다. '우리가 죄를 지어 배반하여 돌아서 계속 그 배도에 머물러 있다면'이라는 뜻이다."

KJV보다 앞선 영어 성경 번역자들은 '만일 우리가 기꺼운 마음으로 죄를 범하면(If we sin willingly)'이라고 번역하였습니다. 그러나 1611년 KJV 번역자들이 그 부분을 고쳐 번역하였습니다. 그것은 그런 번역문을 읽고 자발적인 마음으로 범한 어떤 죄(voluntary sin)를 지으면 회복하는 일이 전혀 없다는 식으로 상정하지 않게 하려는 배려였습니다. 헬라어 원어만 보면 그런 식으로 고치는 것이 합당하지 않게 보입니다. 그러나 베드로전서 5:2에서만 여기에 쓰인 단어가 다시 나타나 그 말이 함축하는 범위를 분명하게 해줍니다. "너희 중에 있는 하나님의 양 무리를 치되 억지로 하지 말고 하나님의 뜻을 따라 자원함으로 하며 더러운 이득을 위하여 하지 말고 기꺼이 하며."

"우리가 짐짓(자원하여 기껍게) 죄를 지으면." 자기 자신의 마음에서 우러나 자원하는 마음으로 죄를 짓는 것을 의미합니다. 거기에는 강권적인 어떤 것이 전혀 존재하지 않는 경우입니다. 개인이 의도적으로 그리스도를 버리고 하나님을 등지고 떠나겠다는 결심입니다. 여기서 알버트 반즈(Albert Barnes)의 주해를 참조합니다.

"어느 곳에서나 마찬가지로 유대 율법에서는 부득이 함으로 어쩌다가 자신도 모르게 죄를 짓는 것(레 4:2,13,22 ; 5:15 ; 민 15:24,27-29 ; 행 3:17 ; 17:30 참조)과, 의도적으로 죄를 짓는 것 사이를 구별하고 있다(출 21:14 ; 민 15:30 ; 신 17:12 ; 시 19:13). 사도는 여기서 분명히 그러한 구별을 지시하고 있다. 어떤 결심을 가지고 의도적인 목적으로 기독교의 제약들과 마땅한 의무들을 벗어 던지는 것을 말하려고 한다."

"짐짓 죄를 범한즉." 그러면 이 무서운 죄를 짓지 말라고 경고 받는 사람은 누구입니까? 그러한 죄를 지을 위험에 처해 있는 사람은 누구입니까? 대답은 이러합니다. 주 예수 그리스도에 대한 믿음을 고백하는 모든 사람들이 여기에 다 해당됩니다. 그러나 참된 그리스도인들이 그러한 위험에 처해 있습니까? 참된 그리스도인들이 주 하나님과 맺은 영원한 언약의 입장에서 살펴보십시오. 하나님께서 그들의 '대언자'의 인격 안에서 그들과 언약을 맺으셨습니다. 그 언약은 '모든 조건을 완비하고 확실합니다.' 그런 입장에서 살펴보면 참된 그리스도인들은 그런 위험에 처할 수 없습니다. 그들이 그리스도 안에서 가지는 위치와 상태를 따라 본다면 그럴 위험이 전혀 없습니다. 그들은 "영원히 온전케 된 자들"입니다(10:14). 그러나 그들 자신들만 놓고 생각해 보세요. 그들은 자기들 스스로는 아무 힘도 없는 가변적(可變的) 피조물입니다(타락하지 않은 상태에서 아담이 변한 것 같이). 그런 측면에서 본다면, 참된 그리스도인들도 그러한 위험에 노출되어 있다고 할 수 있습니다. 참된 그리스도인들이라도 그들이 아직 지상에 있는 동안에는 사탄의 끊임없는 공격의 대상임을 깊이 생각해 보세요. 그런 국면을 감안하면 여전히 참된 그리스도인들도 그러한 위험에 처할 수 있습니다. 그러나 '하나님께서 는 자기 백성들을 그리스도 안에서만 보신다.'는 반론을 제기할 수도 있을 것입니다. 그러니 참된 그리스도인들에게는 그런 "짐짓 죄를 범하는" 위험이 없다고 강변할 수도 있습니다. 그런 반론이 정당하다면, 하나님께서는 우리를 절대 징계하지 아니하실 것입니다(히 12:5-10).

하나님께서는 그리스도인을 법적으로는 그리스도 안에 있는 사람들로 보시면서도, 실제적으로는 이 세상에 있는 사람들로 보십니다. 하나님께서는 우리를 책임 있는 존재로 보시고 말씀하시는 것입니다 "그러므로 형제들아 더욱 힘써 너희 부르심과 택하심을 굳게 하라 너희가 이것을 행한즉 언제든지 실족하지 아니하리라."(벧후 1:10) 우리의 행실에 따라서 우리에 대한 하나님의 사랑의 표징들을 보여 주십니다. "예수께서 대답하여 이르시되 사람이 나를 사랑하면 내 말을 지키리니 내 아버지께서 그를 사랑하실 것이요 우리가 그에게 가서 거처를 그와 함께 하리라."(요 14:23)

사도 바울이 여기서 "'너희'가 짐짓 죄를 범한즉"이라 말하지 않고 "우리가 …"라고 말하고 있음을 세심하게 주목해야 합니다. 그 "우리"라는 말 속에 자신도 포함시키고 있습니다. 바울이 그렇게 하는 이유 두 가지를 제시할 수 있습니다. 첫째, 이 무서운 경고의 냉혹함을 조금이라도 부드럽게 하려 합니다. 그는 이 문제에 있어서 예외인 사람은 하나도 없음을 보여 줍니다. 바울 자신이 이러한 무서운 죄를 자행하였다면 그도 역시 피할 수 없는 똑같은 운명을 당하였을 것입니다. 그럼으로써 그는 모든 설교자들과 교사들에게 경건한 본을 보여 주었습니다. 그것이 사도 바울의 일반적인 관례입니다. 히브리서 2:3과 3:6,14, 그리고 12:25에 있는 "우리"라는 말과 4:1,11에 있는 "우리들에게"라는 말을 서로 비교해 보십시오. 둘째로 사도는 이 법칙의 확고부동함을 강조하기 위하여 그렇게 말하고 있습니다. 예외는 전혀 없습니다. 사도는 자신을 포함시켜 말합니다. 여기에서 묘사된 죄를 자신이 지었다면, 여기에 지적된 그 하나님의 심판을 피할 수 없음을 보여 줍니다.

"우리가 진리를 아는 지식을 받은 후." 이 말씀은 배도의 죄를 짓지 않도록 조심하라는 권고를 받아야 할 사람들이 누구인가를 지적해 줄 뿐 아니라,

그 죄의 극악성을 부가적으로 강조합니다. 무지함으로나 지식이 없어서 그러할 수도 있습니다. 그러나 조명을 받아 진리를 아는 지식을 얻은 후에 기독교를 버린 죄입니다. 여기서 "복음"이라는 말 대신 특별하게 "진리"라고 말하고 있는데, 그것은 대조할 요점을 더욱 드러나게 하기 위한 것입니다. 그리스도를 배척하는 것은 '거짓'에 해당합니다. "지식"이라는 말은 합성어로서 "인식"(acknowledgement)이라는 말과 같은 뜻입니다. 디도서 1:1, 빌레몬서 6절에서도 그렇게 번역되어 있습니다. 이에 대하여 존 오웬(John Owen)은 다음과 같이 말합니다.

"그 말은 진리에 대한 생각의 관념이나 단순한 개념을 나타내기 위해 사용된 적이 없다. 오히려 진리의 능력과 탁월함을 감지함으로 진리를 인식한 것을 지시하는 말로 쓰인다. 그러한 진리를 아는 인식(지식)을 '받는 것'은 그것을 이해하는 생각의 활동과, 그것을 찬동하는 의지의 행동과, 그것을 영접하는 마음의 행동을 다 포함한다.

"그러므로 여기서 말하는 죄는 복음 진리를 확신하고 그 복음진리의 능력과 탁월함을 공적으로 인정한 다음에, 그 복음 진리와 복음 진리의 약속들과 그에 수반된 모든 의무들을 다 함께 명백히 버리고 포기하는 죄이다. 그 죄를 범하기 위한 다른 어떤 동기가 없었고 '짐짓' 행한 것이다. 베드로가 그리스도를 부인한 것처럼 갑작스러운 놀램이나 시험을 받아 행한 죄도 아니다. 또는 어떤 내면적으로는 복음을 거절하지 않으면서도 충동과 두려움에서 내면의 원리와는 전혀 다른 일을 하는 식의 죄짓는 것도 아니다. 무지와 어둠으로 말미암아 잠시 사람들의 생각과 논리에 인상 받아 범한 죄도 아니다. 비록 지극히 악하고 위험천만한 죄를 지은 자들이라도, 이 범죄는 짓지 아니한 상태일 수 있다. 이 죄를 짓는 사람들은 선택적 의지로, 자원하여, 자기 자신의 마음의 내면적 부패로부터 살아계신 하나님을 등진 불신앙의 악한 마음에서 그런 일을 행하는 것이다. 또한 복음 보다 다른 식의 종교를 더 우월하게 생각하고 좋아하여 그런 죄를 짓는 것이다."

"다시 속죄하는 제사가 없고." 이 말씀은 그런 죄는 용서받을 수 없음을 확증하고 있습니다. 이 본문에 빛을 던져 주는 유사한 구절이 사무엘상 3:14에서 발견됩니다. "그러므로 내가 엘리의 집에 대하여 맹세하기를 엘리 집의 죄악은 제물이나 예물로나 영영히 속함을 얻지 못하리라 하였노라." 구약시대의 극악함과 높이 든 손으로 지은 배역하는 범죄에 대해 속할 제사가 없는 경우가 있었습니다. 그러한 죄들에 대하여는 "긍휼 없이 죽게" 하였습니다(히 10:29). 그와 같이 그리스도를 떠나 배도한 자들에게도 마찬가지입니다. 그들을 위한 어떤 강구책이나, 그들의 죄를 위한 속죄의 방도가 없습니다. 그들은 자발적으로 최종적으로 복음을 거부하였고, 그리스도의 제사 속에 있는 모든 영광을 다 포기했습니다.

이 구절에서 다음 구절로 나아가기 전에 강조하여 말할 것이 있습니다. 하나님의 성도들의 영원한 구원의 안전성에 대한 복된 진리와 상충되는 것이 이 구절 속에 하나도 없다는 사실입니다. 사도는 여기서 '히브리 그리스도인들이 배도했노라.'고 말하지 않습니다. 또한 그렇게 그들이 배도할 것이라고 확증하지 않습니다. 오히려 그들이 그렇게 배도할 경우 따라올 확실하고 무섭고 영원한 귀추들을 신실하게 지적하고 있습니다.

"우리가 짐짓 죄를 범한 후."(왜냐하면 만일 우리가 짐짓 죄를 범한다면) 사도가 여기서 그것을 가정법으로 표현한 것은 그 히브리 그리스도인들이 그러한 죄를 짓지 못하게 지켜주기 위함이었습니다. 로마서 8:13에서와 같습니다. 그 때 사도는 "너희가 육신대로 살면 반드시 죽을 것이로되"라고 말합니다. 한 사람이 기독교를 얼마나 멀리까지 믿고 나갈 것인지, 성령께서 어떤 사람 안에서 역사하시나 중생의 실제에는 미치지 못하게 하심으로 그 사람이 배도하게 될 것인지 아닌지를 아시는 분은 하나님뿐이십니다. 참된 그리스도인이라도 '고범죄'(시 19:13)를 짓는 데까지 얼마나 가까이 가며, 또 그러면서도 어떻게 "큰 죄과"에 빠지지 않을 수 있는지에 대하여 하나님만이 결정하실 수 있습니다. 우리는 다만 주님을 철저하게 의지하고 지체 없이 주님께 복종하는 자세를 견지하는 동안에만 안전한 위치에 있습니다. 육체에 빠지는 것은 '참으로 위험천만한' 일입니다. 자기를 크게 하는 길에서 계속 머물러 있는 것은 지극히 위험합니다. 그 길에서 끝까지 머물러 있으면 참으로 치명적인 상태가 될 것입니다.

히브리서 10:27

"오직 무서운 마음으로 심판을 기다리는 것과
대적하는 자를 소멸할 맹렬한 불만 있으리라."

배도자들에게 떨어질 무서운 심판이 여기에 선언되어 있습니다. 존 오웬(John Owen)이 이 부분에 대하여 어떻게 주해하고 있는지 들어 봅시다.

"율법 아래 있는 어떤 사람이 불가피한 사형판결을 받을 어떤 범죄를 저질렀다 하자. 예를 들어 살인이나 음행이나 신성모독죄와 같이 율법적으로 속함 받을 제사가 없는 죄를 저질렀다고 하자. 그 사람은 자기에게 떨어진 그 율법의 선고가 집행되는 것을 무서운 마음으로 기다리는 수밖에 없다. 사도는 이 문맥에서 작은 것으로부터 큰 것으로 점증적으로 나아가는 논증을 하고 있음이 명백하다. 모세의 율법을 거슬러 그런 식의 죄를 범한 사람의 경우가 그러하다면, 복음을 거슬러 그런 죄를 범한 사람의 경우에는 얼마나 더욱 그러하겠는가? 그 사람의 죄는 비할 수 없이 더 크고, 그 심판 역시 더욱 더 혹독할 것이다."

9:27에서와 같이 배도자들에게 떨어질 하나님의 징벌을 "심판"이라는 일반적인 용어로 표현합니다. 이 말은 그 심판이 그 배도자들의 무서운 범죄에 부가되는 의로운 선고가 될 것임을 의미합니다. 공정한 법정적 심판을 위해서 완전하고 공개적인 재판이 열릴 것입니다. 그 말은 역시 형벌 자체를 표현하는 곳에서도 사용됩니다(약 2:13 ; 벧후 2:3). 두 의미를 다 여기서 함축하고 있다고 보아야 할 것입니다. 용서와 정죄 사이에는 중간 지대가 없습니다. 이 판단 보좌에 가까이 나아가는 것을 "어떤[1] 심판을 마음으로 기다리는 것"으로 언급하고 있습니다. 여기서 "어떤"이라는 말은 온전히 규정되지 않은 것을 의미합니다. 마치 "어떤 여자"(막 5:25), "어떤 귀인"(요 4:46) 등과 같이 말입니다. 그러므로 그 말은 - "심판"이 인간의 마음으로는 생각해 낼 수도, 사람의 언어로 표현할 수도 없는 것임을 시사합니다. "무서운"이라는 말은 그 심판이 너무나 무서워서 그것을 맛보게 될 때 공포와 질림으로 그 마음이 가득 차게 됨을 지시합니다. "기다린다"는 말은 배도자들이 이미 그 양심 속에 하나님의 진노의 인(印)을 가지고 있음을 보여 줍니다.

"대적하는 자를 태울 맹렬한 불만 있으리라." '소멸할 불,' 또는 "불의 맹렬함" - 그것을 문자 그대로 하면 "열렬한 불의"(Bagster의 원어대조역성경에서는 of fire fervor로 번역함)입니다. 이 말을 그들을 기다리는 "심판"의 '성질'을 보다 더 자세하게 묘사합니다. 사용된 어휘들은 하나님의 무서운 진노가 쉬지 않고 무섭게 내려 부어짐을 지시합니다. 또한 그 진노의 무시무시한 맹렬함을 강조합니다. 하나님께서는 배도자들에게 극히 화를 발하시며 생각할

---

1) 우리말 개역개정이나 개역한글의 경우 여기서 '어떤'을 '오직'이라는 말로 번역하고 있다. - 역자 주

수도 없고 묘사할 수도 없는 무서움으로 그들을 대할 것입니다. 그렇게 해야만 그의 무한한 공의와 거룩과 능력에 부합한 것입니다. "보라 여호와께서 불에 둘러싸여 강림하시리니 그의 수레들은 회리바람 같으리로다 그가 혁혁한 위세로 노여움을 나타내시며 맹렬한 화염으로 책망하실 것이라."(사 66:15) 여기 우리가 다루는 구절에서 가리키는 것은 의심할 여지없이 마지막 날의 최후 심판과 하나님의 원수들의 영원한 멸망입니다. 주후 70년 유대인들에게 하나님의 칼과 무서운 불의 심판이 떨어져 그들의 교회를 무너뜨리고 말았습니다. 그것은 하나님께서 주신 그 무서운 마지막 날 심판의 엄숙하고 모형적인 예표입니다.

"대적하는 자를 태울 맹렬한 불만 있으리라." 아마 여기서는 나답과 아비후에게 떨어진 무서운 운명을 넌지시 암시하는 것 같습니다. 그들에 대하여 성경은 이렇게 대답합니다. "불이 여호와 앞에서 나와 그들을 삼키매 그들이 여호와 앞에서 죽은지라."(레 10:2) 또한 고라와 나단과 아비람에게 떨어진 심판을 연상케 합니다. "만일 여호와께서 새 일을 행하사 땅이 입을 열어 이 사람들과 그들의 모든 소유물을 삼켜 산 채로 스올에 빠지게 하시면 이 사람들이 과연 여호와를 멸시한 것인 줄을 너희가 알리라…그들과 그의 모든 재물이 산 채로 스올에 빠지며 땅이 그 위에 덮이니 그들이 회중 가운데서 망하니라."(민 16:30-33) "대적하는 자들"은 그리스도와 기독교를 대적하는 원리를 실제로 행한 사람들입니다. 그들은 하나님의 원수들이요, 하나님께서는 그들이 하나님의 원수임을 친히 보여 주실 것입니다.

"하나님의 진노는 그들의 모든 행복을 살라 버리고, 그들의 모든 복락과 그들의 모든 소망과 위로와 남은 생명을 단번에 살라 버릴 것이다. 그러나 그것이 그들의 존재를 아주 없이 하지는 않을 것이다. 이 불이 그들을 언제

나 항상 괴롭히며 태우지만 절대로 그들의 존재 자체를 없애지는 않을 것이다."(John Owen)

하나님의 은혜가 그러한 무서운 운명에서 본 강해서 저자와 독자들을 구원하시기를 바라나이다. 아멘.

53강

배도자들의 운명

10:28 모세의 법을 폐한 자도 두세 증인으로 말미암아 불쌍히 여김을 받지 못하고 죽었거든
10:29 하물며 하나님 아들을 짓밟고 자기를 거룩하게 한 언약의 피를 부정한 것으로 여기고
은혜의 성령을 욕되게 하는 자가 당연히 받을 형벌은 얼마나 더 무겁겠느냐 너희는 생각하
라 10:30 원수 갚는 것이 내게 있으니 내가 갚으리라 하시고 또 다시 주께서 그의 백성을 심
판하리라 말씀하신 것을 우리가 아노니 10:31 살아 계신 하나님의 손에 빠져 들어가는 것이
무서울진저

우리가 살펴보려는 구절들로 26절에서 시작된 주제를 마무리 합니다. 이 대목의 요지는 배도자들의 운명입니다. 이 본문은 자연스럽게 두 부분으로 나뉩니다. 배도자들의 죄에 대한 묘사와, 그들이 받을 심판에 대한 선언입니다. 엄숙한 강조를 위해서 이 요점이 각각 거듭 되풀이됩니다. 26절에서 그 죄 자체가 언급되었습니다. 26절 마지막 소절과 27절에서는 그 죄에 대한 심판이 공언되었습니다. 28절과 29절에서는 모세의 법으로부터 끌어낸 논증으로 언급된 심판의 공정함을 확증합니다. 사도는 모세의 법을 들어서 여기서 다루는 죄의 무서운 성격을 보여줍니다. 30절과 31절에서 하나님의 말씀에 계시된 하나님의 성품을 들고 나와 그 심판의 확실성을 확증합니다. 그처럼 엄숙한 주제를 되풀이 말하는 것은 사려 깊은 독자에게 외경심을 자아내기에 좋을 것이며, 그런 독자의 양심과 마음에 가장 탐사적인 효과를 발할 것임에 틀림없습니다.

앞의 여러 강론을 통해서 지적하였듯이, 사도가 이 부분(26-31절)을 도입한 것은 22-24절에서 발견되는 권면, 곧 그리스도인들에게 경건의 상태와 실제를 계속 견지해 나가라고 촉구하는 요지의 말씀을 더욱 강화하기 위한 것입니다.

이 부분이 두 극단에 속한 신학파에 의해서 크게 왜곡되었습니다. 한 학파는 중생한 사람들이 은혜에서 떨어져 영원히 타락할 수 있다는 자기들의 거짓된 교리를 뒷받침하기 위해서 이 부분을 잘못 사용합니다. 그 문제를 더 깊게 취급하지 않고도, 히브리서 10:26-31은 알미니안들의 주장을 직접 지원하는 말씀이 하나도 없음을 지적하는 것만으로도 충분합니다. 우리가 이 대목에서 대하는 것은 순전히 가정적(假定的)입니다. "만일 우리가 짐짓 죄를 범하면, 곧 우리가 의도적으로 온전히 기독교 신앙고백을 버린다면." 성령께서 중생한 히브리 사람들 가운데 어떤 사람이 배도했다든지, 또는 배도할 것이라고 말씀하지 않으심을 명심해야 합니다. 유사하면서도 보다 더 요점적인 경우가 그리스도의 말씀 속에서 발견됩니다. "너희는 그를 알지 못하되 나는 아노니 '만일' 내가 알지 못한다 하면 나도 너희같이 거짓말쟁이가 되리라."(요 8:55)

이 부분을 오해했던 또 다른 극단적인 부류는 지혜롭다기보다는 열심이 지나친 칼빈주의자들 중에서 발견됩니다. 그러한 이들 거의 대부분이 알미니안들을 대적하여 자기들의 터를 유지하기에 급급합니다. 그래서 중생한 그리스도인들은 26절의 영역에 전혀 들어오지 않음을 보여 주는데 온 힘을 다 써버렸습니다. 26절은 다만 머리로 진리를 아는 지식만 가지고 있는 외양적인 신앙고백자들만 다룬다는 식으로 둘러대면서 말입니다. 그저 입술로만 신앙을 고백하는 사람들에게만 해당되는 말씀이라는 것입니다. 그렇게 함으로써 영혼의 큰 원수는 하나님의 참된 종들 가운데 몇을 얻어 이 엄숙한 구절의 날카로운 날을 무디게 하는 데 성공하였습니다. 또 성도들로 하여금 양심을 탐사할 능력을 약화시키는 데 성공하였습니다. 사도가 이 말씀을 "함께 하늘의 부르심을 입은 거룩한 형제들"에게 말하고 있음을 기억해야 합니다(히 3:1). 10:26의 "우리"라는 말에 사도 자신도 포함하고 있음을 지적하는 것으로 그 이론을 충분하게 논박한 셈입니다! 우리는 현대 '세대주의자들의 세 번째 이론'에 대해서는 주목하지 않으려 합니다. 그들은 유대인들 외에 어떤 사람들도 여기에 언급된 죄를 범할 수 없다고 확언합니다. 심지어 성경에 있는 그러한 하찮은 것을 강해하느라고 지면을 낭비할 가치가 없다고까지 말하는 사람들입니다.

그러나 앞에서 지적한 것은 많은 사람들에게 심각한 난제를 불러 일으킵니다. 우리는 그 난제를 이렇게 진술할 수 있습니다. '참으로 중생한 사람들이 멸망하는 것이 불가능하다면, 어째서 성령께서는 사도를 감동시켜 그들이 배도하게 되면 당할 돌이킬 수 없는 운명을 가정적으로 묘사하는데 힘을 기울였는가?' 이런 난제가 야기되는 것은 그리스도인에 대한 한쪽으로 치우친 개념 때문입니다. 그리스도인을 하나님의 목적 속에서만 존재하는 자로서 생각하고는 그가 여전히 자신 속에서 어떤 자인지를 유념하지 않으면 그런 난제가 떠오릅니다. 그가 그 스스로 인격을 지닌 존재라는 사실을 명심하지 않으면, 그리스도인의 책임을 부인하거나 최소한 무시하는 심각한 위험에 처하게 됩니다. 많은 성경구절이 하나님께서 그리스도인을 이렇게 이중적인 방식으로 보고 계심을 명백하게 보여줍니다. 예를 들어서 하나님의 목적 속에서 그리스도인은 이미 "영화롭게" 되었습니다(롬 8:30). 그럼에도 아직 그 자신 속에서는 영화롭게 되지 못한 상태입니다! 여기 히브리서 10:26에서는(다른 많은 부분들에서와 같이) 하나님의 영원한 목적의 관점에서 그리스도인을 보고 있지 않습니다. 다만 여전히 그 자신 안에 존재하는 자로 보고 있습니다. 그러한 존재이기 때문에 권면뿐 아니라 엄숙한 경고도 받을 필요가 있습니다.

다시 이런 방면으로 생각해 봅시다. 한쪽 측면만 생각하는 참으로 많은 사상가들이 이 주제로 인해 어려움 겪고 있습니다. 그것은 하나님께서 자기의 영원한 뜻을 이루어 나가시기 위해서 지혜롭게 정하신 방편이 있음을 세심하게 인식하지 못한 소치입니다. 어떤 사람들은 이렇게 말합니다(정말 피상적으로). '만일 하나님께서 어떤 영혼을 구원하시려고 작정하셨다면 그가 그리스도를 믿든지 아니 믿든지 구원받게 될 것이라.' 그렇지 않습니다. 데살로니가후서 2:13은 명백히 그것의 반대를 증거하고 있습니다. "주께서 사랑하시는 형제들아 우리가 항상 너희에 관하여 마땅히 하나님께 감사할 것은 하나님이 처음부터 너희를 택하사 성령의 거룩하게 하심과 진리를 믿음으로 구원을 받게 하심이니." '목적'과 '방편'은 불가분의 관계로 함께 연합됩니다. 하나님께서 어떤 개인을 구원하시려 작정하시고 인도하실 때 틀림없이 그에게 '구원 얻는 믿음을 주신다.'는 것은 참으로 진리입니다. 그러나 그 말이 성령께서 그 사람 대신 믿어 주실 것을 의미하는 것은 결코 아닙니다. 그 사람은 자기에게 주어진 믿음을 반드시 스스로 '행사'해야 합니다. 같은 방식으로 하나님께서는 영원 전에 모든 중생한 영혼마다 안전하게 하늘나라로 이끌림 받게 예정해 놓으셨습니다. 그럼에도 불구하고 그들이 믿음을 끝까지 지키도록 방편을 정해 놓으셨습니다. 그 방편을 사용하든지 않든지 간에 모든 중생한 사람들이 다 그렇게 될 것을 정해 놓지는 않으셨습니다. 그리스도인들은 "믿음으로 말미암아 하나님의 능력으로 보호함을 입는다."(벧전 1:5)는 사실 속에 인간의 책임 국면이 존재하고 있습니다.

그리스도인은 아직도 스스로 자신을 지켜야 하는 존재로 보면, 그리스도인이 '믿음에 파선하기 쉬운 큰 가능성'을 지니고 있다는 것이 이해가 됩니다(딤전 1:19). 그는 여전히 자기 안에 세상의 헛됨을 추구하는 본성을 가지고 있습니다. 그 탐욕을 부인하지 않으면 하늘나라에 결코 들어가지 못할 것입니다. 그는 여전히 무서운 위험의 처소에 존재하고 있으며, 무시무시한 시험에 직면하게 됩니다. 그가 그런 것들로부터 보존되는 것은 부단히 깨어서 그런 것들을 이기기 위해 '기도'할 때 만입니다. 그는 마귀의 악한 궤계의 끊임없는 대상입니다. 왜냐하면 그는 삼킬 자를 찾아 두루 다니는 사자와 같기 때문입니다. 그리스도인이 하나님께서 제공하신 전신갑주를 입을 때만이 영혼의 큰 원수를 물리칠 수 있습니다. 그가 부지런히 성경의 권고와 경고를 주목할 필요가 있는 것은 그 때문입니다. 하나님께서는 사람이 자기의 뜻과 자기도취의 길을 가면 끝내 무엇이 놓여 있는가를 신실하게 지적하여 알려주셨습니다. 하나님께서는 신앙을 고백하는 그리스도인들이 직면하게 되는 벼랑 끝마다 신실하게 넘어가서는 안되는 울타리를 쳐놓으셨습니다. 만일 그 경고들을 무시하고 그 울타리를 넘어간다면 그에게 화가 미칠 것입니다!

사도는 히브리서 10장의 이 엄숙한 대목에서, 배도와 이 피할 수 없는 정죄 사이에 존재하는 분명하고 확실한 연관을 지적하고 있습니다. 그럼으로써 그리스도의 이름을 가진 모든 사람들이 그 용서받을 수 없는 죄를 짓지 않도록 매우 조심하고 부단한 수고를 드리라고 경고합니다. 참된 그리스도인들은 그러한 죄를 지을 수 없으니 그 경고를 주목할 필요가 없다고 말하는 것은, 거듭 말하지만 하나님께서 자기의 예증한 목적과 그 목적에 이르는 방편 사이에 세워 놓은 관계를 알아차리지 못하고 있는 셈입니다. 하나님께서 그의 백성들을 위하여 미리 정하신 목적은 그들이 하늘에서 영원한 복락을 누리는 것입니다. 그 목적을 이루는 방편들 가운데 하나가, 그 하늘에 이르지 못하게 하는 죄를 짓지 말라고 엄숙하게 경고하신 말씀에 주목하는 것입니다. 그러한 경고를 비웃는 것은 지혜가 아니고 미치광이 짓입니다. 마리아의 남편 요셉이 '아기 그리스도가 헤롯에게 살해당하는 일 같은 것은 전혀 불가능하니 애굽으로 가족들을 데리고 피난 갈 필요가 없다.'고 고집을 부렸다면 어떻게 되었겠습니까?(마 2장)

우리 각자 특히 조심할 필요가 있는 것은 배도의 첫 단계입니다. 죄 중의 죄라고 할 수 있는 그 배도로 나아가는 첫 발자국을 내딛지 않도록 극히 조심해야 합니다. 한 걸음에 그 죄에 도달하는 것은 아닙니다. 오히려 그 죄는 부패한 마음의 치명적인 극점입니다. 그래서 강해자나 독자가 배도할 직접적인 위험에 처한 것은 아니라 할지라도, 그냥 자신들을 방치해 두고 그 자리에 머물러 있으면 틀림없이 그 배도로 이끌려 갈 요소를 지니고 있는 셈입니다. 지금 좋은 건강을 누리고 있는 어떤 사람이 폐병으로 직접 죽을 위험은 없습니다. 그럼에도 불구하고 만일 그가 습한 곳이나 찬 곳에 자신을 아무렇게나 내버려 둔다든지, 질병을 이길 힘을 줄 영양가 있는 음식을 섭취하지 못하거나, 흉부에 크게 동공이 생겼는데도 그것을 멈추기 위해 어떤 노력도 할 수 없게 되면, 그는 폐병의 희생자가 되기에 극히 용이한 지점에 놓이게 될 것입니다. 영적인 문제에서도 그렇습니다. 아니, 그리스도인의 경우에도 영원한 죽음의 "씨앗"이 이미 그 안에 있습니다. 그 씨앗은 죄입니다. 매일 은혜를 부지런히 갈구할 때만이 치명적인 종국으로 발전하지 못하게 방지하는 것이 되는 것입니다. 왜냐하면 그렇게 하면 그 죄의 활동과 죄의 성향을 움츠리게 하고 죄의 활동력을 억압하기 때문입니다.

가장 거센 파도가 배를 전복시켜 가라앉게 할 수 있듯이, 아주 작은 틈을 내버려 두면 그와 똑같은 효과로 배를 가라앉힐 수 있습니다. 그와 같이 한 죄에 빠져 그 죄를 계속 회개하지 않으면 영원한 징벌의 심판을 당하게 될 것입니다. 존 오웬(John Owen)이 이에 대하여 잘 말하였습니다.

"우리가 이 큰 죄를 저지르는데 조금이라고 참여하지 않기 위하여 그리스도의 인격과 그의 권위에 대하여 조금도 게을리 하지 않도록 극히 주의해야 한다."

또 더 낫게는, 강해자와 독자가 열심히 하나님께 이렇게 부르짖기를 바랍니다. "또 주의 종에게 고의로 죄를 짓지 말게 하사 그 죄가 나를 주장하지 못하게 하소서 그리하면 내가 정직하여 큰 죄과에서 벗어나겠나이다." 스펄전(C. H. Spurgeon) 목사는 이 시편 구절을 주해하면서 이렇게 설명하였습니다. "은밀한 죄는 고의로 죄를 짓기 위한 징검다리다. 그 은밀한 죄는 '사망에 이르는 죄'의 현관문이다."(Treasury of David에서) '고의로 죄를 짓는다.'는 것은 알고도 의도적으로 하나님의 계명들을 무시하고, 하나님의 권위를 업신여기며, 그렇게 행함으로 얻을 귀추들을 생각지 않고 자기를 기쁘게 하는 길로 매진하는 죄입니다. 사람이 그 무서운 상태에 이르게 되면, 죄 사함을 받지 못하고 이 세상이나 오는 세상에서 하나님께 버림받을 죄를 짓기 일보 직전에 처하여 있는 셈입니다.

이 엄숙한 주제는 우리의 영원한 복락과 사활적인 관계를 가지고 있습니다. 오늘날 강단에 선 설교자가 이 주제에 대하여 죄악적인 침묵을 지키고 있기 때문에, 우리는 간단하게 '고범죄'를 필연적으로 짓게 하는 몇 단계를 지적해야겠습니다. 신앙을 고백하는 그리스도인이 매일 하나님께 회개하며,

아는 모든 죄를 하나님께 자백하는 일을 중단하면 그의 양심은 이미 잠들어 있고, 더 이상 성령님의 목소리에 민감한 반응을 나타내지 못합니다. 만일 그러한 상태를 되풀이하면서 하나님께 예배하러 나오며 자기가 받은 긍휼로 인하여 하나님께 찬양과 감사를 드린다 해도, 그것은 하나님을 모독하고 위선적인 행동을 하고 있는 셈입니다. 만일 계속해서 그런 회개하지 않는 상태에 머물러 있고, 그래서 처음에는 마지못해 지었던 죄를 그대로 방임해 두고 내버려 둔다면, 그의 마음은 너무 굳어져서 새로운 죄들을 의도적으로 범하여 빛과 지식을 거스를 것입니다. 그리하여 거만한 손을 들어서 하나님을 뻔뻔스럽게 부인하는 '고범죄'를 범하게 되는 것입니다.

참으로 무서운 일은 오늘날과 같은 이 타락한 시대의 수많은 사람들의 양심이 마비된 것이 설교자들 때문이라는 사실입니다. (이 설교자들에 대하여 참으로 무서운 생각이 드는 것은 설교자들 자신이 영적으로 죽어 있고 사탄의 일을 조장하고 있다는 것입니다.) 설교자들은 비성경적인 방식으로 성도의 영원한 구원의 안전성을 표현하고 있습니다. 그들의 말을 듣는 가련한 청중들이 다음과 같은 인상을 받게 하는 설교를 하면 큰일입니다. "'그리스도를 구주로 받기만하면' 하늘은 이제 우리의 확실한 몫이 되어 어떤 죄책도 그들에게 떨어질 수 없다. 그러니 우리가 아무리 죄를 짓는다 해도 우리 영원한 유익을 어지럽힐 수 없다."

그런 식의 발상이 가져온 무서운 귀추들이 있어 왔습니다. 그것은 우리 상상에서 나온 두려움이 아니라 사방에서 목격되는 분명한 사실입니다. - 육신적인 생각에서 구원의 안전함을 얻게 된 나머지 육신을 높이고 세상적인 삶을 영위함에도 불구하고, 인간적인 차원에서 말한다면 그들의 거짓된 평안을 어지럽히거나 그들의 양심을 두렵고 떨리게 하는 것이 전혀 불가능하게 되었습니다.

거만한 손으로 하나님을 거스르는 죄를 지으면서도 신앙을 고백하는 사람들이 우리 주위에는 너무나도 많습니다. 그들이 그렇게 하면서도 양심의 가책을 전혀 느끼지 않습니다. 그러면 어째서 그러한가요? 그들은 자신을 부인하지 못하거나 매일 자기 십자가를 지고 그리스도를 따르는 생활을 하지 못하면 "천년 왕국에서 받을 면류관"이나 "상급"을 받지 못하며, 시간의 덧없음처럼 재빨리 지옥으로 서둘러 가고 있다는 사실을 조금도 인식하거나 두려워하지 않기 때문입니다. 그들은 그리스도의 피가 자기들의 모든 죄를 덮어 준다고 생각하기를 좋아합니다. 얼마나 무서운 신성모독입니까!

사랑하는 독자들이여, 이 점에 대하여 조금도 실수하지 마세요. 여러분으로 하여금 그 정반대로 믿도록 하는 거짓된 예언 때문에 고통당하지 마십시오. 그리스도의 피는 '참으로 하나님께 회개하고 상한 심령으로 자백된' 죄가 아니고서는 어떠한 죄도 덮어 주지 않습니다. 그러나 고범죄는 쉽게 회개할 수 없습니다. 왜냐하면 그 고범죄는 마음을 굳어지게 하여 하나님을 거스르는 일에 철면피가 되게 하기 때문입니다. 그 악을 탄핵하는 말씀을 소개합니다. "그들이 듣기를 싫어하여 등을 돌리며 향하며 듣지 아니하려고 귀를 막으며 그 마음을 금강석 같게 하여 율법과 만군의 여호와가 그의 영으로 옛 선지자들을 통하여 전한 말을 듣지 아니하므로 큰 진노가 만군의 여호와께로부터 나왔도다."(슥 7:11,12)

토마스 스코트(Thomas Scott)는 히브리서 10:26에 대하여 바르게 설명합니다.

"안일하고 자기 확신에 찬 주제넘은 고범죄를 짓지 말라고 아무리 무섭게 경고한다 할지라도 지나칠 수 없다. 빛과 양심을 거스르는 모든 의도적인 죄마다 사도가 여기서 묘사하고 있는 그 엄청난 악독을 향하여 내딛는 걸음이기 때문이다."

안타깝게도 사탄은 '성경 교사들'을 통하여 자기의 일을 잘 진행시키고 있습니다. 그래서 성령께서 이적을 행하지 않으면 그러한 죄에 대한 "경고"를 바라는 것이 불가능하게 되었습니다. 우리의 시대에 신앙을 고백하는 이들 중 큰 무리들이 하나님을 마치 손자들을 너무 사랑한 나머지 그 손자들의 허물에 눈감아주는 망령된 노인 같은 분으로 여깁니다. 그들은 성경에서 말하는 진정으로 거룩한 하나님을 더 이상 믿지 않습니다. 그러나 많은 사람들이 "하나님의 손에 빠져 들어가는 것이 참으로 무서운 일이라."는 사실을 나중에 직면하여 영원토록 슬퍼하게 될 것입니다. 우리가 이 강론의 서론을 길게 끌어나가는 것에 대하여 겸연쩍어 할 필요가 없습니다. 왜냐하면 우리의 목적은 이 히브리서의 주석을 쓰는 데 있는 것이 아니고, 가련하고 오도(誤導)와 기만을 당하는 영혼들의 양심과 마음을 깨우치려는 데 있기 때문입니다. 그런 기만당하는 영혼들이 '정통(正統)의 대장들로 여겨지는 자들'로부터 무서운 속임수에 빠져있습니다.

히브리서 10:28, 29

"모세의 법을 폐한 자도 두세 증인으로 말미암아
불쌍히 여김을 받지 못하고 죽었거든
하물며 하나님 아들을 짓밟고
자기를 거룩하게 한 언약의 피를 부정한 것으로 여기고
은혜의 성령을 욕되게 하는 자가 당연히 받을 형벌은 얼마나 더 무겁겠느냐
너희는 생각하라."

사도는 그리스도인이 믿음을 계속 견지해 나가기 위해서 필요한 주요 방편들을 22-25절에서 열거한 바 있습니다. 그런 다음에 사도는 몇 가지 요점을 심각하게 생각함으로써 '뒤로 물러가 배도(背道)의 위험에 빠지지 말고 믿음을 지키라.'는 권면을 강화시켜 왔습니다. 첫째로 26절에서는 배도의 죄가 가진 무서운 성격을 말하였습니다. 그것은 진리를 아는 지식을 받고 찬동한 다음에 고의적으로 죄를 짓는 일입니다. 둘째로 그런 죄의 무시무시한 상태를 말하였습니다. 그런 죄에 빠진 이들을 위한 속죄하는 제사가 없습니다. 그들은 오직 심판만 기다리는 것 밖에 다른 것이 없습니다(26,27절). 셋째로 28절과 29절에서는 과거에 하나님께서 얼마나 엄격하셨는지를 유추하여 그 죄의 경계를 강화합니다. 넷째로 하나님의 공정한 공의에 대한 성경의 확약을 생각하게 함으로써 그 죄에 빠지지 말 것을 강권하고 있습니다(30,31절).

"모세의 법을 폐한 자도 두 세 증인으로 말미암아 불쌍히 여김을 받지 못하고 죽었거든." 사도는 과거에 하나님께서 무섭고 의로운 공의를 행하신 일을 들어 말하여 26,27절에서 묘사되는 배도한 그리스도인에 대해 떨어질 선고를 확증해 나갑니다. 만일 모세의 법을 멸시한 자가 하나도 아낌없이 척결 당하였다면, 복음의 권위를 조롱하는 자들에게 내려질 그 심판은 얼마나 더욱 매섭겠습니까! "폐하다"(despise)라는 말의 헬라어는 어떤 것을 완강하게 거부하는 것을 의미합니다. 그것을 제하거나 집어던지거나 경멸조로 대하는 것을 의미합니다. 모세를 통해서 하나님께서 세우신 율법을 경멸했던 사람은 그 율법의 권위를 무시하고, 결심에 차서 완강하게 그 율법의 요구들이 요구하는 행동을 하지 않았던 사람이었습니다. 그런 사람은 사형을 당했습니다. 사도는 이 부분을 기록하면서 신명기 13:6-9과 17:2-7과 같은 대목을 염두에 두고 있었을 것입니다.

"하물며 하나님 아들을 짓밟고 자기를 거룩하게 한 언약의 피를 부정한 것으로 여기고 은혜의 성령을 욕되게 하는 자가 당연히 받을 형벌은 얼마나 더 무겁겠느냐." 사도가 영감 받아 펼쳐 보이는 원리는 오늘날 기독교회의 부패한 신학에서 나온 논리와는 정반대입니다. 이 영적으로 차원 낮은 시대에 인기 있는 개념은 이러합니다. '복음 제도 아래서(또는 '은혜의 세대' 아래서) 하나님께서는 모세의 경륜이 통용되던 시대보다 범죄자들에게 훨씬 더 부드럽게 행하셨고, 지금도 그렇게 행하고 계시고, 앞으로도 그럴 것이라.' 그러나 진리는 그 정반대입니다. 출애굽기 19장에서 말라기 4장까지에 기록된 하늘로부터 내린 심판은 주후 70년에 예루살렘에 덮쳐온 심판의 혹독함에 비하면 반도 미치지 못합니다! 계시록에 예고된 하나님의 '진노'의 무서운 엄격성과 비교해 보면, 구약 시대의 이스라엘 사람들을 다루신 하나님의 행사들은 아무것도 아닙니다! 그리스도의 '주 되심을 경멸하는' 모든 자들은 옛 언약 아래 살면서 무법한 배역을 범했던 사람들에게 떨어진 것 보다 훨씬 더 뜨거운 몫을 차지하고 지옥의 고통을 받게 될 것입니다.

"하물며 하나님 아들을 짓밟고…당연히 받을 형벌은 얼마나 더 무겁겠느냐 너희는 생각하라." 죄들 간에도 그 극악성에 차이가 있습니다(요 19:11). 그와 마찬가지로 그 죄를 범한 범법자들에게 떨어질 형벌에도 차이가 있습니다(눅 12:47,48). 여기서는 이 엄숙한 진리가 의문문의 형식으로 표현되어(히 2:3 참조) 독자의 양심을 탐사하게 합니다. 복음을 아는 지식으로 내가 은총을 받고(인류의 반이 그러한 지식을 받지 못했다), 성령의 비췸을 받고(로마 가톨릭에 속한 대다수의 사람들보다 더욱더 많이), 그리스도를 내 개인의 구주로 영접하고 그의 구속하신 은혜를 찬미한다고 고백하였다고 합시다. 그런데 이제 내가 그의 주 되심을 부인하고, 그의 권위를 조롱하고, 그의 계명들을 무시하고, 그의 원수들과 동행하여, 주제넘게 계속 죄를 범하고 끝내 '큰 죄과'를 저지르고 말았다면, 내 범행에 대해 어떤 징벌이 떨어져야 마땅하겠습니까?

"하물며 하나님 아들을 짓밟고 자기를 거룩하게 한 언약의 피를 부정한 것으로 여기고 은혜의 성령을 욕되게 하는 자가 당연히 받을 형벌은 얼마나 더 무겁겠느냐 너희는 생각하라." 사도는 배도자들을 처리하시는 하나님의 공평한 처사를 일반적으로 선언하는 것으로 만족하지 않습니다. 여기서 그 범행의 몇 가지 특별한 요점들을 부연하고 있습니다. 우리는 이 구절에서 배도의 죄의 무서운 과격성을 대하며, 이 용서받지 못할 범죄에 함축되어 수반된 것이 무엇인지를 보게 됩니다. 특히 세 가지 요점이 특별하게 언급되었습니다. 우리는 그 각 요점에 대하여 간단하게 살펴봅시다.

첫째, **"하나님 아들을 짓밟고."** 우리는 여기서 이 서신에서 성령께서 구주를 칭하시는 여러 가지 방식을 주목해야 할 것입니다. 여기서는 '예수,' 또는 '그리스도'라 하지 않고 "하나님의 아들"이라 합니다. 왜냐하면 성령께서는 이 부분에서 무시당하시는 그분의 무한하신 존영을 강조하시는 목적을 가지고 계시기 때문입니다. 그처럼 크게 모독을 받는 분은 단순한 사람이나 천사가 아닙니다. 다름 아닌 거룩한 삼위일체의 제 2위격이십니다. 하나님의 은혜를 배반하고 뒤로 물러가 배도하는 것은 영광의 주님을 극히 경멸하는 일입니다. 그보다 더 악한 일이 어디 있겠습니까? 여기서 사용된 상징어법은 매우 노골적이고 엄숙합니다. "발로 밟다"는 것은 어떤 것을 가장 아무렇게나 다루는 것을 의미합니다. 그것은 어떤 것을 가치 없는 것으로 비웃어 버림을 의미합니다. 그것은 마치 돼지가 진주를 발로 밟아버리는 모습을 연상하게 합니다(마 7:6). 이 책을 읽는 독자들이여, 우리가 하나님의 아들의 요구를 의도적으로 무시하거나 그의 계명들을 경멸하면, 그분의 권위를 우리 발아래 짓밟고 있는 셈입니다!

둘째, **"자기를 거룩하게 한 언약의 피를 부정한 것으로 여기고."** 여기서는 존 오웬(John Owen)이 지적한 바와 같습니다. "여기에서 언급되는 죄의 두 번째 극악성은, 그 죄가 그리스도의 '직무'를 거스른다는 점이다. 특히 그의 제사장 직무와, 그 직무를 수행하기 위해서 드린 제사를 거스른다. 그것을 여기서는 '언약의 피'라 칭하고 있다." 우리가 히브리서 9장을 강해하면서 '그리스도의 피'가 어떠한 의미에서 "언약의 피"인지를 밝히려고 애썼습니다. '새 언약'과 그 '유언'이 확증되고 그 모든 은혜의 효력을 믿는 사람들에게 미치게 하는 일은 바로 그 피로 말미암습니다. 그 피는 또한 그리스도의 부활과 높아지심과 간구하심에 대하여 그리스도를 향하신 하나님의 모든 행사의 기초가 됩니다(13:20 참조). 그런데 그 타락자와 배도자는 그의 행실을 통해서 그 보배로운 피를 마치 쓸모없는 것처럼 취급합니다. 이 놀라운 죄도 여러 등급이 있습니다. 그러나 이 책을 읽는 독자들이여, 우리가 우리의 정욕에 진다든지 그리스도의 사랑의 강권함을 뿌리치고 그리스도에게 합당한 헌신과 순종을 드리지 못할 때마다, 사실 우리는 그 언약의 피를 경멸하고 있는 셈입니다.

셋째, **"은혜의 성령을 욕되게 하는 자가."** 은혜의 성령님을 욕되게 하는 것은 죄의 모든 과격한 요점 중에서 가장 큰 것입니다. "누구든지 말로 인자를 거역하면 사하심을 받으려니와 성령을 모독하는 자는 사하심을 받지 못하리라."(눅 12:10) 그리스도인이 중생하고, 비췸을 받고, 죄를 깨닫고, 그리스도께 인도되는 것은 성령님으로 말미암습니다. 그리스도인은 성령님으로 말미암아 인도하심을 받고 양육과 가르침을 받아 거룩하게 됩니다. 신격(神格)으로서의 성령님께 어떤 경외심을 가져야 마땅할까요! 하나님의 은혜를 베푸시는 그분께 어떤 감사를 올려야 마땅할까요! 그런데 그러한 분을 오만불손하게 대하고 그의 은근한 목소리에 청종하기를 경멸하고, 그의 은혜로운 처사들을 경멸하는 죄는 얼마나 무서운 것입니까! 여기서 언급되는 죄의 가장 극악한 형태는 성령님의 역사를 사탄의 역사로 악하게 왜곡시키는 것입니다. 그럼에도 불구하고 그 죄보다 미미한 정도의 죄행들이 있습니다. 이 책을 읽는 독자들이여, 우리는 성령님으로 근심하시는 일을 삼가도록 무던히 애써야 합니다(엡 4:30). 우리는 더욱 철저히 자신들을 복종시켜 성령님의 "인도하심을 따라"(롬 8:14) 실천적 거룩의 첩경으로 나아갑시다.

전능하신 주께서 말씀하십니다. "무릇 마음이 가난하고 심령에 통회하며 내 말을 듣고 떠는 자 그 사람은 내가 돌보려니와."(사 66:2) 성경에 우리로 하여금 "두려워 떨게" 하는 대목이 있다면 바로 우리가 살펴보고 있는 이 히브리서의 말씀입니다! 우리가 이미 이 용서받을 수 없는 죄를 짓지 않았을까 하면서 떨며 두려워할 것은 아닙니다. 왜냐하면 그러한 죄를 지은 자들은 양심의 모든 가책을 받지 않고, 마음의 강퍅함에 있게 하나님께서 버려두셨기 때문입니다. 오히려 우리가 배도의 길목으로 접어드는 최초의 행위라도 저지를까 보아 두려워 떨어야 합니다. 그 길로 나아가도록 방치해 두었다면 분명히 그 배도의 범죄로 이끌리게 될 것이 틀림없습니다. "그런즉 선 줄로 생각하는 자는 넘어질까 조심하라."(고전 10:12) 오, 사랑하는 독자들이여, 매일 이렇게 기도하도록 하십시오. "나의 걸음이 주의 길을 굳게 지키고 실족하지 않게 하소서."(시 17:5)

히브리서 10:30

"원수 갚는 것이 내게 있으니 내가 갚으리라 하시고
또 다시 주께서 그의 백성을 심판하리라 말씀하신 것을 우리가 아노니."

이 구절에서 배도자들에게 떨어질 심판의 확실한 절대성과 그 심판의 무서운 엄격성을 더 확증하고 있습니다. 다시 우리는 사도가 사역할 때 말과 글 모두를 통해서 붙잡았던 가장 중요한 진리의 본(本)을 봅니다. 사도는 28,29절에서 영적 논증을 보여 줍니다. 작은 것에서 큰 것으로 명백하고 논리적인 전개를 펼치며 추론해 나가는 그의 방식을 주목합니다. 그러나 이와 같은 결정적이고 논박할 수 없는 논리에도 불구하고, 그는 자기 자신의 논리에 의존하지 않고 성경으로부터 인용하여 그 요점을 확증했습니다. 오늘날 하나님의 종들은 같은 원리를 따라 행사하며, 모든 진행하는 일들을 위하여 주께서 이렇게 말씀하셨다는 분명한 자세를 견지해야 합니다.

"주께서 그의 백성을 심판하리라 말씀하신 것을 우리가 아노니." 여기서는 하나님이 스스로 어떠한 분이신가에 대한 그 신적 성품에 주의를 기울이게 합니다. 우리가 관계하는 그분이 바로 어떠한 분인지를 자주 온전히 숙고하는 것보다 더 합당한 일이 없습니다. 우리가 하나님의 성품에 대하여 가진 개념은 우리 마음을 통제하고 우리의 행실을 규제하는 데 중요한 역할을 합니다. 그래서 우리는 다른 곳에서 "성도들이 하나님을 아는 지식에서 자라나기 위하여" 기도하는 사도의 모습을 발견합니다(골 1:10). 영혼이 자주 하나님의 속성들을 숙고하고, 하나님의 전능하신 능력을 생각하고, 하나님의 흠 없는 거룩하심과 순결성과 정확한 공의와 절대적인 미쁘심과 무서운 엄격성을 숙고하는 것은 참으로 유익한 일입니다. 그리스도께서는 친히 우리에게 "영혼과 몸을 함께 지옥에 던져 멸하시는 분을 두려워하라."고 말씀하셨습니다(마 10:28). 하나님의 성품을 더 잘 알면 알수록 우리는 그리스도의 권고에 더욱 주목하게 될 것이고, 악인들에 대한 하나님의 처사를 확언적으로 묘사하는 성경 말씀에 하나님의 거룩에 위배되는 것이 전혀 없음을 더욱 분명히 깨닫게 될 것입니다. 그렇게 많은 사람들이 죄가 '무한한 벌'을 받기에 합당하다는 것을 인식하지 못하는 이유는 어디 있습니까? 그것은 죄의 사실적 성질을 하나님의 외경스러운 거룩의 빛에 비추어 보는 일을 거의 하지 않기 때문입니다.

"원수 갚는 것이 내게 있으니 내가 갚으리라 하시고 또 다시 주께서 그의 백성을 심판하리라 말씀하신 것을 우리가 아노니." 사도는 신명기 32:35을 가리켜 이렇게 말하고 있습니다. 물론 사도가 여기서 그 본문을 글자 그대로 옮겨놓은 것은 아닙니다. 모세가 그 신명기 32장에서 하나님께서 온 땅의 재판장으로 서신 것을 상기시켰습니다. 그럼으로써 하나님은 당신 자신의 의로운 법을 강화하시고, 악하고 회개치 않는 죄인들에게 그 율법의 정당한 징벌을 부과하심을 선언하셨습니다. 하나님께서 흔히 측량할 수 없는 지혜로 한동안 오래 참으시기도 하십니다. 왜냐하면 그는 "멸망하기로 예비된 진노의 그릇에 대하여 오래 참으시기" 때문입니다(롬 9:22). 그럼에도 불구하고 하나님께서는 범법자들에게 그 범법의 마땅한 값을 온전하게 지불하시는 것입니다. 하나님께서는 홍수 이전 사람들에 대하여 오래 참으셨습니다. 그러나 끝내 홍수로 그들을 멸하셨습니다. 소돔 사람들을 참으신 인내는 놀라운 것이었습니다. 그러나 정한 때가 되니 그는 불을 내려 그들을 살라버리셨습니다. 기이한 오래 참으심으로 세상의 말로 다할 수 없는 악함을 관용하십니다. 그러나 하나님을 그처럼 뻔뻔스럽게 대적하는 모든 사람들에게 복수하실 날이 재빨리 닥쳐오고 있습니다.

"주께서 그의 백성을 심판하리라." 성경을 어떻게 '적용'해야 할 것인가를 가르치는 안내자의 아주 중요한 본이 여기에 주어져 있습니다. 여기서 사도는 신명기 32:36에 기록된 말씀을 언급하고 있지만, 거기 신명기 32:36에는 자기 백성들을 돌보시는 하나님의 배려를 묘사하고 있습니다. 반면에 여기서는 그 백성들의 원수들에 대한 하나님의 원수 갚음을 말하고 있습니다. 어떤 사람들은 사도의 인용이 서로 어긋나 있는 것을 보고 트집을 잡았습니다. 그러나 그래서는 안 됩니다. 각 성경 구절마다 보편적인 차원에서 적용됩니다. 그리고 각 성경마다 처음 그 말씀을 받았던 사람들에게만 국한시켜서는 안 됩니다. 만일 하나님께서 그의 백성들을 보호하려 하시면, 그는 틀림없이 배도자들을 심판할 것입니다. 과거에 그렇게 하셨습니다(고전 10:5 참조). 미래에도 그렇게 하실 것입니다(살후 1:7,8). 이 신명기의 말씀을 인용함을 통해서 확증된 원리는 무엇입니까? 모든 성경은 같은 성질에 속한 모든 경우에 동등하게 적용될 수 있다는 것입니다. 하나님께서 자기 백성들의 원수들에 대해 말씀하신 것이 자기 백성들에게도 적용됩니다. 다시 말하면 자기 백성들이라도 하나님의 언약을 어기고 배척하면 그러하다는 것입니다.

히브리서 10:31

"살아 계신 하나님의 손에 빠져 들어가는 것이 무서울진저."

우리가 앞에서 생각한 모든 것으로부터 나오는 피할 수 없는 결론입니다. 이 "무서운"이란 말은 죄를 지으며 유희하고 있는 모든 사람들을 떨게 하기에 합당한 말입니다. 벨사살 왕이 "손이 나타나 벽에 글을 쓰는 것을 볼 때" 느꼈던 그 무서움 처럼 말입니다(단 5:5-12).

"살아계신 하나님의 손에 빠져 들어가는 것이 무서울진저" 여기서 "빠져 들어가다"는 것은 하나의 비유입니다. 원수에게 사로잡히면 그 잡힌 사람은 아주 망하는 것입니다. 배도자를 손아귀에 쥐신 분은 "살아계신 하나님"이십니다. "죽을 인생은 아무리 화가 치밀어 올라도 죽음 너머에까지 그 복수심을 가지고 갈 수 없다. 그러나 하나님의 권능은 그처럼 좁은 한계에 국한되는 것이 아니다."(John Calvin) 하나님의 진노는 하나님의 판단을 받는 모든 사람들을 영원히 태울 것입니다. 아무리 죄인들이 간청한다 할지라도 그 진노는 가라앉지 않을 것입니다(잠 1:28 ; 겔 8:18).

회개하고 순종하는 사람에게는 "하나님은 사랑이시요 또한 그 경배를 받으시는 분"이십니다. 그러나 회개치 않고 불순종하는 사람들에게는 하나님은 참으로 무서운 분이십니다. 악한 사람들이 심판 날에 눈물을 흘리면 그것이 하나님의 진노를 가라앉힐 수 있을 것이라고 스스로 생각합니다. 그러나 '하나님의 공의뿐만 아니라 하나님의 모독 받은 긍휼'도 그들에 대한 하나님의 복수가 더 커야 한다고 크게 소리 지를 것입니다. 사람들은 '더 큰 소망의 환상'에 미혹될 수 있습니다. 그러나 그 심판 날에는 그것이 사탄이 지어낸 거짓말임을 알게 될 것입니다.

오, "주의 두려우심"(고후 5:11)은 하나님의 성도로 하여금 은혜의 날이 끝나기 전에 얼마나 경계해야 함을 설득하고 분발하는지요! 또한 우리 각자로 하여금 하나님 앞에서 겸손하게 행하며 우리의 부르심과 택하심을 "확실하게" 하기 위하여 얼마나 수고를 아끼지 않아야 함을 가르치는지요! "우리가 영원히 실족하지 않을 것이라."는 성경적 확신을 가지게 되는 것은 언제입니까? "믿음에 덕을, 덕에 지식을, 지식에 절제를, 절제에 인내를, 인내에 경건을, 경건에 형제 우애를, 형제 우애에 사랑을 더 할 때" 만입니다(벧후 1:5-10).

54강

환난의 길

10:32 전날에 너희가 빛을 받은 후에 고난의 큰 싸움을 견디어 낸 것을 생각하라 10:33 혹 비
방과 환난으로써 사람에게 구경거리가 되고 혹은 이런 형편에 있는 자들과 사귀는 자가 되
었으니 10:34 너희가 갇힌 자를 동정하고 너희 소유를 빼앗기는 것도 기쁘게 당한 것은 더
낫고 영구한 소유가 있는 줄 앎이라

하나님께서는 자기 백성들에게 이 세상을 지날 때 부드러운 길로 가게 될 것이라고 약속하지 않으셨습니다. 오히려 "하나님 나라에 들어가려면 많은 환난을 겪어야 할 것이라."(행 14:22)고 하셨습니다. 하나님의 저주 아래 있는 땅에 사는 이상 그렇지 않을 수가 있겠습니까? 그 저주를 불러온 것은 다름 아닌 "죄"입니다. 우리 각자의 안과 밖에 아직도 죄의 세계가 있는데, 죄의 쓴 열매를 맛보게 되는 일이 어째서 이상한 일이겠습니까! 만일 그 정반대의 경우라면, 그 어떤 결과를 맞게 되겠습니까? 이 세상의 삶이 슬픔과 고통과 이별의 아픔에서 벗어나 있다고 상상해 보세요. 자, 그러면 현세에서 받은 몫으로 만족할 것이 아닙니까? 그래서 하나님께서는 "여기가 너희의 쉴 곳이 아니니 일어나 떠날지어다 이는 그것이 이미 더러워졌음이니라."(미 2:10)는 말씀을 거듭 상기하게 하시는 것입니다. 우리 안에서 "떠나 그리스도와 함께 거하는 이것이 더 좋다."(빌 1:23)는 소원을 가지게 하려면 시련과 환난이 필요합니다.

“환난”이란 말은 라틴어의 ‘트리불룸’(tribulum)에서 파생된 말인데, 그것은 곡식의 껍데기를 까기 위해서 로마 사람들이 사용하던 도리깨였습니다. 진정으로 회심한 사람들 속에도 ‘껍데기’가 얼마나 많이 남아 있습니까! 그런 사람의 영적 행사에도 “육체”가 얼마나 많이 섞여 엉겨있는지요! 그런 사람의 힘 있는 열심과 활동에도 순전히 “육신적”인 것이 얼마나 많이 섞여 있습니까! 하나님께서 영혼 가운데에서 은혜의 역사를 깊게 하시기까지는 우리 자신의 총명을 의지하는 것이나 육신적 지혜를 자랑하는 것이 얼마나 많은가요! 그 복된 사역을 하시기 위해서 사용하시는 가장 주도적인 도구들 가운데 하나는 ‘트리불룸’ 또는 도리깨입니다. 하나님께서는 “천한 것에서 귀한 것을 취하시고”(렘 15:19), 정금에서 찌끼를 제거하시기 위하여 지독한 낙담과 여러 가지의 훼방과 내면적 갈등과 고통스러운 괴로움을 사용하십니다. 하나님께서는 우리로 하여금 위에 있는 것들을 생각하게 하기 위하여 우리를 땅에 속한 것들로부터 빼내십니다. 또한 그 자녀들로 하여금 생명수 샘을 목마르게 찾도록 하시려고 피조물에서 만족을 누리게 하는 그 물줄기를 말려 버리십니다.

“환난은 인내를 이루는 줄 앎이라.”(롬 5:3) 인내는 수동적인 국면과 능동적인 국면 모두를 다 가지고 있는 은혜입니다. 수동적인 국면에서는 하나님의 주권의 선하심에 온유하게 복종하며 “아버지께서 내게 주신 잔을 마시지 않겠느냐”(요 18:11)고 말하게 합니다. 능동적인 국면에서 인내는 부단하게 의무를 수행해 나가게 합니다. 바로 이것이 하나님께서 그 자녀들을 괴롭게 하실 때 염두에 두시는 큰 목적들 가운데 하나입니다. 곧 그들 안에서 “온유하고 잠잠한 심령을” 일으키려 하십니다. “환난은 인내를, 인내는 연단을, 연단은 소망을 이루는 줄 앎이로다.” 책을 통해서 진리를 아는 신학적 지식을 얻는 것과, 진정하고 내면적인 체험을 통해서 그 지식을 아는 것은 전혀 다릅니다. 시련과 시험으로 단련된 영혼은 하나님의 섭리의 처사에 온유하게 복종합니다. 그러면서 그는 체험적으로 "하나님의 선하시고 온전하신 뜻"이 무엇인지를 배웁니다(롬 12:2). "연단은 소망을 이룬다." 함은 계속해서 은혜를 견지하며 최종적인 영광을 확고히 기다리는 것을 의미하는 것입니다. 우리의 고난이 그리스도인의 성화(聖化)를 위해 하나님의 정하신 방편 가운데 하나요, 이 세상에서 우리로 하여금 쓸모 있는 사람으로 만들기 위한 방편입니다. 내세의 하늘나라에 합당한 자로 만드는 방편이니 고난을 자랑하도록 합시다.

그러나 우리의 생각을 더 높여 봅시다. "너희가 피곤하여 낙심하지 않기 위하여 죄인들이 이같이 자기에게 거역한 일을 참으신 이를 생각하라."(히 12:3) 아, 성도는 바로 "그의" 형상을 본받게 하시려고 미리 정하심을 받은 사람입니다(롬 8:29). 첫째, 고난에서 그러하고, 그 다음에 영광에서 그러합니다. 환난과 고통을 당하며 신음하는 하나님의 자녀마다 질고(疾苦)의 사람이신 그리스도께서 이 땅에 계실 때 당한 고통을 상기하도록 합시다! 상전이 마신 잔을 종이 마시는 일이 합당치 않습니까? 오, 나의 사랑하는 형제들이여, 이 세상에서 하나님께서 우리에게 베푸시는 영예 가운데 가장 높은 영예는 그리스도를 위하여 잠시 고통을 당하게 하시는 때입니다. 주여, 그럴 때에 사랑하는 사도 바울과 같이 말할 수 있는 은혜를 주옵소서. "이러므로 도리어 크게 기뻐함으로 나의 여러 약한 것들에 대하여 자랑하리니 이는 그리스도의 능력으로 내게 머물게 하려 함이라."(고후 12:9) "너희가 그리스도의 이름으로 욕을 받으면 복있는 자로다."(벧전 4:14)

"아무도 이 여러 환난 중에 흔들리지 않게 하려 함이라 우리가 이것을 위하여 세움 받은 줄을 너희가 친히 알리라."(살전 3:3) 그럼에도 불구하고 환난이 모든 성도들에게 동등한 형태로나 같은 정도로 임하는 것은 아닙니다. 다른 모든 일에서와 같이 이 일에서도 하나님의 주권에 따릅니다. 하나님께서는 자기 백성들의 영적 유익을 도모하시는 중에 가장 선한 것이 무엇인가를 아십니다. 하나님의 무한한 지혜와 사랑 가운데서 모든 사람들마다 다 달리 나누어 주십니다. 어떤 사람이 "하나님께는 죄 없으신 아들 한 분이 계시지만, 슬픔을 모르는 아들은 하나도 없다."고 잘 말한 바와 같습니다. 그럼에도 불구하고 슬픔만 있는 것은 아닙니다. 하나님께서는 어린 양들에게는 바람을 조절하여 보내십니다. 모든 시련과 시험을 만나 피할 길도 주십니다. 가장 지독한 고통 속에서도 하나님의 모든 것을 인내하는 은혜는 효력적입니다. 약속은 확실합니다. "네 짐을 여호와께 맡겨 버리라 너를 붙드시고 의인의 요동함을 영영히 허락하지 아니 하시리로다."(시 55:22) 믿음으로 주 안에 안주할 수 있는 곳에서는 그 믿음으로 주님의 지탱하시는 능력을 영혼 속에서 의식합니다.

주님께서 자기 백성들에게 오직 고통만 보내시는 것은 아닙니다. 주께서는 날마다 은택으로 그들을 입히십니다(시 68:19). 주님께서 얼굴에 미소를 머금고 백성들을 대하시는 경우가 섭리로 웃지 않으시고 엄한 얼굴을 보이시는 경우 보다 훨씬 더 많습니다. 흐린 날보다는 햇빛이 비치는 날이 더 많듯이 말입니다. 그러나 우리의 기억들이란 변덕스럽습니다. 이스라엘 사람들이 광야로 들어갈 때, 자기들이 애굽에서 자유함을 입었고 홍해로부터 건짐 받은 사실을 재빨리 잊어버렸습니다. 물이 마를 때(출 17장) 이적적으로 만나를 공급하신 은혜(출 16장)를 기억하지 못하였습니다. 사도들도 마찬가지였습니다. 그들이 떡 가져온 일을 잊어버렸을 때 주 예수님께서는 온화하게 그들을 책망하시면서 이렇게 말씀하십니다. "믿음이 적은 자들아 어찌 떡이 없음으로 서로 의논하느냐 너희가 아직도 깨닫지 못하느냐 떡 다섯 개로 오천 명을 먹이고 주운 것이 몇 바구니며 떡 일곱 개로 사천 명을 먹이고 주운 것이 몇 광주리이던 것을 기억하지 못하느냐."(마 16:5-10) 우리도 주님께서 지난 과거에 여러 가지 어려움 속에서 건져 주신 일과 긍휼을 베풀어 주심을 상기하지 못하는 죄악적인 실패로 말미암아 현재에도 얼마나 많은 평안과 기쁨을 상실하는지요!

"네 하나님 여호와께서 이 사십 년 동안에 네게 광야 길을 걷게 하신 것을 기억하라."(신 8:2) 앉아서 하나님께서 네게 이전에 행하신 처사들을 '재고해 보라.'는 말씀입니다.

"하나님의 온유하신 인내와, 불변하시는 미쁘심, 능력 있는 간섭, 은혜로운 은사들을 마음으로 생각해 보라. 과거에 네 자신의 어리석음으로 말미암아 고통의 깊은 물에 빠졌을 적이 있었다. 그러나 하나님께서는 너를 그대로 내버려 두지 아니하셨다. 너는 불평하고 불만을 토로했었다. 그러나 하나님께서는 너를 그대로 버리지 않으셨다. 두려움과 불신앙이 가득할 때도 있었다. 그러나 하나님께서는 네가 기절하도록 그대로 방치해 두지 않으셨다. 네 죄악을 따라 너를 처치하지 않으시고 네 불의(不義)를 따라 그 대가를 그대로 지불하지 않으셨다. 오히려 하나님께서는 친히 네게 대하여 '모든 은혜'의 하나님이 되셨도다(벧전 5:10). 과거의 모든 소망의 문이 너를 향하여 완전히 닫혀 있었고, 모든 사람의 손과 마음이 너를 거스르는 때도 있었다. 또한 원수가 홍수처럼 밀려와서 마치 물에 떠내려 가버릴 것 같은 때도 있었다. 그러나 금방 도움을 베풀어 그 위험에서 건지셨다. 밤 사경에 주 예수께서 바다 가운데 나타나셨고 너는 구원을 받았다. 그러니 이것을 기억하라. 그 과거에 하나님께서 구원하신 일들을 깨달음으로써 현재의 긴박한 상황 속에서 네 마음을 위로하고 가라앉히도록 하라."

하나님의 말씀에는 바로 그렇게 해주기 위한 많은 호소의 말씀이 주어져 있습니다. 현재의 '처지'가 다 하나님의 자녀들을 거스르는 것 같을 때에라도 여전히 마음을 굳게 먹고 계속 그 의무를 준행해 나가도록 합시다. 하나님의 자녀인 우리를 격려하기 위하여 성령께서 사용하신 다양하고 수많은 동기들이 성경에 제시되어 있습니다. 하나님의 모든 속성마다 우리 앞에 당한 경주를 끝까지 달려가게 촉구하는 독특한 터전이 됩니다. 우리 마음에 힘을 주고 하나님의 계시된 뜻에 더 온전히 순복하게 하려고 하나님의 약속들이 있고, 또 그것을 위해 정신을 차리도록 경계하는 말씀도 있습니다. 육체와 세상과 마귀를 이기는 자들에게 상급이 약속되었고, 그렇게 하지 못하게 하는 자들에게는 영원한 화가 내릴 것이란 위협의 말씀도 주어졌습니다. 믿음은 지나간 이전 시대에 같은 순례자들을 지켜 주셨던 하나님의 은혜에 대한 기록을 통해서 자극받아야 합니다. 말씀이 언제나 보여 주고 있는 영광스러운 목적을 바라보며 소망의 힘을 내야 합니다. 우리가 말했듯이 현재 우리가 새로운 용기를 얻기 위해서는 과거에 주셨던 하나님의 선하신 것을 마음속에 회상해 보아야 합니다. 지금 우리가 다루고 있는 대목에서 사도가 히브리 그리스도인들에게 강조하는 것이 바로 그 특별한 요점입니다.

"전날에 너희가 빛을 받은 후에 고난의 큰 싸움을 견뎌 낸 것을 생각하라." 16절에서 21절까지 사도는 하나님으로부터 중생한 백성들에게 현재 주어진 말로 할 수 없는 특권들을 간단하게 요약했습니다. 22-24절에서는 그들에게 그러한 복락에 합당하게 반응할 것을 권고했습니다. 25-31절에는 배도의 시험에 유혹 당하지 말라고 경계시켰습니다. 또는 고의적이고 자기의 고집을 따라서 고범죄를 짓지 말 것을 엄격하게 명했습니다. 이제 그는 그들의 신앙 초기의 일을 상기하고 그들이 이미 겪었던 일과, 그리스도를 위해서 고난당했던 일을 상기하라고 말합니다. 또한 그러한 시련 아래서 초자연적으로 지탱하심을 받은 사실을 상기하라는 것입니다. 이 권면의 요지는, 자신의 확신을 포기함으로 말미암아 큰 상을 받을 만 했던 이전 행실을 부끄러워하지 말라는 것입니다.

히브리서 10:32
"전날에 너희가 빛을 받은 후에
고난의 큰 싸움을 견디어 낸 것을 생각하라."

"전날에 너희가 빛을 받은 후에." 그들의 영혼 속에서 하나님의 은혜의 역사(役事)가 시작된 것을 여기서는 "빛을 받았다."로 표현됩니다. 성령께서는 그들로 하여금 자기들의 부패와 무능과 본성의 상실과 비참을 보는 빛을 주셨습니다. 성령께서는 하나님의 의로운 율법의 불변하는 요구들을 제시하셨고, 그러한 요구들을 그들이 대면할 능력이 전혀 없음을 보여 주셨습니다. 그런 다음에 주 예수님을 바라보게 하셨습니다. 주 예수님께서 자기 백성들의 '보증자와 중보자'로서 그들이 져야 하는 모든 책임을 다 걸머지셨고, 대신 율법을 지키고 그들의 죄를 위하여 죽으셨음을 유념하게 하셨습니다. 왜냐하면 "어두운 데서 빛이 비취리라 하시던 그 하나님께서 예수 그리스도의 얼굴에 있는 하나님의 영광을 아는 빛을 우리 마음에 비추셨기" 때문입니다(고후 4:6). 그래서 성령께서는 복음을 알되 체험적으로 아는 지식을 허락하시어 자기들의 양심과 마음으로 복음 진리의 능력을 느끼게 하셨던 것입니다. 히브리서 6:4-6에서 묘사된 배도자들도 바로 이러한 체험을 가졌었음을 주목하는 것은 말로 할 수 없이 엄숙한 일입니다. 왜냐하면 여기서 "빛을 받았다."라고 번역된 말이 거기에서는 "비췸을 얻었다."로 번역되어 있기 때문입니다.

그런데 그들은 하나님께 비춰심을 받은 직후에 하나님의 격노하는 원수들과 직면해야 했습니다. 이 시대 초부터 기독교 신앙을 고백하는 자들은 심하게 핍박을 받았지만, 믿는 히브리 사람들은 도망하지 않았습니다. 사도는 이 점을 상기시켜 줍니다. "너희가 빛을 받은 후에 고난의 큰 싸움을 견디어 낸 것을 생각하라." 하나님께서 그들의 마음을 깨우쳐 주시고 총명을 주시어 하나님의 성육신하신 아들을 주와 그리스도로 받았습니다. 그러자마자 세상과 마귀가 합세하여 그들을 대적하여 달려들었습니다. 본성적으로 우리는 어둠에 싸여 있습니다. 세상에 그냥 속해 있는 동안 우리는 사탄이나 세상으로부터 오는 반대를 전혀 만나지 못합니다. 그러나 은혜로 말미암아 그리스도께서 우리에게 남기신 본을 따르려고 결심할 때, 우리는 금방 그리스도가 당한 고난에도 동참하게 되는 것입니다. 그러한 체험들을 통해서 하나님께서 우리를 전투에 부르셨으며, 예수 그리스도의 선한 군사로서 "그 어려운 고난을 견디어야" 합니다(딤후 2:3). 그러니 하나님께서 준비하신 전신갑주를 입어야 합니다(엡 6:10,18) - 그 전신갑주에 대하여 사변적(思辨的)으로 생각하지 말고 그것을 '사용'해야 합니다.

"고난의 큰 싸움을 견디어 낸 것을 생각하라." 히브리 그리스도인들이 "처음 사랑"을 가지고 있을 때에 "그 큰 환난"을 어떻게 치러나갔으며, 그때 그들이 가진 자세가 어떠했습니까? 바로 그 일들을 "견디어냈다."는 한 마디의 말 속에서 요약하고 있습니다. 그들은 낙담하지도 않았고 자기들의 신앙고백을 버리지도 않았습니다. 그들은 어떠한 투쟁에서도 지지 않고 이기었습니다. 그들이 그런 일들을 능하게 해냈던 것은 하나님의 효력있는 은혜로 말미암았습니다. 그들이 고난 받을 때 기이하고 복되게 하나님께 지원을 받고 있었습니다. 사도행전 8장으로부터 우리는 이러한 사실을 배우게 됩니다. 예루살렘 교회가 지독히 핍박을 받고 있을 때 그 교회 지체들이 기독교 신앙을 포기하기는커녕 "흩어져서 두루 다니며 복음의 말씀을" 전했습니다(행 8:4). 구원의 주께서 그 군사들의 용전분투로 얼마나 크게 영예롭게 되었습니까! 흔히 그리스도 안에서 "어린 아이들"에 불과하였던 자들이 고난과 죽음을 맞이하는 데 있어서 가장 용감했었다는 것은 역사에 있어서 아주 주목할 만한 사실입니다. 그것은 믿음을 가진 지 오래된 그리스도인들의 마음에서보다 그 어린 그리스도인들의 마음에서 사망에서 생명으로 옮겨질 때 따라오는 크고 영광스러운 변화가 더 새롭기 때문일 것입니다. 사도는 여기서 힘을 잃고 시험을 받는 히브리 그리스도인들에게 그 일을 기억하라고 촉구합니다.

"큰 싸움을 견디어 낸 것을 생각하라." 이 어구(語句)에 대한 존 오웬(John Owen)의 주해와 적용을 참조합시다.

"사도가 여기서 '생각하라' 한 것은 단순하게 기억하라는 것이 아니다. 왜냐하면 그러한 기간을 아주 망각하는 일은 있을 수 없기 때문이다. 사람들은 자기들의 고난의 때를 충분히 기억하는 성향이 있다. 특히 여기에서 언급된 것과 같은, 사람으로부터 오는 모든 종류의 악독한 처사를 동반한 고난의 때는 거의 잊지 않는다. 그러나 사도는 그러한 것들을 마음에 생각하되, 같은 이유로 당하는 환난과 악을 보고 낙담하지 않을 정도로 견디어내는 힘이 어디서 났는지 생각하라는 것이다. 더 적극적으로 그러한 고통들 가운데서 어떤 만족을 얻었으며, 그런 고통들 가운데서 어떻게 건짐 받았는지를 생각하라고 촉구한다. 만일 그 고통을 받을 때 당했던 악과 어려운 일과 손해를 참아낸 것만 생각한다면, 그러한 추억은 우리를 약하게 하고 낙담하게 하여 장래의 시련을 이겨내지 못하게 할 것이다. 이렇게 되면 많은 사람들은 합당치 못한 방편과 죄악적인 타협으로 장차 당할 어려움을 피하려고 믿음을 포기하는 자세를 취한다. 사도가 이 히브리 사람들에 대해 크게 염려하는 것이 바로 그 점이다. 그러나 만일 우리가 다른 측면에서 우리가 무엇 때문에 고난을 당하는지를 생각하고, 그러한 고난을 통해서 얻는 영예가 무엇이며 세상의 모든 경멸과 비난을 다 상쇄하고도 남을 만한 영광이 무엇인가를 생각하면, 그리고 그 고통 속에서 누리게 되는 하나님의 임재가 어떠함을 생각하고 우리에게 제시된 상급이 무엇임을 상기한다면, 그것이 장래의 시련을 이기도록 큰 힘을 줄 것이다. 우리가 전날에 가졌던 사랑과 고난의 원인들을 향해 가졌던 가치관만 보유하고 있다면, 그런 것들을 생각하는 것이 우리에게 큰 힘을 줄 것이다."

존 칼빈(John Calvin)은 이에 대하여 이렇게 말하였습니다.

"그리스도의 깃발 아래 신실하고 열심히 싸웠던 과거의 전투를 기억하면, 우리가 이미 우리의 복무기간을 마쳤으니 게을러도 된다는 구실을 대지 못하게 할 것이다. 도리어 그것이 우리의 남은 길을 보다 더 능동적으로 마치려는 일에 대단한 도움을 줄 것이다. 왜냐하면 그리스도께서는 우리를 군사로 모집하되, 복무기간을 마치면 몇 년 후에 제대시켜 주겠다는 식으로 부르시지 않고 도리어 끝까지 싸울 군사로 부르셨기 때문이다."

그러므로 우리 각자 엄숙하고 탐사적인 질문에 직면해야 합니다. 나는 지금 어느 정도까지 세상의 대적을 받고 있는가? 만일 모든 사람에게 다 좋은 대접을 받고 있다면 나에게 무언가 심각하게 잘못된 것이 있다는 의미입니다. 하나님의 말씀은 강조하여 선언합니다. "그리스도 안에서 경건하게 살고자 하는 자는 (모두) 박해를 받으리라."(딤후 3:12)

히브리서 10:33

"혹 비방과 환난으로써 사람에게 구경거리가 되고

혹은 이런 형편에 있는 자들과 사귀는 자가 되었으니."

사도는 이 구절에서 그들이 당하였던 "환난의 큰 싸움"의 한 두 가지 특징을 언급합니다. 그들 중 어떤 사람들은 자기들을 고소한 악의에 찬 송사(訟事)로 인해 이웃들 앞에 구경거리가 되었습니다. 또 자기들을 향한 고소(告訴)와 재판으로 인하여 그런 취급을 받았습니다. 또 다른 사람들은 역시 잔인하게 취급받는 자들과 "사귀는" 자들이 되었습니다. 여기서 의도하는 주요한 요점은 그들이 사람들 중에서 가졌던 인격적 품위와 평판 모두를 상실하였다는 것입니다. 많은 사람들에게 있어서(특히 예민한 기질을 가지고 있는 사람들에게는) 이것은 지독한 시련입니다. 그 어느 것도 모독과 불명예보다 참기 힘든 일이 없습니다. 그러나 제자들이 그 선생만큼만 대접 받으면 족합니다. 사람들은 그 선생인 그리스도가 귀신들렸다고 중상(中傷)하기 까지 하였습니다.

비방과 중상은 지극히 큰 시련입니다. 만일 우리가 근신하고 우리 마음의 허리를 묶지 못하면(벧전 1:13), 그러한 중상과 비방을 받으면 마땅한 도리를 수행할 수 없을 정도로 나뒹굴어질 수 있습니다. 그리스도인은 어떤 구실로도 낙담과 절망을 정당화시킬 수 없습니다. 낙담과 절망을 항상 대항하여 견고하게 맞서야 합니다. 만일 우리가 은혜로 말미암아 그리스도께서 남기신 본을 따르려 한다면, 많은 원수들을 만나게 될 것을 각오할 필요가 있습니다. - 특히 종교적인 세계에서 그렇습니다. 그들은 우리의 동기(動機)와 행동에 대해 서슴없이 잘못된 해석을 내릴 것입니다. 우리는 자신의 평판의 수준을 낮게 잡아 놓는 법을 배워야 합니다. "만물의 찌꺼기"로 취급 받아도 만족해야 합니다. 우리는 "그 얼굴을 부싯돌같이 굳게 하신" 분을 따를 은혜를 구해야 합니다(사 50:7). 그 분은 "십자가를 참으사 부끄러움을 개의치" 않으셨습니다(히 12:2). 우리가 그리스도의 정신을 계발하지 못하면 고난이 닥쳐올 때 크게 어려움을 겪을 것입니다.

히브리 그리스도인들은 개인적으로 고난 받았을 뿐 아니라 다른 사람들의 고난에도 참예하는 자가 되었습니다. 이는 그리스도인의 마땅한 의무이자 또한 부연하여 말하자면 특권이기도 합니다. 더 좋은 나라를 향하여 같은 순례의 길을 가며, 같은 깃발 아래 모여 섬기라는 부르심을 받은 자들인 같은 권속에 속한 지체들로서 우리가 "남의 짐을 서로" 지고, 우는 자들과 함께 우는 것이 마땅합니다. 모세에 대하여 성경은 이렇게 기록합니다. "믿음으로 모세는 장성하여 바로의 공주의 아들이라 칭함 받기를 거절하고 도리어 하나님의 백성과 함께 고난 받기를 잠시 죄악의 낙을 누리는 것보다 더 좋아하고."(히 11:24,25) 그리스도를 위해 고난 받는 자들과 동무가 된다는 것은 우리가 그리스도의 형제를 사랑한다는 증거입니다. 또한 용기를 가지고 고난을 대처하며, 복음 때문에 박해받는 자들을 도울 마음의 자세가 되어 있다는 증거입니다. 우리는 마태복음 25:35-40의 말씀을 자주 숙고해 보는 것이 좋습니다. "내가 주릴 때에 너희가 먹을 것을 주었고 목마를 때에 마시게 하였고 나그네 되었을 때에 영접하였고 헐벗었을 때에 옷을 입혔고 병들었을 때에 돌보았고 옥에 갇혔을 때에 와서 보았느니라 이에 의인들이 대답하여 이르되 주여 우리가 어느 때에 주께서 주리신 것을 보고 음식을 대접하였으며 목마르신 것을 보고 마시게 하였나이까 어느 때에 나그네 되신 것을 보고 영접하였으며 헐벗으신 것을 보고 옷 입혔나이까 어느 때에 병드신 것이나 옥에 갇히신 것을 보고 가서 뵈었나이까 하리니 임금이 대답하여 이르시되 내가 진실로 너희에게 이르노니 너희가 여기 내 형제 중에 지극히 작은 자 하나에게 한 것이 곧 내게 한 것이니라 하시고."

히브리서 10:34

"너희가 갇힌 자를 동정하고 너희 소유를 빼앗기는 것도 기쁘게 당한 것은 더 낫고 영구한 소유가 있는 줄 앎이라."

"너희가 갇힌 자를 동정하고." 사도는 여기서 히브리 사람들이 어려울 때 자기에게 보여 준 자비에 대하여 크게 감사하고 있습니다. 그가 예루살렘에서 결박당하였던 그 역사적인 때를 가리킬 수도 있습니다(행 21:33). 그때 바울을 향한 그들의 사랑은 어떻게 나타났습니까? 바울을 위해서 기도하고, 또 편지나 선물을 보냄으로써 보여졌던 것입니다. 그리스도의 고난받는 종들 중 어느 사람에게든지 실제적인 방식으로 긍휼을 표현하는 것은 그리스도인들에게 지워진 도리입니다. 또한 도울 힘이 있어 그러한 사람들을 돕고 생계를 위해 보탬을 주는 것도 그리스도인들의 마땅한 의무입니다. 또한 하나님의 사역자들이 자기들에게 베풀어 준 친절에 대하여 감사하는 것도 마땅한 도리입니다. 그리스도의 형제들에게 베풀어 주었던 사랑의 수고를 다른 사람이 다 알도록 그리스도께서 친히 증거하실 것입니다(마 25:34-40).

"너희가 갇힌 자(나)를 동정하고." 이 말씀은 사도 바울이 이 서신의 기자라는 많은 증거들 가운데 하나를 제공합니다. 왜냐하면 어떤 사람들이 공상한 대로 이 서신을 누가나 바나바나 클레멘트 같은 사람이 썼다는 암시를 성경 어디에서도 찾아볼 수 없으며, 그들 중 어떤 사람이 유대에서 옥에 갇히는 고통을 당했다는 교회사적 기록도 없기 때문입니다. 그러나 바울이 옥에 갇힌 것은 다른 모든 자들보다 널리 알려져 있었습니다. 그래서 그는 자신을 특별하게 "예수 그리스도의 갇힌 자 된 바울"(몬 1:1)이라고 칭했던 것이고, 자신이 "사슬에 매인 사신"이 된 것을 특별한 영예로 자랑했습니다(엡 6:20). 그래서 바울은 골로새 성도들이 은혜의 보좌 앞에서 자기를 기억해 주기를 바랐습니다(골 4:3). 그의 "매임"이 교회의 기도 제목이 되어 다른 어느 누구의 일 보다 더 친밀하게 알려져 있었기 때문에, 여기 히브리서 10:34의 표현은 이 서신의 기자가 누군지를 밝혀 줍니다.

"너희 소유를 빼앗기는 것도 기쁘게 당한 것은." 이 말씀은 히브리 그리스도인들이 시련을 당할 때 어떤 자세를 취했는지를 더 잘 알려 줍니다. 그들은 환난의 큰 싸움을 만나서 "견디어 냈을" 뿐 아니라 그리스도를 위해 고난받는 것을 가치 있게 생각하였습니다. 그것은 육체의 연약을 극복하게 하시는 하나님의 능력 있는 은혜의 복된 승리였습니다. 하나님께서는 우리 속사람을 강건하게 하사 "그 영광의 힘을 좇아 모든 능력으로 능하게 하시며 기쁨으로 모든 견딤과 오래 참음에 이르게" 하십니다(골 1:11). 보통 애써 일하여 얻은 재산들을 잔인하게 탈취당하는 것처럼 사람의 마음을 낙담케 하는 것이 없습니다. 더구나 그들과 그 가족들이 필요로 하는 재산들을 탈취 당하면 더욱더 그러합니다. 그럴 때에는 애통과 슬픔이 따라오게 마련입니다. 마음이 모든 세상의 위안과 편의를 가볍게 보게 될 때는 참으로 복됩니다. 왜냐하면 그 세상적인 것들에서 떠나라는 하나님의 부르심에 응하기가 훨씬 쉬워질 것이기 때문입니다.

"더 낫고 영구한 소유가 있는 줄 앎이라." 이 소절은 앞 소절의 의미를 이해할 열쇠를 제공합니다. 또 그들의 기쁨의 근원을 보여 줍니다. 믿음은 눈에 보이는 것을 떠나 눈에 보이지 않는 것을 바라봅니다. 그러면서 "현재의 고난은 장차 우리에게 나타날 고난과 비교할 수 없다."고 여기는 것입니다(롬 8:18). "우리의 잠시 받는 환난의 경(輕)한 것이 지극히 크고 영원한 영광의 중(重)한 것을 우리에게 이루게 함이니."(고후 4:17) 마음의 심지가 진정으로 위엣 것을 향하고 있으면(골 3:2), 세상의 어떤 하찮은 것을 잃어도 좀체 눈물을 흘리지 않을 것입니다. 물질적인 산업을 이유 없이 박탈당할 때 애통하는 것은 "자연스러운" 일입니다. 그러나 그러한 슬픔을 딛고 일어서는 것은 "초자연적인" 일입니다.

그리스도인의 참된 부요는 인간적이거나 사탄적인 약탈자에게는 도저히 이해될 수 없는 것입니다. 사람들이 우리가 가진 모든 세상의 산업을 빼앗아 갈 수도 있습니다. 그러나 우리로부터 하나님의 사랑, 그리스도의 구원, 성령의 위로, 영원한 영광의 소망을 탈취해 갈 수는 없습니다. 돈이나 생명을 요구하면서 매복하여 있다가 덤벼드는 강도를 만난 사람이 그에게 말했습니다. "돈? 나는 아무 것도 없다. 내 생명이 하나님 안에서 그리스도와 함께 감추어져 있다." 세상에 속한 불쌍한 사람들은 사업이 부진하고 악화될 기미가 보이고, 은행이 파산할 때 절망에 빠집니다. 그러나 하나님의 자녀는 어느 누구도 그렇게 해서는 안 됩니다. 하나님의 자녀는 "하늘에 간직된 썩지 않고 더럽지 않고 쇠하지 아니하는" 기업을 받기 위해 태어난 사람입니다(벧전 1:4). 그럼에도 불구하고 하늘에 간직된 것들을 즐거워하고, 다른 모든 것을 헛되고 심령을 괴롭게 하는 것으로 여기는 국면은 언제 가능합니까? 믿음을 행사하여 마음이 하늘에서 받을 몫에 대한 생각으로 충만해져 있을 때가 아니면 언제이겠습니까?

매튜 헨리(Matthew Henry)가 이 점에 대하여 주해한 것을 인용하여 드립니다.

"그런데 그들이 그러한 고난을 받을 때 그처럼 참아내게 한 것은 무엇이었는가? 그들은 자신들에게 하늘에 더 낫고 영구한 산업이 있다는 것을 알았다. 첫째, 하늘에 있는 성도의 행복이 '실질(實質, substance)이요, 실로 무겁고 가치 있는 것임을 관찰하라. - 이 세상에 있는 모든 것들은 그림자에 불과하다. 둘째, 그것은 이 세상에서 얻거나 잃어버릴 수 있는 어떤 것보다 더 나은 산업이다. 셋째, 그것은 영구한 실질이다. 그것은 시간이 경과해도 그 효력이 없어지지 않고 영원히 함께 간다. 성도들이 그 실질적인 가치를 아무리 활용하여도 바닥이 나지 않는다. 원수들도 땅에서처럼 그 산업은 빼앗아 갈 수 없다. 넷째, 이 산업이 그들이 이 세상에서 잃고 고통을 당하는 모든 것에 대한 풍부한 보상이 될 것이다. 하늘에서 그들은 더 좋은 생명, 더 좋은 지위, 더 좋은 자유, 더 좋은 사회, 더 좋은 마음, 더 나은 일을 받는다. 모든 것들을 더 낫게 받을 것이다."

"더 낫고 영구한 산업이 있는 줄 앎이라." 우리는 이 소절의 첫 어구 "앎이라"(Knowing in yourselves)를 유심히 살펴보기로 합니다. 이 히브리 성도들은 자기들의 하늘 몫에 대한 확고한 마음의 신념을 가지고 있었습니다. 그 표현이 "하나님의 약속에 미루어서 앎이라(knowing from God's promises)"로 되어 있지 않고 "너희 스스로 앎이라(knowing in yourselves)"로 되어 있습니다. 이는 진리의 한 측면, 곧 그리스도인의 확실한 국면을 나타냅니다. 오늘날 그러한 확신을 스스로 안에 가지고 있는 일이 희귀합니다. 오히려 그러한 진리의 국면이 크게 조롱받고 있고, 많은 사람들은 확신의 오직 유일한 근거가 성경의 단순한 문자(文子)에 불과하다고 주장합니다. 우리의 확신의 근거가 기록된 말씀임은 분명합니다. 그러나 그것만이 오직 유일한 근거는 아닙니다. 사랑하는 남자와 결혼하여 사는 여자가 '이 사람이 내 남편임을 보여주는 오직 유일한 증거는 결혼서약서다.'라고 하면 우습지요. 결코 아닙니다. 하나님과 동행하고 그 하나님의 얼굴빛을 즐거워하는 사람은 자기가 그리스도 예수 안에 있는 새로운 피조물이라는 많은 증거를 가지고 있습니다. 그 점을 발견하려면 요한일서를 통독하면 됩니다.

"더 낫고 영구한 소유가 있는 줄 앎이라." 주님을 알기를 계속 추구해 나가는 사람은(호 6:3) 자기 밖에 있는 하나님의 말씀의 증언을 갖고 있을 뿐 아니라, 자기가 하나님의 자녀요 상속자임을 자기 안에서 증거하시는 성령님도 모시고 있습니다(롬 8:16,17). 그는 중생하고 체험적인 성화(聖化)를 시작하는 단계에서 "성령의 첫 열매"를 받았습니다(롬 8:23). 결과적으로 그는 지금 새로운 소원과 새로운 갈등과 새로운 격분과 새로운 슬픔을 가지고 있습니다. 믿음은 그의 마음을 정결하게 합니다. "또 마음을 아시는 하나님이 우리에게와 같이 그들에게도 성령을 주어 증언하시고."(행 15:9) 그는 양자(養子)의 영을 받아 하나님을 '아버지'라 부르짖습니다. 그가 자신의 마음속에서 발견하는 것을 통해서 자기가 다시 태어나 하늘에 속하였음을 압니다. 자기 마음속에서 역사하시는 성령님의 초자연적인 역사에 대하여 알지 못하는 사람들은 자기들이 원하는 대로 모든 것을 조롱하고 모독합니다. 그리고 자기 마음을 관찰하는 것을 비웃습니다. 또 그것을 신비주의(神秘主義)라고 일축합니다. 그러나 자기 속에 역사하시는 '성령님의 역사가 성경적이라.'고 확신하는 자는, 자기가 하나님의 아들임을 증언하는 가장 확실한 그 증거를 결코 조소거리로 여기는 것을 참지 못합니다.

많은 사람들이 기만을 당해왔고 지금도 기만을 당하였음은 주지의 사실입니다. 중생하지 못한 사람의 마음이 "만물보다 부패하다"는 사실도 누구나 부인하지 못합니다. 마귀가 사람들 속에 일어나는 행복한 느낌을 방편 삼아 수천의 사람들을 지옥으로 끌고 간다는 것도 수긍합니다. 그럼에도 불구하고 이러한 것들 중 어느 것도, 참된 그리스도인 모두가 사망에서 생명으로 옮겨졌음을 자기 속에서 알고 있어야 하는 것이 의무요 특권이라는 사실을 바꿔놓지 못합니다. 모든 그리스도인마다 자신을 부인하고 자기 십자가를 지고 그리스도를 따르며 순종하고 있다면, 선한 양심의 증거를 즐거워할 이유를 가지게 될 것입니다. "우리가 세상에서 특별히 너희에 대하여 하나님의 거룩함과 진실함으로 행하되 육체의 지혜로 하지 아니하고 하나님의 은혜로 행함은 우리 양심이 증언하는 바니 이것이 우리의 자랑이라."(고후 1:12). 그러나 만일 그가 육체의 정욕에 복종하고 경건치 않은 세상과 교제하며 뒤로 물러간 상태에 있다면, 그의 구원의 기쁨은 상실될 것입니다. 그리스도인이 자기가 하늘을 향해 순례길을 가고 있다는 내적인 증거를 언제나 깨끗이 유지한다는 것은 실천적으로 그 어느 것보다 중요합니다.

이 점에 대하여 존 브라운(John Brown)의 설명을 들어 봅시다.

"사도는 히브리 그리스도인들이 바로 그러한 것들을 '생각하기를' 바란다. 그러한 것들을 생각하는 것이 사도가 바라는 목적을 이루는 데 보탬이 될 방식을 이해하는 것은 쉽다. 사도는 그들을 배도의 죄에 빠지지 않게 미리 경계시키고 있다. 적극적으로 복음 신앙과 믿는 도리 안에서 세워 주려는 목적을 가지고 있다. 그는 마치 이렇게 말하는 있는 셈이다. '어째서 지금도 그때처럼 기독교를 위해서 고난받기를 싫어하는가? 너희는 처음부터 고난을 당하지 않았는가? 너희가 처음 그리스도인이 될 때 고난당할 각오를 하지 않았는가? 기독교란 언제나 위하여 고난당할 만한 가치가 있는 것이 아닌가? 예수님은 어제나 오늘이나 영원토록 동일하신 분이 아닌가? 기독교의 믿음과 소망이 고난당하고 있는 너희를 붙잡아 주고 있지 않은가? 그 믿음과 소망이 고난은 잠시 당하는 가벼운 환난에 불과하다는 느낌을 갖게 하지 않은가? 그 믿음과 소망이 그때처럼 너희를 받쳐줄 수 없는가? 하늘에 있는 산업이 참된 것이 아님이 드러났는가? 아니면 영원토록 가치 있는 것이 아님이 드러났는가? 믿음을 끝까지 지키는 그리스도인에게 그 하늘에 보화가 쌓여 있다는 훌륭한 증거가 그때와 지금은 다른가? 너희는 너희가 쌓아 온 그런 희생들의 유익을 상실하고, 견디어 참아 얻는 고난의 유익을 모두 잃어버릴 참인가? 너희가 만일 끝까지 참지 못하면 그러한 것들은 전혀 무의미한 것이 되어버리고 말 것이다!' 사도의 말을 들으면 그러한 생각들이 자연스럽게 떠오르게 된다. 그러한 생각들은 전부 그들로 하여금 '흔들리지 않고 믿는 도리의 소망을 견고히 붙잡도록' 권유하기에 족하다."

55강

영혼을 구원함에 이르게 하는 믿음

10:35 그러므로 너희 담대함을 버리지 말라 이것이 큰 상을 얻게하느니라 10:36 너희에게 인내
가 필요함은 너희가 하나님의 뜻을 행한 후에 약속하신 것을 받기 위함이라 10:37 잠시 잠
깐 후면 오실 이가 오시리니 지체하지 아니하시리라 10:38 나의 의인은 믿음으로 말미암아
살리라 또한 뒤로 물러가면 내 마음이 그를 기뻐하지 아니하리라 하셨느니라 10:39 우리는
뒤로 물러가 멸망할 자가 아니요 오직 영혼을 구원함에 이르는 믿음을 가진 자니라

우리가 다루려는 이 본문이 간여하는 범주가 넓습니다. 그래서 늘 하던 방식, 곧 새로운 강론을 시작할 때 마다 서두에 서론 형식으로 몇 문단을 넣는 것을 여기서는 생략하겠습니다. 그 대신 이 부분을 간단히 분석해 보기로 합니다. 35절은 실제적으로 지난 강론에서 다룬 부분에 속합니다. 사도는 32-35절에서 '인내하면서 그리스도인의 삶을 영위할 필요성'을 강조합니다. 첫째로 히브리 그리스도인들이 지난 날 그리스도를 위해서 받은 고난들을 상기하라고 강권합니다. 그들이 견지해 왔던 믿음을 저버림으로 말미암아 신앙 초기의 증거를 공허하게 만들지 말라는 것입니다(32,33절). 둘째로 사도는 그들이 그처럼 어려운 일과 손해 보는 것도 기꺼이 당했던 이유가 무엇인지 생각하라고 권합니다. 곧 그들은 '하늘의 더 낫고 영구한 산업이 있다.'는 내면적인 확신과 증거를 가지고 있었기 때문에 그렇게 참아냈던 것입니다. 그 사실이 달라지지 않았는데 어째서 너희는 달라져야 하는가?(34절) 사도는 이 사실로부터 결론을 끌어내어 말합니다. 곧 반드시 상

(賞)을 받게 될 정도로 의무를 바르게 수행할 것을 요구합니다(35절).

사도는 히브리서 10장 마지막 부분에서 첫째로 그가 앞에서 주장하였던 권고를 처음으로 확증합니다. 또한 인내와 믿음을 가지고 끝까지 견디기에 필요한 주요한 도움 몇 가지를 지적합니다(36절). 둘째로는 주의 백성들은 상을 주시러 신속하게 오실 구속주의 확실한 도래(到來)를 내다보면서 용기를 얻으라고 권합니다(37절). 셋째로는 사도는 다시 배도의 무서운 상태를 일러 주며 경계시킵니다(38절). 넷째로는 끝까지 참는 사람들은 영혼을 구원함에 이르는 믿음을 가진 자임을 확언합니다(39절).

이 구절들을 쓴 사도의 명백한 의도는 최선을 다해 그들의 부르심과 택하심을 굳게 하도록 촉구하는 데 있습니다. 또한 그들이 뒤로 물러갈 위험을 경고해 주고, 하나님의 뜻에 복종할 때 따라오는 시련을 참아내도록 합니다. 성령께서 이 대목을 본 강해서 저자와 독자에게 능력 있게 적용하시어 우리의 묵상이 복되신 주님의 영광을 위한 열매로 이어지게 하시기를 원하나이다.

히브리서 10:35

"그러므로 **너희** 담대함을 버리지 말라

이것이 큰 상을 얻게 하느니라."

"그러므로"라는 말의 강도(强度)를 먼저 주목해 봅니다. 이 말은 앞선 말씀에서 끌어낸 추론을 지시합니다. '너희가 이미 너희의 인격과 재산에 있어서 그처럼 많은 어려운 일을 당했고, 하나님의 은혜가 그러한 어려움 속에서도 너희를 붙잡아 믿음을 견고히 잡고 기뻐하게 하였던 것을 생각하라. 그러니 유사한 시련이 다가온다고 해서 겁을 먹거나 낙담하지 말라.' 더 나아가 "그러므로"는 하나님의 확실한 약속이 하나님의 믿음 있는 백성들에게 제시하는 복된 전망을 바라볼 것을 지시합니다. 그러면서 그 이유 접속사는 '담대함을 끝끼지 버리지 않으면 큰 상급을 받게 될 것이니, 그 담대함을 버리지 말라.'는 권면을 지시해 주고 있습니다.

"그러므로 너희 담대함을 버리지 말라." "담대함"은 여기서 하나님을 향한 마음의 자세나 태도를 말합니다. 그것은 헬라어로 10:19의 "담력"과 같은 말입니다. 요한일서 3:21에서도 그 말이 다시 발견됩니다. "사랑하는 자들아 만일 우리 마음이 우리를 책망할 것이 없으면 하나님 앞에서 담대함을 얻고." 그리고 요한일서 5:14에서도 발견됩니다. "그를 향하여 우리의 가진 바 담대한 것이 이것이니." 그것은 믿음 자체라기보다는 믿음의 산물이나 열매 가운데 하나로 보아야 합니다. 소망의 더 친근한 덕목이라 할 수 있습니다. 어떠한 어려움과 낙담에도 불구하고 그리스도인으로 하여금 모든 영적인 의무들을 자원하는 심정과 기꺼운 마음으로 감당할 자세를 가지게 하는 것이 바로 그 믿음의 산물인 '담대함'입니다. 또한 복음에 대한 참된 신앙을 고백하면 수반되는 모든 고난들을 기쁘게 감당하게 하는 것도 바로 그런 담대한 심령의 체계입니다. 보다 특별하게 말하여 이 "담대함"을 정의한다면, '굽힐 줄 모르는 마음의 생각(mind), 마음의 용기, 의지의 일관성'이라 할 수 있습니다. 방금 말한 것에 비추어 볼 때, "그러므로 너희 담대함을 버리지 말라."한 것이 '기독교를 포기하지 말라.'는 권면으로 이해하는 주석가들의 해석과 우리의 견해가 다름이 드러나 보일 것입니다. 여기서 사도의 권면은 복음에 대한 외적 신앙고백을 버리지 말라는 경고보다 더 깊은 것을 가리킵니다. 곧, 상습적이 되면 영원히 그리스도를 버리는 데로 나아가기 쉬운 마음의 상태를 경계시키고 있다는 말입니다. 시련과 환난을 만날 때 필요한 것은 마음의 담력입니다. 하나님께 명하신 모든 의무들을 수행할 때 하나님께서 우리들을 받으신다는 확실한 담력으로 말미암아 얽매임과 두려움에서 마음이 벗어나는 것입니다. 사도행전 4:13에서 베드로와 요한을 통해서 감동적으로 드러난 것이 바로 그 특별한 은혜입니다. 우리가 사람들에게 비난을 받고 정죄를 받으며 위협과 곤고함을 당할 때, "견고하며 흔들리지 말며 항상 주의 일에 더욱 힘쓰는 자가 되어야"합니다(고전 15:58). 그리고 대적들에게도 조금도 요동되지 않아야 합니다. 그러기 위하여 우리가 행하는 일이 의롭다는 생각의 확신을 가지며, 마음은 우리가 행하는 일이 하나님을 기쁘시게 하는 것이라는 확신을 가져야 합니다. 그럴 때만 그것이 가능합니다.

하나님 안에 있고 하나님을 향한 이 담대함이 박해 속에서도 그들 히브리 그리스도인들을 지탱해 주었습니다. 사도는 그들에게 바로 '그 담대함을 던져 버리지 말라.'고 권면하고 있습니다. 여기서 다시 사도는 그리스도인의 책임 문제가 거론되고 있습니다. 우리가 바람을 조종할 수 없음과 같이 우리의 '담대함'도 조정할 수 없다고 주장하는 이들이 있습니다. 그 담대함의 정도의 강약을 조절할 수 없다고 합니다. 그러나 이것은 중요한 사실을 전혀 유념하지 않은 관점입니다. 우리가 도덕적 피조물이며, 우리의 모든 기능을 잘못 사용하거나 활용한 데 대한 책임을 져야합니다. 앞의 주장은 바로 그 사실을 간과한 것입니다. 내 생각이 내 앞에 있는 어려움들에만 머물러 있고, 그리스도를 믿음으로 말미암아 당할 수 있는 불리함에만 주어져 있다 합시다. 또는 작은 타협으로 고통을 피할 수 있다는 사탄의 속삭임을 청종하고 있다면, 내 용기는 금방 잦아질 것입니다. 그 일에 대하여 나는 마땅히 비난을 받아야 합니다. 반면에, 내가 하나님의 약속을 의지하는 믿음을 구하고 그리스도를 위해서 고난 받는 것이 은혜롭다는 의식을 가지면, 내가 여기서 잃은 것은 내가 이후에 받을 것과 비교하여 볼 때 아무것도 아님을 스스로 상기하며 하나님이 나를 위하신다는 확신을 가지게 됩니다. 그러면 나를 대적하는 자가 누구이든 전혀 괘념치 않을 것입니다.

"이것이 큰 상을 얻게 하느니라." 사도가 이 말씀을 대번에 덧붙이는 것은 시련 당하는 히브리 그리스도인들에게 용기를 주기 위한 것입니다. 참된 그리스도인이 복음을 위해서 고난당하는 자들에게 약속된 상급에 시선을 줄 수도 있고, 주어야 함을 매우 명백히 알게 됩니다. 이 구절은 어떠하든지 따로 떼어서만 생각해서는 안 됩니다. "나로 말미암아 너희를 욕하고 박해하고 거짓으로 너희를 거슬러 모든 악한 말을 할 때에는 너희에게 복이 있나니 기뻐하고 즐거워하라 하늘에서 너희의 상이 큼이라 너희 전에 있던 선지자들도 이같이 박해하였느니라."(마 5:11,12) 여기서 산상설교에 대하여 잘못 말하는 자들의 오류가 금방 드러납니다. 그들은 주님의 산상설교가 그리스도의 지체들에게 속한 것이나 그들에게 주어진 말씀이 아니라고 주장합니다. 산상설교는 '유대인'이나 '천년왕국'에 속한 자들에게 잘못 말한 것이라고 선언합니다. 주님께서 "하늘에서 너희의 상이 큼이라"고 하신 말씀을 유심하게 살펴보아야 합니다. 그리스도인들이 '하늘에서 받을 상급'에 마음의 생각이 아무리 사로잡혀도 지나치지 않습니다.

"이것이 큰 상을 얻게 하느니라." "상급"의 문제를 지금 상세하게 다루기에는 너무 큰 문제입니다. 그러나 오늘날 많은 이들의 오류를 보면서 그 점에 대해서 무언가 말할 필요가 있다는 생각이 듭니다. 적잖은 사람들이 "은혜"나 "상급"이 전달하는 개념을 서로 조화시키지 못하고 별도의 것으로 생각합니다. 그러한 사람들에게 있어서의 문제는 성령께서 성경의 어휘를 어떤 방식으로 사용하시는지를 알아보기 위하여 성경을 세밀하게 탐사해 보지 않습니다. 얼른 인간이 만든 어휘 사전(語彙辭典)으로 나아가 이해를 구하려 합니다. 인간사(人間事)에 있어서 '상(賞)'은 보통(언제나 그런 것은 아니라도) '공로'를 인정하여 보상함을 지시합니다. 그러나 성경에서 '상'이 담고 있는 보편적인 개념이 전혀 그렇지 않습니다. 그 말이 처음 나타나는 창세기 15:1을 보십시오. 여호와께서 아브라함에게 "아브람아 두려워 말라 나는 너의 방패요 너의 지극히 큰 상급이니라."고 말씀하십니다. 그 족장 아브라함이 그러한 상급을 '받을 만한' 어떤 일을 했다고 하면 정말 말도 안되는 소리입니다! 성경에서 '상급'이라는 어휘 속에 어떤 공로에 대한 보상의 개념이 전혀 들어 있지 않습니다. 그 요점을 깨닫기만 하면, 그 상급의 문제에 대하여 현대의 '세대주의자들(dispensationalists)'이 흩뿌려 놓은 연막(煙幕)을 말끔하게 흩어 버릴 것입니다.

"이것이 큰 상을 얻게 하느니라." 존 칼빈(John Calvin)은 이 구절에 대한 주석에서 바르게 지적합니다.

"사도는 '상'을 언급하면서도 은혜로운 구원 약속에서 어느 것도 깎아내리지 않는다. 왜냐하면 믿음의 사람들은 하나님의 긍휼만을 의뢰하는 방식으로 자기들의 수고가 주 안에서 헛되지 않음을 알기 때문이다. 그러나 어떻게 수고에 대해 주시는 하나님의 '상'이 하나님께서 그리스도 안에서 우리에게 '은혜로 전가(轉嫁)하신 그리스도의 의(義)와 서로 모순되지 않음이 다른 곳에서 자주 진술되었다."

다비(J. N. Darby)와 스코필드 박사(Dr. Scofield)[1] 시대 이후에 그리스도인의 삶이 그 이전보다 '더 많은 빛을 발하게 되었다.'고 상상하는 자들이 있습니다. 그런 이들이 선입견 없이 종교개혁자들의 이야기와 청교도들의 글을 읽어 보기만 하면, 금방 자기들의 생각을 고치지 않을 수 없을 것입니다. 우

1) 이들은 세대주의자(世代主義, dispensationalism)의 대표들이다. 세대주의는 성경에 계시된 하나님의 경륜과 그 은혜의 방식을 조화 있고 일관성 있는 '한 체계'로 보기 보다는 역사의 여러 세대에 따라서 달라진다고 본다. 특히 위의 두 사람을 통하여 유포된 그 신학사상은 역사(歷史)를 '일곱 세대'로 나누고 그 세대마다 하나님의 경륜이 다르다고 주장한다. 그리하여 구약성경과 신약성경이 '하나님의 예정하신 뜻을 이루시는 하나님의 한 경륜'으로 조화를 이루고 있음을 부인하게 한다. 스코필드 박사의 "스코필드 바이블'(Dr. Scofield's Bible)로 그 관점이 널리 퍼졌다. 우리 한국교회 역사 속에서 이 관점이 많은 영향을 미쳤고, 계시록 해석을 둘러싼 그릇된 종말론과 이단을 산출하는데 일목을 담당하였다. - 역자 주

리는 많은 국면에서 앞으로 진보하기는 커녕 퇴보했습니다. 사람들안에 있는 '빛'이라는 것이 역시 '어두움'에 불과하고, 그 '어두움'이 어찌나 큰지 사람들의 눈이 참된 빛을 보지 못하게 막아버렸습니다. "눈이 나쁘면 온 몸이 어두울 것이니 그러므로 네게 있는 빛이 어두우면 그 어둠이 얼마나 더하겠느냐."(마 6:23)

히브리서 10:36

"너희에게 인내가 필요함은
너희가 하나님의 뜻을 행한 후에
약속하신 것을 받기 위함이라."

이 구절도 "왜냐하면(For)"이라는 이유 접속사로 시작하고 있습니다. 그것은 사도가 여기서 방금 강조했던 권면을 확증하고 있음을 지시합니다. "이 담대함을 끝까지 견고하게 잡음으로써만 그 상급을 차지할 수 있다. 그리스도와 그의 영광을 단단히 붙잡고 끝까지 참음으로써만 그 상을 얻게 된다."(John Brown) 우리가 끝까지 견디어 구원에 이르려 한다면, 인내와 순종의 길에 계속 머물며 충성하고 고난을 견뎌내는 일은 필요 불가결한 일입니다. 이 가르침을 '율법적'이라고 치부하는 자들에게 해 줄 말은 이것입니다. '당신네들의 주장이야말로 무율법적이고 방종적이다.' "게으르지 아니하고 믿음과 오래 참음으로 말미암아 약속들을 기업으로 받는 자들을 본받는 자 되게 하려는 것이니라."(히 6:12)

하나님의 값없는 은혜, 곧 하나님의 구원의 절대적 은혜를 그런 차원에서 선포했던 청교도 존 오웬(John Owen)의 글에 친숙한 사람은 누구든지 그를 가리켜 '율법주의자'라든지 '피조물의 공로(功勞)를 계산에 넣은 사람이라.'고 비난하지 않을 것입니다. 그럼에도 불구하고 그는 히브리서 10:35,36의 주해를 이렇게 하고 있습니다.

"이러므로 여기에서 언급된 '상 받는 것'은 하늘의 영광이요, 복음을 위해서 고난을 극복한 자들에게 주어지는 면류관으로 제시되어 있다. 그리고 그 장래의 영광을 기원적인 근원에서 따지자면 하나님의 선하심과 주권적인 은혜의 열매이다. 우리가 나라를 받는 것은 그 분의 기뻐하심을 따른 것이다. 그리고 그 장차 받을 영광을 가능케 한 원인의 차원에서 따지자면 그 영광은 그리스도의 피로써 산 것이다. 그리스도는 우리를 위해서 영원한 구속(救贖)을 성취하셨다. 두 사실을 다 종합하여 보아도 그것은 하나님의 값없는 은사이다. 왜냐하면 '죄의 삯은 사망이요 하나님의 은사는 그리스도로 말미암은 영생이기 때문이다.'(어떠한 차원에서든지 우리 공력이 돌려질 수 없고, 우리가 당한 일과 약속된 일 사이의 공정한 정비례 법칙에 의해서 주어진 것도 아니다.) 그럼에도 불구하고 그 장차 나타날 영광은 상(賞)과 보상의 이름으로 고난 받는 자들에게 부단히 약속된다. 왜냐하면 하나님의 선하심과 위대함 때문이다. 만일 자기 백성들을 불러 자기 이름과 영광을 위해서 고난을 받고 그 일을 위하여 여러 번 손해를 당하라, 이 세상에 있는 모든 즐거움을 포기하라 하시는 하나님께서 그 백성들이 당했던 것 보다 무한히 더 좋은 것을 약속하시지도 않고 주시지 않는 일이 있겠는가? 그럴 리가 없다. '담대함'은 큰 상을 '얻는다.' 곧, 이 '담대함'은 장래 영광을 위한 권리와 자격을 부여한다. 그 속에는 하나님의 약속과 비준(批准)이 들어 있다. 누구든지 그 담대함을 버리지 않고 계속 견지하는 사람은 결코 더 이상 손해를 보지 않을 것이다."

"너희에게 인내가 필요함은…" 사도는 그들이 이 은혜가 부족하다고 비난하고 있는 것이 아닙니다. 왜냐하면 성령으로 난 사람마다 어느 정도는 성령의 열매를 맺고 있고, 성령의 여러 열매들 가운데 인내의 열매를 가지고 있을 것이기 때문입니다(갈 5:22). 예수 그리스도의 나라로 인도함 받은 사람들은 역시 그의 인내에도 함께 동참하게 됩니다(계 1:9). 사도가 의미하는 바는, 그들이 이 은혜를 행사하고 계속 더 계발(啓發)해 나갈 필요가 있다는 것입니다. 이 요점을 스바냐 2:3의 말씀과 서로 비교하여 보십니다. "여호와의 규례를 지키는 세상의 모든 겸손한 자들아 너희는 여호와를 찾으며 공의와 겸손을 구하라 너희가 혹시 여호와의 분노의 날에 숨김을 얻으리라." 스바냐를 통해서 하나님께서는 '온유한' 사람들에게 '온유를 구하라.'고 권고하십니다. 사도가 이 성도들을 분발시키려는 요점은 이러합니다. 그들이 당하는 일들을 하나님의 손이 주신 고통이라 여기고 달게 받고, 사람들로부터 오는 비난과 박해를 하나님께서 그들에게 '정해 주신' 몫으로 여기어 참으라는 것입니다. "아무도 이 여러 환난 중에 흔들리지 않게 하려 함이라 우리가 이것을 위하여 세움 받은 줄을 너희가 친히 알리라."(살전 3:3) 주님께 자기들의 문제를 맡기고 그 안에 안주하며(시 37:5,6) 참아내라고 분발시킵니다. 시련을 맞아 낙담하지 말고 그럴 때에 부단히 하늘을 바라보면서 살라고 사도가 권고하고 있습니다.

히브리 그리스도인들은(우리도 때로 그러하듯이) 선한 일을 행하다가 지쳐 피곤해질 시험을 받고 있었습니다. 한 때 열심 있었던 신자들로 보이던 동료들 중에 배도하는 이들이 생기고, 또 어떤 이들은 지독한 시련을 받고 있었을 상황을 생각해 보십시오. 그런 경우엔 모든 것을 내맡기고 끝까지 견뎌내는 정신으로 그들의 마음을 무장시킬 필요를 사도는 인식한 것입니다. 그런 때에 모든 시험과 환난 중에도 그리스도를 단단히 붙잡고, 훗날 약속된 영생의 선물을 받기 위하여 그리스도를 순종하고 하나님의 뜻을 행하는 것이 필요하였습니다. 이 구절의 원리는 불변합니다. 지금이나 이전이나 사탄도 여전히 동일하고, 세상도 동일합니다. 경건하게 살고자 하는 사람은 시련과 환난을 피할 수 없을 것입니다. 항상 그런 역경을 벗어나 있다는 것이 바람직하지도 않습니다. 그리스도인이 더 정미하고 더 섬세한 은혜들은 눌림과 고난 속에서만 체험될 수 있습니다. 그러니 우리에게 오는 각 환난 마다 거룩하게 하시는 은혜를 주시어 우리의 유익이 되게 하시기를 위하여 하나님께 기도하는 것이 얼마나 필요합니까! 그래야 열매를 맺게 되어 하나님의 은혜의 영광을 찬미하게 되고, 우리를 보는 동료 믿음의 순례자들이 격려를 받을 수 있습니다.

"너희가 하나님의 뜻을 행한 후에 약속하신 것을 받기 위함이라." 이 인내의 은혜를 행사하는 일은 "너희가 하나님의 뜻을 행한 후"까지 계속 되어야 합니다. 우리가 이 세상에 있을 동안에는 이 의무에서 벗어날 겨를이 없습니다. 이 말씀은 보다 직접적으로 지혜로우시고 무한하시고 사랑하시는 우리 하나님 아버지의 주권적인 뜻이 무엇을 요구하든지 '온유하게 참아내는' 것을 가리킵니다. 그러나 그 말씀 속에는 하나님의 계명이 지시하는 길을 '능동적으로 걸어 나가는 것'도 포함되어 있습니다. "행한"이라는 말에서 그 점이 분명하게 드러납니다. 하나님의 말씀을 통해 알려진 대로 하나님의 뜻은 우리 삶의 오직 유일한 법칙이요, 우리의 모든 길이 옳은 지를 확인하는 원리입니다. 하나님의 계시된 뜻을 우리가 믿고 경외해야 할 뿐 아니라 실천해야 합니다. 우리가 놓일 수 있는 어떠한 처지도, 또 사람들이 우리에게 위협하는 것이 아무리 무섭다 하여도 하나님께 불순종하는 구실은 될 수 없습니다. 참으로, 지독한 시련의 시기가 있을 것입니다. 마치 우리의 시련이 너무 커서 혈육을 입은 우리로서는 도저히 감내해 낼 수 없는 것처럼 보일 때가 있을 것입니다. "인내가 가장 필요한" 때는 바로 그런 때입니다. 우리가 겸비한 믿는 마음을 가지고 구하지 않으면, 하나님의 도움도 없을 것이고 초자연적인 은혜도 받지 못할 것입니다.

"너희가 하나님의 뜻을 행한 후에 약속하신 것을 받기 위함이라." 앞 절에 있는 "큰 상"을 여기서는 "약속(the promise)"으로 표현하고 있습니다. 그것은 한편으로는 영생을 공로로 벌어들일 수 있는 것으로 생각하는 오류를 막기 위한 것이고, 또 다른 편으로는 피조물의 업적에 따라서 하늘이 주어지는 것처럼 오해하지 못하게 경계시키려 함입니다. 또 달리는 끝까지 참는 자들에게 약속된 것이 '확실함'을 강조하기 위함입니다. 여기서 "약속"이란 말은 히브리서 6:12,17과 11:13,39의 말씀에서처럼 '약속된 것들'을 나타내는 말입니다. 요한일서 2:25에서와 같이 여기서 '그 약속(the promise)'이라 칭한 것은, 그것이 장엄하고 포괄적인 약속으로 다른 모든 것들을 내포하기 때문입니다. 그 약속이 이루어지면 다른 모든 것들이 지시하는 바를 영광스럽게 완성합니다. 그것이 '상(賞)'이면서도 '약속'이라 표현한 것이 전혀 모순되지 않음을 깨닫지 못하여 넘어지는 일이 없어야 합니다. 골로새서 3:24에서 두 개념이 함께 연결되어 있는 것을 발견합니다. "이는 기업의 상을 주께 받을 줄 아나니 너희는 주 그리스도를 섬기느니라." 그 상을 그렇게 묘사한 것은 그것이 공로로 말미암지 않고 값없는 은혜로 말미암아 주어짐을 보여주기 위함입니다. 그러니 모든 선택받은 백성들이 그 기업의 상을 확실하게 누리게 되는 것입니다. 그럼에도 불구하고 그들이 마땅한 의무의 길을 끝까지 지켜냄으로써만 그것을 얻게 될 것입니다.

히브리서 10:37

"잠시 잠간 후면 오실 이가 오시리니

지체하지 아니하시리라."

이 구절 앞에 원인을 나타내는 "왜냐하면"이라는 접속사가 있음은 방금 말한 것을 확증하려하기 위함입니다. 사도는 그들의 "담대함"과 "인내"를 더 북돋아 주기 위해서 한 마디를 부연하고 있습니다. 또한 그들로 하여금 '상 받을 때가 더 가까워졌음'을 상기시키려 합니다. 여기서의 헬라어는 매우 강하고 노골적인 형태입니다. 사도는 '잠시 잠간(a little while)'의 의미를 가진 말을 사용하고 나서 그것을 더 강조하기 위해서 '아주(very)'라는 의미의 접속사를 덧붙였습니다. 그리고 사도는 그것을 거듭 되풀이 말함으로써 그 의미를 더욱 심화시키고 있습니다. 그래서 이 소절을 문자 그대로 번역한다면 이러합니다. "아주 매우 잠시 잠간 후면 곧 오실 이가 오실 것이기 때문이다(For yet a very, very little while, and He that shall come will come)."

이 점에 대하여 칼빈(John Calvin)은 이렇게 적용합니다.

"어느 때에든지 우리의 마음이 유약해질 때, 끝이 가깝고 빨리 다가온다는 소망보다 우리 마음을 더 잘 지탱해 주는 것이 없다. '조금만 더 버티고 있으면 전쟁이 끝날 것이라.'는 전망을 자기 병사들에게 제시하는 지휘관처럼 사도도 우리에게 상기시켜 주고 있다. 우리가 확고한 자세가 부족하여 우리 마음이 쇠미해지지 않는다면, 우리 주님께서 우리를 모든 악에서 구원하기 위해서 곧 오실 것이라고 말이다. 이 위로가 보다 더 큰 확신과 권위를 가지고 우리의 마음에 다가 오게 하려고 하박국의 증거를 끌어낸다. 그러나 사도는 그 하박국의 헬라 역본을 따라 인용은 하고 있지만 그 선지자의 말 중에서 무언가 조금 생략한다."

성령께서는 이 세상에서 성도들이 받는 고난의 기간이 극히(상대적으로) 짧음을 자주 강조하십니다. "그 노여움은 잠간이요 그 은총은 평생이로다."(시 30:5) "평강의 하나님께서 속히 사탄을 너희 발 아래서 상하게 하시리라."(롬 16:20) "우리의 잠시 받는 환난의 경한 것이 지극히 크고 영원한 영광의 중한 것을 우리에게 이루게 함이니."(고후 4:17)

"잠시 잠간 후면 오실 이가 오시리니 지체하지 아니하시리라." 여기서 그 "오실 이"는 사도가 인용하는 하박국 2:3의 말씀으로 명백해지듯이 주 예수님이십니다. 참으로 많은 예언들과 같이 하박국의 예언의 말씀도 삼중적인 차원에서 성취됩니다. 문자대로 하면 그리스도의 초림으로 성취, 영적으로는 계속적인 성취요, 최종적이고 완성적인 성취는 그리스도의 재림입니다. 문자적인 성취는 하나님의 아들이 육신을 입고 이 땅에 오시는 성육신(成肉身)입니다. 최종적인 성취는 눈에 보이는 영광과 권능을 입고 주께서 다시 돌아오시는 일일 것입니다. 영적인 성취는 주후 70년의 예루살렘의 멸망을 가리킵니다. 그 때 지상에서 그리스도의 나라의 도래를 가장 방해했던 것이 멸절되었습니다. 성전과 그 성전예배가 다 둘러엎어지고, 공식적인 유대교는 끝장났습니다. 팔레스타인에 있는 그리스도인들은 부단히 유대인들에게 박해를 받고 있었습니다. 그러나 로마의 디도장군에 의해서 그 유대인들이 함락되고, 결국 그들 유대인들이 사방으로 흩어짐으로써 그리스도인들을 박해하는 일을 더 이상 할 수 없게 되었습니다. 그 일은 바울이 이 서신을 쓰고 나서 십 년도 채 되지 못하여 일어났습니다. "그 날이 가까움을 볼수록"이라는 말에 대한 우리의 주해를 비교하여 보십시오(히 10:25).

이상의 말을 듣고 그 어떤 사람도 우리가 37절의 내용을 그리스도의 최종적인 도래(到來)의 내용이 전혀 들어 있지 않다는 식으로 오해하지는 않을 것입니다. 앞에서 우리는 다만 37절의 내용이 히브리 그리스도인들에게 직접적으로 어떤 의미를 가지고 있었는지에 대한 것을 지적하려고 애를 썼습니다. 그러나 37절은 역시 우리 모두를 위한 소망과 위로의 메시지를 담고 있습니다. 하나님의 아들이 하늘로부터 오시는 것을 기다리는 것이 우리의 특권이기도 합니다. 신약성경에서 그리스도의 '다시 오심'을 언급할 때마다 항상 '재림'만을 가리킨다고 여기는 것은 큰 실수임을 부연해야겠습니다(히 9:28). 요한복음 14:18,28에서 성령께서는 그리스도의 '오심'을 말합니다. 요한복음 14:23에서는 각 영혼에게 사랑스럽게 나타나 '임재하심'에 대하여 말합니다. 에베소서 2:17에서는 복음으로 말미암아 '오신 일'을 말합니다. 요한계시록 2:5에서 그의 '임하심'은 징계하기 위하여 찾아오심을 말합니다. 이러한 여러 국면들을 구별해 보려면 각 구절을 주의 깊게 연구해야 합니다.

히브리서 10:38

"나의 의인은 믿음으로 말미암아 살리라
또한 뒤로 물러가면 내 마음이
그를 기뻐하지 아니하리라 하셨느니라."

"나의 의인은 믿음으로 말미암아 살리라." 이 구절은 하박국 2:4의 인용입니다. 그 인용문이 사도가 히브리 성도들에게 권면하는 것과 어떻게 맞아 들어가는지 알아보는 것은 그리 어렵지 않습니다. 사도가 선지자의 말을 인용한 것은 끝까지 믿음으로 견뎌내는 것이 하나님의 자녀에게 속한 여러 특성 가운데 하나임을 증거하기 위함입니다. 그리스도의 의(義)를 전가 받음으로 하나님께 의롭다 하심을 받은 사람들은 믿음을 자기 삶의 주도적인 원리로 살아갑니다. 그래서 사도가 이렇게 말한 것입니다. "이제 내가 육체 가운데 사는 것은 나를 사랑하사 나를 위하여 자기 몸을 버리신 하나님의 아들을 믿는 믿음 안에서 사는 것이라."(갈 2:20) 하나님께서 율법의 저주와 정죄(定罪)에서 구출하여 내신 사람은 단순하게 과거에 '믿었던' 사람에 불과하지 않습니다. 그 "믿음 안에서 산다."는 말씀이 함축하는 대로 범사에 계속 '믿어 나가는' 사람입니다. 독자들이여, 요한복음 3:15,16,18과 5:24에서 '믿다(believe)'는 동사의 현재형이 가지는 충분한 의미를 파악하여 봅시다. 그리고 누가복음 8:13의 '잠깐 믿었다(for a while believed)'의 의미와 대조하여 봅시다. "바위 위에 있다는 것은 말씀을 들을 때에 기쁨으로 받으나 뿌리가 없어 잠깐 믿다가 시련을 당할 때에 배반하는 자요."

"나의 의인은 믿음으로 살리라." 여기서 "살리라(shall live)"는 미래시제는 믿음을 계속해서 행사할 필요성을 공표하고 강조하는 표현입니다. 믿음으로 말미암아 하나님께 의롭다 하심을 받는 즉시 그 사람이 살아났습니다. 믿는 우리는 "믿음으로 말미암아 의롭다 하심을 이미 얻은" 사람들입니다(행 13:39 ; 롬 5:1 참조). 그리고 허물과 죄로 죽어 있는 사람은 스스로 구원에 이르는 믿음을 가질 수 없습니다. 로마서 8:30에서 '의롭다 하심 받기' 이전에 '부르심 받기'가 앞 선 것을 주목하십시오. 참된 그리스도인이 믿음으로 산다는 것도 역시 진리입니다. 왜냐하면 그것이 내주(內住)하는 은혜의 본질 자체이기 때문입니다. 그러나 "의인은 믿음으로 말미암아 '살리라.'"는 것도 역시 진리입니다. 성도가 계속해서 믿음을 행사하는 것은 이미 받은 구원뿐 아니라 앞으로 최종적으로 받은 구원에 있어서도 진수가 되는 요점입니다. 영혼이 회개하고(자신을 판단하고) 주 예수님을 개인적으로 믿어야만 임박한 진노로부터 구원받을 수 있듯이, 계속적인 믿음의 '행함을 통해서만' 내주하는 죄의 세력과 사탄의 시험들과 유혹하는 세상에서 구원 받을 수 있습니다.

참아 인내하는 것은 믿음의 열매입니다. 그러나 그리스도인이 인생의 폭풍 속에서 든든히 서는 일은 오직 근본적인 생명의 은혜를 매일 행사함을 통해서만 존재합니다. 그리스도 안에서 하나님께 의롭다는 선언을 받은 사람들은 이 세상의 삶을 거쳐야 합니다. 그것도 의심의 두려움 속에서가 아니라, 부단하게 주님을 잠잠히 신뢰하고 기쁨으로 순종함 속에서 진행됩니다. 하나님의 말씀의 양식을 먹을 때만이 영혼은 힘을 얻고 자기를 거스르는 모든 것을 버티어 나갈 수 있습니다. 우리 믿음의 심지가 위에 있는 것들을 향하여 타오를 때만 우리를 낙담케 하고 절망하게 하는 주위의 모든 것에서 시선을 돌릴 힘을 받습니다. 믿음으로 그리스도를 의지하여 살 때만 그리스도로부터 오는 은혜를 받을 수 있습니다(요 6:56,57). 마치 포도나무 가지가 포도나무 뿌리로부터 진액을 빨아들이는 것과 같은 원리입니다. 믿음은 우리로 하여금 자신과 자기 일을 그리스도의 의향에 맡기게 합니다. 또한 그 믿음이 기쁨으로 의무를 감당케 하며 그리스도께서 주실 열매를 인내하면서 기다리게 합니다. 믿음은 우리 머리이신 그리스도께서 무엇이 유익하고 최선인지를 우리보다 더 잘 아심을 확신합니다.

"또한 뒤로 물러가면 내 마음이 그를 기뻐하지 아니하리라 하셨느니라." 본 강해자가 보기에, 흠정역(KJV) 번역자들이 괄호 속에 이탤릭체로 '어느 사람이든지(any man)'이라고 집어넣고 "또한(and)"을 '그러나(but)'로 바꾼 것은 하나님의 말씀에 대하여 부당한 일을 한 것으로 보입니다.[2] 성경을 복음 진리에 대한 우리의 개념에 맞추는 일은 해서는 안 됩니다. 개정역(Revised Version)은 바르게 "그가 뒤로 물러가면(if he shrink back)"이라고 고쳐 번역하였습니다. 백스터(Bagster)의 원어대조역본에서도 같은 의미로 'and if he draw back'으로 번역하였습니다. 그렇습니다. 만일 '의인(義人)'이라도 스스로 뒤로 물러가 계속 배도의 길을 걷는다면 끝내는 멸망당하고

2) 히브리서 10:38의 KJV 읽기는 이러하다. Now the just shall live by faith: but if [any man] draw back, my soul shall have no pleasure in him. - 역자 주

말 것입니다. 이에 대하여 반스(A. Barnes)의 설명을 참조합니다.

"사도는 이 엄숙한 요점을 생각하면서 믿음을 끝까지 지키는 것이 중요함과, 기독교 신앙을 배반하고 돌아서는 죄책과 위험을 강하게 표현하고 있다. 만일 그런 일이 일어나면 이전 상태가 어떠하였거나, 곧 그 전에 어떤 열심과 사랑을 가지고 주님을 믿었거나 상관없이 그러한 배도자는 분명한 하나님의 진노를 받게 될 것이다. 그의 이전 사랑이 그를 구원하지 못한다. 마치 배반한 천사들이 그 전에 드렸던 순종이 영원한 사슬과 흑암의 공포에서 그들을 건져내지 못했던 것과 같다."

"또한 뒤로 물러가면 내 마음이 그를 기뻐하지 아니하리라 하셨느니라." 사도는 다시 한 번 히브리 그리스도인들에게 은혜를 배반한 자리에서 계속 거하면 따라올 무서운 귀추를 신실하게 경고합니다(우리에게도 역시 마찬가지이다). 매일 십자가를 지지도 않고 그리스도가 남긴 본을 따르지도 않음으로써 세상의 비난과 박해를 피하면서도 하늘나라에 갈 수도 있다고 생각하는 사람이 있다면, 그는 참으로 치명적으로 자신을 기만하는 사람입니다. 주 예수께서 "누구든지 제 목숨을 구원코자 하면 잃을 것이요."(마 16:25)라고 말씀하셨습니다. 곧, 열심히 이 세상의 전망을 추구하고 세상적인 평판과 개인적인 안일을 추구하는 사람은 끝내 자기 영혼을 영원토록 잃을 것이라는 말씀입니다. 사도가 여기서 무서운 대안을 제시하고 있는 것은 히브리 그리스도인들로 하여금 믿음의 삶을 더 큰 열심과 수고를 드리라고 촉구하기 위함입니다. 만일 그들이 부단하게 하나님을 신뢰하고 하나님의 계시된 뜻에 순종하는 마음으로 복종하지 않으면, 그들은 배은망덕과 배도의 무서운 위험에 빠질 것이라는 경고를 하고 있는 것입니다. 만일 어느 사람이라도 "뒤로 물러가면" 하나님께서 "저를 '전혀' 기뻐하지 않으실" 것입니다. 곧 그 사람이 하나님의 혐오의 대상이 될 것임을 부정문으로 강조하고 있습니다. 그러나 자세히 주목해 보면 그 말은 하나님께서 "그를 '더 이상' 기뻐하지 아니할 것이다."고 말하고 있지 않습니다. 만일 그렇게 표현한다면 하나님께서 자기 사람들을 변치 않고 사랑하신다는(말 3:6 ; 요 13:1 ; 롬 8:35-39) 말씀의 분명한 가르침과 충돌할 것입니다. 성경은 얼마나 미세한 지점에까지 정확한지요! 이 엄숙한 말씀을 우리에게 실제로 적용한다면 이렇습니다. '하나님께서 우리를 기뻐하신다는 것을 성경적인 근거 위에 서서 확신하려면, 계속해서 하나님께 가까이 밀착해야 한다.'

히브리서 10:39

"우리는 뒤로 물러가 멸망할 자가 아니요

오직 영혼을 구원함에 이르는 믿음을 가진 자니라."

"우리는 뒤로 물러가 멸망할 자가 아니요." 여기서 "멸망(perdition)"은 앞 절의 "뒤로 물러감"의 치명적이고 더 이상 어찌할 수 없는 무서운 것임을 분명하게 보여 줍니다. 그럼에도 불구하고 사도는 하나님의 자녀 중 어느 누구도 38절의 그런 운명에 처할 수 있을 가능성을 말하지는 않습니다. 도리어 히브리인 그리스도인들에게 그러한 운명이 덮치는 일은 결코 없을 것임을 확신시키고 있습니다. 사도가 이 구절에서 부연하는 이유가 있습니다. 그들이 앞 절의 엄숙한 경고를 보고 신중하지 못하게 지나치게 놀라지 않게 하려고 그리 말하는 것입니다. 더 나아가 그들 생각에 '바울 사도가 우리를 나쁘게 생각하고 있다.'는 결론을 내리지 못하게 방비할 목적도 있습니다. 비록 그가 경고는 하고 있지만, 그들이 멸망으로 이어지는 '넓은 길'을 걷고 있다고 생각하고 있지는 않습니다. 오히려 그는 그들이 "이보다 더 좋은 것 곧 구원에 속한 것이 있음"을 확신하고 있습니다(히 6:9).

존 칼빈(John Calvin)은 이 점에 대하여 이렇게 설명합니다.

"이 진리가 우리에게도 해당됨을 주목하자. 왜냐하면 하나님의 복음의 빛으로 은총 받은 우리는 마땅히 하나님께 순종함에 갈수록 진보하도록 부르심 받았기 때문이다. 우리는 또한 목숨을 다해서 부단히 하나님께 더 가까이 나아가는 사람으로 부르심 받은 자들이다. 바로 이것이 참된 영혼의 견인(堅忍)이다. 왜냐하면 그렇게 함으로써 영원한 멸망을 피할 것이기 때문이다."

알버트 반스(A. Barnes)도 이 점에 대하여 다음과 같이 역설하였습니다.

"사도는 이 구절에서 자기의 편지를 받는 히브리 그리스도인들 중에 어느 누구도 배도하지 않는다는 가장 확실한 믿음을 표현한다. 그가 묘사해 왔던 것은 하나의 가상적인 경우다. 그러한 일이 일어날 것이라고 믿게 하려고 그리 말한 것은 아니다. 다만 그는 진지한 그리스도인이라도 배도한다면 '반드시' 어떤 일이 일어날 것인지를 묘사해 왔던 것이다. 그러나 이런 일이 그들에게 일어날 것이라고 말할 의도는 아니었다. 다만 배도를 다루시는 하나님의 처사(處事, administration)의 입장에서 보편적 원리를 진술하였을 뿐이다. 그는 그 진술로 그들을 생명의 길에서 떠나지 않게 지키는 방편이 되게 할 의도를 가지고 있었던 것이다."

그리스도인들은 갈수록 냉담해지고 은혜의 방편을 게을리 하고 뒤로 물러가 다윗이나 베드로가 저질렀던 것처럼 무서운 범죄에 떨어질 수 있습니다. 그러나 그들이 '멸망'에 빠지지는 않을 것입니다. 아니 그들은 그리스도의 형상을 본받기 위하여 미리 정하심을 받은 자들입니다. "하나님이 미리 아신 자들을 또한 그 아들의 형상을 본받게 하기 위하여 미리 정하셨으니 이는 그로 많은 형제 중에서 맏아들이 되게 하려 하심이니라."(롬 8:29) 그리고 하나님의 목적은 결코 실패할 수 없습니다. 그들은 그리스도의 중보(仲保)의 대상들입니다(요 17:15,24). 그 중보의 기도는 효력이 있습니다(요 11:42). 그들이 방황하게 될 때 선한 목자에 의해서 '다시 회복함'을 얻습니다. "내 영혼을 소생시키시고 자기 이름을 위하여 의의 길로 인도하시는도다."(시 23:3)[3)]

"오직 영혼을 구원함에 이르는 믿음을 가진 자니라." "멸망(perdition)"이란 말이 배도자들의 영원한 저주와 운명임을 지시하듯이, 여기 "구원"은 모든 참된 신자들에게 궁극적으로 주어질 분깃을 가리킵니다. 사도가 "영혼 구원에 이르는 믿음을 가졌던 자들에게(them that have believed to the salvation of the soul)"라고 말하지 않고, "영혼을 구원함에 이르는 믿음을 가지고 있는 자들에게(them that believe to the saving of the soul)"라고 표현하였습니다. 그 점을 유의하여 주목해야 합니다. 그 차이는 참으로 중요하고 본질적입니다. 거듭난 신자마다 모두 그리스도로 말미암아 '구원받았다(has been saved)'는 복된 의미가 여기에 담겨 있습니다. 그럼에도 불구하고 그의 구원이 아직은 '장래'에 속한다는 또 다른 중요한 의미가 여기에 내포되어 있습니다. "또한 너희가 이 시기를 알거니와 자다가 깰 때가 벌써 되었으니 이는 이제 우리의 구원이 처음 믿을 때보다 가까웠음이라."(롬 13:11) "너희는 말세에 나타내기로 예비하신 구원을 얻기 위하여 믿음으로 말미암아 하나님의 능력으로 보호하심을 받았느니라[4)]…믿음의 결국 곧 영혼의 구원을 받음이

---

3) 시편 23:3의 KJV의 역문은 이러하다. He restoreth my soul: he leadeth me in the paths of righteousness for his name's sake - 역자 주

4) 우리말 개역개정은 "보호하심을 받았느니라" 하였으나 KJV은 현재 수동태 형식으로 번역되어 있다. 'Who are kept by the power of God' - 역자 주

라."(벧전 1:5,9). 그리스도인의 완전하고 최종적인 구원은, 그가 그리스도 안에서 하나님을 계속 신뢰하며 순종함에 달려 있습니다. 물론 그것은 '구원에 이르는 원인'은 아니고 구원에 이르는 불가분의 '방편'입니다.

그리스도인들이 "하나님의 능력으로 보호하심을 입는다."는 것은 영광스러운 진리입니다. 그리스도인들을 위해서 하늘을 예비하신 하나님께서는 그 구원을 얻기까지 그들을 지키실 것입니다. 그러나 어떠한 방편과 수단을 통해서입니까? 베드로전서 1:5은 "믿음으로 말미암아"라고 말합니다. 눈에 보이지 않는 세계에서 우리를 기다리고 있는 행복을 바라고, 눈에 보이지 않으시는 하나님을 의지하여야 합니다. 그러기 위하여 잠시 하나님의 허락하심 속에서 모든 유의 시험과 시련과 고통을 당하게 될 때 믿음이 요구됩니다. - 진정한 믿음, 초자연적인 믿음이 요구됩니다. 최종적인 구원을 얻기까지 믿음으로 말미암아 마음을 지탱하는 것입니다. 하나님께서 주시고 하나님께서 유지하시는 믿음이 아니고는 혈과 육의 거센 물결을 거슬러 올라갈 수 없습니다. 또한 혈육의 탐욕을 부인하여 결국 하늘에서 승리를 거두게 할 것은 무엇이겠습니까? 바로 그 하나님께서 주시고 하나님께서 붙잡아 주시는 믿음뿐입니다. '육체'[5]는 몸을 아끼고 살찌게 합니다. 그러나 '믿음'은 "영혼의 구원함"에 이르게 합니다.

5) 여기서 '육체'란 우리의 실제 물리적 육체를 가리킴이 아니고 나면서부터 우리가 가지고 나온 하나님을 거스르는 죄악적 본성을 가리킨다. - 역자 주

56강

믿음의 탁월성

11:1 믿음은 바라는 것들의 실상이요 보지 못하는 것들의 증거니 11:2 선진들이 이로써 증거
를 얻었으니라 11:3 믿음으로 모든 세계가 하나님의 말씀으로 지어진 줄을 우리가 아나니
보이는 것은 나타난 것으로 말미암아 된 것이 아니니라

우리가 11장의 내용으로 들어가기 전에 이미 지나온 부분을 간단하게 다시 검토해 보기로 합시다. 1장과 2장은 그 성격상 서론입니다. 그 대목에 신인(神人)이신 중보자의 놀라운 '인격(Person)'이 드러나 있습니다. 그 분은 구약의 선지자들보다 우월하시고, 천사들을 훨씬 능가합니다. 3:1에서 시작되어 4:15까지 이어지는 중요한 대목에서는 그리스도의 '사명'을 다룹니다. 그리스도께서 아버지께 받으신 사명은 모세나 여호수아가 받은 사명을 훨씬 능가합니다. 왜냐하면 모세나 여호수아 어느 사람도 백성들을 하나님의 참된 안식으로 인도하지는 못했기 때문입니다. 그 대목이 끝난 뒤에 사도는 4:16에서 바로 실제적인 적용을 시도합니다. 두 번째로 주요한 대목은 5:1에서 시작하여 10:18에 이르기까지로 줄곧 그리스도의 '제사장 직분'을 다룹니다. 그리스도의 제사장 직분이 그 존영과 효력과 영구성에 있어서 아론의 제사장 직분을 능가함을 밝힙니다. 그 대목에 대한 실천적 교훈이 10:19에서 12:29까지 이어집니다. 그리고 마지막 13장은 히브리서의 결

론을 형성합니다.

히브리서에 대한 존 오웬(John Owen)의 이해를 여기에 소개합니다.

"이 서신의 보편적인 성질은 글의 종류상 그 목적과 의도에서 볼 때 권고나 장려에 속한 것이다. 여러 시험들과 박해들을 맞아 부단히 주 예수 그리스도를 믿는 믿음과 복음의 소망을 버리지 말고 지켜 나가라는 권면이 중심을 이루고 있다. 히브리 그리스도인들은 그들의 신앙고백에 있어서 두 가지 갈등을 겪고 있었다. 하나는 유대교 교회의 상태 자체로부터 오는 것이었고, 또 다른 하나는 그 유대교의 교회에 속한 사람들로부터 오는 것이었다. 뒤로 물러가 자기들의 신앙을 버리고 싶은 유혹이 유대교의 교회 상태와 모세의 여러 예배 규례들로부터 야기되었다. 그들은 복음을 통해서 바로 그 모세의 예배 규례들을 폐하라는 촉구를 받았다. 그 유대교회가 하나님에 의해서 제정되었던 것이 아닌가? 그 유대교의 예배와 예배의식을 확증한 언약의 엄숙성과 그 제사 직분의 영광과 제사장들과 다른 신적 규례들(롬 9:4), 그리고 그 제사들이 하나님께 가납되는 효력이 있다는 점이 끊임없이 그들의 생각을 강하게 자극하였다. 그래서 복음을 떠나고 싶은 충동을 일으켰다. 또한 복음과 유대교가 서로 공존할 수 없음이 명백해지고 나서 그 시험은 매우 크게 밀려왔다. 그로 인해서 히브리서의 모든 '교리적' 부분이 필요 불가결하였다. 우리는 하나님의 은혜와 도우심을 힘입어 그 부분을 이미 강해하였다. 이 히브리서 기자는 그 부분 속에서 구약 시대의 모든 신적 규례들이 가진 성질과 용도와 목적과 의미를 선언하였다. 또한 그것들이 외양적으로 드러내었던 모든 영광과 효능도 인정하였다. 그러면서 히브리서 기자는 성경 자체로부터 복음적 교회의 상태가 그 대제사장과 제사와 언약과 예배와 여러 특권들에 있어서 구약의 교회 상태에 비할 수 없이 탁월함을 선언한다. 아니, 구약 교회의 상태가 가진 모든 탁월함과 영광, 그리고 그에 속한 모든 것은 그리스도와 복음의 더 큰 영광을 나타내는 표증에 불과하였음을 선언한다. 만일 그리스도와 복음의 더 큰 영광이 아니라면 그러한 것들은 아무런 소용도 없었을 것이다. 만일 그리스도와 그 복음의 더 큰 영광이 아니었더라면 그 구약의 모든 것은 사람을 구원하기는커녕 파멸적이고 해로웠을 것이다.

"사도는 그들의 마음을 진리에 붙들어 매고, 그들이 계속해서 당하는 시험들을 그 상태에서 이기도록 무장시켜 놓았다. 이제 그는 두 번째 방편으로 나아간다. 그 방편을 통하여 복음 신앙 안에 견고하게 서서 요동치 않을 수 있다. 이미 사도는 그렇게 하라고 권고하였다. 그런데 그 두 번째 방편이 이미 공략을 당하였고, 더 큰 세력에 의하여 맹렬한 공격을 당할 가능성이 아직도 존재하고 있었다. 그 일은 그들 앞에 닥쳐왔던 대적과, 그들이 참아냈었고 아직도 겪어내어야 할 모든 유의 박해로부터 야기되었다. 그런 박해와 시험은 복음을 믿는 신앙고백, 곧 예수 그리스도를 믿고 복음 안에서 제정된 거룩한 예배를 지켜나가는 일 때문에 온 것이다. 그들이 이런 일을 당한 것은 유대교에 속한 자들의 완강함 때문이었다. 물론 그 유대교의 교회 상태 자체로부터도 그런 일을 겪어야 하였다. 사도는 11장 마지막 부분에 가서 그 요점을 진술하기 시작한다. 그러면서 사도는 신앙고백을 고수하는 과정 속에서 겪을 수 있는 모든 악들에 맞서 일관성을 유지하기 위하여 그들 편에서 취할 오직 유일한 방도와 방편이 무엇인지 선언한다. 그 오직 유일한 방도란 바로 '믿음'이다. 그 모든 시험들로부터 구원받은 것은 바로 진리의 교리를 통해서였다. 그들을 대적하는 세력으로부터 구원을 받은 것은 바로 그것을 믿는 믿음을 행사하는 일로 말미암았다."(John Owen)

10:19에서 시작된 대목의 특별한 성격을 확인하기란 어렵지 않습니다. 이 대목은 우리의 책임 문제를 다루고 있습니다. 히브리서 10:22-24에서 "나아

가자, 굳게 잡자, 격려하자"라는 투의 어법으로부터 그 점이 명백해집니다. 10:32-36에서는 하나님의 약속이 이루어질 때까지 인내하면서 기다리라고 촉구합니다. 약속하신 이의 미쁘심을 믿는 참된 믿음이 아니고서는 마음을 붙잡아 시련과 고난의 지루한 기간 동안 집요하게 참아내도록 고양시키지 못합니다. 그래서 사도는 10:38에서 하박국의 두드러진 말씀을 인용합니다. "나의 의인은 '믿음으로' 말미암아 살리라." 그 문장은 사실 히브리서 11장의 설교 본문이라 할 수 있습니다. 11장의 중추적인 목적은 무엇입니까? 하나님의 약속을 아직 성취 받지 못하던 때에도 믿음으로 견디었던 선진들의 '인내'를 증거하는 것입니다. 특히 13절과 39절을 주목해 보십시오. "이 사람들은 다 믿음을 따라 죽었으며 약속을 받지 못하였으되 그것들을 멀리서 보고 환영하며 또 땅에서는 외국인과 나그네임을 증언하였으니."(11:13) "(이런 사람은 세상이 감당하지 못하느니라) 그들이 광야와 산과 동굴과 토굴에 유리하였느니라."(11:38)

이에 대하여 존 칼빈(John Calvin)의 설명을 들어 봅시다.

"히브리서 11:1의 말씀을 히브리서 11장의 첫 말씀으로 삼는 자는 누구든지 지혜롭지 못하게 문맥을 끊어버리는 사람이다. 왜냐하면 사도는 이미 앞에서 말했던 것을 증거할 목적을 가지고 있기 때문이다. - 곧 인내할 필요가 있음을 증거하려 한다. 사도는 '의인은 믿음으로 말미암아 살리라.'던 하박국의 증언을 인용했다. 이제는 무엇을 증거해야 할 것인지를 보여 준다. - 믿음이란 가만히 두면 저절로 서는 것이 아니라 반드시 인내를 수반하여야 한다는 것이다. 그가 말하는 순서는 이러하다. 우리가 인내하지 아니하면 구원의 목표 지점에 이르지 못할 것이다. 왜냐하면 선지자가 의인은 믿음으로 말미암아 살리라고 선언하기 때문이다. 그러나 믿음은, 우리가 아직은 누리지 못하는 멀리 있는 것들을 바라보게 한다. 그것은 필연적으로 인내를 함축한다. 그러므로 논증에 있어서 최소한의 전제는, '믿음은 바라는 것들의 실상이라.'는 것이다."

이에 대한 존 브라운(John Brown)의 말도 들어 봅시다.

"사도는 이제 자기의 권면을 예증하고 강화시키려고 과거 역사에서 대단히 다양한 여러 경우들을 제시한다. 곧 '믿음'으로 말미암아 매우 어려운 의무들을 감당하고 매우 혹독한 시련을 견뎌내 매우 중요한 복락을 얻었던 사람들의 경우를 예시한다. 사도의 권면에 깔린 원리들은 분명히 이러한 것들이다. '뒤로 돌아가는 자는 멸망(perdition)에 빠져 들어간다. 영혼의 구원을 얻을 사람은 끝까지 믿음을 가진 사람뿐이다. 끝까지 견디는 믿음이 아니고서는 어떠한 사람도 끝까지 선을 행할 수 없고, 하나님의 뜻에 인내하면서 겸손하게 복종할 수 없다. 또한 복음이 약속하는 영광과 영예와 불멸성을 얻을 수 없다. 끝까지 견뎌내는 믿음이 아니고는 이러한 일을 해낼 수 없다. 끝까지 견디는 믿음이 그것을 해낸다. 지나간 세대에서 그 믿음이 행한 일을 보면 그 점은 명백하다.'"

히브리서 11장을 써 내려 가던 사도의 생각의 순서를 초기의 한 유능한 청교도가 아주 유익하게 밝혀주었습니다.

"히브리서 11장 전체를 두 부분으로 나눌 수 있다. (1) 첫 부분은 믿음에 대한 보편적 '묘사'로 1-4절이다. (2) 둘째 부분은 그 묘사를 '예증'하고 선언하는 부분으로 4-40절이다. 구약에 나타난 가치 있는 사람들의 여러 '실례들'을 상세하게 열거함으로써 그 묘사를 예증하고 선언한다. 믿음에 대한 묘사는 세 구절에서 제시된 믿음의 세 가지 행사들, 또는 효과들을 담고 있다. 첫째로 믿음은 아직 존재하지 아니하는 것들(그러나 바라는 것들)을 믿는 자에게 현존하는 실체로 만든다(1절). 둘째로 믿음은 신자로 하여금 하나님께 인정받게 만든다(2절). 셋째로 믿음이란 감각과 이성으로 볼 때는 도저히 믿어지지 않는 일들을 이해하고 믿게 만든다."(William Perkins, 1595년)

히브리서 11:1

"믿음은 바라는 것들의 실상이요
보지 못하는 것들의 증거니."

이 구절의 처음에 나타나는 "이제(Now)"[1]는 거의 "왜냐하면"과 방불한 의미로 방금 선언된 것을 더 확증하고 있음을 시사해 줍니다. 사도는 10장 끝에서 영혼이 구원함에 이르는 것은 믿음으로 말미암는다고 확언하였습니다. 그렇게 함으로써 사도는 이제 믿음이 무엇이며 어떤 일을 산출하는지를 보여줄 기회를 포착한 것입니다. 믿음이 영혼을 붙잡아 주고 모든 종류의 시련 속에서도 견디어 내게 하여 결국은 구원을 얻도록 합니다. 그 사실을 그 믿음의 본질이 산출하는 효과들을 가지고 논증할 수 있습니다. 그 뿐 아니라 이후의 구절들 속에서 인용되는 여러 실례들을 들어가면서 예증할 수도 있습니다. 아예 처음부터 히브리서 11장은 10:38,39의 진리를 확대하고 실증하는 것임을 명심해 두는 것이 중요합니다. 사도가 묘사하고 예증하는 "믿음"은 "영혼을 구원함에 이르는"이라는 말이 붙어 있는 믿음입니다.

토마스 맨턴(Thomas Manton)이 1670년에 쓴 그의 히브리서 강해 중에서 이 요점에 대하여 다음과 같이 설명합니다.

---

1) 우리말 개역개정이나 개역한글에서는 생략되어 있다. - 역자 주

"1절에는 묘사되는 문제만 나와 있다. 곧 믿음 자체만 묘사되어 있다. 사도는 '믿음은 바라는 것들의 실상이요 보지 못하는 것들의 증거라.'고 묘사한다. 그 묘사는 예술의 원리들에 따르면 바르다. 습관들(또는 은혜들)을 묘사할 때는 외향적 활동을 가지고 묘사한다. 또한 그것들이 추구하는 목적에 부합한 행동들을 가지고 묘사하기도 한다. 여기서 사도는 믿음이 나타내는 초보적이고 외적인 행동을 가지고 묘사한다. 그 행동들은 그것들이 추구하는 독특한 대상을 지목한다. 믿음의 행동들은 두 가지이다. 곧 실상과 증거다. 내가 그것들을 '행동들'이라 칭하는 것을 이상하게 여기지 말라. 왜냐하면 사도가 바로 그렇게 하고 있기 때문이다. 그러므로 베자(Beza)는 이 부분을 번역하면서 그 본문의 범주를 모호하게 하기 보다는 차라리 원문의 의도를 의역(意譯)하였다. 그래서 원문을 이렇게 해석한 것이다. '믿음은 우리의 소망하는 것들에게 실상(實相, subsistence)을 제공하고, 보이지 않는 것들을 입증한다(Faith substantiates or gives a subsistence to our hopes, and demonstrates things not seen.)' 믿음의 행위들과 믿음의 효과들 사이에는 대단히 큰 차이가 있다. 믿음의 효과들은 이 히브리서 11장 전체에서 다루어진다. 믿음의 외적 행위들은 1절에서만 보인다. 이 행동들은 그 목표하는 대상과 부합된다. 믿는 것들이 아직 장래에 속하기 때문에, 믿음은 그 믿는 것들의 실상과 실존을 제시한다. 그것들은 육신의 눈과 육적인 논리로는 볼 수가 없다. 믿음은 역시 믿는 것들에 대해 증거를 제시한다. 그리고 믿음은 사람들로 하여금 그것들을 믿을 만한 가치가 있음을 확신하게 한다. 그리하여 이러한 행동들 중 하나는 '이해'에 속하고, 또 다른 것은 '의지'에 속한다."

"믿음은 바라는 것들의 실상이요." 1절의 내용은 믿음에 대한 하나의 규범적 정의라기보다는 믿음이 어떻게 작용하여 무엇을 산출하는지를 간결하게 묘사한 것입니다. 육신적이든 영적이든 간에 우리가 '믿음'이라고 할 때는 어떤 증언을 믿는 것(belief)입니다. 여기서, 믿음은 하나님의 증언을 믿는 것입니다. 성령께서 여기서 설명하는 요점들이 무엇인지를 주목해야 합니다. 증언의 주제들이 단순하게 미래에 속한 것으로 생각되든지, 아니면 눈에 보이지도 않고 장래에 속한 두 가지의 성질에 속한 것이든지 간에, 믿음이 그 증언의 주제들에 대하여 어떻게 작용하는지를 여기서 설명하십니다. 또한 그 믿음이 영혼 속에서는 어떤 작용을 하여 효과들을 산출하는지에 대하여도 설명하십니다. 첫째, 성령께서는 우리에게 "믿음이란 바라는 것들의 실상이라."고 말씀하십니다. 흠정역(KJV)에서 '실상(substance)'으로 번역된 헬라어는 여러 가지로 번역되었습니다. 흠정역의 난외주(欄外註)에서는 ground(근거) 혹은 confidence(확증)로도 번역될 수 있음을 지적하였고, 개정역(Revised Version)은 assurance(보증)으로 번역하고서 난외주에 giving substance to(…에 실상을 제공하는 것)로도 번역될 수 있음을 지적하여 놓았습니다. 헬라어는 '히포스타시스'인데 흠정역의 고린도후서 9:4과 11:17에서는 '확신하는(confident)'으로 번역됩니다.[2] (백스터의 원어대조역과 같이 '자랑하는 것을 확신하는 이것(this confidence of boasting)으로 번역되어야 했다.) 그 말이 히브리서 1:3 흠정역에서는 person(그분)으로 번역되었습니다. (그 말은 subsistence〈실상〉 또는 essential being〈본질적인 존재〉로 번역되어야 한다). 히브리서 3:14의 흠정역은 confidence(확신)으로 번역하고 있습니다. 본 강해서 저자의 개인적인 견해로는 그 헬라어가 이중적인 뉘앙스를 가지고 있습니다. 따라서 그런 관점에서 그것을 강해하려 합니다.

"믿음은 바라는 것들의 실상이요." 이 히브리서 11장에서(신약의 보편적인 맥

---

2) 우리말 개역개정이나 개역한글에서는 '믿던'이라고 하였다. - 역자 주

락에서와 같이) "믿음"은 하나님께서 계시(啓示)하시고 선언하신 어떤 것을 단순하게 승인하는 것 보다 더 많은 것을 함축합니다. 믿음은 바라는 것에 대한 확고한 확신입니다. 왜냐하면 믿음은 믿는 자에게 소망하는 것들이 존재함을 확신시켜 줄 뿐 아니라, 하나님의 능력과 미쁘심으로 말미암아 언젠가는 그것들을 소유하게 될 것임을 확신케 하여 주기 때문입니다. 그래서 믿음이 '기대의 근거(ground)'가 되는 것입니다. 하나님의 말씀은 나의 소망이 걸려있는 '객관적 초석(objective foundation)'입니다. 그러나 믿음은 '주관적 초석'을 제공합니다. 왜냐하면 믿음은 나에게 내 소망의 확실함을 확증하여 주기 때문입니다. 믿음과 확신은 불가분의 관계입니다. 내가 약속하신 이의 능력과 신실함을 의뢰하는 것만큼, 내가 기다리는 그 약속 성취에 대한 확신을 가지게 될 것입니다. "우리가 주는 하나님의 거룩하신 자이신 줄 '믿고 알았사옵나이다.'"(요 6:69) 여기서 '알았사옵니다'는 '확신하옵니다.'라는 의미입니다.

방금 말한 것을 통해서 독자는 아마 흠정역의 본문에서 발견되는 substance(실상)이란 말의 강도(强度)를 더 잘 깨달았을 것입니다. 그 말은 두 라틴어, sub(아래에) stans(선다)의 합성어입니다. 그러니 '아래에 서기'(standing under)라는 의미입니다. 믿음은 내가 하나님의 약속이 성취되기까지 기다리는 동안에 내 마음을 확실한 보장으로 견지하여 줍니다. 믿음은 하나님을 믿고 하나님의 성실성을 의뢰합니다. 그러니 폭풍이 아무리 휘몰아치고, 기다리는 기간이 아무리 길어 보여도 믿는 자의 마음은 든든히 서서 요동하지 않습니다. "이 사람들은 다 믿음을 따라 죽었으며 약속을 받지 못하였으되 그것들을 멀리서 보고 환영하며 또 땅에서는 외국인과 나그네임을 증언하였으니."(히 11:13) 참된 믿음은 요동치 않고 장래의 일들을 확실하게 고대하는 마음을 산출합니다.

"믿음은 바라는 것들의 '실상이요.'" 개정역(R. V.)의 난외주가 giving substance to(실상을 제공하는 것)으로 번역될 수도 있음을 제안하는 것 같이, 믿음은 하나님의 확실한 증언을 신뢰합니다. 하나님의 약속을 의뢰하고, 그 약속들이 성취될 것을 고대합니다. 믿음은 장래 어느 때에 그 약속이 이루어질 것을 내다보면서 소망할 대상을 제공합니다. 그리고 영혼 안에서는 마치 그 소망하는 것을 이미 현실적으로 소유하고 있는 것 같이 여기게 만드는 힘이 되는 것입니다. 왜냐하면 믿는 자는 제공된 안전보장으로 만족해야 하며, 하나님께서는 약속하신 것을 결코 어기지 않으시리라는 완전한 확신으로 '행동'하기 때문입니다. 믿음은 영혼으로 하여금 하나님의 약속들을 '적확하게 붙잡게' 합니다.

이에 대한 매튜 헨리(Matthew Henry)의 주해를 참조합니다.

"'믿음'은 하나님께서 그리스도 안에서 우리에게 약속하신 모든 것을 다 이루실 것이라는 '견고한 확신과 기대'이다. 이 확신이 너무 강해서 일종의 소유감, 그것들의 현실적 성취감을 영혼이 가지게 한다. 또한 그것들의 첫 열매와 첫 맛을 느끼게 함으로써 영혼 속에서 그것들을 실체화시킨다. 그래서 믿음을 행사하는 신자들은 말로 할 수 없는 기쁨과 충만한 영광으로 넘치게 된다."

믿는 자의 마음은 믿음으로 말미암아 가지게 되는 확신에 넘친 기대감 때문에 소망하는 대상들이 현존하는 실체처럼 느끼게 됩니다. 믿음은 장차 올 것을 냉담한 생각으로 바라보지 않습니다. 오히려 믿음은 그 장차 올 것들을 그저 상상하여 그려 보게 하는 수준이 아니라 실상(實相, subsistence)을 가지게 합니다. 믿음은 믿는 그 사람의 주관과 믿는 대상을 연합시키는 은혜입니다. 믿는 자가 믿기 위하여 하늘에 올라갈 필요가 없습니다. 왜냐하면 믿음은 먼 것들을 가깝게 만들기 때문입니다. "믿음으로 말미암는 의는 이같이 말하되 네 마음에 누가 하늘에 올라가겠느냐 하지 말라 하니 올라가겠느냐 함은 그리스도를 모셔 내리려는 것이요 혹은 누가 무저갱에 내려가겠느냐 하지 말라 하니 내려가겠느냐 함은 그리스도를 죽은 자 가운데서 모셔 올리려는 것이라."(롬 10:6,7) 그러니 믿음은 영혼과 하나님께서 약속하신 것들을 하나로 묶는 끈입니다. 믿음으로 말미암아 우리가 "받습니다." 그리스도를 믿음으로 말미암아 그리스도께서 '우리의 것'이 되십니다(요 1:12). 그러므로 믿음은 그리스도인으로 하여금 장래의 복락들에 대하여 주님을 찬양하게 하되, 마치 그가 이미 그것들을 완전히 소유하고 있는 것처럼 찬미하게 합니다.

그러나 믿음이 '어떻게' 장래에 속한 것들을 하나의 현실감 있는 실체로 마음에 다가오게 하는가요? 첫째, 믿음은 하나님의 약속들로부터 그 현실감을 가지게 합니다. 하나님께서 제정하신 제도를 통하여 그 실상이 그 하나님의 약속들 속에 내장되어 있습니다. 그래서 하나님의 약속들을 가리켜 '위로하는 품'이라고 지칭하였습니다. "너희가 젖을 빠는 것 같이 그 위로하는 품에서 만족하겠고 젖을 넉넉히 빤 것 같이 그 영광의 풍성함으로 말미암아 즐거워하리라."(사 66:11) 둘째, 믿음은 그 하나님의 약속들을 영혼의 양심이 되게 합니다. "만군의 하나님 여호와시여 나는 주의 이름으로 일컬음을 받는 자라 내가 주의 말씀을 얻어먹었사오니 주의 말씀은 내게 기쁨과 내 마음의 즐거움이오나."(렘 15:16) 그 약속들이 영혼에 대하여 '참된 현실'로 여겨지지 않으면 영혼의 참된 양식이 될 수 없습니다. 셋째, 믿음은 그 약속들의 능력을 체험하게 합니다. 그 약속들이 목적하는 것들에 대한 체험을 하게 합니다. 하나님의 진리가 영혼 안에서 강력하게 작용하는 것은 신적 진리를 활용하고 이해함을 통해서입니다. 넷째, 믿음은 그 약속들의 첫 열매들을 우리에게 전달하여 맛보게 해 줍니다. 믿음은 간절히 바라는 것에 대하여 살아있는 현실감을 제공합니다. 하나님의 약속을 따라서 바라는 것들에 대한 인상이 어찌나 진실하고 강하던지 믿는 자의 마음이 동일한 형상(image)으로 변하게 됩니다. "우리가 다 수건을 벗은 얼굴로 거울을 보는 것 같이 주의 영광을 보매 그와 같은 형상으로 변화하여 영광에서 영광에 이르니 곧 주의 영으로 말미암음이니라."(고후 3:18)

다음으로 넘어가기 전에 우리는 잠간 멈추어 적용할 시간을 가집시다. 많은 사람들은 '나는 믿는다.'고 고백합니다. 그러나 그들의 소망이 그들에게 '어떤 영향'을 끼치는지요? '나는 믿음으로 붙잡았노라.'고 외치는 것들이 그들에게 어떤 영향을 끼치는지요? '나는 죄가 가장 극악한 것임을 믿는다.'고 고백은 합니다. 그런데 정말 내가 그 말대로 죄를 두려워하고 미워하고 수치스럽게 여기는지요? '오래지 않아 내가 그리스도의 심판 보좌 앞에 설 것을 믿는다.'고 합니다. 그러면 내가 그 엄숙한 날에 비추어서 살아가고 있음을 내 행실이 증거하고 있습니까? '나는 세상이 공허하고 시시한 것이라고 믿는다.' 그런데 아름답게 채색한 번쩍거리는 세상의 화려함을 멸시하고 있습니까? '나는 하나님께서 내 필요한 모든 것을 공급하시리라 믿는다.' 그러면서 내일(來日)을 두려워합니까? '은혜 안에서 성장하기 위해 기도가 본질적인 방편이라고 믿는다.' 그러면 내가 은밀한 골방에서 많은 시간을 보내며 기도하고 있습니까? '나는 그리스도께서 다시 오실 것이라고 믿는다.' 그러면 나는 부지런히 내 등불을 간검하며 불을 밝히려고 노력하고 있습니까? 믿음은 믿음의 열매들과 행실들과 효력들로 말미암아 입증됩니다.

"믿음은…보이지 않는 것들의 증거니." 여기서 "증거(evidence)"로 번역된 헬라어 명사를 개정역(Revised Version) 난외주에서 test(증험)로 번역될 수 있음을 지적합니다. 그 명사는 증거를 통해서 확증하다(convince)는 뜻을 가진 동사에서 파생된 단어입니다. 예수님께서 "누가 나를 죄로 책잡겠느냐(which of you convicteth Me of sin)?"(요 8:46)라는 도전적 반문을 하실 때 그 단어를 사용하셨습니다. 그 명사가 다른 곳에서는 디모데후서 3:16에서만 발견됩니다. "모든 성경은 하나님의 감동으로 된 것으로 교훈과 책망과 바르게 함과 의로 교육하기에 유익하니." 여기서 '책망(reproof)'은 무엇이 진리인지를 확증하여 줌을 의미합니다. 그러니 본문의 "증거"라는 말은 증명을 갖춘 것을 시사합니다. 그래서 어떤 사람이 하나님께 속한 것들의 '실상과 확실성'에 대하여 '확신을 가지는 것'을 말합니다. 그러니 "믿음"은 첫째로 하나님의 약속의 내용들을 '붙잡는' 영혼의 '손'입니다. 둘째로 믿음은 하나님의 약속들을 우러러 바라보게 하고, 그 약속들을 확실하게 납득할 만큼 보게 하는 영혼의 '눈'입니다.

불신자들에게는 하나님의 말씀에 계시된 눈에 보이지 않고 장래에 속한 것들이 모호하고 허구적인 것들로 보입니다. 왜냐하면 그들은 그러한 것들을 깨달을 만한 매개(媒介)가 전혀 없기 때문입니다. "육에 속한 사람은 하나님의 성령의 일들을 받지 아니하나니 이는 그것들이 그에게는 어리석게 보임이요, 또 그는 그것들을 알 수도 없나니 그러한 일은 영적으로 분별되기 때문이라."(고전 2:14) 그러나 하나님의 자녀는 "눈에 보이지 아니하시는 그분"을 봅니다. "믿음으로 애굽을 떠나 왕의 노함을 무서워하지 아니하고 곧 보이지 아니하는 자를 보는 것 같이 하여 참았으며."(히 11:27) 아마 우리는 그 점을 이렇게 예증할 수 있을 것입니다. 배의 갑판에 두 사람이 서서 먼 수평선을 응시하고 있습니다. 한 사람은 아무 것도 보지 못합니다. 그러나 다른 사람은 멀리 있는 기선의 모습을 상세하게 말합니다. 앞 사람은 자기의 육안으로만 보았고, 뒤의 사람은 망원경을 사용하여 보고 있습니다! 망원경의 강력한 굴절률을 가진 렌즈가 육신의 눈으로는 볼 수 없는 사물을 보게 만듭니다. 그처럼 믿음은 우리의 육체적 감각 밖에 있는 것을 마음으로 실감나게 합니다. 믿음은 하나님께 속한 것들을 모든 증거의 빛과 능력으로 영혼 앞에 제시합니다. 그래서 믿는 자는 그것들이 존재한다는 내적인 확신을 가지게 되는 것입니다. "믿음은 몸의 눈으로써는 분별되지 않는 것들을 마음의 눈이 실감하게 증거하여 준다."(Matthew Henry)

거듭나지 않는 육에 속한 사람은 감각의 생활을 좋아하며 과학적 증명이 가능한 것만 믿으려 합니다. 눈에 보이지 않는 영원한 것들을 강조하면 그는 그러한 것들에 대한 거부감으로 어쩔 줄을 모릅니다. 그 영원한 것들은 불신앙의 대적들입니다. 사탄은 영원한 것들만 보면 '불 화살'로 쏘려고 발광합니다. 믿음의 방패가 아니고서는 그 대적들을 소멸시킬 수 없습니다. 그러나 성령께서 마음을 새롭게 하시면 편만한 불신앙의 세력은 부서집니다. 그리고 믿음은 "하나님께서 그렇게 말씀하셨으니 반드시 진리임에 틀림없다."고 논증합니다. 믿음은 어찌나 강력한 이해력으로 확신하게 하는지요! 그래서 변박할 수 없는 논증의 힘으로 말미암아 하나님께서 말씀하신 모든 것이 확실함을 믿지 않을 수 없게 만듭니다. 그 확신이 너무 강력하여 마음이 그로 인해서 영향을 받고, 의지가 감동받아 그것들을 따라가게 됩니다. 그리스도인으로 하여금 '잠시' 동안만 존재하는 "죄악의 즐거움"(히 11:25)을 '포기하게' 하는 것이 바로 그것입니다. 왜냐하면 그는 믿음으로 말미암아 '영원토록' 하나님 우편에 있는 영원한 즐거움을 붙잡았기 때문입니다. "주께서 생명의 길을 내게 보이시리니 주의 앞에는 충만한 기쁨이 있고 주의 오른쪽에는 영원한 즐거움이 있나이다."(시 16:11)

히브리서 11:1이 말하는 내용들을 요약해 봅니다. 불신앙자가 볼 때에는 하나님께서 말씀을 통해서 우리 앞에 제시한 것들이 허구요 전혀 있을 법하지 않고 모호하고 쓸데없는 것들입니다. 그러나 믿음은 사람으로 하여금 눈에 보이지 않는 것을 보도록 하며, 바라는 것들의 실상을 알게 하며, 눈에 보이지 않는 것들의 실체를 믿게 합니다. 믿음은 보이는 것들에 눈을 닫고, 하나님께서 말씀하신 모든 것에 그 귀를 열어 놓습니다. 믿음은 육신적 논증, 육신적 선입견, 육신적 핑계를 극복하고 확신시키는 능력입니다. 믿음은 판단을 바르게 하도록 빛을 주며, 마음의 틀을 만들어 주며, 의지(意志)를 움직이며, 삶을 개혁합니다. 믿음은 땅에 있는 것들과 세상의 허무한 것들에서 눈을 떼고 영적이고 신적인 실체들에 사로잡히게 합니다. 믿음은 낙담하게 하는 것들에 대하여 담력을 가지게 하고, 어려운 난제들을 보고 웃게 하며, 마귀를 대적하여 시험을 이기게 합니다. 그것은 믿음이 영혼과 하나님을 하나되게 하며, 하나님으로부터 능력을 끌어내기 때문입니다. 그래서 믿음은 전적으로 초자연적인 것입니다.

히브리서 11:2

"선진들이 이로써 증거를 얻었느니라."

사도는 믿음의 주요한 성질들을 묘사하고 나서 이제 믿음의 탁월성의 증거를 더 제시해 나갑니다. 여기 2절이 "왜냐하면"이라는 이유 접속사로 시작하는 것은 그 점을 분명하게 보여줍니다. 우리가 하나님께 인정받는 것은 믿음으로 말미암습니다.

"선진들이 이로써…" 여기서 "선진들(elders)"은 이전 시대에 살았던 사람들, 구약의 성도들을 의미합니다. 히브리서 1:1에 "우리 조상들"이라는 말로 지시된 이들입니다. 그 옛 사람들이 "증거를 얻은 것은" 그들의 진지함이나 열심이나 고상함이나, 다른 어떤 육체에 속한 것을 힘입은 것이 아니라 "믿음으로" 말미암은 것이었습니다. 사도가 이 선언을 한 것은 히브리 그리스도인들에게 그들의 경건한 조상들이 믿음으로 의롭다 함을 받았음을 상기시켜 주기 위함입니다. 11장 마지막에서 '믿음'은 그들의 모든 거룩한 순종, 뛰어난 섬김, 하나님을 위한 인내의 고난의 원리임을 보여 줍니다. 그러므로 '영적으로' 그들과 하나 된 자들은 마땅히 그들로부터 육신적 혈통을 가진 것 말고 다른 무엇을 더 얻어 가져야 합니다.

"선진들이 이로써 증거를 얻었느니라." 성경의 아름다운 정확성을 관찰하십시오. 선진들이 증거를 얻은 것은 그들의 믿음을 '위한' 것이 아니라(믿음이 없이는 증거를 얻지 못하였을 것이다!), 그들의 '믿음으로 말미암은' 것입니다. 믿음은 그들이 증거를 얻은 원인이 아니라 증거를 얻는 하나의 조건이었습니다. 그 속에는 어떠한 '공로적' 요소도 없었습니다. 그럼에도 불구하고 그것은 필요한 방편이었습니다. 믿음은 전혀 새로운 것이 아님을 명심하여야 합니다. 처음부터 하나님의 선택한 백성들의 마음속에 심겨진 은혜였습니다. 이제와 같이 그때에도 믿음은 바라는 것들의 실상(實相)이었습니다 - 곧 장래에 이루어질 약속들의 실상이었다는 말입니다. 아벨의 믿음은 우리의 믿음과 같이 진실하게 그리스도를 붙잡았습니다. 죄가 세상에 들어온 이후 하나님께서는 구원의 방식을 하나만 주셨습니다. "행위로가 아니라(not of works), 은혜로 말미암아(by faith), 믿음을 통하여(through faith)." 옛 언약 아래 있던 사람들은 율법을 지킴으로 구원받았다고 생각하면 큰 잘못입니다. "조상들"도 우리와 똑같은 약속을 가졌습니다. 단순히 가나안에 대한 약속이 아니라 하늘에 대한 약속을 가졌습니다. "그들이 이제는 더 나은 본향을 사모하니 곧 하늘에 있는 것이라 이러므로 하나님이 그들의 하나님이

라 일컬음 받으심을 부끄러워하지 아니하시고 그들을 위하여 한 성을 예비하셨느니라."(히 11:16)

"선진들이 이로써 증거를 얻었느니라." 여기 "선진들이 증거를 얻었다(the elders obtained a good report-KJV)"의 헬라어 원문은 능동태가 아니라 수동태입니다. 문자 그대로 번역한다면 '증거함을 받았다,' '영예로운 증언이 그들에게 주어졌다.' 등으로 해야 합니다. "아벨은 …증거를 얻었으니."(4절) "믿음으로 에녹은 …옮겨지기 전에 하나님을 기쁘시게 하는 자라 하는 증거를 받았으니라."(5절) 하나님께서는 그들의 믿음의 모든 활동들에 대한 기록이 보존되게 하셨습니다(그들의 믿음의 활동기록들이 하늘에는 완전하게 보존되어 있지만, 성경에서는 부분적으로만 기술되어 있다). 하나님께서는 에녹이 "하나님과 동행하였다."는 사실을 증거하셨습니다(창 5:24). 다윗이 "하나님의 마음에 합한 사람이었다."고 증거하셨습니다(삼상 13:14). 또한 아브라함이 "하나님의 친구였다."고 증거하셨습니다(대하 20:7). 그들의 믿음 때문에 하나님께서 그들을 가납하셨다는 증거를 하나님께서 친히 하신 것입니다. 하나님의 말씀 속에서 외적으로만 하신 것이 아니라, 그들의 양심 속에서도 하셨습니다. 그는 그들에게 그들이 가납되었다는 것을 확신케 하시는 그의 성령님을 주셨던 것입니다(시 51:12 ; 행 15:8). 본 강해서 저자와 독자는 다 함께 하나님께서 하시는 일을 평가하는 법을 배우도록 합시다. 우리는 그리스도인을 평가할 때 그 사람의 지성이나 본성적인 매력이나 사회적인 지위로 평가하지 말고, 순종하는 행위와 경건한 삶으로 증거되는 그의 '믿음'으로 평가합시다.

존 오웬(John Owen)이 제시한 2절에 대한 실천적 관찰들을 들어 보고 2절의 주해를 끝마치는 것이 가장 좋을 듯합니다.

"(1) 진리를 실증하여 주는 여러 사례들은 진리의 실천을 위한 가장 강력한 확신을 준다. (2) 하나님으로부터 좋은 증거를 받은 사람들은 세상으로부터 비난 받지 않을 수 없을 것이다. (3) 세상이 시작되는 처음부터(첫 약속이 주어진 후부터) 하나님께 인정받는 방편과 방식은 믿음뿐이었다. (4) 세상이 시작된 이래 참된 신자들의 믿음은 눈에 보이지는 않으나 장래에 이루어질 일들에 뿌리를 박는다. (5) 하나님을 기쁘시게 하는 믿음은 장래에 속한 눈에 보이지 않는 것들을 집요하게 생각하는 것으로 그 모습을 드러낸다. 그 믿음은 그 장래에 속하고 눈에 보이지 않는 것들로부터 모든 대적과 핍박을 참아내고 신앙고백을 견고케 할 용기와 힘을 얻는다. 세상에서 멸시와 비웃음을 당하고 비난 받아도 그 믿음이 참되다면 하나님께 가납되어, 하나님으로부터 좋은 기록(증거)을 받을 것이다.

히브리서 11:3

"믿음으로 모든 세계가
하나님의 말씀으로 지어진 줄을 우리가 아나니
보이는 것은 나타난 것으로 말미암아 된 것이 아니니라."

이 3절과 앞의 1,2절 사이에는 거의 모든 주석가들이 생각한 것 보다 더 긴밀한 관계가 있습니다. 사도는 여전히 믿음의 중요성과 탁월성을 밝히고 있습니다. 여기서 사도는 믿음으로 말미암아 믿음의 은총을 받은 사람들이 인간 이성을 초월하는 높이 있는 것들을 포용할 수 있음을 확언하고 있습니다. 우주의 기원은 철학이나 과학도 풀 수 없는 하나의 난제입니다. 그 과학이나 철학이 알아내려고 아무리 기를 쓰고 괴상한 시도를 하였어도 아직도 답을 찾지 못하였음을 보면 정말 그것은 난제임에 틀림없습니다. 그러나 그 난제는 '믿음' 앞에서는 완전히 사라집니다.

"믿음으로 모든 세계가 하나님의 말씀으로 지어진 줄을 우리가 아나니." "믿음으로 …'우리가 아나니.'" 믿음은 영적 지각의 매개적인 도구입니다. "내 말이 네가 믿으면 하나님의 영광을 보리라 하지 아니하였느냐?"(요 11:40) "음식물은 하나님이 지으신 바니 믿는 자들과 진리를 아는 자들이 감사함으로 받을 것이니라."(딤전 4:3) 믿음은 맹목적으로 하나님의 말씀을 의뢰하는 것이 아닙니다. 오히려 말씀의 진정성(眞正性, veracity)과 그 지혜와 아름다움을 지성적으로 확신하는 것입니다. 그리스도인들은 세상이 생각하는 대로 경솔하게 믿어버리는 어리석은 자들이 아닙니다. 도리어 땅에 거하는 거민들 중에서 가장 지혜로운 자들입니다. '미련한 자들'은 "마음에 더디 믿는 자들"입니다(눅 24:25). 성경에 계시된 것을 믿음으로 말미암아 우리는 우주가 하나님께 창조되고 조성되었음을 '압니다.'

이에 대하여 매튜 헨리(Matthew Henry)가 무어라 주해하였는지 들어 봅시다.

"믿음이 세계들에 대해서, 곧 위의 세계와 중간 세계와 우주의 아래 영역을 이해하도록 무엇을 주는가? (1) 그 세계들은 영원하다거나 그것들 스스로 생성된 것이 아니라, 타자(他者)에 의해서 지음 받았다. (2) 세상을 지으신 분은 하나님이시다. 그분이 만물의 조물주시다. 그런 분이 누구시든지 간에 하나님이심에 틀림없다. (3) 그분이 세상을 아주 정확하게 지으셨다. 세상은 하나님의 목적에 부합하게 모든 상세한 국면까지 조직적으로 잘 맞추어진 걸작이다. 또한 창조자의 완전하심들을 나타내기에 참으로 세심하게 배려된 작품이다. (4) 하나님께서 말씀으로 세상을 지으셨다. 곧 하나님의 본질적인 지혜와 영원한 아들로 말미암아, 또한 그의 능동적인 의지로써 무엇이 그대로 되라 하면 그대로 되었다. (5) 세상이 아무것도 없는 것에서 그처럼 지어졌다. 그 이전에 세상을 만들 재료가 전혀 없었는데도 그처럼 조성되었다. 아무것도 없는 곳에서는 아무것도 만들어질 수 없다는 사람들의 격언과는 정반대이다. 그 격언은 물론 피조물의 능력에는 해당되겠지만, 없는 것을 마치 있는 것처럼 부르시고 존재하게 하시는 하나님께는 전혀 부합되지 않는다. 이러한 일들을 우리는 믿음으로 이해한다."

"믿음으로 모든 세계가 하나님의 말씀으로 지어진 줄을 우리가 아나니." 헬라어에서는 "모든 세계(worlds)"라는 말이 "모든 세대들(ages)"을 의미합니다. 이 표현은 환유법적(換喩法的) 표현으로 우주전체를 나타냅니다. 이에 대하여 존 길(John Gill)은 이렇게 주해합니다. "그것은 하늘의 거민들과 천사들을 다 함축하는 하늘 세계, 해와 달과 별들과 공중의 새들과 창공의 세계, 사람과 짐승 등 땅에 사는 모든 것을 다 포함한 지상 세계, 바다와 그 안에 있는 모든 것을 다 포함한 수중의 세계 전부를 가리킨다."

존 오웬(John Owen)은 이렇게 말합니다.

"세계들은 현세의 시간이 시작될 때 지음 받았고, 그 이후 언제나 존속되어 왔다. 사도는 이 표현을 유대인들이 일반적으로 받아들이는 견해에 적용시키고 있다. 곧 그들이 세계에 대하여 표현하는 방식을 따르고 있다. 이 말의 헬라어 단어 '오람'은 실체로서의 세계와 그 영구성을 가리킨다."

그래서 우리는 이 구절에 대한 블링거(Heinrich Bullinger)의 이상한 관점을 받지 않습니다.

"세계들," 혹은 우주는 "하나님의 말씀"에 의하여 "조성되었습니다." 다시 말하면 하나님의 말씀이 우주로 하여금 지혜롭고 아름다운 질서를 가지도록 조정하였습니다. 성경에서 "하나님의 말씀"이란 표현이 삼중적인 의미로 쓰입니다. 첫째, 본질적이고 인격적인 말씀, 하나님의 영원한 아들을 가리키는 의미로 쓰입니다(요 1:1). 둘째, 기록된 언제나 살아 있는 말씀으로서의 성경입니다(요 10:35). 셋째, 능력의 말씀이나 항거할 수 없는 하나님의 의지가 시행됨을 의미하기도 합니다. 여기 히브리서 11:3에서는 바로 그 세 번째의 의미를 가집니다. 여기서 "말씀"이라는 말의 헬라어는 '로고스'(요 1:1)가 아니라 '레마'입니다. '레마'는 하나님께서 발하신 말씀을 의미합니다. 그것은 하나님의 절대 명령입니다. 창세기 1장 전체에 나타나는 하나님의 유효한 명령입니다. "하나님이 이르시되(하나님의 항거할 수 없는 의지의 표현으로서) 빛이 있으라 하시니 빛이 있었고." "그가 말씀하시매 이루어졌으며 명령하시매 견고히 섰도다."(시 33:9) 그의 권능의 말씀(히 1:3)에 대한 실례가 요한복음 5:28,29에서 발견됩니다. "이를 놀랍게 여기지 말라 무덤 속에 있는 자가 다 그의 음성을 들을 때가 오나니 선한 일을 행한 자는 생명의 부활로, 악한 일을 행한 자는 심판의 부활로 나오리라."

"보이는 것은 나타난 것으로 말미암아 된 것이 아니니라." 이 어구의 헬라어 원어를 보면 정확한 의도를 파악하기가 그리 쉽지 않습니다. 본 강해자 개인적으로는 창세기 1:2의 말씀을 가리키는 것으로 보고 싶습니다. 우리가 다루는 3절은 보다 직접적으로 현재의 하늘과 땅의 "형성(形成)"을 가리킵니다. 물론 그것은 그것들의 원창조를 전제하는 것이지만 말입니다. 요소(要素)들이 수분(水分)에 섞여 혼합되어 있었고, 어둠이 그것들을 싸고 있었습니다.

이 구절을 우리에게 적용되는 실천적 요점을 말하면 이렇다 할 수 있습니다. 우리의 "믿음"은 겉으로 "나타나 보이는 것"을 의뢰하지 않고 "하나님의 순전한 말씀”으로 만족해야 합니다. 하나님께서 아무 것도 없는 데서 우주를 창조하셨으니, (우리가 볼 때) 아무 것도 보이지 않을 때 하나님께서 우리를 붙잡아 주시고 지탱하여 주시는 일이 얼마나 쉬우실까요! 권능의 말씀으로 말미암아 세계를 존재케 할 수 있었던 그분이 피조물 중에서 가장 궁핍한 자에게 필요한 것을 공급하라 명하실 수 있습니다. 아멘.

은혜의 방식 *The Method of Grace in Gospel Redemption*

존 플라벨 지음 | 서문강 옮김 | 신국변형 양장 648면 | 값 27,000원

이 책은 존 플라벨의 저작들 중에 가장 유명하고 가장 많이 읽혀진 책으로 19세기 프린스톤 신학대의 거장 아취벌드 알렉산더(Archibald Alexander)가 회심하는 데 이 책이 결정적 역할을 하였다. 목양적인 저자의 영적 지각과 충정으로 성도들의 마음속을 들여다보며, 그들의 마음을 움직여 구원하시는 하나님의 방식으로 데리고 가서 죄의 각성과 구원의 은혜와 그 확신에 이르게 한다.

영의 생각, 육신의 생각 *On Spiritual Mindedness*

존 오웬 지음 | 서문강 옮김 | 신국변형 양장 360면 | 값 16,000원

원제(原題)는 On Spiritual Mindedness로서 로마서 8장 6절의 "육신의 생각은 사망이요 영의 생각은 생명과 평안이니라."를 기초 본문으로 저자가 당시 목양하던 회중들에게 진정한 '영적 생각의 방식'을 연속 강론한 것이다. 저자는 '마음의 생각과 그 방식'이 구원받은 이후 그리스도인의 성화(聖化) 생활을 지로하는 결정적 방향타(方向舵)임을 역설한다. 이 책을 다 읽고 나서 독자마다 성령께서 마태로 하여금 예수님의 산상설교를 마무리하게 하던 그 진술의 능력을 반드시 음미하게 될 것이다.

고린도전서 13장 사랑 *Charity and Its Fruits*

조나단 에드워즈 지음 | 서문강 옮김 | 신국변형 양장 456면 | 값 20,000원

조나단 에드워즈는 자신의 정체성을 진정한 설교자로서 헌신하는 데서 보여주었는데, 본서가 바로 그에 대한 가장 좋은 예증일 것이다. 성령님께 사로잡힌 사도 바울이 고린도전서 13장에 진술해 놓은 '사랑'의 진면모를 그가 가진 모든 신적 은사와 은혜의 촉수로 더듬어내어 자기 회중들에게 연속 강론한 것을 묶어 이 책을 펴냈다. 이 책은 한번만 읽으면 단맛이 다 빠지는 종류의 책이 아니고 여러 차례 반복하여 읽을수록 그 영적 진미를 더 느끼게 하며, 하나님의 복음의 은혜의 풍성함에 겨워 더욱 더 만족을 주기에 충분하다.

사망의 잠 깨워 거듭나게 하는 말씀 *Sermons in the Natural man*

윌리엄 쉐드 지음 | 서문강 옮김 | 신국변형 양장 336면 | 값 16,000원

"사람이 거듭나지 아니하면 하나님 나라를 볼 수 없느니라…물과 성령으로 나지 아니하면 들어갈 수 없느니라"(요 3:3)고 하신 말씀은 예수 그리스도를 믿음으로 말미암아 구원에 이르는 복음의 이치에 눈을 뜨는 일은 거듭난 사람에게만 가능하다는 의미이다. 아직 거듭나지 못한 상태에 있는 자연인들은 영적으로 죽은 자들로서 깊은 사망의 잠을 자는 자들이다. 교회를 다니거나 교회 밖에 있거나 자연인의 상태에 있으면 그 이치를 모른 채 사망의 잠에 빠져 있게 된다.

하나님의 열심을 품은 간절목회 *An Earnest Ministry*

존 에인절 제임스 지음 | 서문강 옮김 | 신국변형 양장 392면 | 값 18,000원

이 책은 분명 '진정한 목회'를 지로하는 불후의 고전(古典)이다. 저자는 "하나님의 열심을 품어 사람들을 정결한 처녀로 그리스도께 중매하려 하던"(고후 11:2) 모든 사도들이 견지하던 사역의 본질과 실천을 '간절한 열심'(earnestness)이라는 개념 속에 응집시키고 있다. 그것을 분석하고 종합하고 적용하여 모든 사역자들에게 도전하고 격려한다. 실로 이 책은 리처드 백스터의 '참 목자상'(Reformed Pastor), 찰스 브릿지스(Charles Bridges)의 '참된 목회'(Chriatian Ministry)와 함께 나란히 '목회학'의 3대 고전이라 불려지기에 충분하다.

구원을 열망하는 자들을 위하여 *The Anxious Inquirer*

존 에인절 제임스 지음 | 서문강 옮김 | 신국변형 양장 256면 | 값 13,000원

영국에서 19세기 후엽 첫 출간 당시 50만부가 팔린 고전으로, 영적 각성을 받아 자신의 죄인 됨과 구원에 대한 '절박한 근심'을 하는 이들을 위한 책이다. 빌립보 감옥의 간수가 바울과 실라에게 "선생들아 내가 어떻게 하여야 구원을 얻으리이까?"(행 16:30)라고 간절하게 물은 것과 같은 단계에 있는 이들을 가리켜 'Anxious Inquirer'(염려하여 묻는 자)라고 하는데, 이 책은 이 상태에 있는 이들을 구원으로 인도하시는 하나님의 성령님의 말씀이 담겨 있다.

고통 속에 감추인 은혜의 경륜 *The Crook in the Lot*

토마스 보스톤 지음 | 서문강 옮김 | 신국변형 양장 328면 | 값 16,000원

"하나님께서 행하시는 일을 보라 하나님께서 굽게 하신 것을 누가 능히 곧게 하겠느냐?"(전 7:13)를 주제로 지상 성도들의 단골 메뉴인 '고통'의 문제를 하나님의 은혜와 그 능하신 손 아래서 어떻게 접근해야 하는지를 가르치고 있다. 하나님께서는 지상의 자녀들 각자에게 분정(粉定)된 몫을 주시되, 그 속에 반드시 '굽은 것'을 넣어 주시어 그로 인해 '고통'을 느끼게 하신다. 그리하시는 하나님의 목적은 그들로 '고통 자체'가 아니라 그것을 방편 삼아 사랑하시는 자녀를 향해 그리스도 안에서 예정하신 그 하늘에 속한 신령한 '은혜의 경륜'을 이루고자 하심이다.

요한계시록 그 궁극적 승리의 보장

서문강 지음 | 신국변형 양장 320면 | 값 16,000원

이 책은 '요한계시록 바르게 깊이 읽기'를 선도할 개혁주의적 강해서다. 저자는 1:3의 말씀, "이 예언의 말씀을 읽는 자와 듣는 자와 그 가운데에 기록한 것을 지키는 자는 복이 있나니 때가 가까움이라." 하신 것에 착안하여, 성경의 다른 65권의 책들과 같이 동등하게 묵상하고 강론되어 섭취할 영적 양식임을 확신한다. 또한 현대의 그리스도인들은 요한계시록을 처음 받은 초대교회 성도들보다 그리스도의 재림에 더 가까이 서있으니, 요한계시록의 메시지야말로 그 어느 때 보다 절박하게 필요함을 저자는 역설한다.

시편 119 말씀을 사모하여 헐떡이는 사람

찰스 브리지스 지음 | 신국변형 양장 820면 | 값 33,000원

스펄전 목사가 참된 신앙의 3요소로 줄기차게 강조한 '참된 성경 교리, 체험, 실천'의 실상을 이 책의 모든 지면에서 만난다. 주의 말씀과, 기도와, 은혜의 능력으로 순종하여 말씀을 실행하는 역동성은 지상에 있는 하나님의 자녀들의 선명한 표지다. "내가 주의 계명을 사모하므로 입을 열고 헐떡였나이다"(시 119:131). 하늘의 시민권을 가진 이는 이 책에서 더 큰 확신과 영적 진보의 영광을 맛보게 될 것이고, 영적 안일에 빠진 사람은 각성을 받아 '주의 말씀을 사모하여 헐떡임'의 행복을 회복할 것이다.

사도가 자랑한 복음의 진수 로마서 상,하

서문 강 지음 | 신국변형 반양장 상권 442면, 하권 393면 | 상권 값 20,000원, 하권 값18,000원

이 책은 단순한 주석을 뛰어넘어 로마서 전문(全文)을 관통하여 흐르는 복음의 은혜와 능력을 목양적인 간절함으로 강해하고 설파하고 있다. 전체 52강을 상, 하 두권으로 나누어 구성하였다. 이 책을 통해 독자는 '사도가 전한 참된 복음의 진수에 이르러 구원의 기쁨과 확신과 소망을 뿜어내는 샘'을 갖게 될 것이다.

청교도신앙사

믿음의 깊은 샘 히브리서 3

예수님의 피와 성소에 들어갈 담력

초판 1쇄 펴낸날 2014년 11월 20일
2쇄 펴낸날 2020년 3월 15일

지은이 아더 핑크
옮긴이 서문 강
펴낸이 전수빈
펴낸곳 청교도신앙사

주소 서울시 은평구 녹번로 3길 2(녹번동 98-3)]
전화 02-354-6985(Fax겸용)
전자우편 smkline@naver.com
등록 제8-75(2010.7.7)

디자인 백현아
출력,인쇄 예원프린팅

ISBN 978-89-87472-33-1 94230
978-89-87472-30-0(세트)

책값은 뒤표지에 있습니다.